伝記　廣池千九郎

モラロジー研究所　編

刊行にあたって

モラロジーの創立者、法学博士廣池千九郎《ひろいけちくろう》の生涯は、まさに苦難の連続でした。前半生は学者として多くの業績を残しましたが、後半生はみずからの体験を転機として、世界平和と人類の幸福を実現するモラロジーの確立と、それに基づく学校教育と社会教育を展開し、今日に至るも例を見ない研究教育活動の基を築きました。

慶応二年（一八六六年）、大分県中津市に生まれた千九郎は、教師として社会に一歩を踏み出しました。また漢学者小川含章《おがわがんしょう》という良き師との出会いは、千九郎の人生に大きな影響を与え、歴史家を志して京都に出ると、歴史雑誌の編集・発刊のかたわら『皇室野史《こうしつやし》』等の著作を刊行しました。

明治二十八年に上京、国家的事業であった『古事類苑《こじるいえん》』（日本最大の百科事典）の編纂《へんさん》に従事し、五十一冊にも及ぶ書物の四分の一を執筆しました。法学博士穂積陳重《ほづみのぶしげ》を恩師として、専門を法律学に定めた千九郎は、日本で最初の東洋法制史の講座を早稲田大学で開講しました。さらに大正元年には、まったく学歴も学閥《がくばつ》もないにもかかわらず法学博士の学位を取得しました。

ところが、学問研究に打ち込むあまり心身を酷使《こくし》したことから、生死の境をさまよう大病に罹《かか》ってしまいました。病床で来《こ》し方《かた》を振り返り、みずからの利己的な心づかいに原因があると深く反省した千九郎は、「我《われ》幸いにして病《やまい》を得たり」の心境に到達し、残された人生を人類の幸福と平和の実現に資《し》することを誓いました。

道徳・宗教・哲学・歴史をはじめ、自然科学や社会科学の最新の研究成果をもとに、世界の諸聖人に共通一貫する「最高道徳」の実行こそが、人類の幸福と平和を実現する道であると確信した千九郎は、それを証明する「新科学としてのモラロジー」の確立をめざしました。大正十五年八月十七日、『道徳科学の論文』が完成すると、その日を当研究所の創立日と定めました。

モラロジーを広く社会に伝えるために、昭和六年に最初の講演会を大阪で開催しましたが、時を同じくして中国大陸で満州事変が勃発《ぼっぱつ》しました。英米との衝突、日本の敗戦をも予期した千九郎は、政府要人に大陸からの即時撤兵《てっぺい》など平和への提言を何回も行いました。その後、我が国は不幸にして戦争へと進んでいきました。

昭和十年、東京郊外の柏市に「知徳一体」の教育理念に基づいた、全寮制、男女共学の道徳科学専攻塾を開塾し、あわせて社会教育を同時に展開しました。その意味で千九郎は生涯教育の先駆者の一人であり、さらには累代《るいだい》教育をも提唱した教育理念は、創立以来、首尾一貫《しゅびいっかん》して変わることなく、今日のモラロジー生涯学習活動と麗澤《れいたく》教育に受け継がれています。

本書は、世界の平和を願い、国の将来を憂《うれ》え、多くの人々に人生の指針を与えた類《たぐい》まれな一人の日本人の伝記です。二十一世紀の最初の年、しかも研究所創立七十五年にあわせて本書を刊行できますことは、私にとりましてまことに喜ばしく感慨深いものがあります。

新世紀は「心の時代」と言われます。自由、平等を標榜《ひょうぼう》する民主主義の基盤は、私たち一人ひとりのモラルにあります。ますます進歩してやまない科学技術を使いこなす、より高い人間性・道徳性が求められています。この時にあたり、創立者の心と魂の軌跡が時代を超えて多くの心ある人々に広く読みつがれていくことを念願してやみません。

平成十三年八月十七日

財団法人モラロジー研究所理事長
学校法人廣池学園理事長・麗澤大学学長
廣《ひろ》池《いけ》　幹《もと》堂《たか》

凡例

一、本書の引用文は、原則として現代的に意訳して示した。

一、以下の書名については、原則として、次のように略記した。

新版『道徳科学の論文』	『論文』
『廣池千九郎日記』	『日記』
『廣池博士全集』	『全集』
『廣池千九郎モラロジー選集』	『選集』
『新科学モラロジー及び最高道徳の特質』	『特質』
佐藤巌著『廣池博士の学問上における経歴』	『経歴』
内田智雄編『生誕百年廣池博士記念論集』〈増補版〉	『論集』
改訂『廣池千九郎語録』	『語録』
『資料が語る廣池千九郎先生の歩み』	『歩み』
『社会教育資料』	『社教』
『道徳科学研究所紀要』〈旧〉	『旧紀要』
『モラロジー研究所所報』	『所報』

一、新版『道徳科学の論文』『廣池千九郎日記』『廣池千九郎モラロジー選集』『廣池博士全集』『道徳科学研究所紀要』等の巻数については、①、②、③と表記した。

一、引用文の出典は、該当箇所に注として（　）付きの番号で示し、各部の末尾に明記した。

一、「遺稿」とあるのは、廣池千九郎の未公刊原稿からの引用である。

一、「支那」という表記は原則として「中国」に改めた。ただし、書名、講義名については、そのまま使用した。

伝記　廣池千九郎——目次

第三部　『古事類苑』の編纂と東洋法制史研究

第一章　『古事類苑』の編纂

第二章　法制史の研究

第三章　文法研究と多彩な活動

第五部　新科学モラロジーの樹立

第七部　生涯教育活動の展開

第一章　道徳科学専攻塾の開設

第二章　谷川講堂の開設

第三章　要人の来塾と賀陽宮殿下のご台臨

写真提供＝共同通信社、毎日新聞社／写真引用＝諸岡長蔵『モラロジーの学祖　廣池博士の書翰抄』、『中野金次郎伝』（村田弘著、東洋書館刊）、『日本肖像大事典』（日本図書センター刊）

表紙カバー・デザイン＝㈱エヌ・ワイ・ピー

伝記　廣池千九郎

中扉の写真＝大正四年十二月（四十九歳）の廣池千九郎

第一部　中津時代

第一章　少年時代

第一節　誕生のころ

激動の維新の中で

二十世紀は、人類史上最大の激動期であった。科学の進歩、二度の世界大戦と各国に勃発《ぼっぱつ》した多くの革命は、すべての民族や国家にいまだ経験したことのない大変革をもたらした、といってよいであろう。

その前兆がすでに十九世紀後半に始まっていたとするならば、日本の明治維新も世界史上に特筆すべき大事件といえよう。維新は二百六十年に及ぶ徳川幕藩《ばくはん》体制を終焉《しゅうえん》に導き、アジアにおける初の近代国家を誕生させる契機となった。

明治維新は、単に日本の内部事情のみによって生じたものではない。それはまさに、世界情勢が生み出したものであった。欧米列強のアジア侵略の影響が、日本内部の政治情勢を揺《ゆ》るがしたのである。嘉永《かえい》六年（一八五三）、ペリー率《ひき》いる米艦四隻《せき》の浦賀沖来航、プチャーチン率いるロシア軍艦の長崎来航などの出来事は、尊皇攘夷《そんのうじょうい》運動と討幕《とうばく》、大政奉還《たいせいほうかん》、王政復古、版籍奉還《はんせき》、廃藩置県などの近代化のための諸改革をうながしていくことになった。明治維新前後の二十数年間は、新生日本が誕生する生みの苦しみの時代であった。日本中がわき返り、数多くの英雄、偉人が輩出《はいしゅつ》し、無数の若い人々の血が流された。

明治時代は、近代国家日本の確立のための歩みと見ることができる。国内における政治、行政、経済、教育上の諸施策《しょしさく》と、独立外交の推進である。外交の一つの要《かなめ》は、諸外国と結んだ不平等条約の改正であり、もう一つは、ロシアなどによる日本の権益《けんえき》と安全保障に対する侵害や脅威《きょうい》から自国を守ることであった。その過程で日清《にっしん》戦争や日露《にちろ》戦争が生じた。

ペリー横浜上陸の図（安政元年〈1854〉、横浜開港資料館蔵）

時代は激しく揺れ動いていた。明治維新の直前、慶応二年（一八六六）三月二十九日、廣池千九郎《ひろいけちくろう》は、豊《ぶ》前国《ぜんのくに》下毛《しもげ》郡鶴居《つるい》村大字永添《ながそい》字八並《やつなみ》二三三番地（現在の大分県中津市東永添南二四二三番地）に、廣池半六《はんろく》・りえ夫妻の長男として産声《うぶごえ》を上げた。

ふるさと中津

廣池千九郎が生まれ育った中津は、鎌倉時代から約四百年にわたって宇都宮氏が統治した。江戸時代に入り、黒田孝高《よしたか》、細川忠興《ただおき》、忠利《ただとし》、小笠原長次《ながつぐ》、長勝《ながかつ》、長胤《ながたね》らの治世を経《へ》て、江戸末期から維新にかけては奥平氏が藩主として統治していた。これらの歴代藩主の中には、文化と教育の普及に熱心な人物も多く、中津の発展に寄与した。

大分県は日本の南部に位置しているが、維新前後における薩長土肥《さっちょうどひ》などの大分近辺の諸藩の人々の活躍に見られるとおり、決して歴史的変動の枠外にあったわけではない。幕末の中津藩主奥平昌邁《おくだいらまさゆき》は、英邁《えいまい》かつ進歩的な人物であった。また、中津出身の福沢諭吉は、慶応二年には『西洋事情』、明治五年には『学問のすゝめ』などを出版し、一世を風靡《ふうび》していた。このことは、青年千九郎の国家社会に貢献しようとする気概に多大な影響を与えた。

幕末の政治的激動期において、中津藩は譜代《ふだい》大名の藩であったため、幕府に従いながらも、一方では朝廷に恭順《きょうじゅん》の態度を示すなど、帰趨《きすう》に迷いが見られた。藩内では、尊皇攘夷の勤王《きんのう》の志士の活動も盛んであった。慶応二年、勤王の志士が集まり、討幕の兵を挙げる謀議《ぼうぎ》を試みたが、事前に発覚し失敗した。この出来事は木《き》の子岳《こだけ》事件と呼ばれる。しかし、その後も討幕の活動は続けられ、慶応四年一月、豊前と豊後《ぶんご》の勤王の志士六十余名が御許山《おもとさん》で挙兵するが、悲劇的結末を迎えた。世にいう御許山騒動である。

維新後、中津でも、明治四年の廃藩置県、戸籍法の実施、その他の近代化のための諸施策が実施された。中でも、明治四年、福沢諭吉や小幡篤次郎《おばたとくじろう》らの努力によって実を結んだ中津市校は、中津の教育、文化の発展に貢献した。

この間、紆余曲折《うよきょくせつ》を経て、明治九年、中津は大分県に正式に編入された。

明治十年代までの中津は決して平穏《へいおん》な状態ではなかった。中央政府内では、韓国に対する政策の分裂により、西郷隆盛や江藤新平らが下野《げや》した。これを契機に、不平士族の反政府運動が各地に生じた。九州及びその近隣では、明治七年に江藤新平を首領とする佐賀の乱、九年には熊本の神風連《じんぷうれん》の乱、秋月の乱、前原一誠《いっせい》の萩の乱などが発生している。また、明治十年の西南の役では、増田宋太郎《そうたろう》が中津隊を率いて西郷に味方し、奮戦《ふんせん》している。しかし、西南の役以後は、士族の反乱はあとを断《た》った。

このような維新後における日本の近代化の過程で、中津においても士族階級を中心に多くの人々が活躍した。のちに千九郎は、その著『中津歴史』において、次のように述べている。

> 明治四年から十七年までの十四年間における士族の運動は、士族にとってよかったとはいえないかもしれないが、地方のためにはたいへん喜ばしいことだった。士族たちが有形無形に西洋文明の利器を採用して地方を誘導《ゆうどう》し、諸藩の生産事業を企《くわだ》てたことによって、その事業の成否《せいひ》とはかかわりなく、いろいろな意味で地方の農商工民を潤《うるお》わせた。その恩《おん》沢《たく》には少なからぬものがある。[1]

明治は、新生日本の誕生と発展の苦しみの時代であり、次から次へと政治的、経済的、思想的難問が積み重なった。
千九郎は、このような状況の中で成長していった。

第二節　廣池家

父半六

千九郎の父半六は、今永《いまなが》忠三郎に嫁《とつ》いだ、かつの弟であったが、のちに半六は、姉夫妻の養子となって一時今永半六と名乗った。しかし、明治に入って新たに姓名を決める際に、廣池姓に戻った。次の図は今永家と廣池家の系図の一端である。

池永……今永
├ 恰《あたか》
├ 兵助
└ 忠三郎 ― かつ
　　└ 廣池半六（順養子）―千九郎―千英―千太郎―幹堂―慶一

廣池徳四郎
├ かつ
├ 藤平《とうへい》
├ はん
├ 弘教《ぐきょう》
└ 半六（今永忠三郎の順養子となる）

今永家は、元来、宇佐八幡宮《うさはちまんぐう》の祠官《しかん》であった池永家から別れた家柄といわれ、代々下毛郡大幡村《おおはたむら》大貞《おおさだ》にある県社大貞八幡《はちまん》神社の神官《しんかん》をしていたが、幕末には民間に下り、農業に従事していた。この神社は承和元年（八三四）に建立《こんりゅう》されたといわれ、薦《こも》神社とも呼ばれていた。今永家は、千九郎の生家の近くにある薦神社の境内《けいだい》にある三角池から刈り取ったマコモを乾燥させ、御社のご神体のまくらとして奉納する神官だったという。

◀全国の八幡宮の総本宮である宇佐神宮（大分県宇佐市）

▲「角切り八角に公」の今永家の家紋

今永家の家紋は「角切《すみ》り八角に公」であるが、公は「きん」と発音し、池永家の遠祖の一人宇佐の大宮司公池守翁《きんのいけもりおう》の「公」に由来するといわれている。池永家は、伝承によれば、神武天皇東征の時、天皇に奉仕した菟狭津彦命《うさつひこのみこと》の末裔《まつえい》であるといわれている。

千九郎の実家の廣池家は、半六のころには田畑山林とも合わせて約三町歩《ぶ》余りの中程度の農家であったが、決して楽な生活ではなかった。半六は農業のかたわら養蚕《ようさん》も行い、また、和紙の原料をつくったり漆《うるし》の木を植えるなど、積極的に仕事に取り組んでいた。

半六は、信仰心の深い人であった。神仏を敬《うやま》い、祖先を尊ぶ精神を生涯貫《つらぬ》いた。廣池家は浄土真宗の門徒だった。当時の中津地方は、中津、下毛、宇佐、築《ちく》上《じょう》の四郡があり、人口は一万数千人ほどだったが、約四千人の門徒がおり、信仰の盛んな土地であった。

半六は農閑期になると、手弁当、わらじばきで中津地方一円を回ってゴザを引いた。ゴザを引くとは、各家庭で仏法を説く会を開くことである。それをあちこちで開き、ある家に泊まっては、また次へ行って説法をするのである。半六は「同行《どうぎょう》」として仏教の真髄《しんずい》を説き、衆生済度《しゅじょうさいど》に努力した。同行とは篤信者《とくしんじゃ》の称号であり、僧侶の講話の前座を務める資格を持つ者である。その活動は三十年間に及んでいる。

千九郎はのちに、「人間は一代にして徳を成就《じょうじゅ》するを得ず」と書いているが、半六の三十年間の衆生済度の努力の結果は、千九郎の徳の累積《るいせき》につながっていった。

ある時、半六が正行寺《しょうぎょうじ》の庫裏《くり》の建設に骨を折ったので、住職が非常に喜び、廣池一家を招待してごちそうした。帰る時、半六は本堂へ回って仏前に参拝し、家族がごちそうになったと思える金額をお供《そな》えした。それを見た妻のりえは、「あなたが骨を折ったからごちそうしてくださったのです。喜んでいただければよいのに」と話した。すると半六は、「仏さまに報恩したのに、ごちそうをいただいて差し引きゼロになってしまってはつまらない」と言ったという。報恩の誠を捧げようとする半六の人柄をしのばせる逸話《いつわ》である。

また、神社の鳥居《とりい》を建てた際、費用のほとんど全額を一人で引き受けながら、石柱には「村民一同」と刻んだという話も残されている。

半六の信仰の実践は、父親の廣池徳四郎の代からの伝統である。徳四郎もまた非常に信仰心の篤《あつ》い人で、常に寺院（正行寺）や村のために尽くした。ことに寺院の建築を寄進《きしん》する時など

父・半六

母・りえ

大分県中津市にある生家

には、みずから率先《そっせん》して三十日余りも山中に入り、苦心して寄進する白木《しらき》の材木である欅《けやき》や檜《ひのき》を選択したと伝えられている。その徳は村全体から称《たた》えられ、尊敬されていた。そんな徳四郎のうしろ姿を見て育った半六は、深い信仰心と道徳心を持った人間として成長したのである。

なお、正行寺は、天正七年（一五七九）、末広対馬守四郎《すえひろつしまのかみしろう》が建立《こんりゅう》したものであるが、江戸時代に碩学《せきがく》高徳のほまれ高く、頼山陽《らいさんよう》を世に出したことでも有名な傑僧《けっそう》末広雲華《すえひろうんげ》がかつて住職をしていた寺でもある。

母りえ

千九郎の母りえは、下毛郡全徳村《ぜんとくむら》（現在の中津市）の武信《たけのぶ》家の出である。

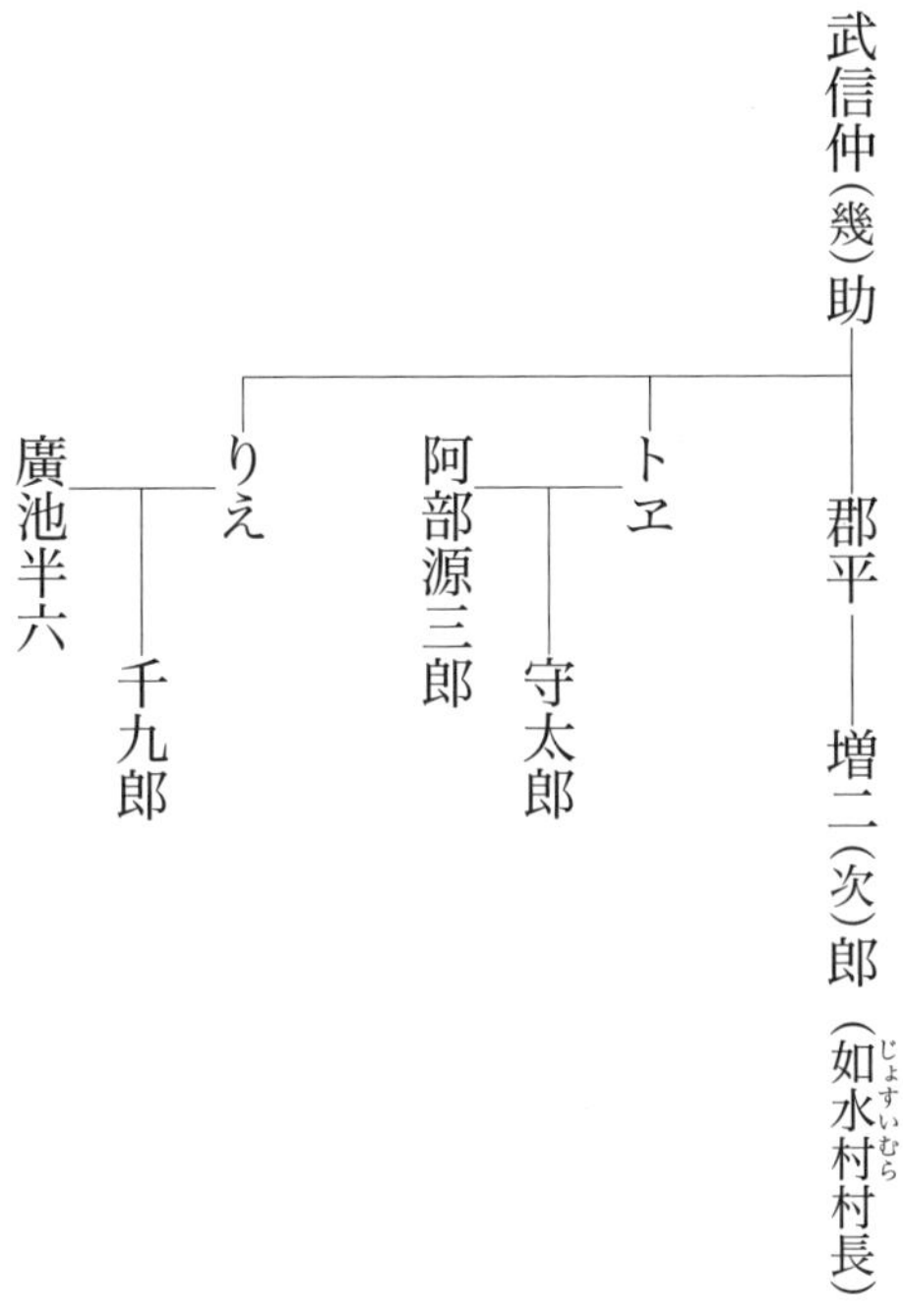

父仲助や兄郡平は、「親孝行」「家業出精《しゅっせい》」（一生懸命働くこと）を称《たた》えられ、たびたび藩主から表彰を受けた。千九郎は、そのような家庭に育った母親によって、日ごろから親孝行の大切

さを教えられた。千九郎は、のちの著述『新編小学修身用書《しんぺんしょうがくしゅうしんようしょ》』に、仲助、郡平のことを三回にわたって取り上げ、その孝心の篤いこと、徳行の優《すぐ》れていることを称賛している。りえは非常に頭脳明晰《めいせき》で、意志の強い人であったようだ。千九郎の長男千英《ちぶさ》は、後年、祖母りえについて、次のように回顧している。

祖母のほうは、これはあまり表へ出ず、常に家の中にいて家を守った人で、非常に鋭敏な頭の持ち主でありました。しかし、なかなか小姑《こじゅうと》が多く、しかも大姑《おおじゅうと》があるというふうでもって、家庭生活は、精神的にはかなり苦しかったのだろうと思います。写真などを見ましても、額にしわを寄せ、苦しいような気持ちを顔に表しております。この祖母にも数回会っておりますけれども、やはりいつもそういうような風貌《ふうぼう》の人でありました。(2)

りえの甥阿部守太郎《おいあべもりたろう》は、のちに外務省の政務局長になった人である。千九郎とはいとこ同士であり、終生深いつながりを持ち、お互いに助け合った。その父源三郎について、千九郎は『新編小学修身用書』巻三の中で、「性質が温厚で愛情の深い人だった。村内では最も人望があり、村民のためにおおいに尽くしたので、村民は相談して美しい石碑をつくり、その恩に報いた。彼は民選の戸長《こちょう》となり、明治十七年には官選の戸長となっている(3)」と紹介している。

千九郎のきょうだい

千九郎のきょうだいは、次の八人であったが、乳幼児の時に二人亡くなっている。

ソ　ノ（夭折《ようせつ》）

千九郎（慶応二年生まれ）

又　治（明治二年生まれ）　教育者となる。のちに一松《ひとつまつ》家の養子となる。

長　吉（夭折）

長　吉（明治六年生まれ）　教育者となる。

ア　キ（明治九年生まれ）　小岸宇六に嫁《とつ》ぐ。

作　郎（明治十二年生まれ）　小学校教員となる。明治三十九年に死亡（二十七歳）。

ソ　ノ（明治十四年生まれ）　山屋幸太郎に嫁ぐ。

又治《またじ》はのちに、教員として鹿児島、北海道などで勤務し、長吉《ちょうきち》も奈良県、鹿児島県などで教員として活躍、作郎《さくろう》は三十九年に死亡。二人の妹は福岡県に嫁いだ。

第三節　いじめにあった小学時代

教育熱心な半六

千九郎は、幼名を千九一《ちくいち》といった。千九郎の少年期については、千九郎自身が書き残した『初忘録《しょぼうろく》』に見ることができる。親孝行な子供で、家の手伝いをよくしたようである。また、「幼い時から活発で、時々いたずらをした」(4)とある。

千九郎が本を読み始めたのは、父半六が教育熱心だったことから考えれば、わりあい早い時期であったと思われる。この地域に小学校が設立されたのは明治六年四月であり、千九郎は八年に永添小学校に入学した。

千九郎の学友であった古城三郎《こじょうさぶろう》は、昭和二十八年、このころを回想して、次のように語っている。

廣池氏はとても勉強家で七、八歳の時までに国学や漢学によく通じておられた。廣池氏の父君半六翁《おう》は実に厳格なお方でしたが、そのご両親によく仕《つか》えられたので、当時の人たちが皆感心して、あの子はただ人ではない、という評判であった。

廣池氏が小学校に登るころは、もう何でもできるので、校長が感心して、この子はただ

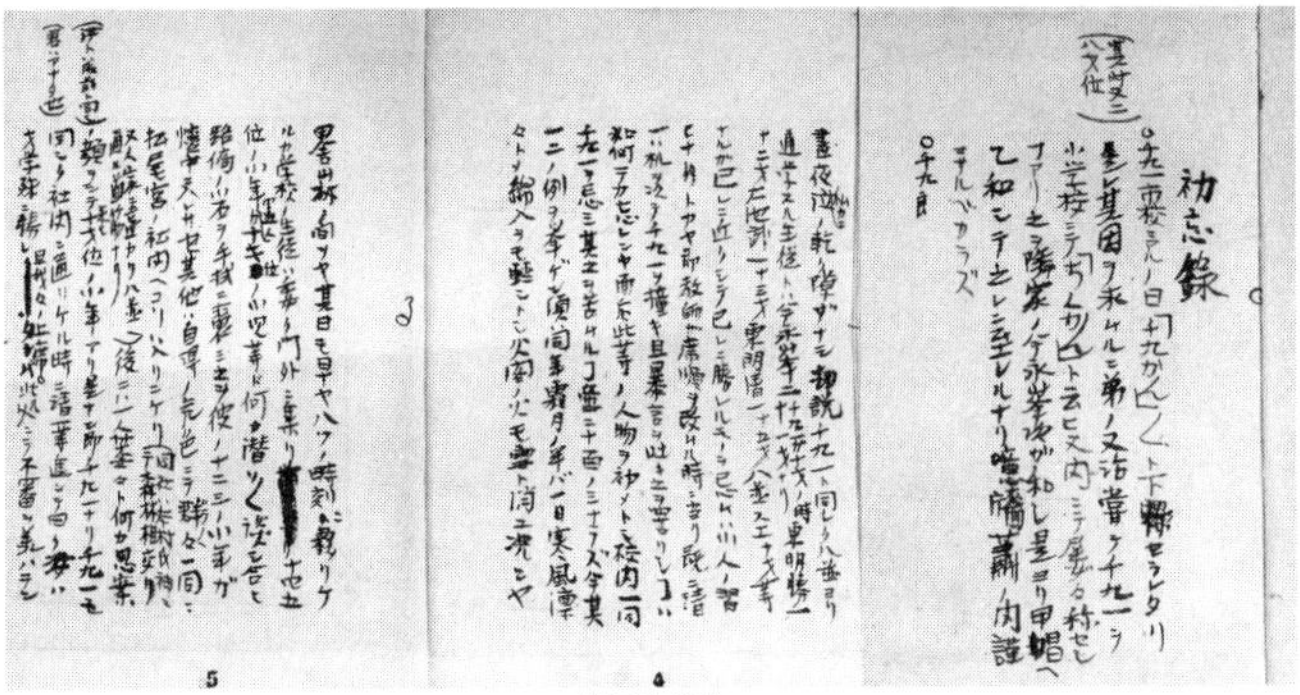
『初忘録』

人ではないと、常に尊敬しておられた。
　そして、毎朝学校に登る前は、馬の草を刈って来る。学校より帰れば早速《さっそく》、父の農業のお手伝いをする。その馬に荷をつける間も、馬を引いて家に帰る間も、寸時も本をはなさずに勉強をする。(5)
　半六の子供に対する教育方針は、きわめて厳格なものであった。
　千九郎は「親、祖先に感謝する」ということを両親から教えられていた。祖父の今永忠三郎の命日は六月五日であった。この日は生卵を食べない、魚を食べない、生き物を殺さないという戒《いまし》めを母親から教えられていた。ところがたまたま、母親がこの精進日《しょうじんび》を忘れていた。千九郎は生卵を食べないで梅ぼしを食べた。母親が心配して、「千九一、おまえ、おなかでもこわしたのかい」と言うと、千九郎から「今日はおじいちゃんの命日だろう」と言われて、母親が反省したということもあった。

級友らのねたみ

明治八年といえば、近代教育制度がつくられてまもないころで、短期間に次々と制度が変わり、教育施設も不十分な時代であった。小学校は人口六百人について一校の比率で、全国を通じて五万三千七百六十校開校という計画が立てられていた。当時の小学校は上下二等に分かれており、下等小学校も上等小学校も四年制だった。小学校はまだ義務教育ではなく、授業料や教科書は有料であった。

永添小学校があった法華寺の山門（大分県中津市）

永添小学校は法華寺《ほっけじ》を借りて教室としており、寺子屋を名前だけ変えたようなものであった。先生は古野静枝《ふるのせいし》が寺子屋時代から引き続いて教育を行い、寺子屋同様、生徒を監督する兄弟子《あにでし》という上級生がいた。

永添小学校は下等小学校で、教育の内容は『論語』『大学』『中庸《ちゅうよう》』『孟子《もうし》』の素読《そどく》であった。千九郎は、十歳くらいまでに、漢文はだいたい自由に読みこなせるほどの力を持っていた。記憶力もすばらしく、ほかの生徒とは比較にならないほどだったという。明治八年には初めて教科書が用いられるようになり、教育熱心な両親は、苦しい経済状態だったにもかかわらず、すぐに買い与えた。

千九郎の勉強は着実に進んでいった。明治八年冬に初めて受けた試験では、五十二人を飛び越えて上等七番となるような成績を挙げている。

千九郎は、学業が優秀だということで、県から二度表彰されており、明治十年十月に『万国地誌略式』をもらっている。当時校長であった湯屋幸七は、常に「廣池はただものでない。神童じゃ。必ず末は博士か大臣になる」とほめていたという。

千九郎と同じ八並地区からは五人ほどの児童がいっしょに通学していた。年齢は、十歳から十五歳までとバラバラだった。千九郎の記録に、「自分の近くにいて自分より優れた人を疎《うと》んじるのは器量の狭い人のすることだ」という意味のことが書いてあるように、彼らは千九郎の成績がよいのをねたんでいた。ある日、教師が席順を改める時、五歳年上の子が机をたたいて暴言《ぼうげん》を吐《は》き、千九郎をののしったことがあった。千九郎はよほど悔《くや》しかったとみえて、「いかでか忘れんや」と記《しる》している。千九郎が十歳の時のことである。

『廣池千九郎日記』第一巻にも、自分が難儀《なんぎ》を受けて昼夜ひそかに泣き、涙の乾《かわ》くひまがない、と書いてあるが、成績がよかったことが災《わざわ》いし、よく上級生にいじめられたようである。同じクラスに年齢が三歳も四歳も上の子がいるのだから、年下の者の成績が上になれば、いじめられるのも当然のことかもしれない。「校内一同が千九一を忌《い》み嫌《きら》い、苦しめられるのは百回でもすまなかった」と記されているから、相当いじめにあったといえる。

『初忘録《しょぼうろく》』によれば、次のようなこともあった。

ある日、千九郎が学校から帰る途中、近くの松尾神社の境内《けいだい》で学童たちが待ち伏せし、千九郎をたたきのめそうとしていた。近づいてきた千九郎に清一という五歳年上の子が言った。

「おまえは勉強ができておれたちの上席にいるんだから、これから難しいところを教えてもらおうか」

「いや、ぼくにはそんなことはできない」

千九郎がそう答えると、清一はいきり立って言った。

「なに、兄弟子ができないだと！」

「できない」

「できないと言うのか！」

清一らが異口同音《いくどうおん》にののしると、岩久長吉という子が、突然千九郎の前に出て着物をはしょり、尻を出して叫んだ。

「それができなければ、これをくらえ」

さすがの千九郎も耐《た》えかねて、その尻を下駄《げた》で蹴《け》とばした。すると長吉は、懐《ふところ》から石を包んだ手拭《てぬぐ》いを取り出し、めったやたらに振り回した。千九郎は、これはきっとみんなが自分をこでたたきのめす計略だと思い、多勢《たぜい》に無勢《ぶぜい》、負けるに決まっていると判断して、弁当や傘を投げ捨てて、山中に逃げ込んだ。

すると、すかさず長吉が一人で追いかけてきた。千九郎は振り向きざまに松の枝で長吉の眉間《みけん》を打ち、その手拭いを奪い取って長吉を打ちのめした。そこへほかの子供たちが走ってきたので、また逃げたが、みんなは千九郎を追いかけてきて、「きさまは年の小さいものを打ってよいのか、明日は先生に言いつけてやる」と脅《おど》した。

千九郎は「ひとたびは胸も破るる心地」だったという(6)。

この松尾神社では、大正期までは盛大な行事も行われていた。現在、中津の案内書の一書には、「かつては横井古城（古戦史家）、廣池千九郎（道徳科学者）、八並武治（政治家）先生方が、幼かった時代にはこの森をかけめぐって遊んだということです」という説明がつけられている。

第四節　中津市校への編入学

父の理解

明治十二年、千九郎は十三歳の時に小学校を修了した。しかし、永添には上等小学校がなかったので、同年四月、家から約一里半ばかり離れた中津市校《なかつしこう》に編入学することになった。これを知った近隣の人々は、皆千九郎の進学に反対して、こう言ったという。

「すべての日本人が皆学者となったなら、だれが米をつくって蚕《かいこ》を飼うんだ」

すると、父の半六は、次のように答えた。

「皆さん、決して心配しないでください。日本中の人がたとえみんな裕福でたくさん学資を持っていても、その子供たちすべてが学者となるわけではありません(7)」

千九郎は、父親の気持ちを知っておおいに発奮《はっぷん》し、家から学校までの約六キロの道を、寒暑《かんしょ》、風雨にかかわらず通い、翌十三年の六月、優等の成績で卒業した。この間に、学業成績が優秀だということで、福沢諭吉、小幡篤次郎の二氏から賞品として本一冊と学用品を贈られた。

中津市校の沿革

中津市校は、明治四年十一月、旧藩主奥平昌邁《まさゆき》が藩の積立金をもとにしてつくった天保義社《てんぽうぎしゃ》から二万円を支出し、これを維持費として設立されたものである。旧藩士であった福沢諭吉、小幡篤次郎、浜野定四郎、松山棟庵《まつやまとうあん》らが主となり、旧藩吏員《はんりいん》及び市校協議人と計画を立てて設立した。この学校は、福沢が東京の中津藩邸に開いた「慶応義塾」の姉妹校として位置づけられ、洋学を中心とした教育を行っている点、当時としては画期的に進歩していた学校だった。明治五年には付属女学校も設けられている。

『中津市学校記』には、奥平昌邁の本校開校の理念が、次のように述べられている。

学問は自分のためにすべきものである。人のためにするのではない。いわんや、職業の違いによって、するとかしないとかが決められてはならない。（中略）一人で何かを行うする楽しさは、みんなでいっしょに行う楽しさには及ばない。私はこのたび一人で外国に遊学することになった。旧藩内の人々も私の志を助け、私が学ぶところの道を学ぼうとするのは、もとより願うところだから、本県の役人にはかり、毎年旧藩士の家禄《かろく》から五分の一を出し合って学問の基金とし、中津に一つの洋学校を開き、そのほか当県内の諸方《しょほう》に郷校《きょうこう》を設ける決議をした。旧藩の士族はもちろん、農民町人も私の微意《びい》をくんで勉強していただき、四、五年ののちに私が外国から帰った時、互いに学業上達のうえ再会できることを今から楽しみにしている。（中略）古書に、「道は一瞬も離れてはならない、離れるのは道ではない」と言っている。恥を知る道の貴《とうと》さを言っているのである。この世に生を受け、世間に利益をもたらすこともなくて世間の世話になって生活しているのでは、他人に倍の苦労をさせ、またその労を盗むことと同じである。それは恥ずべきことである(8)。

本校の課程は本科と別科に分かれており、本科では英書によって授業が行われた。千九郎が入学したのは、翻訳書を使用していた別科だった。ここで読み方、作文、習字、算術、物理、地理、生理、その他を習っている。そのうち読み方では、『国史略《こくしりやく》』『十八史略』『元明史略《げんみんしりやく》』などが使用されていた。

なお、福沢の『学問のすゝめ』は、この中津市校の開校を祝して起草されたものである。中津市校は、一時在校生六百有余人を擁《よう》し、関西第一の英学校と称されて中津地方の文明開化の推進力となった。しかし、西南戦争後は衰退に向かい、明治十六年には廃校になっている。千九郎は、同校の様子の一端について、生徒は士族の子弟ばかりであって、農家出身の者は自分一人だったこと、そのため千九郎を軽蔑《けいべつ》する者があったことなどを記している。

第五節　助教時代

新米助教

千九郎の生涯は病気を背負った生涯であった。その発端は「十二年春、頭痛」にある。明治十三年四月の『日記』には、「自分の神経が冒されているように思う。頭が重く、また、時にめまいや後頭部の痛みなどがある。卒業後はよりひどくなり、両親は心を痛めている。医師だ、薬だ、湯治だと懸命に治療を施したが、少しも回復しない(9)」と記されている。

ところが、七月ごろ灸《きゅう》の治療を受けて快方に向かった。このころ、戸長の八並甚六《やなみじんろく》が千九郎の才能を惜《お》しみ、永添小学校の助教（補助教員）になるように、しきりにすすめてくれた。半六は千九郎の病気を再発させない妙薬であるとも考え、賛成した。こうして、千九郎は同年七月、弱冠《じゃっかん》十四歳にして母校の教壇に立つことになったのである。月給は二円だったが、翌月からは二円五十銭になった。

千九郎は、同校の教員があまり教育に熱心でなく、校務が乱れがちであったのを改革しようとした。そして学校の柱石《ちゅうせき》となって生徒を教え、校務をつかさどった。数校連合の会議に出席したり、試験を受けさせるために生徒を引率《いんそつ》して中津の町に行くなど、助教ながら首席教員の代理の役割も果たした。

千九郎は、朝は早く起きて馬草《まぐさ》刈りに行き、学校にあっては児童の教育に専念し、学校が終われば田畑へ出て農業の手伝いをした。その間、常に書物を離すことなく、暇があれば読書に没頭し、学力の増進をはかった。

長男として家を継ぐ責任を持っていた千九郎は、家族が多かったため、生計の維持についてはは相当頭を悩ませたらしい。少しでも家計を豊かにするために、和紙の原料になる三椏《みつまた》を植えたり、漆を栽培したり、広島から夏みかんの苗を取り寄せたりなどした。

両親は朝から晩まで働き通した。子だくさんの家庭にとって、千九郎の給料は重要な収入源だったが、それ以上に労働力としてあてにされていた。千九郎が中津市校に通っていたある日、祭りがあって帰りが遅くなり、父親にたいへん強く叱《しか》られたこともあった。

千九郎は、このように心から両親に仕《つか》え、きょうだいに対しては優しく接し、学校においては勤勉であったから、教師としての評判は村中に高かった。その反面、学校教師として受ける報酬はあまりにも低く、半年間過ぎたころには、大きな矛盾《むじゅん》を感じ始めていた。つまり、能力があっても、資格による格差《かくさ》を乗り越えることができない。助教はあくまでも助教で、昇格もしないし給与も少ない。師範学校を出てきた者は、若くても正教員としてどんどん出世していくという状況をまのあたりにして、疑問を抱いたのである。負けず嫌いな千九郎は、その矛盾を肌で感じ、打開策を考えていた。

師範学校をめざす

このころの記録に、「家系（今永の家系を意味する）を知って奮発《ふんぱつ》す」とある。別の記録には、次のようにある。

自分は大分県下毛郡大幡村《おおはたむら》薦社《こもしゃ》という神社の神主の家筋に生まれた者であるから、家を再興しなければならない、と思って国学を身につけようと決意した。漢学については、初めは旧中津藩の儒学者大久保、菅沼嘉七郎《すがぬまかしちろう》等に就《つ》き、のちには、帆足万里《ほあしばんり》の高弟小川含章《おがわがんしょう》に就いて勉強した。(10)

父半六が今永家に養子として入ったため、千九郎もまた、自分は今永家の人間であるという自覚と誇りを持っていた。自分が由緒《ゆいしょ》ある家系の出身であることを知り、先祖の名を汚さないためにも、おおいに勉強して、社会、国家に貢献しようと考えたのである。

明治十五年、十六歳の冬ごろから、大分県師範学校に入学したいという希望が日を追って大きくなり、十一月ごろから受験勉強のために、横井徳三郎の私塾に学んでいる。受験について両親に相談したところ、両親は強《し》いて止めはしなかったが、今まで家計の一助ともなっていた俸給《ほうきゅう》がなくなるのを惜しんでいる様子なので、孝心の深い千九郎は、それを見かねて受験を一年延期した。

学校での千九郎の姿は、木綿《もめん》の羽織袴《はおりはかま》を着ていたが、それは非常にみすぼらしく、「ボロ先生」というあだ名がついていたほどであった。しかし、千九郎の活躍はめざましく、父兄の信用も厚く、月給も五円となった。小さな学校であったが、千九郎は助教のまま校長代理を務めるまでになった。

第二章　麗澤館での勉学

第一節　小川含章との出会い

失敗した師範学校入試

千九郎の向学の志はますます募《つの》り、明治十六年七月、再び両親に師範学校を受験したいと懇《こん》願《がん》した。すると、今度は快く承知してくれたので、同年七月末に、三年間勤めた永添小学校を辞職した。

直ちに大分県師範学校の入学試験を受けた。当時、訓導《くんどう》（小学校の正式教員）になるには、一、師範学校を卒業する、二、入学しないで学力認定試験によって卒業資格を得る、三、師範学校の卒業証書を持たなくても学力試験によって教員免許を得る、という三つの方法があった。千九郎は第一の方法を選んだ。

しかし、千九郎は同年九月に、入試に失敗した。受験科目は修身、読書、作文、算術、習字の五科目だった。満点の半分を取れば合格できたが、合格基準に達していても、一科目が三分の一以下では不合格になる。千九郎の合計点は合格ラインに達していたが、算術ができずに不合格となった。

千九郎は、何とか師範学校に入りたいと、そのまま大分にとどまり、小川含章《おがわがんしょう》の麗澤館《れいたくかん》で漢学を修めるかたわら、大分師範の助教諭坂本永定に算術を習って受験勉強を続けた。

師・小川含章

大分では、江戸時代、九州の三大儒学者として、三浦梅園《みうらばいえん》、広瀬淡窓《ひろせたんそう》、帆足万里《ほあしばんり》が活躍した。麗澤館は、帆足万里の高弟小川含章が主宰《しゅさい》する私塾で、漢学を主とし、英語その他の科目を教授していた。千九郎が、十六年九月、十七歳の時入塾した麗澤館は、大分市内長池の善行寺にあったが、十六年十二月には東新町の来迎寺《らいこうじ》に移った。塾生も数百人を数え、盛況であった。塾生の多くは塾内に起居し、師弟同学、師の人格的感化を受けながら勉学に励んだ。

小川含章（1812〜1894）

千九郎の勉学にはすさまじいものがあり、めきめき頭角《とうかく》を現した。含章の指導のもとに、『春秋左氏伝《しゅんじゅうさしでん》』『戦国策』『史記』『資治通鑑《しじつがん》』等を学習することによって、たちまち漢学の学力を高め、入塾三、四か月ぐらいで含章の代講を務めるようになったという。後年、千九郎が漢文法や東洋法制史の研究に新しい分野を開拓するようになった素地《そじ》は、この麗澤館における修学で培《つちか》われたといってよい。

千九郎の代講は、りっぱな内容だったようだ。特に漢の劉向《りゅうこう》の編纂《へんさん》した『戦国策』の講義は自他ともに許す名講義であったらしく、晩年、往時を追憶して、しばしば門人にそのことを語っている。『戦国策』は、周の元王から秦《しん》の始皇帝《しこうてい》までの春秋戦国時代における遊説家《ゆうぜいか》の策謀《さくぼう》の言葉を集めたもので、文章は絢爛《けんらん》だが複雑を極め、難解の書である。これを自由に講義できたということは、千九郎が漢学において卓越した力を持っていたことを物語っている。

麗澤館のあった来迎寺（大分県大分市錦町）

小川含章は、文化九年（一八一二）、日出藩《ひじはん》（今の大分県北部）の町民係の医師、小川玄亀《げんき》の長男として生まれた。名を弘蔵《こうぞう》といい、含章はその号である。十五歳のころ、日出藩の儒者、帆足万里のもとで学び、明治四年七月、故郷大分に私塾麗澤館を開いた。麗澤館は明治十六年には、政治結社明倫会の経営する学校となり、「明倫会麗澤館」と改称された。含章もまた明倫会の幹部に名を連ね、「尊皇愛国の旨《むね》を体し、倫理道徳を明らかにする」ことを目的とする活動にも尽力した。千九郎が入塾した時、含章はすでに七十二歳になっていた。

含章から見ると、当時の日本の近代化を推し進める風潮は、日本の歴史を知らず、皇室の存在を軽視し、日本人としての自覚を失った暴挙《ぼうきょ》でしかなかった。この日本の伝統的文化を尊び、国家を思い、日本の将来を憂《うれ》える含章の心は、青年千九郎の心を強く揺さぶった。

含章はまた、ただ漢学を教授して詩文をつくるというだけでなく、剣術や養蚕の方法なども正課とし、「剣術や養蚕を通して、どのような境遇にも適応できるような実際家を育てることが学問本来のあり方である。四書《ししょ》五経《ごきょう》などの古典を丸暗記したところで何の意味もない」と述べている。このような実学の精神は、千九郎の学問観に大きな影響を与えた。

千九郎と含章は、同じ屋根の下に寝泊まりしていた。ある日、夜中に目を覚ますと、含章の部屋にはまだ明かりがついており、机に向かっている。師はいったいいつ寝るのだろうかと疑問に思われるほど勉強していた。のちに、千九郎は『新編小学修身用書』に、「小川含章は、七十余歳になるけれども、毎日講堂で数回の講義を行い、また数多くの生徒から寄せられる質問に答え、少しでも時間があれば、常に本を読んでいる。毎晩、生徒寄宿舎の一室に行き、寒い日も暑い日も、夜中の十二時になるまで必ず書に向かっている。その勤勉さは子弟たちよりずっと優れている(11)」と称えている。

千九郎は、後年、次のように記している。

最初十七歳の時に、小川含章先生のご開発によって、初めてわが日本の国体は皇室のご祖先たる天照大神様《あまてらすおおみかみさま》と、その前後におけるすべての祖宗《そそう》の大神様とが天地の公法則をもって、このお国をお造り遊ばされ、かつわれわれ国民の物質的ならびに精神的の父母にならせられたということを知りまして（中略）、初めて、私の精神の中にこの日本の国体の偉大なることが分かり、それが源となって、私のあらゆる研究が成り立って、ついに新科学道徳科学が成立いたすに至ったのであります(12)。

このように、千九郎の思想を培《つちか》ってくれた含章との出会いは、受験に失敗して麗澤館に入ったことによるもので、受験の失敗はむしろ幸運な面もあったというべきであろう。

東京遊学計画

千九郎は、中津にいても自由民権運動が高まった中央の政治的情勢について敏感であり、国の前途に危惧《きぐ》の念を抱いていた。また、国会開設の機運に反対する含章の憂国《ゆうこく》の情に刺激を受けたのか、麗澤館在住の明治十六年十二月ごろ、二人の友人とはかって東京遊学の計画を立て、このことを両親に相談するために約八十キロの道を歩いて永添に帰った。途中、千九郎は、「私が脱走すれば、父母はどんなに驚くことだろう。また、私が長い間東京に滞在するようになったら、家も没落してしまうだろう。たとえ私が将来出世したとしても、その功は家にかける迷惑を償《つぐな》うに足りない。父母に相談し、その許しがある時は遊学し、もし許してもらえない時は、中津にとどまろう」と考えた。そして、両親に自分の抱負《ほうふ》を話すと、両親はだめだとは言わなかったが、もし自分が遊学したら、父母はたちまちに病の床に伏せてしまうだろう、と思われるような憂慮《ゆうりょ》のさまがありありと見てとれた。千九郎は両親を見捨てるわけにはいかないと思い、友人との約束を反故《ほご》にして計画を取りやめた(13)。

再度受験に失敗

麗澤館在塾の時期は、千九郎が最初に直面した苦難の時である。同時に、千九郎が全力を投入して勉学に取り組んだ時期でもあった。千九郎は猛勉強に励み、十七年一月、再度師範学校を受験した。しかし、大分師範の助教諭坂本永定に就いて算術の学習をしたにもかかわらず、またもや算術の点が足りなかったために失敗したのである。

故郷では父母が期待して待っているというのに、またしてもその期待に応《こた》えることができなかった。この時の千九郎の落胆《らくたん》は想像を絶するものがあったであろう。「同僚、我《われ》を笑わざる者なし」と記し、このころの漢詩には、「天は予《よ》を捨つるか」ともあり、志を実現できない苦《く》衷《ちゅう》が示されている。

自分の志は師範学校に入学して教員になること、そして国民を教育し、国家に貢献することにある。(中略)一家が道徳的であれば、国も道徳的になる。一家に他人に譲《ゆず》る気持ちがあれば、国もそのようになり、さらにあまねく天下に広めていけば、国民は古代中国の理想の国家、堯舜《ぎょうしゅん》時代の民と同じようになり、天下が道徳的になる。（中略）私が右の志を立てたのはそのためである。一般の人々は、私の志していることを理解できない。しかし、私は今、耳の病にかかり、志を実現できないでいる。病気を治すためにいろいろ試みたが、いずれも効《き》き目がない。天は自分を見捨てたのだろうか。ああ、どうしたらよいだろう。天を仰いで助けを求め、日夜心を取り乱している。(14)

持病との闘い

千九郎は悶々《もんもん》とした日々を送った。苦悩の中にも三回目の受験をめざし、「今後は昼も夜も本を手放さない」と言って、必死の勉強を続けた。

しかし、再び病魔が襲った。明治十七年三月二十日から両耳に痛みが走り、耐えられないほどになったのである。その前までは、大分病院長鳥潟恒吉、副院長魚住以作、黒柳精一らの治療を受けていたが、よくならないばかりか、毎日耳の中に薬を注いで洗ったため、耳の中の器官が腐敗し始めていた。そしてついに二十三日、永添に帰省した。両親はたいへん心配し、相《あい》原村《はらむら》の老人に灸をすえてもらうことにした。老人は「この病気を治してあげる」と言ったが、千九郎は内心信じなかった。しかし、半六はおおいに信じて喜んだ。老人が「コウズ」（石亀の異名）の小便が必要だと言うので、簡単に手に入る時期ではなかったが、半六は大金をはたいてコウズを得た。するとその薬効があったのか、千九郎の耳病は回復した[15]。千九郎は、両親に深く感謝している。

薬が功を奏《そう》し、私の耳はとてもよくなった。前のように聞こえないということもない。父母の喜びはどれほどのものだろう。これは薬の効果だけではなく、父母の真心で治ったものだ。親が子を愛するのは皆同じとはいうが、父母の私への愛は、普通の世間の父母の及ぶところではない。それなのに、私は魯鈍《ろどん》で才能がなく、父母のこの上ない恩に報いることができない。実に情けないことだ。だが、全力を尽くして必ずその万分の一を補うよう心がけなければならない[16]。

第二節　麗澤館での漢詩文

志を立てる

麗澤館で勉学に励んでいた時期の千九郎の漢詩文が、約八十編残っている。内容的に見ると、自然の景観、自己の信条や尊王愛国の思想、友人との交わりを表現したものなどである。思想を表しているものには、興味深いものが多い。二、三の例を示そう。

人間としてまず大切なことは、志を立てることである。志を立ててから、物事を始めるべきである。志を立てなければ、なにごとも成就しない。だから、昔聖人は志を立てなければならないと言った。志は立てようと思えば、だれでも立てることができる。志が立てば、成就しないものはない。孔子が、「仁《じん》の心は求めさえすればその心を得ることができる」と言っているとおりである。決して難しいことではない。志が立てば、その意志は鋼《はがね》や石よりも固く強くなる。このようになれば、真の志である。(17)

古語に、「早くできたものは壊《こわ》れやすく、時間をかけてできあがったものは堅固《けんご》である」という。したがって、なにごとも早く完成しようとすれば、どうしても壊れやすいものとなり、完成したものも小さいものとなる。かりに堅固であっても、取るに足らないものでしかない。それゆえに、大人物になろうとすれば年月をかけて研鑽《けんさん》に努めなければならない。(中略)「大器は晩成す」という言葉は真理である。(18)

「鼠《ねずみ》の警《いまし》め」という漢詩では、「人心これ危《あやう》く、道心これ微《かすか》なり」という『尚書《しょうしょ》』の言葉を引用し、「道を求める心が欠けてくると、人間は身を亡ぼすのである。世間では、ねずみが部屋に入ってくるとこれを責めるが、悪心が心のすきに入ってきても気づかずにいる」と続け、人間の欲望がはびこりやすいことを戒《いまし》めている。

大義名分論

次に、大義名分論《たいぎめいぶんろん》にかかわる漢詩には、「頼朝伝《よりともでん》を読む」「楠公《なんこう》の碑銘《ひめい》」「新田義貞《にったよしさだ》の碑銘」「児島高徳論《こじまたかのり》」「戦国に題す」「明智光秀論」「森蘭丸論《らんまる》」「稲葉一鉄《いなばいってつ》と荒木村重とはいずれが優れるかの論」「秀吉と家康との優劣論」「東照公《とうしょうこう》大坂を攻める伝を読む」「荻生徂徠《おぎゅうそらい》伝」「頼山陽《らいさんよう》の讃《さん》」などがある。

例えば、「戦国に題す」という漢詩の中では、このように述べている。

洋の東西を問わず、教育が悪くなって人々がただ私利私欲のみを求め、正義を求めなくなると、戦国の社会になる。日本の戦国時代も、人々は先王の道を知らず、聖人の教えを守らず、ただ自分一個の欲のために貴重な生命を賭《と》して戦った。このような戦国の社会を避けるために重要なことは、人々に正当な教育を施すことにある。(19)

「頼山陽の讃」の中では、こう言っている。

頼山陽の『日本外史《にほんがいし》』があったから明治維新が起こった。江戸時代の人々は、ただ幕府があるのみであると思い、天皇の政治を知らなかった。国内が無事に治められていたので、国家の真に正当な統治者がだれであるかというような「大義」については論じようとせず、それまでの国家の興亡を知ろうとしていなかった。しかし、頼山陽の『日本外史』がひとたび世に出て以後、人々は皇室を尊ぶべきことを知り、そこに「大義」があることを知った。その影響が、王政復古、明治維新につながった。

このような大義名分論は、千九郎の思想の根幹をなし、一生を貫いたものである。また、これらの詩編には、青年時代の千九郎の理想や思想が明白に示されており、また、このころの研究の中心が、儒教以外に歴史、国学などにあったことが分かる。

第三節　応請試業

新しい挑戦

両親の苦心が実って病気も癒《い》え、明治十七年六月、再び大分に戻った千九郎は、麗澤館を退塾し、受験勉強に専念した。しかし、七月の入学試験を受験していない。この時は試験そのものがなかったのか、準備不足で受けなかったのか不明である。いずれにせよ、七月になると、千九郎は師範学校に入学することをあきらめて、訓導になる第二の方法、つまり入学しないで学力認定試験によって卒業資格を得る方針を取った。この試験は受験生の要請《ようせい》に応じて実施するという意味で、「応請試業《おうせいしぎょう》」と呼ばれていた。

七月には、大分師範学校高等科卒業生、堤恕作に従って初等師範学科の科目を学ぶが、堤は転任になってしまう。その後、四方八方手を尽くして先生を探したが、なかなか見つからず、ついに羽田校四等訓導、河野欣三郎《きんざぶろう》を見つけることができた。河野は、受験勉強の仕方や心構えなどについて有益な指導をした。千九郎は、助教をしながら河野のもとで勉強をした。

河野について、次のように述べている。

河野君は性質が真面目で思いやりがあり、寛容で慎《つつし》み深く、それでいて活発で、最も世《せ》事《じ》にたけている。私にとってこの人は、例えていえば、家にとっての柱のようなもので、私が初等科師範学校の卒業資格がとれたのは、まったくこの人の徳によるものである。それなのに、いまだに恩に報いることができないでいる。実に残念なことだ。[20]

青春の苦悩

このころ、千九郎は橋本ゑ《え》んという女性から交際を申し込まれたようである。千九郎は多少は心を動かされたが、受験のことを思って迷う気持ちを引き締め、次のように記している。

ある事柄に熱心に取り組み、集中している時は、たとえどんな美人が言い寄ってきても、私は応じないつもりだ。女性の気持ちに動かされ、交際に応じたりするのは、自分の心が怠慢《たいまん》だからである。私が十九歳の時の冬、大分の富岡にいた時、橋本ゑんという人から強く迫られたが、私はこれを拒否することができた。当時、私は受験勉強の最中だったからである。(21)

千九郎はまた、次のように述懐《じゅっかい》している。

私に高妙《こうみょう》の心、つまり山水《さんすい》を見てこれを楽しむような心がわずかに起こったのは、明治十七年の冬のころからだった。高妙の心は、学芸が進み経験が深まらなければ起こらないといわれるが、まさにそのとおりである。(22)

このころの苦悩を示す、次の漢詩がある。

うっそうとした草に覆《おお》われたあばら家の軒下《のきした》には、雨が滴《したた》り落ちている。眠ろうとしても眠れず、勉強をしようとしても手につかない。机に向かってきちんと座ってみたが、寂《さび》しくてしかたがない。故郷を思い、将来の苦労、困難を思い悩み、心が乱れて尽きることがない。たまたま庭の桐の葉が落ちて窓にあたる音を聞いて、はっとして眠りに就くこととした。(23)

ここには、前途のことを思うと、次から次へと不安が生じ、眠ろうとしても眠ることができず、勉強しようとしても手がつかない、という状況が示されている。

しかし、河野も転勤になり、十八年一月には、河野の紹介で、大分師範学校二等教諭（校長心得）是石辰二郎《これいしたつじろう》と、同校三等教諭増川蚶雄に就くことになった。この二人に就いたことは、千九郎の応請試業の合格にあずかって力になったものと考えられる。

明治十八年の元旦は、十九歳の正月であった。ほんとうなら喜び勇んで郷里に帰りたかったが、それもならず、大分の安下宿で新年を迎えた。この時の漢詩は、「どこの家でも正月飾りをし、お客を招いて、にぎやかに元旦を迎えている。それなのに、私はまだ親の望みを果たすこともできず、ひとり机に伏して……」[24]と、未完で終わっている。

年頭の漢詩（明治18年1月、19歳）

こうして千九郎は、明治十八年の正月を暗澹《あんたん》とした思いで迎えた。そんなある日、重苦しい気分に打ち勝ち、新しい出発をするために、大分市郊外の双葉山に登り、柞原《ゆすはら》八幡宮に参拝した。

その時、千九郎は、次の誓いを立てた。

柞原八幡宮本殿（大分県大分市八幡）

一、七年参詣《さんけい》のこと。

二、正直なること。

三、孝行のこと。

　柞原八幡宮は豊後《ぶんご》国の一の宮であり、仲哀《ちゅうあい》天皇、応神《おうじん》天皇、神功《じんぐう》皇后を祀《まつ》っている。天長四年（八二七年）十月、延暦寺《えんりゃくじ》の僧金亀《こんき》和尚が宇佐八幡の神託を受けて建てたと伝えられる。その後、建久《けんきゅう》年間以来、大友氏代々の尊崇《そんすう》が篤《あつ》かった、いわば豊前国の宇佐八幡の分身である。それだけに、遠い昔、宇佐八幡に仕《つか》える神官だった今永家の由緒を思い起こして、千九郎はここに詣《もう》でたのである。

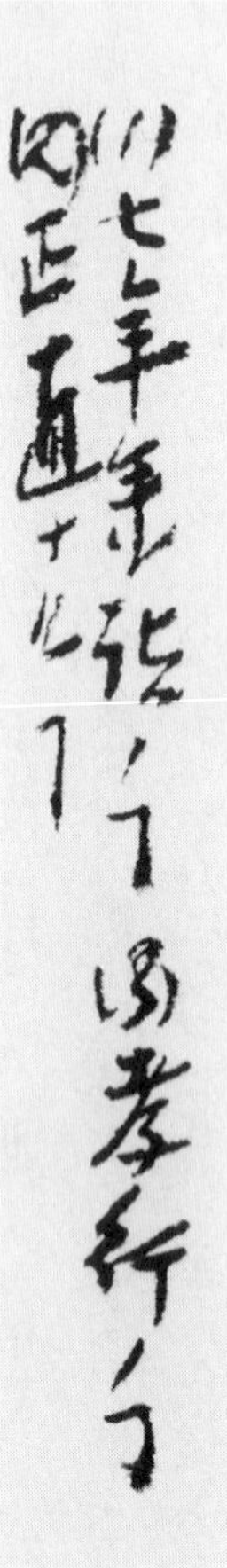

柞原八幡宮における誓い（明治18年1月）

念願達成

このころ、千九郎は受験準備にかなり自信を持っていたようだが、応請試業の実施時期が分からないばかりか、提出した受験願書も返却されるというような出来事もあって焦《あせ》っていた。ようやく応請試業の実施が決まり、二月四日から試験が始まった。受験準備に励むこと一年有余、「天は有為《ゆうい》の人を捨てず」、ついに難関を突破して、多年の念願はみごとに実を結び、千九郎は師範学校に学ぶことなく、初等師範科の卒業証書を与えられた。

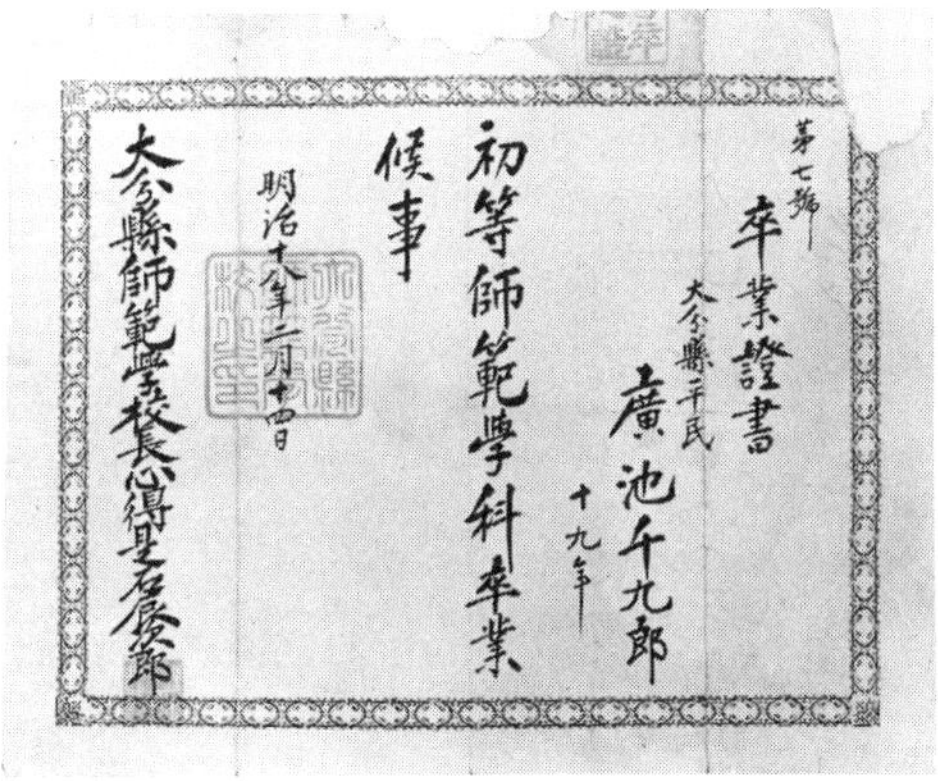
第七號
卒業證書
大分縣平民
廣池千九郎
十九年
初等師範學科卒業候事
明治十八年三月十四日
大分縣師範學校長心得

師範学校卒業証書

千九郎はこの時のことを、「旧暦十八年正月七日、帰省した。父母は天に昇ったかのように喜び、また空に舞い上がったように喜んだ。狂喜と呼べるようなその喜びは、言葉に表すことができないほどであった」(25)と書いている。両親の喜びがどれほど大きかったか、推測するに難《かた》くないが、千九郎自身の喜びもまた筆舌《ひつぜつ》に尽くしがたいものがあったろう。

こうして千九郎は、明治十八年三月、十九歳で念願の訓導として下毛郡形田《かただ》校に赴任《ふにん》した。なお、同年八月には法律が改正され、師範学校に入学しないで卒業資格を得る制度は廃止されている。したがって、千九郎が受験できたのは、おそらく最後の機会であったろう。

第三章　青年教師

第一節　当時の教育事情

近代教育の出発

日本の近代教育の出発は、明治五年発布《はっぷ》の「学制」にある。この「学制」は、江戸時代の藩校、私塾、寺子屋を廃止して、国民皆学《かいがく》の近代的な学校制度を全国に導入するもので、その目的は、次の点にあった。

その身を修め、知識を増やし、技能を修得するためには、学問によらなければならない。（中略）これからは、すべての人が男女の別なく、学校へ行かない人は、村に一人もいないようにしなければならない。（中略）中学校以上の教育は、その人の才能の有無《うむ》によるが、幼い子供たちを小学校に入学させないのは、その父母の落度《おちど》である。(26)

維新政府は、「旧来の因習《いんしゅう》を破り」「知識を世界に求め」ることをもって国の根本方針とした。そして「万機公論《ばんきこうろん》」の精神を尊重しつつ、国を挙げて近代国家の建設に力を尽くした。その支柱《しちゅう》となったものが、教育立国への先見であり、「学制」の発足であった。

ところが、この「学制」は国民一般の実状を無視した机上論《きじょうろん》であるとされ、明治十二年には自由教育令が出て「学制」は廃止された。さらに、翌十三年には改正教育令、その後十九年

に各学校令が出されて教育制度は整っていった。(27)

低い就学率

当時、学校教育は義務制ではなく、授業料が必要だったこともあって、明治二十年当時の就学率は全国的に低かった。

明治二十一年の大分県の就学率は、四四・一パーセントと全国平均に近く、下毛郡は四六・六パーセントで、(28)県内では多少高かった。就学率が五〇パーセントにも達しなかった原因は、父兄の教育についての無理解ばかりでなく、山間の人々の生活の貧しさにあったということができる。明治十六年ごろから米価が暴落し、十八年には旱魃《かんばつ》、暴風、水害が相次ぎ、農民は凶作に打ちひしがれて、わずかに木の根、草の実で露命《ろめい》をつなぐ者の数は計り知れないという惨《さん》澹《たん》たる状態であった。

第二節　形田小学校

苦難のスタート

明治十八年三月二十六日、千九郎は下毛郡の形田《かただ》小学校に奉職《ほうしょく》した。この学校は山国川《やまくにがわ》の上流、青の洞門で有名な耶馬溪《やばけい》のすぐ近くにあった。千九郎の月給は七円であった。千九郎は大きな理想を描き、青年らしい熱情を燃やしていた。「今後、この学校で一大改革を行い、本郡の教育の改良をはかりたい」とその意欲を記している。

形田小学校の跡地（大分県本耶馬溪町）

形田小学校は、下毛郡でも最も小さい小学校であった。また、就学児童の半分程度しか登校してこなかった。その理由は、村の当局者にもまだ教育に対する熱意がなかったことと、父兄の考えが保守的だったことにある。子供を学校に通わせるなどということは、第一にお金がかかる、第二に、そんな時間があれば田んぼの手伝いをするか、山に行って薪《たきぎ》を取ってくれれば生活の足しになるというのが親たちの感覚だった。農家の子供に学問などいらない、という考えが普通だったのである。

教員は、千九郎と次席教員の和田儀一《ぎいち》、それに補助教員の高橋伊加志の三人であった。

こういう悪条件の中で、千九郎は父兄に教育の必要性を説くとともに、子供の教育のために献身的、精力的に力を尽くした。しかし、その成果はなかなか上がらなかった。千九郎は自分が未熟で人々の信用を得ることができないからだと反省し、「思い込んだ私の願いも皆水泡《すいほう》に帰してしまった」と嘆かざるを得なかった。その年の夏には、精神の過労から胃腸病にかかって一か月余りも休まなければならなくなってしまった。

こうした自己の理想と現実との矛盾から生じた苦悩の中にあっても、千九郎の胸中には大きな夢が漲《みなぎ》っていた。「私は遠大な志を抱き、四十、五十になったら小国の王となるか、もしくは大国の宰相《さいしょう》となるかどちらかだ(29)」と述べている。

夜間学校の設立

千九郎は、疲弊《ひへい》した学区内の農民の姿をつぶさに調べ、生活にあえぐ農民の子弟の悲しみに共感しながら、教育の重要性を自覚していった。

千九郎が最初に考えたのは、「子守学校《こもり》」の設立であった。子守学校は、仕事に忙しい親に代わって、小さいきょうだいの世話をしなければならない子供でも勉強することができるように、との趣旨《しゅし》のものである。その道の先駆者である茨城県下妻町の教師渡辺嘉重《わたなべよししげ》に問い合わせて、開設のために奔走《ほんそう》するが、実現には至らなかった。

ちなみに、最近の研究によれば、わが国最初の子守学校は、明治九年に新潟県南魚沼郡塩沢校に設けられた。子守学校は明治十年代になって日本各地に若干《じゃっかん》設けられたが、情報の交換はほとんどなく、千九郎は、当時唯一のまとまった書物『子守教育法』（明治十七年刊）を出版した渡辺に問い合わせたのである。

子守学校は、村民の理解が得られずに挫折《ざせつ》したが、教育に対する情熱は衰えることはなかった。千九郎は、日中、家の手伝いをしていて学校に通えない子供のために、夜間学校の計画を立てた。まず学区内の不就学児童を調査して、父兄の性質、家計の状態などを理解しておき、公務の余暇に家庭を訪ね、父兄に懇切《こんせつ》に教育の必要性を説いて回った。このような地道な苦労が実って、十九年十二月に夜間学校の開設にこぎつけた。

千九郎は、形田小学校のすぐ下にある和田儀一の離れの一軒家を借りて住み込み、土曜・日曜に家に帰るだけで、週日は教育に献身した。

千九郎が著した「遠郷僻地《えんごうへきち》夜間学校教育法」（稿本）の内容の一部を要約しておこう。

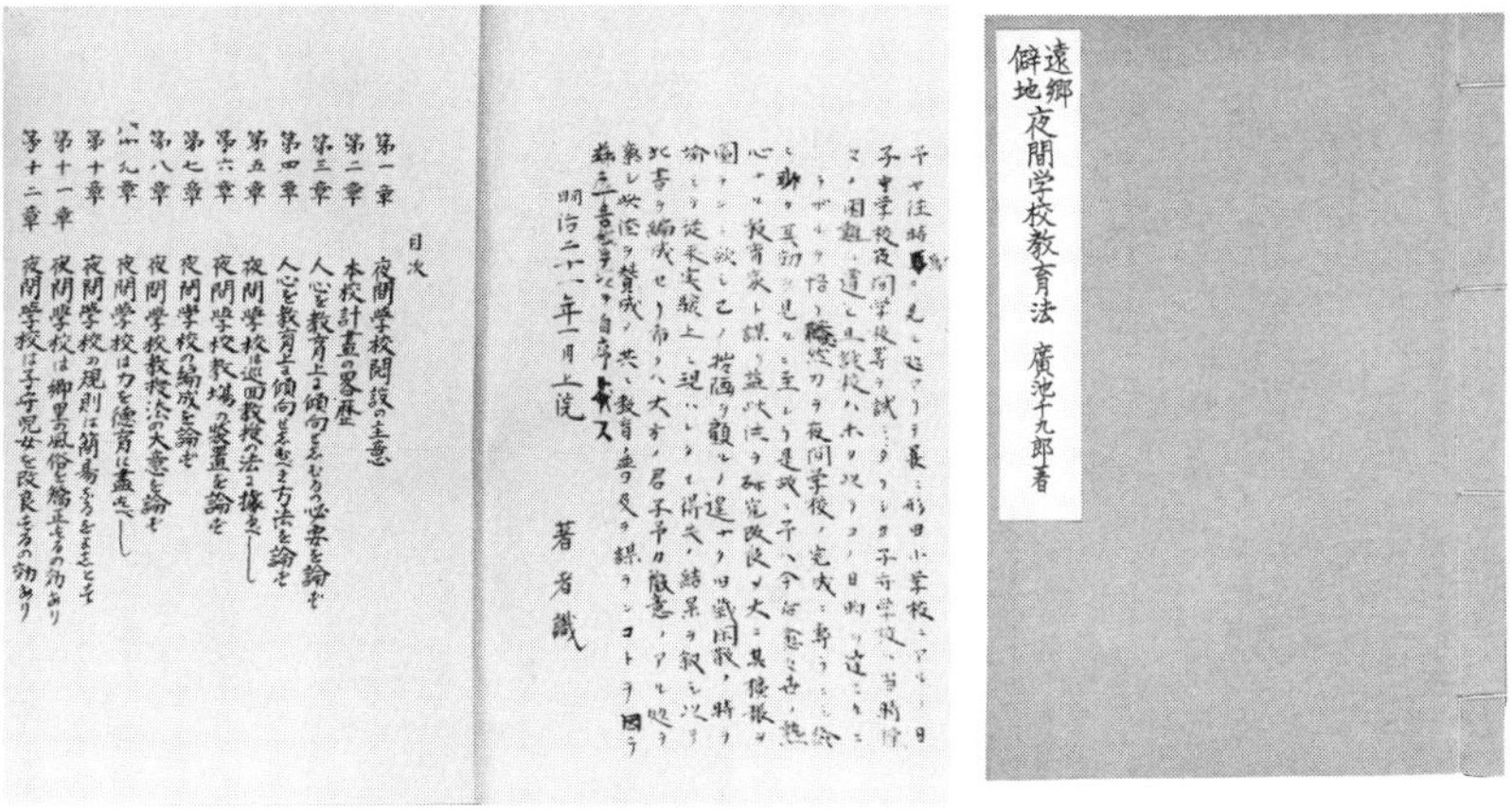

「遠郷僻地夜間学校教育法」稿本（明治 21 年 1 月）

世間の人々は、とかく長期的視点で物事を考えないので、未来における教育の効果を自覚していない。夜間学校についても、いろいろと噂《うわさ》をして悪く非難する人があるのはしかたのないことであるから、あらかじめ本校の性質及び教育の必要性を説明して、彼らの心を教育に向けさせることが大切である。

父母というものは、だれでも子女を愛する切なる感情を持っているので、ていねいに教育の必要を説明すれば、心を動かさない親はいない。再三にわたって訪問する苦労を忍んで区内を巡回し、時と場合、人に応じて教育の重要性を説明すれば、どのような親でも教育をなおざりにしてはいけないことを理解するようになる。

教師は、父兄に対して十分誠意をもって説明しなければならない。たとえ教師がいかに巧《たく》みな言葉を用いて説得しても、誠意をもった言葉でなければ、とうてい父兄を感動させることはできない。ましてー時的にだますことができたとしても、後日になってかえって人望を失い、たちまち教育の衰退を招いて、自分が学校を辞めなくてはならなくなってしまうであろう。したがって、教師は心に真実を持って、その言語は懇切明瞭《こんせつめいりょう》に、よく理解させ、感動させるに足る証拠や実例を挙げて、説明することが肝要である。

次のようなことも述べている。

皆さんの生涯中の楽しみともいうべきものはどのようなことですか。よい子を育てて、賢い子として世間の人にほめられ、老後においてその子から大切に孝行を尽くされ、家がしだいに繁栄する様子を見ることこそ、第一の楽しみではありませんか。

皆さんは、子供を学校に通わせることをとても難しいと思っていますが、費用などわずかなものです。三か年に費やす需要費は、硯《すずり》が二つ、石盤《せきばん》が二つ、書籍が八冊、ソロバンが一つで、合計五十二銭。三か年に費やす消耗費は一円二十銭八厘、合計一円七十二銭八厘しかかかりません。そこで、これを一か月に割りあててみると、たったの五銭です。皆さんは晩酌《ばんしゃく》されるでしょう。一合一銭の酒を毎晩二合飲むとすれば、その中のたった二勺《しゃく》だけ倹約すれば、一日には二厘節約できます。そうすれば、一か月六銭節約できて学資金には余ることになるのです。実に一円七十銭余りで、一人の子供が人間になるかならないかの境ですので、よく注意していただきたいのです。

巡回授業

千九郎がつくった夜間学校は、巡回教授という方法をとり、毎晩千九郎が出張して授業を行うというものだった。創設したばかりのころは、形田小学校に児童を集めて授業を行っていたが、やがて出席者数が減少して、最後には学校の近所の子供しか来なくなった。そのため巡回教授の方法を考えつき、区内を三部に分け、その一部は形田小学校で、ほかの二部は樋田《ひだ》村などの人家を借りて授業をすることとした。この方法によって、出席者数は以前の数倍になったという。

修業年数は三年で、毎日三時間、週十八時間を標準とし、クラスは無等級を原則として、規則はなるべく簡単にし、教師が一人で全生徒を教えるのに便利なように計画された。学科は、読み方、作文、算術の三科目に限り、特に役所の公示《こうじ》の読み方や口上書《こうじょうしょ》類、送り状、請《う》け取り状、公用文の書き方、度量衡《どりょうこう》や貨幣の数え方、利息算など、日常生活で使用するものを中心に教えた。修身は授業中、折にふれて教えればよく、習字は授業が夜間であるために難しいので、実際に使用する細字は作文の時に練習すればよいとして、科目から除かれている。

夜間学校は、正規の学校ではないから、費用をどこからか捻出《ねんしゅつ》しなければならない。運営費用は、初めは千九郎がみずから負担し、それから有志者の援助を受けるようにした。また、教授用具はなるべく公立学校から借用するようにした。さらに、信用を得るようになってからは、一般からの寄付金を仰ぐようにした。

夜間学校はおおいに好評を得て、千九郎の評価も高まった。

送別会

明治十九年の小学校令の発効を受けて、翌年から小学校制度の改革が行われ、小学校は高等小学校と尋常《じんじょう》小学校に分けられた。前者は、下毛郡では中津高等小学校のみで、ほかはすべて尋常小学校とされた。同年十二月には学区の大きな変更があり、曽木《そぎ》、樋田、下屋形《しもやかた》、今行《いまゆく》、東屋形、西屋形の各村が一学区となった。それに伴って、小学校は、曽木村と東屋形村の二か所に置かれることとなった。この二か所の小学校の位置には偏《かたよ》りがあったため、千九郎は、樋田村や下屋形村の有志とともに運動して、曽木村の小学校を樋田村に設置するよう郡役所に働きかけた。この請願《せいがん》は聞き入れられ、学区内の人々は非常に喜び、千九郎の人望はますます高まった。

この学区変更により、千九郎の勤める形田小学校は青山小学校と合併となり、曽木小学校とされた。設置場所は樋田村であった。そして三月三十日に両校の閉校式が行われた。同時に、千九郎は万田《まだ》小学校に転勤することとなった。

　この転勤について、形田小学校の生徒や父兄は非常に落胆した。のちに県会議員も務めた戸《こ》長《ちょう》の曽木円治も千九郎の転任を惜しみ、和田嘉六が学区内の代表となって、従来どおり形田小学校を引き継いだ曽木小学校に勤めさせるよう運動を開始し、千九郎に同意を求めた。千九郎自身も郡役所に出向いて転勤の取り消しを請願したが、郡長は、曽木小学校には訓導が一人いるのに対して、転任先の万田小学校（湯屋小学校）には一人もいないから、その願いを県庁に取り次ぐことはできないと断った。

仏　坂

　いよいよ形田小学校を去ることが決まった時、千九郎は生徒を集め、別れを告げた。生徒は皆涙を流して他校へ行かないよう訴えた。千九郎の胸中も去りがたい思いでいっぱいで、言葉は滞《とどこお》りがちであった。それから学区内で世話になった家や生徒の家を一軒ずつ回ってあいさつした。
　四月四日、二年一か月にわたって教育に情熱を傾けた形田村を離れる日が来た。学区内の人々は千九郎を送るため、あたかも祭礼の時のように子供を着飾らせ、酒や肴《さかな》を用意した。別れの宴は仏坂《ほとけざか》で催された。この時の模様を、千九郎は、『日記』に、次のように記している。

本日、学区内の人々は私を見送るため、早朝より起き出して酒よ肴と騒ぎ立て、あたかもお祭りの時のように、子供はきれいな服を着飾っていた。いかにも気の毒なことであった。さて、私は今日役所に行ってしばらく雑談していたが、お昼になると生徒数人が走ってきて、「先生、早く来てください。樋田村と下屋形村の父兄や生徒たちがみんな仏坂に集まっています」と告げた。そこで私は戸長に別れを告げ、仏坂に行ってみると、両村の人々はまるで雲のように集まり、酒や肴を山のように積んで私を待っていた(30)。

斧立神社

学校には生徒は二十人くらいしかいなかったのに、村人も含めて二百余人の人々が見送りに来た。まず山本万太郎宅の前で盛大な宴会が行われた。これで別れましょうということだったが、村人はそれでも名残り惜しんで、山向うの斧立《おのだて》神社までついてきた。そこでまた宴会となり、太陽が沈むころになってようやく別れを告げた。この仏坂の別れはたいへん感動的なもので、千九郎に教育者として強い自信を与えた。

第三節　万田小学校

教育改革

明治二十年四月、千九郎は下毛郡の万田《まだ》小学校に赴任した。この小学校は、学区内の戸数六百四十六、人口三千五百五十七人、学齢児童七百八十人、生徒二百二十人、下毛郡内では、中津を除けばいちばん大きな小学校だった。

明治六年から七年にかけて、万田、永添、高瀬の三つの小学校が設けられ、十一年にこれらが合併して万田村の育英小学校となった。その当時、千九郎も生徒の一人だった。しかし、合併はうまくいかず、翌年には分離して湯屋、高瀬、永添の三校に戻った。そして明治二十年四月、これらの小学校が再度合併して万田小学校になったのである。

万田小学校の訓導は三人が定員だったが、この時期にはどこでもそうであったように、教員不足のため、訓導は千九郎一人だけで、ほかに助教として武吉賢三郎が高瀬小学校から移ってきた。藍原《あいはら》戸長は教育に非常に熱心で、毎日学校に来て校舎の修繕《しゅうぜん》や工事の監督をした。助教の武吉は、千九郎が永添小学校で助教をしていた時の同僚で、十歳以上も年齢が上だった。そのため、武吉は、千九郎が正教員として自分の上に立つことを好まず、千九郎は種々の困難に遭遇《そうぐう》することになった。

赴任当時の万田小学校では、学齢児七百八十人中、日々の出席者数は八十人程度というひどい状態だった。千九郎は、早速出席をうながす文書をつくって、各村の父兄に配って歩いた。そのかいがあって、やがて毎日百二、三十人は出席するというところまでこぎ着けたが、それでも「校務はいまだ整頓できていない。ただ生徒の出席勧告に汲々《きゅうきゅう》としているだけだ」と慨《がい》歎《たん》せざるを得ない状況であった。

しかし、理想に燃えていた千九郎は、現実が惨澹《さんたん》たるものであればあるほど、いっそう校風の立て直しと教育の改革に情熱を傾け、時には病をおして登校した。

「私は夜も明けないうちに起き、夜遅くまでその方法を計画し、雨にぬれ、雪にさらされながらも貧しい人々の家を訪ね、多くの時間と忍耐とを積み重ねて夜間学校を開いた(31)」と述べているが、その教育への情熱は、千九郎の終始変わらぬ姿勢であった。

ある時、千九郎が病気で欠勤したため、武吉助教が代講した。その時、県の学務課員北条某が視察にきて参観し、武吉助教の授業法がまずかったので、怒られるような一幕もあった。また、千九郎を羨《うらや》み、敵視する同僚や地域の人々もいて、ある時は村民を扇動《せんどう》して、生徒を登校させなかったりしたため、千九郎は苦境に立った。しかし、千九郎の努力で万田校もしだいに改善されていった。

明治二十年六月、母親が大病になった。十一月になって母の病気は多少回復したが、全治には至らなかった。千九郎はこの間、家事をするなどして、専心看病に尽くした。

英彦山へ登る

千九郎は、このような苦難の中でも『新編小学修身用書』の著作に集中した。さまざまな苦境の中にあっても学力は着実に伸びたようで、千九郎自身、次のように回顧している。

明治二十年の私の行ったことを略説すると、自分の学識と才能とに磨きをかけ、人々の信頼を得て地位を固めることができた。演説と著作が上達し、樋田、下屋形の人々が私を慕《した》ってくれた。地方の名門の家とも親密になった。形田校より万田校に栄転した。麻川と又治の二人が、私の指導によって教員免許状を取得できた。そのようなことを挙げることができる。(32)

明治二十一年一月三日、千九郎は、著書「蚕業新説製種要論《さんぎょうしんせつせいしゅようろん》」と「遠郷僻地夜間学校教育

英彦山神社（福岡県添田町）

法」の序文を依頼するため、英彦山《ひこさん》神社の宮司高千穂《たかちほ》宣麿《のぶまろ》を訪ねた。

翌一月四日、千九郎は、積雪一メートルを越える英彦山に登った。標高千二百メートルの英彦山は、大和の大峰山、出羽の羽黒山とともに修験者《しゅげんじゃ》の道場（天台宗）、霊山として知られ、往時は、大小三千余の坊舎が建ち並んだといわれる。歌舞伎の「彦山権現《ひこさんごんげん》誓助剣《ちかいのすけだち》」は、ここを舞台にしたものである。室町時代には有名な画僧雪舟《せっしゅう》が英彦山を訪ね、みごとな庭園を築かせた。また、修験道の教義を確立した阿吸房即伝《あきゅうぼうそくでん》という学僧を輩出するなど、文化の中心地であった。千九郎は、日ごろの苦悩を一新する意味もあってこの山に登ったのであろう。現在は開運の神として知られている。

第四節　中津高等小学校に赴任

手工科の設置

明治二十一年四月、千九郎は万田小学校を辞任し、中津高等小学校に赴任した。この時、千九郎は弟又治を万田校の後任に推薦した。

千九郎は、高等小学校の教員資格がなく、赴任当初は正教員ではなかった。それでも相変わらず教育には熱心で、ふだんは学校の宿直室に泊まり、家へ帰るのは月に数回であった。校務の余暇には、奥平昌高が寛政元年（一七八九）に設けた藩校進修学館《しんしゅうがっかん》の和漢の蔵書数千冊の読書に集中した。当時、この蔵書は中津高等小学校の一室にあったのである。

七月、千九郎は教員免許試験を受けて合格し、十月に正式に高等小学校訓導となり、明治二十五年、歴史家をめざして京都に旅立つまでの四年間、この学校に勤務した。

このころ生徒だった人々の晩年の回想が、いくつか残っている。

高等科の生徒が初めて揃《そろ》いの洋服をつくって着用したのは、廣池博士（千九郎はのちに法学博士になったので、後年の回想者はこのように呼ぶことが多い）がクラス担任の時のことであった。洋服といっても非常にお粗末なもので、ちょうど兵隊の着るようなもので木綿《もめん》であっ

た。（廣池博士は）学校の付近にある公園でいつも体操をしていた。（中略）

博士は、運動の時も元気よく腕を前後に振って、こぶしを握っており、特徴のある気ばった歩き方をしていた。（中略）博士の生徒に対する教育的態度は真面目《まじめ》で、いつも肚《はら》の底から出るような誠心誠意なものがあって、生徒がよくついていった。（中略）この時分でも、漢文は実に達者であったことを記憶している。いつも、なにごとにも気合いが入っていた。(33)

初代中津市長佐藤寅二《さとうとらじ》は、「若い先生にも似合わず、実に謹直《きんちょく》な、謹厳なお方だとこう思っておりました。動作が、一挙手一投足、非常に緊張したお歩き方でございます。生徒を校庭に並べまして、号令をかけて、先頭に立って走られる姿が何ともいえない風格がございました。かといって、恐ろしい、よりつけない、というふうでもなかった。たいへん親しみやすいお方でございました(34)」と語っている。

千九郎は、まず手工科を設置した。明治二十一年六月より、元日田《ひた》郡長新庄関衛とともに各学校に手工科を設ける運動を起こしている。手工科とは、裁縫《さいほう》や手芸、図画、工作をさせるものので、現在の技術家庭科にあたるものである。

千九郎は、次のように考えていた。

手工科の特徴は、身体の諸器官、特に手の動作を発達させて、将来職業に就《つ》く際の助けとなるばかりでなく、心と目と手の関係を密接にして、行為の発達を心身の発達と並行させることにある。スイスの教育者ペスタロッチも、頭と心と手の調和、統一をめざした3H教育を主張し、手工科が知能や注意力、考察力、記憶力などを養成するのに役立つと述べている。ドイツの教育者フレーベルの幼稚園では、紙を切ったり、ものを描いたり、木を並べたり、組み立てたり、粘土で遊んだりすることによって習慣や癖《くせ》を矯正《きょうせい》させ、知力を発達させて、創造力や審美眼《しんびがん》を養成することに成功している。

手工を授業に取り入れれば、児童は身体を活動させることを好むようになる。そうすれば職業を重んずるようになり、ひいては産業の発達に貢献することにもなる。それが間接的に徳育の助けとなる。初等教育には、知識を与えるという目的と、「心力」を開発するという目的がある。手工はこの二つの目的を同時に達成させるのに役立つ。千九郎が最新の教育観に立って実践していたことが分かる。

寄宿舎の設置

千九郎はまた、寄宿舎の設置にも骨を折った。転勤後、直ちに校長とはかって寄宿舎をつくり、三人の生徒を入寮させた。金銭の出納《すいとう》に細心の注意を払うとともに、管理にも万全を期して、社会の信用を得られるようにした。『日記』には、次のように記されている。

頭痛がして暇もなかったが、朝夕生徒たちに無料で授業を行った。そのため生徒たちは常に各クラスの首位を占めた。だから寄宿生の評判がよくなり、やがて市内からも生徒を私に託《たく》す父兄が現れた。私は毎月一回くらいは永添に帰り、日夜用務員を使って（中略）生徒の世話をした。(35)

その結果、開寮してから約一年を経過した明治二十二年七月には、全校生四百五十人のうち四十人が寄宿生となった。

このほか、明治二十三年から二十五年にかけては、中津簡易《かんい》学校の整理や豊州《ぶしゅう》学館《がっかん》の改革に協力したり、中津中学校の再興運動にかかわるなどの活動をしている。これらの教育改善のための活動の同志は、大分県共立教育会の会員たちであった。特に山田小太郎との関係が深かった。千九郎は、明治十九年二月ごろ山田に英語を習ったことがあり、山田との交流は、その後もずっと続いている。

簡易学校とは、なかなか就学率が向上しない状況に対して、明治十九年、文部省が四年制の尋常小学校に代えて、修業期間三年の簡易科を設置することを認めたことによってできた制度である。毎日三時間の授業時間数で、読書、作文、習字、算術を教え、授業料は町村が負担するというものだった。家計の苦しい子供でも、家事、育児の手伝いをしながら学校に通えるようにすることを目的としていた。

明治二十年における下毛郡内の小学校数は、尋常小学校十校、簡易科二十四校であり、大分県全体では小学校五百七十五校中、簡易科は実に七七パーセントの四百四十一校を占めていた。しかし、教育条件が悪く、しだいに簡易科は不評となり、明治二十三年七月の小学校令改正によって廃止された。

千九郎は、旧堀川学校跡地を利用して簡易学校の改善を計画した。千九郎の立てた「中津簡易学校整理大略予案」の中では、数少ない教師でいかに多くの生徒を効率的に教えることができるかについて、さまざまな提案を行っている。

このころ、中等教育を行う学校は、法律で基準が厳しくなったため廃校に追い込まれ、明治十五年には中津中学校が廃止され、十六年には中津市校が解散した。その後、同様の学校は存在せず、新庄関衛や山田小太郎などは中津に中学校をつくらなければならないと考え、旧藩主奥平家の援助を求めたり、扇城学舎《せんじょうがくしゃ》という私立中学校を開校したりした。千九郎もこれらの運動にかかわった。

さらに、二十二年六月には、「性質痴鈍《ちどん》及び素行不正生徒原因調査書」を全国の教育者に発送し、調査研究をしている。つまり、問題児の性向調査である。この調査書は、生徒と両親について、体質、性格、親子関係、習癖《しゅうへき》、友人関係、日常の飲食物など、三十四項目にわたって詳細に尋ねたものである。この調査結果は残っていないが、ここには、家庭環境の重要性、生徒の人格や学力形成の原因について客観的なデータを把握《はあく》し、より有効な教育を行おうという熱意がにじみ出ている。千九郎がこの調査を行ったことは、早くから障害児教育に関心を持っていたことを示しているという点で、大分県の教育史では高く評価されている。(36)

第四章　『新編小学修身用書』の発行

第一節　当時の道徳教育の状況

最下位に置かれた道徳教育

千九郎が編述した『新編小学修身用書』の内容に触れる前に、明治前期の道徳教育の状況について、簡単に述べておこう。

日本の近代教育は、明治五年八月に公布された「学制」に始まる。これはフランスの教育制度をモデルにしたものである。これに基づいて、翌年九月に制定された「小学教則」では、知育偏重の方針がとられ、修身科は習字、算術などの履修科目の中で最下位に置かれた。それも下等小学の一、二年のみで、一週一、二時間という実情だった。

当時の修身科教科書の多くは、欧米の道徳書の翻訳、または翻訳編集したものであった。例えば、青木輔清の『民家童蒙解《みんかどうもうかい》』、福沢諭吉の『童蒙教草《どうもうおしえぐさ》』、阿部泰蔵《たいぞう》の『修身論』、箕作麟《みつくりりん》祥《しょう》の『勧善訓蒙《かんぜんくんもう》』、神田孟恪の『性法略《せいほうりゃく》』などがあった。しかし、翻訳教科書を使いこなせる教師は少なく、地方の大半の学校では、修身科教育について暗中模索の状態であった。

道徳教育の見直し

明治十二年九月、「学制」を廃止して、アメリカの制度にならった自由な教育を進めようという目的で「教育令」が公布された。しかし、早くも翌十三年十二月には、その「教育令」に対する反省がなされ、「改正教育令」が出された。この改革によって、教育内容ばかりでなく、教育全般にわたって国家的立場からの統制が強められることになった。それまで各教科の最下位に置かれていた修身科は、一躍全科目中の首位に位置づけられ、各学年を通じて欠くことのできない必須科目となったのである。

この教育改革を進めるうえで、一つの契機となったものが、元田《もとだ》永孚《ながざね》が起草し、明治十二年夏に発布された「教学大旨」である。

次は、その一節の大意である。

最近、文明開化の美名のもとに才能や技術だけを尊んで、日本人としての品位をそこない、風俗を乱すものが少なくない。その理由は、明治維新の初め、わが国が持っていた悪い習慣を捨てて、新しい知識を世界に求めようという卓見を持ち、西洋の長所を学ぶことに努めた時期があり、その努力は功を奏したが、その反面、わが国の美風であった仁義忠孝をおろそかにし、いたずらに洋風化のみを競ったため、君臣父子の礼節を守るという大義を忘れてしまったところにある。

これはわが国の教育の本意とするところではない。したがって、これからのちは、（中略）もっぱら仁義忠孝を明らかにし、道徳の学問は孔子の教えを主体として、人々の誠実さと品行を尊び、そのうえで各学科の内容も充実させ、道徳と才能・技術を兼備させるのである。そのようにして正しい教育を国中に展開すれば、わが国独立の精神は、世界に恥じることのないものとなろう。

その後、明治十三年には、西村茂樹編『小学修身訓』全二巻が出た。また、明治十五年には『幼学綱要』、十六年には『小学修身書』が出版されるが、これらの教科書は小学校教則綱領に準拠《じゅんきょ》したもので、その中には西洋の人名も書名も格言も見当たらなくなり、儒教中心の道徳教育が強められていった。

明治二十三年十月には「教育勅語《ちょくご》」が発布され、その後の道徳教育の基準となった。「教育勅語」には、教育の起源がわが国独自の国体にあること、国民が実践すべき個人道徳と社会道徳に関する徳目、これらの徳目が古今東西に通用する普遍妥当性を持つものであることなどが示されている。

徳目としては、親への孝養、きょうだい・夫婦・友人間の親愛、博愛、知能の啓発、人格の向上、社会への貢献、法律や秩序の尊重、国家への奉仕などが挙げられている。これらの徳目自体は、今日においても大切な実践課題である。しかし、「教育勅語」の運用において、祝日、学校行事で厳格に奉読させるなど、国家権力による強制を伴ったため、戦後廃止された。いずれにしても、この「教育勅語」は、発布以降、第二次世界大戦終結まで、国民道徳の根幹として大きな役割を果たした。

第二節 『新編小学修身用書』の編述

発行の目的

明治二十一年十二月一日、千九郎の編著になる『新編小学修身用書』全三巻（一巻三十三銭）が刊行された。それは「教育勅語」が発布される前々年のことであった。この書は大阪府東区備後町四丁目七十八番屋敷、吉岡平助によって発行された。本書は、道徳教育の副読本である。

ここには千九郎のめざす道徳教育の理想像ばかりでなく、教育思想の特質が端的に表されている。その意味で、本書は青年期の千九郎の思想を知るうえで貴重な資料である。同時に、やがて学者として世に出た千九郎の、最初のまとまった編著という点でも注目すべきものである。

『新編小学修身用書』（全3巻）（明治21年12月）

本書は、千九郎が昼間は教育に心を砕きながら、夜の寸暇を惜しんで書きつづったものである。この年の十月二十二日、二十三日の両日、大分市で開かれた大分県共立教育会総集会に出席した千九郎は、その途次、同会の調査委員であり、大分師範学校教諭であった増川蚶雄を訪ねて、『新編小学修身用書』著述の意志を伝えて、出版を依頼し、同氏の承諾を得ている。増川は本書の校閲者として名を連ねており、大阪での発行も増川の世話によるものと推測される。

本書の目的は、生徒に国民が持つべき貴重な気質を涵養《かんよう》し、実業と学問とを兼ね愛する気持ちを養成することにあった。巻一は二年生、巻二は三年生、巻三は四年生を対象として編述されている。各巻がそれぞれ五十の格言からなっているのは、一週一時間の修身の時間に、一つの格言を中心に授業が進められるように工夫したものである。

内容の特色

千九郎にとって、学問とは個人の立身出世のための方便《ほうべん》、あるいは知的好奇心を満足させるためのものではなかった。それは現実の矛盾を克服し、社会の利益と進歩向上をはかる使命を持つものであった。そのため『新編小学修身用書』には、「人に敬われるのは、人に益を与えることから来る[37]」、「利益が大であっても、自分の一身のためにする行為であれば卑《いや》しむべきであり、小であっても、人々のためにするのであれば尊ぶべきである[38]」、「死んでもなお自分の身を社会のために用いるべきである[39]」などという言葉をはじめ、各巻を通じて「社会の利益」に関する格言、例話が多い。

本書の特色[40]の一つは、実学尊重の思想にある。学問の実益性をはかる具体的方策は、科学的知性を啓発して実業を興《おこ》すことにあった。千九郎は、従来の四書五経を中心とした徳目主義や古語の単なる暗記という注入主義が、一面では児童の心を高尚に導いたが、反面ではかえって実業を卑しむ心を生じさせる欠点を持っていると考え、それを是正《ぜせい》しようとした。

本書は、当時の修身科教科書編纂規準に準拠しながらも、実学尊重の思想が色濃く示されており、例話に出てくる人物も、大半が土地を開き、塩田を興し、あるいは養蚕、織物、製茶、製紙の法を発明した人、牧畜、米質改良、植林、果樹栽培などの方法を工夫した人である。児童に身近な生活経験や社会の出来事に目を向けさせながら、それを克服していく創造的知性、つまり、科学的精神に基づいて社会改造を行える人間の形成をめざしていたといえる。

また、本書に取り上げられた人物の多くが、生徒にとってきわめて身近な人物であったという点も大きな特色である。児童と同様に、貧しさや生活の苦労と闘《たたか》いながら、志を立て、創意を練《ね》って人生を切り開いていった農民、あるいは青年時代放蕩《ほうとう》から罪を得て追放されたにもかかわらず、翻然《ほんぜん》として目覚め、社会に尽くした人物などである。

さらに、女性の役割に注目していることも特徴的である。例えば、明治五年、米国のヴァッサー大学に入学し、日本で初めて女性で海外の大学を卒業したといわれる山川（大山）捨松《すてまつ》、明治十七年、わが国で初めて女子医術試験を受けたといわれる木村秀子をはじめ、繍隠起《ぬいおきあげ》の法を考え出した村田チカ、養蚕の道に励んだ笠原ヨシなど、本書に収録されている人物の二割近くが女性である。

なお、本書に取り上げられている著名人としては、帆足万里、小川含章、福沢諭吉、西郷隆盛、吉田松陰、勝海舟、佐久間象山などがいる。

千九郎のこのような教育思想が、明治十年代にわが国に輸入されたペスタロッチの開発教育思想やスペンサーの実利主義教育思想の影響を受けていることは見逃すわけにいかない。しかし、本書を通じて、一方では西欧の新しい教育思潮に触れながら、もう一方では自己の置かれた現実を凝視《ぎょうし》し、公平中正の立場に立って社会の利益をはかる実学主義の教育を実現するために、千九郎が全身を打ち込んでいる姿が浮かび上がってくる。

「事の成否《せいひ》は志が厚いか薄いかによって決まる」(41)、「自分の置かれた立場によって志を変える者は小人《しょうじん》である」(42)などとある「志」は、麗澤館時代の漢詩とも一貫している。志に生き、志を貫いた明治時代の先達のエネルギーが、千九郎の根幹をも貫いていた。

本書にはまた、「善を行えば善報がある」「過ちがあっても、これを改めれば、幸福を得ることができる」などと、道徳的因果律の考えも示されている。

本書は大阪で出版されており、末尾に販売書店五店、販売者三十人の名前が載《の》っている。書店は、東京、神戸、大分にわたっている。しかし、千九郎はこの原稿の稿料などはいっさいもらっていない。「この書は非常に喝采《かっさい》を博した」(43)とあるように、相当売れたようである。

「修身口授書外篇」

千九郎が行った修身の授業については、その一端を「改正新案小学修身口授書外篇《くじゅしょがいへん》」という稿本の中に見ることができる。これは出版には至らなかったが、明治二十年十一月までに書かれたもので、尋常小学校一年生に修身を教えるための教師用の指導書である。

その序文の中で、次のように述べている。

教育というものは、児童の能力の発達に合わせて、既知《きち》より未知に、有形的なものより無形的なものについて理解させていくものである。修身の授業についても、幼児はまだ心が狭く、経験も少ないから、従来行われてきたような、偉人の業績や異国の珍しいものについて話して聞かせるような授業では、子供たちの情操《じょうそう》を向上させるのは難しい。修身の初歩の授業は、実物的教授法によらなければならず、実物を写生したり、幼児の経験を題材にして比喩《ひゆ》を用いて説明することにより、児童の感情に訴えて徳性を開発しなければならない(44)。

具体的には、アメリカの政治家ダニエル・ウェブスターが行っているように、暗記しやすい対句《ついく》の格言を用い、格言の前半には分かりやすい図画やあるいは児童が日常経験するようなことを記し、後半には開発しようとする徳目を示している。授業にあたっては格言の意味を説明し、また、児童と会話することによって児童の理解を深め、最後に各自のノートに書かせる、などと指示している。

第三節　千九郎の教育思想

燃える教育愛

この時期の千九郎の教育思想は、どのようなものだったのだろうか。例えば、「学問は教員や官吏《かんり》となる手段ではなく、実業を助け、世の幸福を維持増進するためのものである」[45]、また「人のねうちは地位の上にあるのではなく、世のためにどれだけ貢献したかによって決まるものである」などと述べられているように、千九郎の教育の目的は、官職に就く人材の養成にあるのではなく、新しい産業を興し、民力の増進や社会の福祉に貢献することのできる人材の育成にあった。

千九郎は、国家の浮沈《ふちん》を左右するものは教育にあると確信し、自分自身がその使命にあずかろうとしていた。『日記』には、次のような記述がある。

明治十九年五月二十一日、次のように感じた。私は痴鈍《ちどん》であり、とても世を救うようなことはできない。官僚になったとしても、かえって社会に迷惑をかけるばかりだ。したがって、産業を興して富を得、それからのちに多く貧民の子供たちを養い、育てていけば、やがて英雄になる者もいるかもしれないし、その他、種々世に尽くす人物が出るかもしれない。そうなれば社会のために役立つことになるし、慈善の一端ともなろう。[46]

さらに、夜間学校設立の一か月前の明治十九年十一月には、前年一月に詣《もう》でた柞原《ゆすはら》八幡宮で、次の誓いを立てている。

一、人を誹《そし》らない。

二、貧しい人や弱い人を憐《あわ》れむ。

三、五十歳を過ぎれば、国のために奔走《ほんそう》し、死をもいとわない。

この誓いには、千九郎の人生観がよく示されている。

「私の財産が一万円に達したならば、孤児五十人を養うつもりだ[47]」とも書き記している千九郎の胸中には、スイスの大教育家ペスタロッチの姿が思い描かれていた。

一七九八年、フランス革命の余波はスイスにも及び、戦災孤児は街々にあふれた。ペスタロッチは、シュタンツの孤児院に単身赴任し、朝は早くから起きて食事を準備し、昼は孤児に教育を施し、夜は子供たちを休ませてから彼らの着物の繕《つくろ》いをし、それからようやく自分の勉強の時間を持った。こうしてペスタロッチは、神にして人であるところのペスタロッチ、人にして

明治19年11月の誓い

神であるところのペスタロッチといわれるほど尊敬を集めるに至った。「玉座の上にあっても、木の葉の屋根の陰に住まっても同じ人間、その本質からみた人間、そも彼は何であるか[48]」と、処女作『隠者《いんじゃ》の夕暮《ゆうぐれ》』の冒頭に書いたペスタロッチは、貧民の子であろうと、孤児であろうと、人間性への絶対信頼の念からこれを愛し、教育した。千九郎は、このペスタロッチを心から尊敬していたのである。[49]

実学の重視

千九郎は、「学校生徒実業を重んずる習慣を養成する方案」の中でも、実学思想を強調し、教師は地域社会の産業に精通し、その産業の理論を教えるだけでなく、それを実際に応用し、その弊害《へいがい》を改良して救済する方法、さらには、生産物を販売し、利益を上げる方法まで指導できなくてはならない、と述べている。『新編小学修身用書』にも、「農業に従事する者は農法を知らなくてはならない[50]」、「国を富ます道は、物産を興すにあり[51]」とある。

こうした考えを持つ千九郎は、下毛郡が養蚕業を主な産業としながら、その蚕種《さんしゅ》の製法があまりに粗製乱造であるのを見かねて、明治十九年ごろからみずからも蚕業に関する内外の文献を研究した。そして、大分県内外の養蚕地の実地調査を行い、さらには、全国的に著名であった群馬県の田島弥平の助言も仰《あお》いで「蚕業新説製種要論」（明治二十年七月）という一書を著し、

「蚕業新説製種要論」稿本
（明治 20 年 7 月）

村民の指導にもあたった。この書の緒言には、次のようなことが書かれている。

最近養蚕業が著しい進歩を遂《と》げ、養蚕業に従事する人も増加しているが、昨年各地の養蚕業を視察したところ、いまだにまったく製造の法を知らない者もいて、粗製乱造の弊害には見るに忍びないものがあった。一地方がこのようなありさまであるということは、全国の製種家においても同様であるに違いないと思い、本書の編纂を企てた。そして、養蚕業に必要な事柄を広く内外の専門家の説から抽出《ちゅうしゅつ》し、一方では自分が学んだ蚕育上の学術的理論と多年にわたって経験してきた結果とを考慮し、特に一般実地家のために「簡単明白、分かりやすさを」追求して記述した。[52]

大分県の養蚕業の開拓者は小野惟《い》一郎《いちろう》であり、明治七年に鶴崎養蚕試験所、製糸伝習所を設立、十四年には蚕業原社を創立した。明治十七、八年ごろは、中津近在では養蚕をする家は少なかったようであるが、千九郎は父親を説得して桑を植えつけ、弟の又治を中津の末広会社という養蚕会社に見習いに行かせるなど、積極的に養蚕に取り組み、相当の利益を上げた。村人に分け与えた蚕種《さんしゅ》は、「廣池の蚕種（たね）」として有名であったという。

第五章　教員互助会の設立

第一節　設立の趣旨

教員の意識改革

形田小学校赴任直後の明治十八年五月、千九郎は、大分県共立教育会の会員になっている。同会は、十八年に教育の普及、改良、向上をはかることを目的として創設されたものである。この会は大分県教職員組合の前身である。創設者は、坂本永定や増川蚶雄、是石辰二郎、河野欣三郎をはじめとする大分師範学校卒業生で、進歩的教師が中心となっていた。会長には、のちに県知事となる西村亮吉県令が就任した。創立後まもなく、機関誌として『大分県共立教育会雑誌』を発刊した。当時大分には、明治十六年設立の「大分県教育会」があったが、これは学校長や教育行政者を中心に結成されていた。

千九郎は、共立教育会を舞台として、教育改革のために積極的に活動した。『大分県共立教育会雑誌』への論文の寄稿や大会に参加して堂々の論陣を張り、県教育の方向決定に影響を与えた。

明治二十年十月の大会の際、会の衰微《すいび》救済の方策が話し合われ、いろいろな意見、提案が出された。千九郎は、「すべての障害は古い習慣や方法にこだわることから生み出される」と言って、会費も納めない道徳心のない者には雑誌を配布しないこと、これまで無報酬だった編集委員には報酬を出すこと、を主張した。それまで編集委員に報酬はなかった。人に仕事をさせておいて報酬を与えない理由はない、報酬もなくて仕事だけをさせるなど、とても欧米の文明人では考えられないことであるとして、相当の報酬を出してその責任を明確にし、それによって機関誌の刷新《さっしん》向上をはかり、会員の志気を奮《ふる》い立たせるべきだと訴えたのである。

明治二十三年四月の大会では、県下高等小学校の英語科改廃の可否が議論された。多くの教師は、「英語科は必須《ひっす》の学科ではない。英語科教師の俸給が高く、学校財政にも無理がある」などという理由を挙げ、廃止すべきだと主張した。

この時、千九郎は「私はいささか所見があるので、最後に愚見《ぐけん》を述べるつもりであったが、反対説が断然優勢になっているので、反論せざるを得ない状況になった」と言い、英語科存置《そんち》のための積極的な理由を挙げて、諄々《じゅんじゅん》と説得した。最後に、「英語科を全廃しようとするのは、奔流に逆らってこれを止めようとするのに似ている。私は、皆さんが県下一般の状況によってどのような反対の意見を採用しても、中津高等小学校は断然これを置かざるを得ないと確言する(53)」と言葉鋭く結んだ。この発言によって、反対説も影をひそめてしまったという。

待遇改善の努力

明治初期の教員の報酬は、専門職のわりには低かった。明治二十年には、米価一石（約百五十キロ）十円前後に対して、校長の月俸は十円から十三円、訓導は五円から八円という状況だった。特に大分県の場合には他県よりも低いため、教員を志望する人が少なく、教員からほかの職種に転職する人も多かった。さらに、過労で病床に伏したり、早死にする人も出るなど、教員の労働条件は劣悪《れつあく》だった。

こうした状況を見かねた千九郎は、教員互助会の必要性を痛感し、その設立を訴えた。その理由は、生活の保障がなければ、よい教育はできないと考えたからである。千九郎は、自分一個人の身の安逸《あんいつ》を求めて互助会の設立をはかったわけではない。日本が近代国家として独立の実《じつ》を果たす道は、教育をおいてほかにない、と確信していたからである。

事実、「羽織《はおり》袴《はかま》で銭《ぜに》ない者は、学校教員か、家相観《かそうみ》か」と皮肉られたといわれるように、教師の生活は決して楽ではなかった。明治二十年の「文部省第十五年報」には、「小学校教員が職に定着しないのも今日の通弊である。これは主として教員の行いがよくないことによるものであるが、それよりも教員の待遇がよくないことに原因がある」と指摘されている。明治二十五年ごろには、教員から巡査、役場書記、政党書記などへ転職する者が相当あった。(54) 千九郎は、欧米の教員福祉政策に学んで、互助会の設立を訴えた。その活動の主な内容は、事故遭遇者、生活困窮者、死亡者の遺族への救助金支給、教育功労者や永続勤務者への慰労金の贈与などで、資金は、教員の毎月の給料から少額を拠出《きょしゅつ》してあてようと考えた。

互助会の胎動

大分県教員互助会は、千九郎の物心両面の努力によって実を結ぶことになった。千九郎が具体的に動き出したのは、明治二十二年の春ごろからである。すでに、同年五月中旬には、わざわざ西国東郡《にしくにさきぐん》、宇佐郡、下毛郡の教育会に出向いて、その必要性を説いて回っている。『教育会雑誌』に発表した「主意書」「互助会概則」も、同年六月に起稿している。

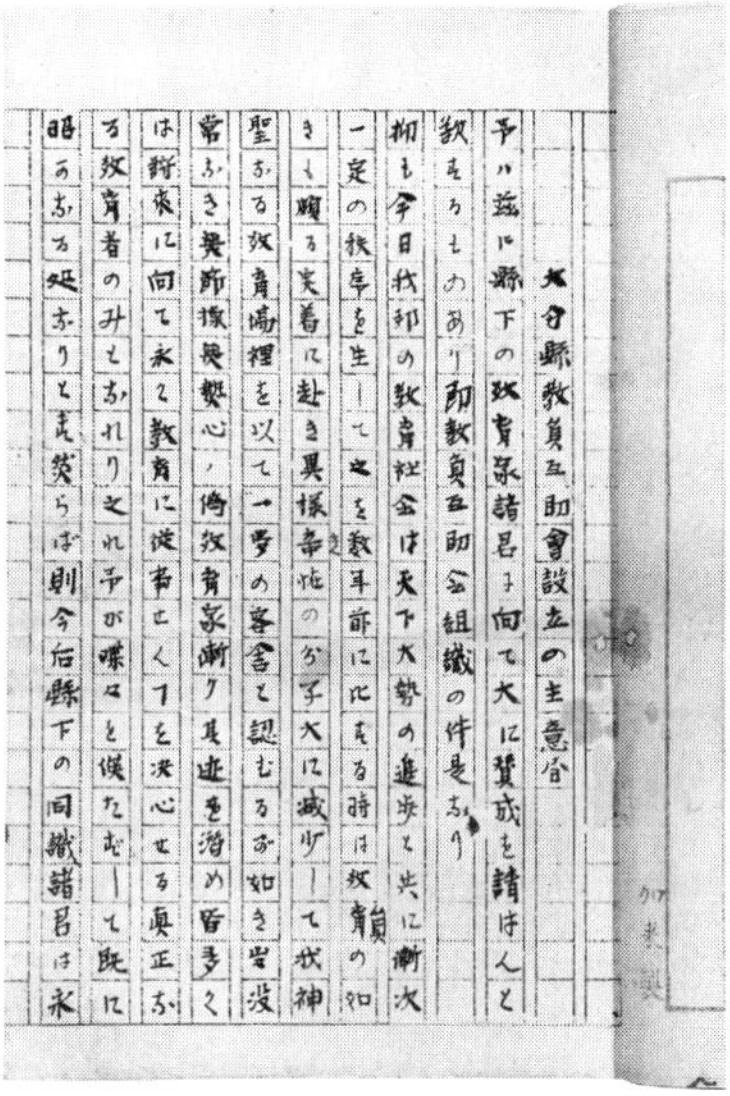
大分縣教員互助會設立の主意書
予ハ茲に縣下の教育家諸君子に向て大に賛成を請はんと
欲するものあり即教員互助会組織の件是なり
抑も今日我邦の教育社会は天下大勢の進歩と共に漸次
一定の秩序を生して之を数年前に比する時は教育の知
きも頗る実着に赴き異様奇怪の分子大に減少して[illegible]
聖なる教育倫理を以て一身の客舎と認むるか如き[illegible]
常なき[illegible]心の偽教育家漸く其迹を潜め皆多く
は將來に向て永く教育に從事せんとを決心せる真正な
る教育者のみとなれり之れ予が喋々を俟たずして既に
明[illegible]然らば則今后縣下の同職諸君は永

大分県教員互助会設立の主意書

千九郎は、県下各郡を回って、その趣旨を説き、自費で主意書を印刷して、各郡に配布するなど、県下教員の意識の高揚《こうよう》に努めた。そのかいあって賛同者も徐々に増加し、『教育会雑誌』第五十八号には、会員玉崎虎三の賛助文が載《の》るなど、その機が熟していった。

千九郎は「大分県教員互助会設立の主意書」で、次のように訴えている。

今日の教育上、困難が多く主要な実業教育の普及と人物育成の実績とを成就して、わが国を富強の位置にすえようとするならば、教育に生涯をかけようとする真正の教育家たちが互いに親愛を深め、ともに奨励し合い、協力して、着実な方法によって、計画を実行していかなければ、決してその目的を達成することはできないであろう。そのためには、教育家の一身上から考えても、その教育事業のうえから見ても、本会の設立は今こそ必要である。(55)

第二節　設立の経過と評価

互助会設立提案の通過

千九郎は、この互助会を共立教育会の付帯事業として実施しようとはかった。この年(二十二年)の九月下旬には、賛同者のうちから若干の創立委員を選挙で選び、総集会に持ち込むために、着々と準備を進めていた。翌二十三年四月二十六、七日の両日、大分県尋常師範学校で総集会が開かれた。その会において、「会員廣池千九郎氏ほか数名の提出にかかる教員互助組織の件は、委員及び常集会の熱心な議論を経て、今回総集会の議題となった」というところまで話は進んだ。

しかし、この時は、英語科存廃《そんぱい》の問題をめぐって議論が白熱化し、時間切れとなったため、互助会問題は、次の会へ持ち越されることになった。その後、半年の審議を経て、二十三年十一月の総集会で設立の趣旨が認められ、県共立教育会の事業の一環として互助活動を、二十四年四月から実施することが、共立教育会の会則に明記された。この時は、互助会の組織そのものはできなかったが、千九郎の提案の趣旨は大分県共立教育会の付帯事業として取り入れられた。これは教員を対象とした互助活動としては全国で初めてのものである。

明治二十五年春の大分県立教育会で、北条茂彦は「東京土産」として、次のような報告をしている。

東京全国教育家大会で本県の名誉となることが三つあった。その一つに、ある教育家が「全国にいまだ県単位で組織された互助会がない」と言ったが、私がこれに反論し、「わが県にはある」と言うと、参加者たちの目は私に注がれた。(56)

教員互助政策の動き

ちなみに、教員の全国的規模の団体である大日本教育会（明治十六年創立）は、大分県より遅く明治二十五年になって、教員互助政策を活動の一つに取り入れることにした。教員互助会として独立した互助事業団体の創立は、同四十年の神奈川県が最初で、その後、大正十年ごろになって全国的に盛んになり、大分県教員互助会は、千九郎の提案後、三十四年たった大正十二年（一九二三）に、学制発布五十年記念事業としてようやく正式に発足した。

現在では、いくつかの書籍や新聞などで、千九郎の功績について触れられている。例えば、平成八年に出された『大分県歴史人物辞典』には、「大分県教育会に日本最初の互助会をつくったのは廣池の発案による」と載っている。

第六章　『中津歴史』の発行

第一節　中津の思想的・文化的背景と千九郎の勉学

学問の状況

明治維新以降、西洋文化の移入は急速に進展していった。その中心の一つは、福沢諭吉、加《か》藤弘之《とうひろゆき》、西周《にしあまね》などの明六社《めいろくしゃ》の啓蒙《けいもう》活動にあった。移入された西洋思想は、ジョン・スチュアート・ミルの『自由論』、ダーウィンの『進化論』、ルソーの『社会契約論』、スマイルズの『自助論』などであった。一方、中江兆民《ちょうみん》や大井憲太郎などが自由民権思想を鼓吹《こすい》した。

また、明治十年に設立された東京帝国大学をはじめ、高等教育機関は、多くの外国人教師を雇用した。これらの教師は、人文科学、社会科学、自然科学の全分野にわたっており、最新の情報を提供した。千九郎の勉学も道徳、教育、歴史などにわたる幅の広いもので、世界各国の教育史の概要、プラトン、アリストテレスの教育観、キリスト教、仏教などについて、さまざまな抜き書きが残っている。

ここで、中津の学問の状況を簡単に見ておこう。

中津の伝統的な学問は儒学であった。江戸幕府を支えたイデオロギーは朱子学であったが、しだいに朱子学を否定する方向として、伊藤仁斎《じんさい》の古学派やそれを発展させた荻生徂徠《おぎゅうそらい》の学問の方向へ向かっていった。

中津藩で最初に儒学を広めた学者は、藤田敬所《ふじたけいしょ》である。敬所は、京都に出て伊藤東涯《とうがい》に師事して古学を研究し、帰国して塾を開き、子弟の教育にあたった。門下生としては、宇佐出身の倉成龍渚《くらなりりょうしょ》が有名であり、藩校進修学館の設立に尽力した。豊後杵築藩《ぶんごきつきはん》の儒者三浦梅園も、一時敬所に学んでいる。

龍渚のあとは、福沢諭吉の漢学の師白石照山が継いだ。照山の塾はかなり繁栄した。

次に、中津藩で国学を興したのは、渡辺重名《しげな》である。重名は、伊勢の荒木田久老《あらきだひさおい》の門に入って国学を学び、本居宣長《もとおりのりなが》に師事し、「本居門下十哲」の一人に数えられている。天明八年（一七八八）、中津に帰って私塾を開いたが、進修学館が創設されると、そこに移り、国学を担当した。重名は、三浦梅園、豊後日出藩《ひじはん》の儒者帆足万里などとも親交があった。重名のあとは、子の重蔭、孫の重春、重石丸《いかりまる》が継ぎ、渡辺国学は隆盛を極めた。

渡辺重春は、平田篤胤《ひらたあつたね》の学風を信奉し、明治二年、中津藩皇学校師範方を命ぜられ、勤王《きんのう》思想を説いた。その著『豊前志』は名著とされている。

その弟の重石丸も篤胤を信奉し、二十二歳の時、中津桜町に家塾道生館を開き、子弟の育成にあたった。重石丸の国学は、豊前の思想界に多大の影響を与えた。

増田宋太郎は、重石丸のいとこにあたり、また、福沢諭吉とまたいとこの関係にあった。宋太郎は道生館に学び、神童と呼ばれるほどの秀才であった。次いで京都皇学所や慶応義塾でも学び、明治二年に重石丸が京都に行ったため道生館が閉鎖になったあと、皇学館の設立を強く訴え、明治四年に発足させて、校長となっている。開校早々三百余名の入学生を得て盛大を極めた。

宋太郎の思想は、急速な近代化思想の流布《るふ》を憂慮する青年に大きな影響を与えた。明治十年、宋太郎が西南の役で城山の露と消えたあと、奥平昌邁《まさゆき》は明治十六年、宋太郎の詩歌三百余首をまとめた『増田宋太郎遺稿』の版をみずから起こし、有志に分け与えた。

千九郎が中津時代に尊敬していた人物の一人は、教育者としての増田宋太郎であった。千九郎は、明治二十五年、二十六歳の時に宋太郎の肖像画を描かせ、月々有志とともにそのもとに集まって肚《はら》づくりをしたという。

次に、中津の洋学であるが、これにも顕著な伝統があった。特に、江戸時代の藩主奥平昌鹿《まさか》は、前野良沢《まえのりょうたく》を庇護《ひご》して、蘭学の研究にあたらせた。また、奥平昌高は、蘭学者を招いたり、オランダ語の辞書の編纂を行った。このような洋学尊重の機運の中から、帆足万里、三浦梅園ら、洋学を研究する者も現れ、さらに福沢諭吉、小幡篤次郎、医学者の村上玄水、社会思想家の大井憲太郎らの洋学者が生まれた。とりわけ福沢の思想の影響は大きく、多くの青年が自由民権など西洋近代の思想に共鳴した。

「天は人の上に人をつくらず、人の下に人をつくらず」「独立自尊」などの言葉で有名な福沢は、千九郎より三十二歳年上の大先輩である。幕末から明治初頭のころには、福沢は名声を得ていたから、千九郎が中津の偉人として尊敬していたのは当然である。

『中津歴史』において、千九郎は、福沢について詳しく取り上げているが、その評価はきわめて高いものであった。例えば、次のようにある。

みずから開化の先導者となり、日本の今日の文明をつくり出した。国家のために尽くしたその功労は高く大きく、中国の泰山《たいざん》や日本の富士にも劣らない[57]。

福沢先生が世間の学者と異なるところは、その文章の中に一機軸を出し、はばかることなく今日の弊害を痛撃し、その事業は政府に頼らず、世に媚《こ》び、おもねることなく、官にへつらうことなく、超然独立するところにある。ゆえに、某記者はかつて氏を評して、こう言った。明治の天地は薩長土肥の人々の活躍の場となり、天下の豪傑や学者や才子は皆、彼らにへつらい、おもねる人ばかりであったが、独《ひと》り福沢翁は政治上、教育上、毅然《きぜん》として一派を開いて自立した。これをもってその高風卓識《たくしき》をうかがうことができる[58]。

ここには、明治維新の際、大分県人や中津の人々があまり活躍できなかった悔しさを、福沢が晴らしてくれたという歓喜の情が響いてくる。

幅広い勉学

千九郎の勉学の中心は、漢学、国学、洋学のすべてにわたっていた。履歴書に、「家名を再興するために、国学に志を立てた」とあるように、最初は国学を志していた。

漢学の学習も幼少の時から始まり、十四、五歳のころには藩の儒学者菅沼嘉七郎に就いた。その後小川含章のもとで研鑽を積み、進修学館の蔵書を読み、実力をつけた。

国学については、明治十七、八年ごろから「大分皇典研究所教師に就いて国学を修めた」とあり、明治十八年以降、国学者渡辺玄包《わたなべげんぽう》に就いて学んだという記録がある。また、「このころより東京一、二の国学者を師として国学を修める」とある。その一人は井上頼圀《いのうえよりくに》である。

千九郎が国学を学んだ渡辺玄包は、山口県人で、国学者大国《おおくに》（野々口《ののぐち》）隆正《たかまさ》の高弟であり、和歌によって知られていた。渡辺は、維新の際には国事に尽くした著名な国学者であり、当時中津裁判所検事長として中津に赴任していたから、千九郎は直接指導を受けることができた。千九郎は、渡辺の二人の娘の家庭教師をしているから、渡辺との交流はかなり親密なものであった。

洋学については独学といえるだろう。

千九郎の英語の学習についての記録は、明治十二年（中津市校）、十五年八月、十六年（麗澤館)、十八年二月、三月、十九年一月、二月(山田小太郎に就く)、九月などとある。明治期に中央で活躍した人物の多くは、外国留学をしたり、外国語を習得した人々であった。したがって、国家社会に貢献しようとする人々が英語の学習を重視したのは常識ともいえる。

十八年ごろには、英語の学習にいっそう意欲を持ったようで、「明治十八年になると、英学がまた勃興《ぼっこう》して都会には英学の独習会がしきりに起こった(59)」とある。また、十九年九月の記録には、「著述及び翻訳をなし、利益を得ること(60)」とある。

さらに、二十二年六月末日の記事には、「私は親友である英国ロンドンのチャーレス・グラハム・ガーヅナー氏と別れた(61)」とあるように、外国人とも交際していたことが分かる。

中津には、キリシタン大名の大友宗麟《おおともそうりん》や細川忠興夫人ガラシャ以来のキリスト教の伝統もあり、奥平昌高のオランダ語辞典の編纂、中津市校の英書による授業などの伝統もあったから、当時としては他の地域よりも、多く外国人が居住していたものと考えられる。

明治二十二年の七月には、米人オルゴットが中津に来て、千九郎がその伝記と主義を著したという記録がある。この書物は、オルゴットが仏教を信じるに至った顚末《てんまつ》ならびにオルゴットの思想の核心を説明したものである。オルゴットはアメリカ人であるが、キリスト教では人心を救えないと考え、仏教に帰依《きえ》し、インドで十年間にもわたって仏教の修行をした人である。京都、東京、静岡、下関で講演し、中津にも伝道に来た。オルゴットがニューヨークに開いた神智学協会《しんちがく》の本部は、現在インドの東海岸マドラスのアジャールに移っている。オルゴットの思想は、釈迦《しやか》の思想はもちろん、イエス、ソクラテス、孔子、老子、荘子、マホメットなどの思想を総合しようとする面があった。

千九郎は、英語、漢学、和学の文章の学習にも力を注いだ。次のように記している。

柴四朗が著した『佳人之奇遇《かじんのきぐう》』を読んで、私はおおいに文章の必要性を感じた。文章は思想を表現する手段であるから、いかなる博識の人も、文章がへたであれば、その思想を地球上に広めることもできないし、また後世に伝えることもできない(62)。

千九郎が意識的に文章の研鑽を積んでいたことが分かる。

第二節　歴史研究の端緒

歴史への関心

千九郎は、なぜ歴史研究をめざしたのであろうか。当時、歴史に対する国民の関心は非常に高かった。学問上でも歴史は重視されていた。例えば、西周《にしあまね》が、「学は素《もと》より古《いにし》えを知り、今を知り、彼を知り、己《おのれ》を知るを要するがゆえに、すべて諸学をもって歴史と称するもまた可なりとす」(63)と述べているように、識者が等しく歴史教育の重要性を主張していた時代であった。特に日本精神の発揚《はつよう》を志す人間にとって、史学がそのよりどころであった。千九郎もまた、日本の歴史を明らかにすることによって、国論の統一をはかろうと考え、国家への貢献の道を史学に求めたのである。

進修学館の蔵書の閲覧

千九郎の本格的な歴史研究は、進修学館の蔵書閲覧《えつらん》から始まる。進修学館は、寛政二年（一七九〇）に設立されたものであるが、これは藩の儒学者倉成龍渚が藩学を興すために同士とはかり、中津藩の五代藩主奥平昌高に願い出てつくったものである。昌高は、高邁《こうまい》な識見を持った名君で、シーボルトとも親交があり、国学、漢学はもちろん、洋学にも精通していた。昌高は倉成らの提言を喜び、藩士の文武の修練場として、これを設立した。進修学館は内外にその名が知られ、長州藩の明倫館と並び称されていた。初めは、士族はもちろん、その他の農工商の篤学《とくがく》の士に開放されていたが、上流士族の専横《せんおう》のため、やがて彼らの専有となってしまった。その進修学館も、明治四年の廃藩置県とともに廃校の憂《う》き目にあうことになる。

千九郎は、当時中津高等小学校に移管されていた進修学館の和漢の蔵書数千部を、応請試業に合格した直後の明治十八年二月（十九歳）から六年間にわたって読破している。

これは、千九郎の学力をおおいに高め、自信を持たせることになった。それと同時に、ますます東京か京都に出て勉学し、活躍したいという願望が強まった。

千九郎の歴史に関する最初の著述は、明治二十二年十月発行の『小学歴史歌』である。この書は、神代《じんだい》から明治までの日本歴史の主要な出来事を、小学生にも覚えやすいように七五調で記述したものである。本文二十六頁の小冊子で、五百部印刷し、希望者に実費頒布《はんぷ》した。これは進修学館の蔵書閲読《えつどく》の成果であるが、本書の表紙の裏に、日本の歴史上著名な人物として百七十五人の名前が列挙されている。

『小学歴史歌』（明治 22 年 10 月）

緒言には、本書の意図が、「忠君愛国の情を起こさせること」「歴史は非常に有益であり、またこれを学ぶことはきわめておもしろいものである」「歴史は単に各時代の人物や社会のありさまを知るだけではなく、これによって先人の言行を反芻《はんすう》し、巨視的《きょしてき》には国家を治め、微《び》視的《してき》には一身を処する鏡となるものである」などと記されている。

第三節　史学界の状況

明治啓蒙主義の歴史観

江戸時代には、いくつかの史書が書かれているが、史学は文学、道徳、政治などと未分化の状態にあった。日本の思想界における近代化は、江戸末期の蘭学者の科学的研究に源を発している。この蘭学中心の洋学は、明治期に入り、基本語がオランダ語から英語、ドイツ語、フランス語へと変化し、同時に、これまでの自然科学中心から社会科学と人文科学を含む洋学へと拡大していき、近代的な学問が成立した。この流れの行き着いた先が、福沢諭吉、加藤弘之、西周《にしあまね》などによる明六社の結成であった。明六社は、明治六年にアメリカから帰国した森有礼《もりありのり》が西洋文化を啓蒙するために設立した団体で、森が初代社長を務めた。

一方、日本の近代歴史学は、維新前後のヨーロッパの歴史書の翻訳から始まり、数年後ひときわ光彩を放ったのが、ギゾーの『ヨーロッパ文明史』、バックルの『英国文明史』の翻訳であった。これらの歴史書は、文明開化の風潮とあいまって、明治初期の知識人の心をとらえ、明治啓蒙主義の歴史観につながっていった。

中でも明治初期の啓蒙思想の移入に貢献したのは、福沢諭吉である。福沢は、実利主義、個人主義、自由主義的立場を基盤に社会の革新を進めようとした。明治八年に著した『文明論之概略』は、ギゾーとバックルの思想の影響が大きいといわれるが、単なる紹介ではなく、彼らの思想を自家薬籠中《やくろうちゅう》のものとして展開しているところに、福沢の創見が見られる。

この書において示された福沢の史観の特色は、明治史の研究者小沢栄一によれば、次の三点である。

一、歴史の対象を個人から社会全体と文化一般に転換したこと。

二、進歩の観点を導入したこと。

三、歴史の動因を「人の知徳の進歩」にあるとしたこと。

歴史理解の方法としても、一定の理法的認識の形成が見られるとしている。

本格的な歴史書とされるのは、明治十年に発行された田口卯吉《たぐちうきち》の『日本開化小史』である。田口は、合理的因果関係による歴史叙述、あるいは社会発展の法則的理解を志向した。また、北川藤太は、その著『日本文明史』において、社会の進歩と知識向上を任務とし、自然科学的原理に基づいて歴史法則を求めようと努力した。

歴史学の独立

福沢、田口などによって代表される文明史観は、文明の発達を実証的、合理的に把握《はあく》する科学的な史学思想であった。学問的な法則性の認識への志向は、明治十九年発行の三宅米吉の『日本史学提要』に初めて見られる。その緒言には、「この世の中には、豪雨のように人々を襲って防ぐ術《すべ》もないものが存在する。時には迂回《うかい》委曲《いきょく》することもあるが、要するに着々と歩《ほ》を運んで、一代より一代にわたり、原因より結果となり、結果より原因となり、社会の万般は必然のからくりで、その関係が込み入っている様子は、一本の長い糸を打ち乱したようなものである。したがって、偶然孤立しているように見える事柄も、深く追求していけば、必ず伏線がその底に隠れていて、前代の事柄に連なっていることが分かる」と述べられている。

このような時代状況の中で、「歴史学」を近代科学として独立させるべきである、という主張が見え始めた。東京帝国大学に「史学科」が独立して設置されたのは、明治二十年九月である。同二十二年十一月には史学会が創立され、会長の重野安繹《しげのやすつぐ》は史学会設立に際して、「今この会を開くのは、わが国で従来、史局において集められた材料を、西洋の歴史研究の方法を用いて考証し、あるいはこれを編成して、国家の利益にしようと欲《ほっ》するためである」「史学に従事する者は、その心が公平であり、偏《かたよ》っていてはいけない(64)」と演説した。ここには、実証を重んじる考証史学《こうしょうしがく》の立場が鮮明に打ち出されており、従来の観念的道徳史観に対決するものであった。なお、東京帝国大学に国史科が創設されたのは、明治二十三年九月であった。

第四節　千九郎の歴史研究の特色

真正の歴史

千九郎は、『中津歴史』の序文で、「学術的に著述した真正の歴史は、ヨーロッパにおいても近世ようやく世に出たくらいであり、日本では、目下わずかに二、三部の小著を見るに至ったにすぎない」と言っている。

千九郎は「真正の歴史」について、「年代記、伝記、系図等をその材料に供し、地理学、言語学、人類学等の方法とその成果をこれに応用して、社会の移り変わりに関する事実の系統を明らかにし、複雑極まりない人類の行跡《ぎょうせき》について一定不動の法則があることを示すもの」と主張している。

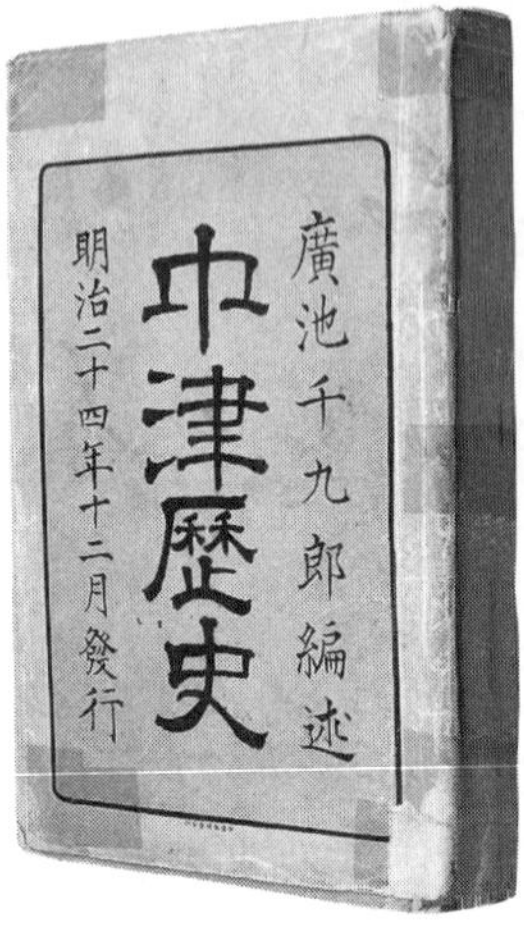

『中津歴史』（明治 24 年 12 月）

千九郎の歴史思想及び研究法の特色は、歴史に一定の法則を探求すること、科学的、実証的方法によること、客観的な尊皇思想、道徳史観を基礎にしていることなどにある。歴史研究の課題は、過去の事実をそのまま過去の事実として明らかにするだけでなく、そこから普遍的な法則を見いだすことにある。千九郎は、記録に遺《のこ》された歴史的事実を、百年、五百年、一千年というような長い尺度で考えていけば、人間の力ではいかんともしがたい「事実」、つまり「一定不動の法則」を見いだすことができると考えていた。

科学的な歴史研究

当時の史学研究の主流であり、千九郎もその立場に立った考証学とはどのようなものであったろうか。考証学は、中国の清朝に発達した学問で、それまでの程子《ていし》、朱子《しゅし》、王陽明《おうようめい》などの形《けい》而上学《じじょうがく》への反動として、より具体的事実に基づく考証や批判を着実に進め、観念的な議論を排して、客観的方法によって古典研究を行うものである。事実の探求をモットーとする緻密《ちみつ》な文字の分析、制度の検討などが、その特色であった。この中国の考証学は、幕末に日本に入り、かなりの流行を見たものであった。

千九郎は、本居宣長の『古事記伝』は中国の考証学者を凌駕《りょうが》しているとし、明治期の代表的な考証学者として歴史家の栗田寛《くりたひろし》、国学者の黒川真頼《くろかわまより》、小中村清矩《こなかむらきよのり》、井上頼圀《よりくに》、物集高見《もずめたかみ》、木村正辞《まさこと》などを挙げている。

千九郎は、地方史研究の意味を二つ挙げている。第一は、「国史編纂」に正しい材料を提供することであり、それは国民教育の根本資料を確定することを意味するとしている。第二は、その地域の住民に伝統的な文化を知らせることである。つまり、先人の業績を顕彰し、それによって地域の人々に、伝統的文化の重みとその継承への情熱を抱かせることである。土地の歴史を知れば、住民としての自覚、すなわち土地への愛着と貢献という自覚を覚醒《かくせい》することとなり、日本人としての自覚を生むことになると考えたのである。

『中津歴史』は、科学的記述によって地方史を編纂することにより、中津の人々に郷土の歴史を理解させ、奮起《ふんき》させようとしたものである。千九郎自身としても、どのようにすれば中津をよりよい地域とすることができるかを究《きわ》めるため、中津盛衰の因果関係を探求しようとしたのである。

教育上の理由もあった。千九郎は、教育者は国史を理解する必要があるという見解を持っていた。いずれにしても、この研究を成功させて中央に進出し、縦横無尽《じゅうおうむじん》に活躍しようという大志があった。

第五節　『中津歴史』の執筆

苦渋の執筆

進修学館の蔵書の閲覧には、千九郎なりの目的があった。それは中津の郷土史を書くことであった。その後の勉学の仕方から考えると、同時にたくさんの研究上の課題を設定し、平行して研究を進めていったものと推測される。それらの課題の中には、歴代天皇の研究、『新編小学修身用書』で扱ったような偉人、賢人の発掘、発見などがある。

のちに、明治二十五年八月に京都に出た時に、月刊誌『史学普及雑誌』を発行するが、この構想は早くから温めていたものであった。雑誌発刊の時には、すでに第三号までの原稿がほぼできあがっていたと記録にある。二十三年末には『中津歴史』の原稿が、ほぼ完成していたことからすれば、二十四年から二十五年八月に中津を離れるまでの期間は、この雑誌の準備を進めていたことが分かる。

千九郎は、進修学館の図書を読み始めたころには、『中津歴史』の執筆の計画を立てていた。執筆を開始したのは、二十一年十月以前である。「私は明治十九年冬からしきりに著述に従事した」という記録があり、『中津歴史』の例言には、書き上げるのに前後二十七か月かかったと記されている。この時期は、ほかに寄宿舎の世話や教員互助会設立のための活動、結婚など、多忙を極めていた。千九郎はただでさえあまり健康状態がよくなかったが、執筆を開始してからも同様であった。

明治二十年夏は、「気分が悪く、物事を苦にやみ、昼夜、空中楼閣《ろうかく》を画くような、つまらない考えにとらわれた」。二十一年夏は、「神経症と胃病が激しく、頭になべぶたを五、六枚かぶったような心地で、一字も文字を読めない状態に陥ってしまった」。二十五年一月下旬からは、「夜は手足がだるく、死人のようで、枕がはずれても直す気力のないような状態」だった。

しかし、二十一年の病気の時は、むしろ中断していた『中津歴史』執筆の再開の機縁《きえん》を得ている。序文には、「明治二十一年夏、私は遊学をしようと考えていた。しかし、たまたま神経症となり、数か月たっても治らなかった。そして、ついに医者の命令でいったん学問をあきらめなければならない状態になった。しかし、私は長年本書を編纂したいという志があったので、この機会に執筆に従事しようと思い起こし、同年十月、病が少しよくなった時から、仕事のあいまを見て執筆した[65]」とある。先の「前後二十七か月」とは、このような休止期間があったからである。

本書の完成

『中津歴史』の執筆は困難を極めた。資料の乏しいこと、古文書類《こもんじょ》の真偽《しんぎ》が確かめづらいものが多いこと、享保二年（一七一七）以後の奥平家の歴史についての著述が存在しないこと、などが主な原因であった。加えて病気がちであり、この時、千九郎は医師から筆を取ってはならないと言われた。そこで、弟の又治や教え子の熊谷三之助などに筆写を手伝わせている。

千九郎は、進修学館の書庫で中津に関係のあるあらゆる文献を渉猟《しょうりょう》し、旧家を訪ねて古文書《こもんじょ》を点検するとともに、有職故実《ゆうそくこじつ》に堪能《たんのう》な故老を訪ね、また口碑《こうひ》、伝説などの資料も集積した。それらの資料を近代の実証的な歴史研究法によって取捨選択し、足かけ五年の歳月を費やして完成し、明治二十四年十二月に『中津歴史』を発行した。まさに精魂《せいこん》を傾けての著述であった。

第六節　『中津歴史』の内容

江戸時代までの中津

『中津歴史』の内容は、序論のあと、次の四つの時期に分けて論述されている。

序論　豊後国沿革、形勢（地理）、中津の事情概説。

上世紀　古代から天正年間（一五七五年ころ）まで、二千二百四十余年間の略記。

中世紀　天正十四年（一五八六）から享保二年（一七一七）までの百三十五年間の記事。

　黒田氏　十五年間。

細川氏　三十二年間。

小笠原氏八万石時代　六十六年間。

小笠原氏四万石時代　二十年間。

近世紀　享保二年から明治四年廃藩置県までの百五十四年間の記事。

　奥平家の治世。

新世紀　明治四年から明治十七年、奥平昌邁《まさゆき》が死亡するまでの十三年間の記事。

著述の内容は、政治、経済、社会、文化（宗教も含む）などあらゆる分野にわたっている。

内容を見ると、「中世紀」では黒田孝高《よしたか》が天正十四年に中津に入国し、ここに城郭《じょうかく》を築造した顚末《てんまつ》を記述している。この城は丸山城、小犬丸城、または扇城といわれ、黒田はここに慶長五年（一六〇〇）まで約十五年間、中津を本拠として九州の北部に覇《は》を唱えていたが、慶長五年、関ヶ原の戦功によって福岡に封ぜられることになった。

慶長五年冬、黒田氏に代わって中津に来た細川忠興《ただおき》は、その妻ガラシャのキリスト教信仰でも有名である。

小笠原四万石時代においては、千九郎は、中津が産業、人口、交通、文化等においていかに大きな発展をしたか、詳しく叙述している。

享保二年（一七一七）、奥平氏が中津に十万石の大名として封ぜられてから、明治四年（一八七一）の廃藩置県までの約百五十四年間、奥平氏がいかに善政を敷き、いわゆる中津風ともいうべき言語、風俗、人情、習慣、気質を陶冶《とうや》、育成し、産業、教育、宗教等についても顕著な発展をもたらしたかを詳述している。これによって、幕末変乱の際に福沢諭吉のような一代の先覚的指導者が輩出した歴史的原因を明確にするとともに、わが国の幕藩体制下において、政治、道徳、教育などが、どのような様相を持ち、どのような発展過程をたどり、明治維新を醸《じょう》成《せい》するに至ったかを明らかにしている。

明治時代の中津

本書の「新世紀」は、明治四年から明治十七年までの記事であるが、幕藩体制から天皇親政へと移る大変革時代において、いわゆる武士階級が新時代を築き上げる原動力となった経緯を、共感をもって描いている。

本書はまた、いわゆる歴史の記述に限らず、かなり経世的な内容にも触れている。例えば、京都大学人文科学研究所の森鹿三《もりしかぞう》教授は、次のように述べている。

さらに興味のありますのは、ここで将来の計画ということまで書いてあることです。豊前の国の一般の地理を書いたあとに、ここの将来計画が考えられています。（中略）きわめて興味のあることが書いてあります。要約いたしますと、この奥平氏の時代にはひとつのまとまったコミュニティとして、この中津というところは、ある程度の発展をしたのだけれども、今後は国の情勢も世界も違うのだから、ここが従来どおりの繁栄を続けるためには、まずここの港湾計画をしなければいけない。こういう遠浅《とおあさ》のところでは、まず港湾の浚渫《しゅんせつ》をして交通を開き、そして、その背後にあるところの無限の石炭と水力とを利用して、広い平野にいろいろな工場を興さなければならない。そうすれば将来も繁栄を持続することができるというので、いろんな例が挙げられております。非常に気宇宏大《きうこうだい》で、視野の広いものであります。例えば、ピューリタンがアメリカへ移住しました事情、それから、わが遠州の金原明善《きんばらめいぜん》が天竜川を改良した事例、それからさらに水利事業といたしましては、オランダが海面より低い場所に堤防をつくって、そこに国づくりを行った国土計画の例。あるいはアメリカの南部のミシシッピー川の氾濫《はんらん》を押さえて、ここに町づくりを行ったこと、あるいはイギリスで陰渠《いんきょ》をつくり、気象上の改良を行った例。それからスエズ地峡を掘って運河をつくったことや、北オーストラリアの荒野を開拓した例を挙げて、「人類は自然力を自然の法則に従って使用する能力を有するものである」という観点から、自然改造に対する考えが述べられています。普通の郷土史にはちょっとみられない、規模の雄大な、きわめて視野の広い見解が、そこに示されております。(66)

千九郎自身による、次のような記述もある。

私は、かつてインド、ポーランド、エジプト等の亡国、もしくは半亡国の歴史を読む時、その国民が不当な裁判と苛酷《かこく》な税金に苦しみ、腐敗した役人と貴族権門《けんもん》との抑圧に泣き、きわめて貪欲《どんよく》で傲慢《ごうまん》な外国人の膝下《しっか》に屈辱《くつじょく》するのを見て悲憤《ひふん》の情を禁ずることができず、書物を閉じて、ただ嘆息《たんそく》するしかない思いを抱いたことがあったが、今やわが藩史を編《あ》んでここに至り、中津領民の惨状も同じようなものであったことを知り、筆を投げ出しておおいに嘆いたものである[67]。

これらの記述からは、千九郎の実学志向と人類愛の姿勢が読み取れる。

さらに、「西洋各国においては、英語で『アーカイブ』（公文書保管所）と称する施設があり、この『アーカイブ』にあらゆる公文書類を保存している。ところが、わが国では過去はもちろん、今日でもこのような組織がない。これは悲しむべきことではないか[68]」と、古記録や公文書類を保存する「アーカイブ」の必要性を強調しているのは、本書執筆に際し、記録不足のために苦労したからであり、歴史学が始まったばかりのこの時期の主張としては、卓見《たっけん》というべきである。

第七節　地方史研究の先駆

『中津歴史』の評価

『中津歴史』の序文は、小幡篤次郎《おばたとくじろう》と渡辺玄包が書いている。小幡は、元治元年（一八六四）、江戸に上って、福沢諭吉の教えを受け、福沢の死に至るまでその事業を助けた。明治四年の中津市校の創立に際しては初代校長を務めるなど、近代教育の確立に尽力した人である。同十五年には、福沢とともに『時事新報』を創刊し、二十三年からは慶応義塾の塾長を務めるかたわら、貴族院議員となった。

小幡は福沢と並ぶ思想家であったが、福沢の陰に隠れて十分に評価されていない憾《うら》みがある。千九郎は、小幡について『中津歴史』の中で、「二十三歳の時、東京に出て福沢氏の門に入る。以来学業はおおいに進み、欧米に渡って帰国してから慶応義塾塾長となり、本年貴族院勅撰《ちょくせん》議員に任ぜられた。徳望世に高く、福沢氏と並び称せられる人である(69)」と記している。なお、小幡は、千九郎の妻春子の実家、角家の親戚筋にあたっている。

村上田長も、巻末に漢文の跋《ばつ》（あとがき）を書いており、本書は菊の放つ芳香そのものではないかと称《たた》えている。

『中津歴史』の定価は一円であり、当時の物価からするとかなり高価であったが、純利益が百円出たことから見ても、かなり多くの人々に読まれたことが分かる。発行部数は千部程度だったようである。

本書の発行はおおいに話題となり、高い評価も得た。小幡は次のように賛辞を寄せている。

廣池君はさまざまな本を読み、地域の伝承を調べ、故老に聞き、諸家に伝わる古文書など、わずかでも参考になるものがあれば、採択の労を惜しまず、ついに『中津歴史』二冊を著した。往古《おうこ》以来のわが中津の歴史上の事実を蒐集《しゅうしゅう》して刊行したのである。私はまだ廣池君と面識はない。しかし、中津は私の生まれた地で、そこの歴史が編まれたことは、私にとって非常にうれしいことである。廣池君の著すところは、すべて事実を示しているとはいえないとしても、私は、廣池君の勤勉精敏さをもって、この著の完成に至ったことに深く敬服するものである。そこで、ここに所感を記して、序文に代えさせていただく。[70]

また、東京帝国大学歴史学教授重野安繹《しげのやすつぐ》も、「豊前の人廣池千九郎君は、その著『中津歴史』を刊行して一冊を寄贈してくれた。これを読んでみると、記事は正確で細大もらさず、実に有益な著書である」[71]と述べている。

森鹿三教授は、次のように評価している。

日本に近代科学としての歴史学が誕生する以前の、また当時唯一の大学であった東京帝国大学においてさえ、独立の講座の設置を見ない時期に、しかも独学で指導を受ける師もない状態の中でものされた書物であるにもかかわらず、今日の研究に比して少しも遜色《そんしょく》のない、本格的な学術書で、(イ)その研究方法がきわめて科学的であること、(ロ)体系の壮大精到であること、(ハ)その内容、特に資料捜採《そうさい》の厖大《ぼうだい》と内容の充実など、の点において、まさしく空前の、日本史研究における瞠目《どうもく》すべき先駆的業績である。[72]

また、森教授によれば、『中津歴史』以降出版された、中津に関する歴史書として『下毛郡誌』

（赤松文二郎著）、『扇城遺聞』『中津市史』などがあるが、これらはすべて千九郎の『中津歴史』をよりどころにしており、現在に至るまで存在理由を持ち続けていることは否定できないという。(73)

なお、右の『下毛郡誌』の序言で赤松文二郎は、「近世のものには渡辺重春翁の『豊前志』あり、現代のものには廣池千九郎氏の『中津歴史』あり。ともに名著として推奨《すいしょう》せられ、その後人《こうじん》を益する、はなはだ多大なり(74)」と書いている。

また、『大分県教育会史』には、「『中津歴史』は郷土史教授の先駆と思わる」と記されている。

出発点となった出版

後年、千九郎は『廣池博士全集』の出版の際に、「この本は私の処女作なので、不完全は免れない。しかし、今再び一読すると、幕政時代の事情・弊習《へいしゅう》を知るには、はなはだ有益な記事が多い。それゆえ社会に伝えるに足るものと思う」と述べている。

『中津歴史』の出版とその成功は、千九郎の運命に一大転換をもたらした。これによって、千九郎は歴史家として自立する自信を持つとともに、宿願であった京都へ進出することが可能となった。千九郎自身ものちに、次のように回顧している。

私の生涯の苦労も、この『中津歴史』の出版という一挙によって生じた。また、私が今日世界人類の救済に関する大事業に従事するようになったのも、この一挙によって生じたのである。(75)

そして、京都に出たことがさらに実力の養成を促進し、歴史研究を法制史研究へ拡大していくことになるのである。

第七章　社会奉仕活動と結婚生活

第一節　社会奉仕活動

恩人の顕彰

千九郎は、折あるごとに社会奉仕活動を行った。『新編小学修身用書』の中で、実業振興に功績のあった身近に存在する無名の人を紹介し、生徒に対して、そのような人々の生き方こそが社会のために役立つことを説き、彼らこそ理想的人物であることを示した。また、社会に貢献した人々を顕彰したり、郷里の災害での募金活動に積極的に努力した。

まず千九郎は、永添小学校時代の恩師であり、明治十二年に三十二歳の若さで亡くなった古野静枝の碑を、村内青年の賛成を得て寄付を募り、明治二十二年十二月に建設している。その碑文は国学の師匠であった渡辺玄包に頼み、碑の建立には父親の半六が協力した。

また、千九郎は、明治二十年、西幸二郎を救済するために義捐金《ぎえんきん》を募り、数十円を集めて西に与えた。千九郎が西に注目し、顕彰しようとしたのは、西が養蚕に詳しく、中津地方の養蚕業の発展に大きく貢献したからである。

西は諸国遍歴《へんれき》の末、天保年間のころ中津地方に来て、池永村に定住した。たまたま当地方の養蚕の仕方が稚拙《ちせつ》であり、失敗が多いことを知り、藩士の婦女に数々の改良の手段を教え、製糸の仕方を伝えた。その結果、しだいに養蚕を営む家が増え、当地の養蚕業発達の契機になった。明治期になって、中津の養蚕業は、西国を代表するものといわれるまで盛んになった。千九郎は、西の業績を調べ上げる過程で、西が貧困に苦しんでいる状況を知り、救援を考えたのである。翌年、千九郎は下毛郡役所から、この件で表彰された。

二十二年六月には、中津高等小学校在勤の折の用務員であった岸本源八が、十七年間勤めた小学校を退職したので、義捐金を集めている。そのころ、千九郎は宿直室に寝泊まりしており、岸本の世話になることが多かったのであろうが、十七年間、黙々として真面目に働いてきた岸本の姿に心を動かされたのである。

そのほか、教育者に対するものとしては、近藤章太郎（明治二十一年十月）、宮川某、菊川某（二十三年十一月）に義捐金を出し、また、馬場増美の慰霊碑建設に寄付を行っている（二十四年十二月）。

災害救援活動

明治二十二年七月、日田《ひた》、玖珠《くす》、下毛《しもげ》の三郡に大洪水が起こり、死傷者も出て、家屋田畑も流失して大きな被害が出た。千九郎は、田舎新報社の依頼を受け、被災者のための義捐金の募集に協力した。

さらに、二十五年四月九日、居住していた金谷《かなや》町の隣村である宮永《みやなが》村の上宮永に大火が生じ、被災者三百余名に達する大惨事となった。千九郎は直ちに檄文《げきぶん》を書き、救援活動に乗り出した。

次は、その一節である。

この悲惨な同胞たちをどうすればよいのだろう。意のある人たちが志を寄せる時である。（中略）郡内の上宮永の、一昨日九日の大火のあとの無残な光景を見よ。焼失した家屋は五十四戸に及び、稲屋や蔵、土蔵などの被害も五十有余に及ぶ。馬は死に、人は傷ついて重傷の者は十人に達し、瀕死《ひんし》の重傷を負った者も数名いる。雨露にさらされ、飢餓《きが》に苦しむ者は実に三百名を超えるという。これは驚愕《きょうがく》すべき事態である。（中略）

私は、みずからこの惨状をまのあたりにし、この悲哀に耐えることができない。直ちにこの檄文を一千枚頒布し、すべての地方の意のある人、まだこの惨状を見ていない人々に事態を告げ、皆さんの心を鼓舞《こぶ》して、苦境にある同胞を救いたいと念願している。（中略）

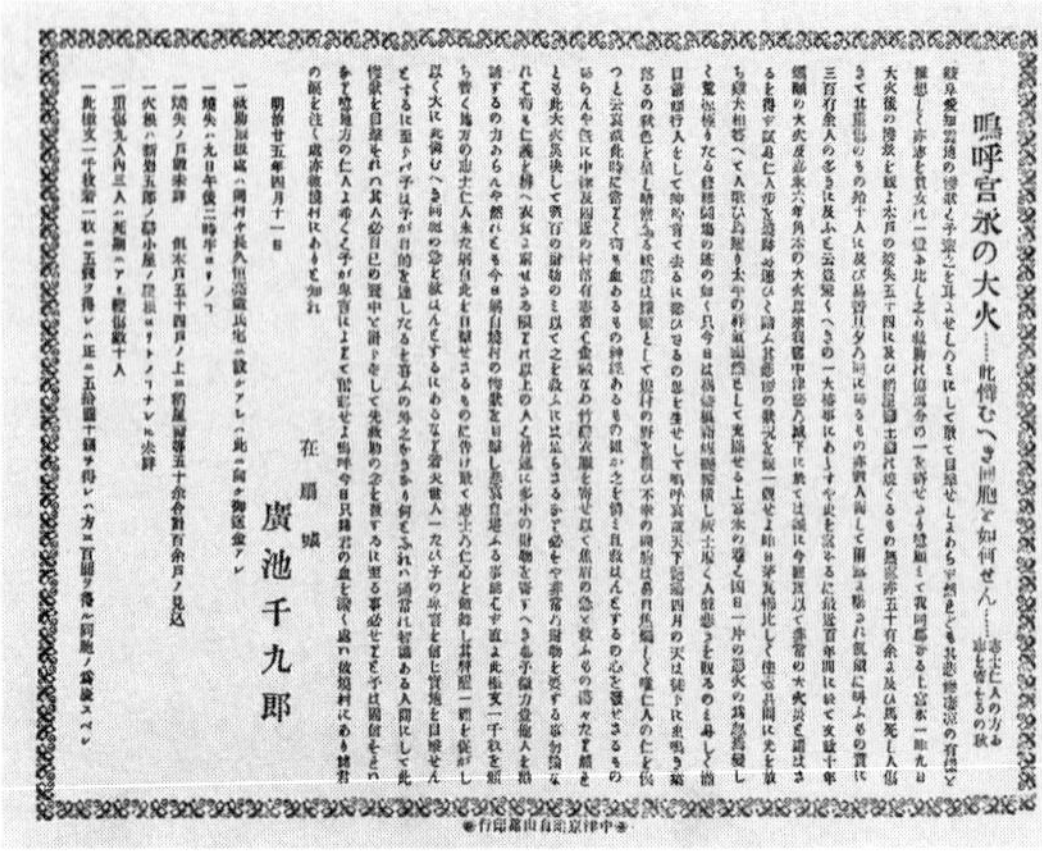
嗚呼宮永の大火……此悼むべき同胞を如何せん……

明治廿五年四月十一日

廣池千九郎

宮永村大火における救援活動の檄文
（明治25年4月11日）

心ある人たちよ、どうか私の言葉から意のあるところをくんで奮起していただきたい。皆さんが心血を注ぐべきところは、この焼失した村である。皆さんの涙を注ぐべき対象はこの焼失した村であると知ってほしい。

明治二十五年四月十一日　　在扇城　廣池千九郎(76)

千九郎の社会奉仕活動は、生涯を貫くものであるが、自分自身も貧乏であり、かつ多忙であったにもかかわらず、なぜこのような活動を積極的に行ったのだろうか。既述の誓いの中に「貧しい人や弱い人を憐れむ」とあったように、人間愛の精神が千九郎を突き動かしたのである。

第二節　春子との結婚

理想の女性像

結婚は人生の一大事であるが、千九郎自身は、教育と研究に没頭し、そのことに関心がないかのようであった。いや、日本の風習からいえば、結婚は男女ともに適齢期になれば、周囲の世話好きの人によってまとめられるものであった。廣池家の長男であり、中津高等小学校の正教員である千九郎には、候補者は多数あったが、いずれも両親や千九郎の望むような女性ではなかった。

このころ、千九郎は理想の女性像を、次のように考えていた。

　容貌《ようぼう》は十人並みで才気はやや人より勝《まさ》り、普通の読書をして、裁縫《さいほう》や製糸の技術に通じ、精神は確固として徳を備え、親切で他人に愛され、質朴《しつぼく》で勉強を好み、忍耐強く、実業を営んでもいやがらない人。それゆえ、これに相当する候補者はきわめて少ない。[77]

これはかなり高い理想というべきだろう。

そうこうするうちに、千九郎の奉職していた中津高等小学校校長の今泉彦四郎が、角春子《すみはるこ》を推薦してきた。

角春子は、奥平藩の旧藩士角半衛《はんえ》・えい夫妻の長女として、明治三年十月二十七日に中津町に出生した。角家は、徳川時代には、士分としては上士、すなわち上層階級であり、代々知行《ちぎょう》高《だか》二百石の馬回役《うままわりやく》であった。明治維新になってから、家禄《かろく》奉還金として五、六百両を受けたので、中津の邸宅を売り払い、中津から一里半離れた宇野村という所に住宅を建て、養蚕と茶の製造を始めた。しかし、いわゆる「士族の商法」だったので、徐々に衰退していった。子供が四人あり、文次、剛吉の二人は、高等小学校卒業後、川崎にいた叔父を頼って上京し、勉学に努めた。

春子は、家事の手伝いをしながら、自宅から一里半も離れている中津の今泉彦四郎の夫人の家へ裁縫の稽古《けいこ》に通った。そして師匠のもとで一生懸命に裁縫を習った結果、多数の先輩を追い越し、ついに秘蔵の弟子となり、代稽古ができるほどに上達した。

出会い

春子には、十八歳の春を迎えるころまでに、いくつもの縁談があったが、心を動かさなかった。ところが、今泉彦四郎から千九郎の話があった時は心が動いた。特に千九郎の過去の経歴や人柄は、春子に頼もしい感情を呼び起こした。

一方、廣池家では、春子が養蚕、裁縫等に卓越しているということを聞いて、ぜひ嫁に迎えたいと考えた。角家のほうでは、廣池家が当時、祖母、両親、きょうだい六人という大家族であったから、若い春子に耐えられるだろうかと懸念《けねん》した。しかし、結局本人の意志次第ということになって縁談が成立した。こうして明治二十二年六月二十一日、廣池家と角家との間に今泉夫妻の媒酌《ばいしゃく》で結納《ゆいのう》が取り交わされ、七月二十一日を吉日として婚礼の式が挙げられた。千九郎二十三歳、春子十八歳だった。

第三節　厳しい家庭生活

春子の苦労

明治二十二年の市町村制の施行で、中津町が誕生した。このころの中津の人口は、二千九百八十一世帯、約一万五千人で、大分や小倉の人口とほぼ同じであった。明治初頭以降、中津は城下町から徐々に脱皮し、商業都市に発展していった。最初は、中津港と大阪を結ぶ海上交通によって物資の集散地として栄えた。明治十年代には、国立銀行、汽船会社（扇城会社）、蚕業工場、製茶工場などが設立され、経済的にも順調に発展した。

春子は新婚の夢に浸っているまもなく、早くも厳しい現実と対決しなければならなかった。春子が晩年に著した『思ひ出』によれば、当時の生活は、以下のようなものであった。

春子は、朝五時前に起きて、弟三人、妹二人、大人五人の十人分の食事を用意し、きょうだいの弁当をつくり、両親と祖母の世話をしたあと、自分が朝食を取るのは九時ごろだった。縁談の当初から、角家では、春子には農業はできないと伝えてあったが、農家に嫁《とつ》いだ以上、そんなことは言っていられなかった。一人前の農民ならば、一日に三十束の稲こきができるが、慣れない春子には、せいぜい十六束しかできなかった。肩は痛む、手は痛む、腰は痛むで、土曜日ごとに帰宅する千九郎の言葉に励まされ、泣き泣き苦労を忍んだ。

千九郎は土曜日に帰宅するだけだったが、帰宅すると、「夜分だけでも本を読め読め」と言う。しかし「本を読むどころか、良人《おっと》がすすめることさえ姑《しゅうとめ》の気に入らず、良人も断念して独り淋《さび》しく、本を読むのでした」と記している。

春子は機《はた》を織ったり、米を搗《つ》いたり、みそ・しょうゆづくりに励むなど、息つく暇もないほどであった。育った家庭環境の違いから、嫁姑の問題が生じるのも当然であろう。

春子は、次のように述懐している。

祖母は、夫婦気ままな生活になれた人にて思いやりなく、実子もない人とて不自由知らずの老人、それに引きかえ、姑《しゅうとめ》は六人の子持ちとして全権をにぎっておりましたが、嫁に入りたてとて様子が分からず、武士の家風は先祖、年長者、祖父母、父母の順にて母にはまったく権利がありませんでしたから、主婦が全権を持つことなど想像もつきませず、嫁いで一年半というものは、祖母につけば姑に叱《しか》られ、姑につけば祖母に叱られ、どうしたものかと途方《とほう》に暮れて、苦しいおもいで暮らしました[78]。

ある時、疲労が重なって風邪で寝込んでしまった時など、「姑が『嫁を貰《もら》って楽をするつもりでいたのに、嫁の食事までせねばならん』と、訪ねてくる人々に物語る冷たい言葉を聞きまして、ハッとばかりに胸を強く打たれました。これはしっかり考えねばならぬ。十人のご飯炊《た》きはもちろんのこと、機織り、米搗きと身を粉にしても、病気の時お小言《こごと》を聞くようでは、誠に残念に思っておりました(79)」と回想している。

ここに描かれた農村の家庭生活における嫁の厳しい生活は、日本における多年の慣習によってつくられた一般的な嫁・舅《しゅうと》・姑関係に基づくものといってよいだろう。春子がこの事実を自覚し、自分は武士の娘だというけなげな覚悟を持ち、だれをもとがめず、ひと言の不平不満も言わず、黙々として舅・姑に対して至誠を尽くしたのは、当時における女性の模範というべきものであった。

なお、半六が春子の状況を思いやり、毎朝、読経《どきょう》する時に春子を後ろに座らせたことがしばしの休息になった、と春子は回想している。

家族との別れ

春子にとって、いっそうつらかったのは、結婚三か月後の明治二十二年十月、実家の家族が、父親の弟角堅一が早くから上京して成功していたのを頼って、東京麻布狸穴《まみあな》町に引っ越してしまったことである。こう書いている。

女心の悲しさは、今思っても胸がふさがるおもいです。祖母と母の胸の切なさ、故郷に独り取り残されるわが身の心細さ、先立つものは涙のみです。いよいよ出立《しゅったつ》となって、祖母の手をとり、幼弟をつれて、名残はつきぬ生まれ故郷を、今し出《い》でたつ両親の心の内はどんなであったか。やさしい祖母の顔、両親の顔、弟の顔、今別れていつまた会えることやらと、思えばただ涙……。良人《おっと》と姑につれられて中津の浜で見送ったポンポン蒸気の音のみが、いつまでも耳に残って、しだいに遠のく船かげの、よせては返す波の音に、我《われ》にかえったあの時の別れの哀しみは忘れられません。(80)

約一年半後の明治二十三年十二月、千九郎夫妻は、中津町金谷西ノ丁に新居を持った。千九郎は、結婚後しばらくは中津町の高等小学校の寄宿舎に弟の又治、長吉とともに起居し、土曜日から日曜日にかけて鶴居村へ帰っていたが、金谷町に一戸を借り受けることにしたのである。千九郎夫妻は、月給七円の中から三円を両親に渡し、残金四円で一か月を過ごさなければならなかった。物価の安い時とはいえ、四円で一か月の生活費を賄《まかな》うことは容易ではなかった。再び春子の回想である。

なにぶんにも一か月四円でやらなければなりませんので、高等小学生二人を下宿させて家賃のたしに致しましたが、当時丸まげという髪を結《ゆ》って貰《もら》いますのが三銭、お湯代五厘まで出してみるとなかなか楽ではなく、八か月はどうやら無事に過ごしましたが、一銭も残りません。(81)

金谷町での生活は約一年八か月で終わり、千九郎夫妻は、明治二十五年八月十五日、故郷をあとにして波瀾万丈《はらんばんじょう》の人生の第一歩を踏み出すことになった。

〔第一部　注〕

（1）『中津歴史』二七〇頁・意訳
（2）『廣池千英選集』第二巻　二六〇頁
（3）『新編小学修身用書』巻三・意訳
（4）『日記』①三頁・意訳
（5）『社教』第七九号、一二九頁
（6）『日記』①五―六頁・意訳
（7）『経歴』三―四頁・意訳
（8）『中津歴史』二七三―二七四頁・意訳
（9）『日記』①八頁・意訳
（10）遺稿・意訳
（11）『新編小学修身用書』巻一　第十五・意訳
（12）『回顧録』二二三―二二四頁
（13）『日記』①一〇―一一頁
（14）遺稿・意訳
（15）『日記』①一三頁
（16）同上書　①一六頁・意訳
（17）遺稿・意訳
（18）遺稿・意訳
（19）遺稿・意訳
（20）『日記』①一六頁・意訳
（21）同上書　①二九頁・意訳
（22）同上書　①二〇頁・意訳
（23）遺稿・意訳
（24）『日記』①一七頁・意訳
（25）同上書　①一八頁・意訳
（26）明治五年「太政官布告」「学事奨励に関する被仰出書」・意訳
（27）『明治以降　教育制度発達史』参照
（28）『大分県教育百年史（1）』
（29）『日記』①一九頁・意訳
（30）同上書　①三八頁・意訳
（31）「遠郷僻地夜間学校教育法」（稿本）・意訳
（32）『日記』①五七頁・意訳
（33）遺稿・石坂栄一氏談
（34）『社教』第四七号　一一三頁
（35）『日記』①六七頁・意訳
（36）『大分県史近代篇』四六七頁
（37）『新編小学修身用書』巻一　第十三・意訳
（38）同上書　巻二　第四十七・意訳
（39）同上書　巻二　第四十八・意訳
（40）大澤俊夫『青年教師　広池千九郎』参照
（41）『新編小学修身用書』巻二　第四十

(42)『新編小学修身用書』巻三 第十四
(43)『日記』①六二頁・意訳
(44)「改正新案小学修身口授書外篇」序文・意訳
(45)『大分県共立教育会雑誌』第一七号 明治十九年七月・意訳
(46)『日記』①二五—二六頁・意訳
(47)同上
(48)『隠者の夕暮』一七八〇年
(49)大澤俊夫『青年教師 広池千九郎』参照
(50)『新編小学修身用書』巻三 第二・意訳
(51)同上書 巻二 第九・意訳
(52)「蚕業新説製種要論」(稿本) 緒言・意訳
(53)『大分県共立教育会雑誌』第六五号・意訳
(54)唐沢富太郎『教師の歴史』参照
(55)『大分県共立教育会雑誌』第五六号 明治二十二年・意訳
(56)遺稿・意訳
(57)『中津歴史』二八五頁・意訳
(58)同上
(59)『日記』①三三頁・意訳
(60)同上書 ①三〇頁・意訳
(61)『日記』①六四頁・意訳
(62)同上書 ①二八頁・意訳
(63)『西周全集』第四巻 七四頁
(64)『史学会雑誌』第一号・意訳
(65)『中津歴史』一九頁・意訳
(66)『社教』第五九号、六—七頁・要約
(67)『中津歴史』二一一頁・意訳
(68)同上書 二九頁・意訳
(69)同上書 二八六頁・意訳
(70)同上書 一八頁・意訳
(71)『史学普及雑誌』第一号・意訳
(72)大澤俊夫『青年教師 広池千九郎』一二一頁
(73)『論集』一九頁
(74)『下毛郡誌』八頁
(75)『経歴』二七頁・意訳
(76)檄文・意訳
(77)『日記』①七一頁・意訳
(78)『思ひ出』一一—一二頁
(79)同上書 一二—一三頁
(80)同上書 七—八頁
(81)同上書 一四頁

第二部　歴史家として立つ

第一章　『史学普及雑誌』の発行

第一節　京都に出る

新しい門出

明治二十五年八月十五日、廣池千九郎と春子は、両親をはじめ、きょうだい、教え子らの万歳の声に送られ、中津港から海路京都へ向かった。千九郎は、きょうだいたちも成長し、経済的な見通しも立ち、今こそ都に上《のぼ》って自分の力を試す時だと決意した。そして、史学界で力を発揮して、社会のために尽くそうという抱負《ほうふ》を持ち、中津という一地方から激動する新生国家日本の渦中《かちゅう》に身を投じたのである。

この時、山陽線はまだ開通していなかった。東海道線の新橋・神戸の全通が明治二十二年、山陽線が広島まで通じたのは、明治二十七年六月のことである。したがって、門司から瀬戸内海を経て大阪までは船旅となり、そこから汽車に乗り換えて京都に行くよりほかなかった。ほぼ一週間の旅程だった。

春子は後年、この時のことを、「船にゆられて出る時は感慨《かんがい》も一入《ひとしお》深く、ちょうど三か月の身重にて、門司に着いた時は心身ともにつかれ果てましたが、途中で倒れるようなことがあってはなにごとにも成功せず、これではならぬと心をふるい起こし、初めて神仏へ助けを乞《こ》い、深い信念をもって舟に乗り込み……」[1]と述懐《じゅっかい》している。期待と不安の錯綜《さくそう》する気持ちは、「良人《おっと》の成功のためならば何処《どこ》で暮らすも同じ」という強い意志によって支えられていた。

八月二十二日、二人はようやく大阪港に上陸した。そして梅田（現在の大阪）駅から汽車に乗り、七条（現在の京都）駅にたどり着いた。いとこの阿部守太郎《あべもりたろう》が第三高等学校の学生として京都に在住していたほかは、知己《ちき》も友人もなく、住居についても何の準備もなかった。裸一貫で未知の土地に来た夫妻は、とりあえず旅館に泊まり、翌朝から家を探しに出かけた。しかし、家はなかなか見つからなかった。

旧中津港付近

その時、偶然、大分師範学校の第一期卒業生で、当時京都府立第一高等小学校長をしていた永松木長に出会った。事情を話すと、永松家の筋向かいに空き家があるというので、その家を借りることにした。永松は千九郎夫婦の面倒《めんどう》をよく見てくれ、借家の保証人にもなってくれたので、二人は月五円の家賃で家を借りられることになったが、それでも家賃を払う見通しは立たなかった。そのため春子は、大分県人の学生二人を下宿させて家賃の補いにすることにした。

千九郎の覚悟

家が決まると、千九郎は直ちに『史学普及雑誌《しがくふきゅうざっし》』の発行準備にとりかかった。

千九郎は、明治二十三年の教育勅語《きょういくちょくご》の発布《はっぷ》及び国会開設など、急変する社会状況に容易ならざるものを感じた。そのために歴史の研究を究《きわ》めて国体を明らかにし、日本の精神風土を強固にしようと考えた。後年、京都に出た理由を、こう述べている。

私の家は神官でありまして、累代《るいだい》皇室のご恩に与《あず》かっておることが他の家より深い、その報恩をするのが自分として大切なことであり、次には、小川（含章《がんしょう》）先生の遺志を嗣《つ》ぎたい。そうすれば、どうしても田舎におって黙ってはおれない。どうにかして都会に出て正しい学問を致し、皇室に貢献し奉《たてまつ》りたいというように考えまして、都会に出る準備を致しました。それから翌明治二十四年に、かねて編纂中の『中津歴史』のできましたのを機会に、明治二十五年、決然郷里を出ました。（中略）京都は桓武《かんむ》天皇以来の日本の旧都で、あらゆる歴史の材料がここにありますからということからして、京都に出てきたのであります。(2)

千九郎は明治二十五年一月に史学会の会員になっている。千九郎の目的は、歴史の研究を大成することにあった。そこで、歴史の古い京都なら資料や史跡も多いだろうし、実地の調査研究もできると考えて、京都に出ることにした。さらに、千九郎は歴史研究の焦点を歴代天皇においており、その場合には、京都のほうが研究に適していると判断したのである。

なお、明治二十五年六月三日付けの久米幹文《くめもとぶみ》から千九郎へあてた書簡によれば、このころ千九郎は、みずから歴史学会を設立する意図を持っていたようである。

第二節　歴史教育の普及

投じられた史学界への一石

当時は、史論の流行した時期だった。井上頼圀《よりくに》などの国学者によって設立された「史学協会」によって、明治十六年『史学協会雑誌』が発行された。この雑誌は、明治十八年十月、二十七号をもって廃刊した。明治二十年から二十五年にかけては、ほとんど毎年、新しい史学雑誌や歴史関連の書籍が発刊されている。

千九郎は、当時発行されていた歴史書について個々に論評しており、学術的に見て評価できるものは二、三種しかないと厳しく断じている。その数少ない歴史書とは、『日本開化小史』（田口《たぐち》卯吉《うきち》、明治十年）、『日本通鑑』（杉浦重剛《すぎうらしげたけ》ほか編、明治十八年）、『日本史綱』（嵯峨《さが》正作《しょうさく》編、明治二十一年）などを指しているのであろう。

千九郎も研究と生活の両方を支える手段として、『史学普及雑誌』の発行を企画した。『中津歴史』の成功によって意を強くしており、生活費くらいは十分に稼《かせ》ぐことができると思っていたのである。

千九郎は中津にいた時から、この雑誌発行の計画を練っており、雑誌三号分の原稿はほぼ整えていた。明治二十五年の四月には、井上頼圀に原稿依頼の手紙を出しているから、すでにかなり発行の目鼻がついていたようである。

住居を上京区（現中京区）新椹木町通《しんさわらぎまちどおり》新竹屋町《しんたけやまち》北入ル西革堂町《にしこうどうまち》九番戸に定めると同時に、雑誌の印刷所と発売所を決めた。発売所は、京都の便利堂であった。『中津歴史』の出版の実績や『史学普及雑誌』第一号に著名な歴史家などが執筆していたことが、印刷所や発売所が引き受けてくれたことの力になった。

明治二十五年九月二十一日には、早くも第一号（B5判、二八頁）を発行した。すでにかなり原稿ができていたとはいえ、当時の印刷、出版事情を勘案《かんあん》すれば、驚嘆《きょうたん》すべきことであった。

このころ出版されていた史学雑誌は、専門家を対象とするものが多かった。しかし、千九郎

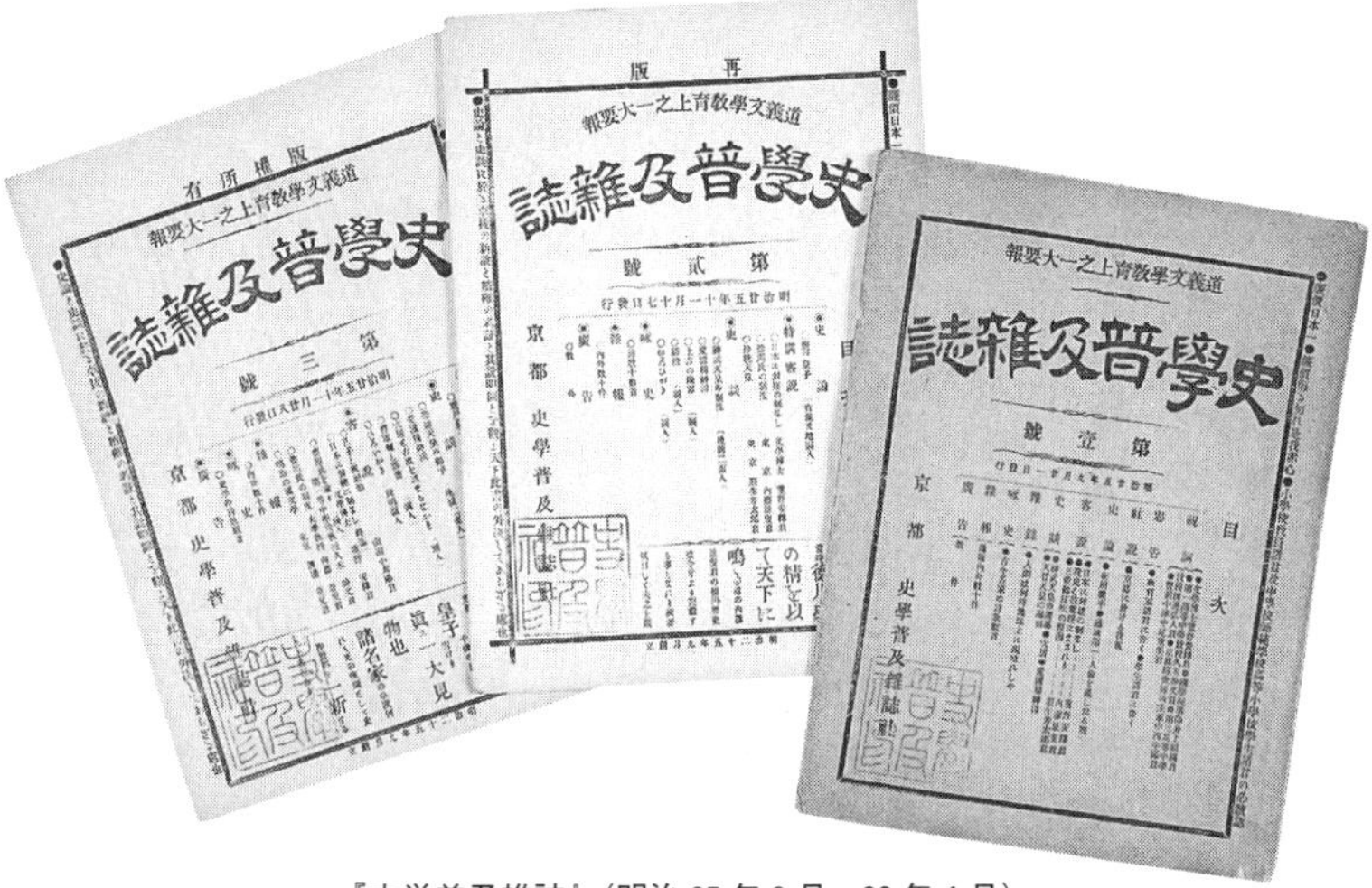

『史学普及雑誌』（明治25年9月～28年4月）

は『史学普及雑誌』の主目的を一般人の史学思想を高めることに置いた。同時に、専門家の研究資料とするねらいもあった。千九郎は読者に、歴史には一定の法則があることを知らせ、その法則によって各自が自己を向上させるとともに、国体を強固にし困難な時局を打開しようとしたのである。さらに千九郎は、この雑誌を通じて学者や一般読者と切磋琢磨《せっさたくま》し、社会教育の欠点を補いたいとも言っている。

「本誌の特色」として、以下の四点を挙げている。

一、これを読めば、他の多くの史学雑誌を斉読《せいどく》しなくてもよいように編纂《へんさん》してある。

二、これを読めば、普通の歴史にはない有益な論説を見ることができる。

三、これを積んでおけば、他日、有益な一大歴史書となるように順序を立てて編纂してある。

四、本書の史学上の知識は、他の歴史書から得られる知識より確実である。

『史学普及雑誌』第一号には、「学生諸君に告ぐ」と「教育家諸君に告ぐ」という勧誘文が載《の》せられており、千九郎の期待が込められている。

『史学普及雑誌』第一号の巻頭には、錚々《そうそう》たるメンバーの「祝詞《しゅくし》」が掲載されている。東京帝国大学教授重野安繹《しげのやすつぐ》、国学院講師井上頼圀、第一高等中学校教授・国学院講師久米幹文《くめもとぶみ》、京都経世博議主筆中西牛郎《なかにしうしお》などである。

本誌の内容は史論、客説、史談、雑録、その他詠史《えいし》、雑報などからなっており、「史論」「史談」は千九郎自身による記述である。

「客説」は寄稿論文であるが、重野安繹（四回掲載）、東京帝国大学教授内藤耻叟《ないとうちそう》（六回）、渡《わた》辺《なべ》重兄《しげえ》（五回）、文学士黒川真頼《くろかわまより》（八回）、久米幹文（二回）、松村巖《まつむらいわお》（七回）、その他歴史学者、国学者などの論説を載せている。渡辺重兄は、中津の国学者渡辺重春の子であり、国学者であった。明治三十五年から皇学館の教授となっている。

これらの寄稿者を見ると、当時の千九郎の交流範囲の広さを知ることができる。

東京の学者への原稿依頼は、明治二十四年夏以来、国学院で井上頼圀の下《もと》で学んでいた弟長吉に頼んでいた。のちに千九郎が『古事類苑《こじるいえん》』の編纂のため東京に出た時、重野、久米を除いてこれらの人物と親しく交流することになる。

第二号には、重野安繹、黒川真頼、東京帝国大学教授栗田寛《くりたひろし》、学士会員細川潤次郎、久米幹文、井上頼圀、内藤耻叟、文学士三上参次などが名を連ねており、「本誌では、毎回わが国を代表する歴史家の優れた論説を掲載する予定なので、読者諸氏は目を見開いて待っていてほしい」と記《しる》しているが、これらの人々とも、のちに東京で交流することになる。

千九郎の主張

第一号の史談には、千九郎の「神武天皇の遷都《せんと》」が掲載されており、以下の号にも歴代天皇の記事が、ほぼ毎号掲載されている。

歴史論は、特に力を注いで執筆したもので、それによって当時の千九郎自身の考え方をうかがうことができる。

例えば、第一号に掲載された「人倫《じんりん》を乱したる戦い」では、『保元物語《ほうげんものがたり》』『神皇正統記《じんのうしょうとうき》』『読史余論《とくしよろん》』などでは、保元の乱をもって人倫を乱した戦いとしているが、しかし、承久《じょうきゅう》の乱、応仁《おうにん》の乱のほうがさらに人倫を乱したものだと述べている。

保元の乱は、鳥羽上皇《とばじょうこう》と後白河天皇、崇徳《すとく》上皇父子及び藤原忠通《ふじわらただみち》と頼長きょうだいが戦ったものであるが、それでも双方が君臣の関係を重んじている。しかし、承久の乱は、鎌倉の武士が大義名分を忘れて後鳥羽上皇に刃《やいば》を向け、皇室に対立したもので、人倫を乱したことは、保元の乱よりもはなはだしいなどとしている。

千九郎の史論や人物論など、その論述は深い研究をうかがわせるものが多く、本誌が史学雑誌として第二十七号まで継続した大きな理由も、そこにあるだろう。

なお、第二十四号には、「歴史の定義」と題して、ドイツの歴史学者エルンスト・ベルンハイムほか何人かの西洋の学者の定義が紹介されている。ベルンハイムのドイツ語の翻訳は、当時、東京帝国大学で法学を研究中の阿部守太郎に依頼したという記録が残っている。

『史学普及雑誌』に対しては、『大阪毎日新聞』『東京国学院雑誌』『教育時論』、その他新聞社十数社など、多くのマスコミが書評を掲載した。例えば『東京国学院雑誌』の書評は、次のような絶大な賛辞を載せている。

『史学普及雑誌』は国史の中心である京都で発行されたが、その主筆は『中津歴史』を著し、地方歴史の魁《さきがけ》をなした中津出身の廣池千九郎氏である。氏の史眼と文才は世に知られるところで、今さら述べるまでもない。その雑誌を見ると、国家的観念をもって、一方では科学的研究に力を注ぎ、もっぱら実用的に教育者の理解を深めるため編集に工夫を凝《こ》らしている。東京で無責任な史論を吐き、正史を乱し、誤った思想を世間にまき散らしているものに比べて、その違いは非常に大きい。史学思想を普及することによって教育を正すことは、今日の急務である。われわれもまったく同じ希望を持っており、この雑誌の発行を心から祝うものである。

第三節　千九郎の思想

独創的な新井白石論

この時期、千九郎は『史学普及雑誌』を通じて、自分の歴史観、人物観などを縦横《じゅうおう》に論じている。その特徴の一つは、わが国の国体を明らかにすることにあり、これは当時の歴史論の一般的傾向であるが、千九郎は、人類の歩んできた歴史には一定の法則があるとして、因果関係を重視した科学的な視点に立つことを強調している。一見、方向が異なるように見えるこれらの思潮を統合することこそ、千九郎の課題だったといえる。

『史学普及雑誌』第八号において、千九郎は新井白石《あらいはくせき》論を展開しているが、その中で徳川光圀《とくがわみつくに》と頼山陽《らいさんよう》を引き合いに出して論じている。『大日本史』を編纂した徳川光圀の功績を「わが国空前の一大美跡」と称《たた》え、皇室崇拝《すうはい》の精神と材料が正確であるなどの長所があると評価する一方、因果関係の究明に欠け、科学的でないと批判する。

『日本外史』を著した頼山陽については、もっと厳しい。元来、山陽は詩文家的な歴史家だから、国史に必要な有職《ゆうそく》、制度、経済、地理上に対する配慮がなく、史論を展開するのにふさわしい人物ではないと、歴史家としての山陽を批判している。そして、山陽には東洋の一大詩人という尊号を与えることが適当であるとし、おそらく山陽もそう言われれば、地下で満足するだろうと述べている。

白石については、山陽に匹敵する漢文の素養を持ち、同時に皇室を尊ぶ光圀の精神も併《あわ》せ持っており、さらに、国語、地理、経済、有職、制度等の諸学に通じ、未曾有《みぞう》の卓見を発揮して、わが国の歴史を進歩させたと絶賛している。特に白石の『読史余論』は、小冊子ではあるが、その歴史書としての価値は『大日本史』『日本外史』の及ぶところではないとまで言っている。

次のように記述している。

光圀、山陽に比べ、白石は歴史家に最も必要な精敏《せいびん》という質を備えている。事物の調査に綿密なことを精という。事物の観察に鋭いことを敏という。精敏は、古来、歴史家が必ず備えるべき特色である。したがって、白石の考証は常に綿密確実であり、百世を経てもなお史料としての価値を保持している。その史論は、言葉が明確で円滑《えんかつ》であり、引用は適切で疑問を抱《いだ》かせず、一読して人を感服させるものである。(3)

また、白石の歴史研究法にも賛意を示している。

ひとつの事を判断する時も、倫理、経済、地理、宗教等、さまざまな視点から観察・批評し、それらの事実を総合して、善悪可否《かひ》を定め、ついで盛衰興亡の原因を明らかにし、ひとつの原則を導き出そうとしている。すでに歴史を学術的に研究する方法を、この書の中で示しているのである。(4)

光圀の『大日本史』は国民に勤王《きんのう》の大精神を植えつけ、山陽の『日本外史』が光圀の示した精神を発揮させて明治維新の大業を実現させた。しかし、これらは白石の歴史論がなければ成り立たなかったというのである。

このように、千九郎の歴史論は、学問観そのものであり、皇室中心の精神を根幹として、合理的・実証的研究法によって、あらゆる学問の成果を総合的判断のもとに組み立てていこうとするものである。

本居宣長と聖徳太子

千九郎は、『史学普及雑誌』の中で本居宣長《もとおりのりなが》と聖徳太子について書いている。

宣長については、日本の国体を研究し、それを天下後世に説明した人物であり、国学の真精神は宣長にあると評している。そして宣長の和歌、「めつらしきこまもろこしの花よりもあかぬ色香は桜なりけり」（日本の桜の色香は中国の花よりもよい）を引き、宣長は唐心《からごころ》を廃し大和心《やまとごころ》を示して、今まで国学者が十分に解明できなかった日本の心を示したと称賛している。

また、宣長の『古事記伝』をひもとけば、まるで一巻の社会事典、百科全書、また神学類典、語学辞書、地学辞書などを見ているようだと述べている。さらにその文章は流暢《りゅうちょう》で、現今の学問がいかに進んだといっても、当世の大家がどんなに大きな学派を形成したといっても、いまだかつてこの『古事記伝』の考証の範囲を乗り越えたものは存在しないと言い切っている。

千九郎が、江戸時代後期に日本の国体を明らかにした本居宣長を深く尊敬したことは、早くから国学を探求し、井上頼圀に師事していたことからすれば当然といえる。

また、千九郎は、「厩戸皇子《うまやどのおうじ》」（第二号、第三号）という論文において、聖徳太子を論じている。現世《げんせ》を益し、衆生《しゅじょう》を済度《さいど》した点において、日本国が始まって以来、唯一《ゆいいつ》最高の人は太子であるとしている。

仏教伝来の時、蘇我《そが》氏と物部《もののべ》氏等が仏教を受け入れるか否かについて争った。この時、聖徳太子は受け入れる側に回ったが、それは仏教の教理を悟ったからであるという。古来の史家は、蘇我馬子《そがのうまこ》と物部守屋《もののべのもりや》の争いにおいて、太子が馬子にくみし、叔父や守屋を滅《ほろ》ぼして仏法を興《おこ》したと論じているが、その見方は太子（当時十六歳）を傷つけるものだとして太子を擁護《ようご》している。太子が仏法を奉じたのは、私情によったものではなく、「名分の正しきものを助けた」

と主張しているのである。

千九郎は、聖徳太子が仏教を信じたのは国家に大きな利益になると判断したからであるという。

わが国は、開闢《かいびゃく》以来、神道の正直、清浄、義勇、敬愛の諸徳を基礎とし、人民は純朴で神を敬い、祖先を尊び、寡欲《かよく》で勤勉であった。ところが、朝鮮半島と交流が始まって儒教が入ってきたころ、人民の思想に動揺が生じた。

その後、仏教が伝来してきたが、太子はその仏法を信じ、仏教の教えを国内に広めることによって、人民の心に再び活気を取り戻した。太子は出家はせず、摂政《せっしょう》の位に就いて国家を指導したので、疲弊《ひへい》していた人心は再び皇室に帰着し、落ち着きを取り戻した。昔、神武天皇が神道をもって天下の人心を皇室に吸収したが、今太子が仏法をもって人心を掌握《しょうあく》したのは、これとまったく同じことであると述べている。

そして、仏教の教えは、因果の理から慈悲・正直までを教えるものだから、その極意は神道が神の冥護《みょうご》を説いて正直を教え、儒教が天道を説いて仁義を教えることと同じことであるとし、ただその意義が非常に深いところにあるから、これを信じる者は悪逆を犯すことがなく、国益に沿うものだと言っている。

この論文を読むと、大義名分を明らかにしようとする思想とともに、神道、儒教、仏教などの思想に一貫する原理を究めようとする千九郎の姿勢がうかがえる。

第四節　逼迫する経営

厳しい出版事情

『史学普及雑誌』の売れ行きはどうだったのであろうか。当時は史学全盛の時代だったので、第一号、第二号はよく売れ（もっとも第一号は寄贈用）、再版するほどであった。雑誌の値段は三銭五厘で、利益は一冊一銭五厘だった。発行部数は明確でないが、千冊ないし千五百冊と推定されている。印刷所は、最初は京都の本来堂活版所だった。また、発売所は京都の便利堂が中心となり、東京はじめ関西方面の書店や日本各地の書店約八十店であった。この点、中津在住の時に『新編小学修身用書』を出版し、全国各地の書店で販売した実績が役立っている。

千九郎は、雑誌の中で「西海」という号を使用している。史学研究の中心は東京にあったが、西の方面での史学の中心は自分にあるといわんばかりの意気軒昂《けんこう》ぶりであった。

しかし、意気込みとは裏腹に、雑誌の売れ行きはすぐに悪くなり、千九郎は雑誌編集にいろいろと工夫を凝《こ》らさなければならなくなった。例えば、第六号では、口絵に地図や絵などを載せたり、維新史に力を入れて面白味のある記事を掲載したりした。続いて第七号にも、桓武帝以降の八頁大の京都の沿革地図を添付《てんぷ》したり、印刷を鮮明にするなどの工夫をしている。

この第七号では、「徳川時代十五大家投票」と銘打って、読者の人気投票を募集しているが、これなども売れ行きを増やそうとして努力した一つの表れであったろう。

雑誌の廃刊

第八号からは、経費節減のために従来の印刷所をやめて京都活版所に変更した。第十号からは再び変えて、滋賀県在住の原田熊平に依頼した。

以後も、次々と改良を加え、特に第二十四号からは大改革を行って誌面を一新しようとしたが、ついに時勢には勝てず、明治二十七年十二月には一か月休刊とした。

日清の緊張が高まった明治二十七年四月以降、国民の歴史に対する関心は急速に衰え、有力な歴史雑誌が相次いで廃刊に追い込まれた。そして『史学普及雑誌』も、第二十七号（明治二十八年四月）を最後に廃止のやむなきに至った。経営の逼迫《ひっぱく》もあったが、その直接の原因は、千九郎が『古事類苑』の編纂のために東京に出たことにある。

第二章　歴史研究の成果

第一節　『皇室野史』の発行

科学的な皇室研究

千九郎の『史学普及雑誌』に次ぐ特筆すべき業績は、明治二十六年五月の『皇室野史《こうしつやし》』の発行である。この書もまた、中津時代において素稿《そこう》は整えられていた。千九郎は、神社、仏閣、旧家などに出入りして未公開の古文書《こもんじょ》を調査し、富岡鉄斎《とみおかてっさい》の所蔵する豊富な書籍を渉猟《しょうりょう》してこの書を完成した。

『皇室野史』は最初「皇室御史《ぎょし》」と題していたが、印刷直後に「個人が御史（正史）を著すのは適当ではない」と注意する人があって、『皇室野史』に変更したという。全文は一四四頁・四六判《しろく》（B６判よりやや大きい）で、定価は十四銭であった。

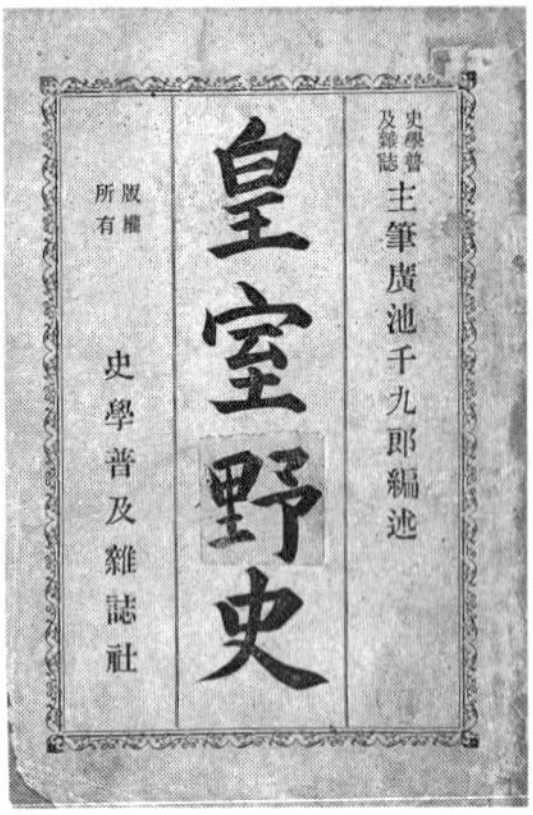

『皇室野史』（明治 26 年 5 月発行）

本書発行の意図は、次の点にあった。

わが国には、いまだ神明的な論述を除き、事実に基づいて皇室のことを説いた書物が一つもない。ことに武家時代の皇室の実状を説いたものは皆無で、応仁の乱後の皇室の大惨状の詳しい状況及び徳川時代の皇室の内情に至っては、だれ一人としてこれを知る者はいないと言ってもよい。本書は、今回初めて京都で発見した数々の新材料を基礎として編述した新著であり、材料は斬新《ざんしん》で考証は確実、議論はことに快活で、一見して驚くべき新知識を得ることができる。(5)

明治中期は、尊皇愛国の精神の強かった時代だが、その時においてさえ、千九郎からすれば、「いまだ神明的な論述を除き、事実に基づいて皇室のことを説いた書物が一つもない」という状況だった。歴代天皇は、伝統的に自分の意見や思想を和歌以外の形では書き残していない。したがって、天皇の研究をしようとすれば、あらゆる文献に散在する天皇に関する記事を検討するよりほかない。そのためには、非凡な学力と多大な労力を必要とする。そこで、本格的な天皇研究はなかなか容易ではなく、単なる心情的な天皇崇拝で終わってしまうのが常となる。千九郎は、それでは飽《あ》き足らなかった。そこで、歴史を合理的、実証的に研究することによって、皇室尊重の精神を国民に喚起《かんき》しようとしたのである。

この書において、応仁の乱から徳川末期まで、皇室が最も衰微《すいび》した時期に、織田、豊臣、徳川などの武将が、皇室に対してどのような態度をとったかを詳細に論述している。

皇室と武家

第一章では、皇室は、悠久《ゆうきゅう》の上代からわが国の統一者としていっさいの党派や世俗的な権力を超越し、国民の尊崇《そんすう》の中心になってきたが、政権が武家に移ってから名実が伴わなくなった経緯を述べている。

皇室の衰微は源平の時代に始まり、北条氏の執権時代から足利幕府に至ってはなはだしくなった。特に足利幕府の末期、約百二十年間にその極《きょく》に達した。

皇室は日々の生計費にさえも不足を感じるほどに衰退したが、「大義名分」の乱れた時代にも、民間の有志者は、皇室に接近することを最高の栄誉として金品を献じた。彼らが、その際「勲功の栄」を望む気持ちがあったにせよ、武力的に無力な皇室を尊重したという事実は、国家における皇室の存在がいかに重大な意味を持っていたかを示しているという。

第二章は上下に分かれており、上では、「徳川氏執権時代の皇室（徳川氏の皇室に対せし処置及び皇室の内情）」と題し、徳川氏が皇室に対してとった態度を詳細に論述している。下では、武家が一方において、皇室に対して不法の態度をとりながら、他方において国民の手前、皇室へ至誠を尽くした事実を挙げている。そして徳川時代に至って徳川光圀のような人物が現れ、国家の本来のあり方を学問的に論議するようになったことを述べ、王政復古の真原因を究明している。
第三章は、「上古以還《いかん》皇室と人民との関係せし顚末《てんまつ》」と題しているが、国史を通観する時、皇室と国民との関係について、次のように指摘している。

国史を読んで、皇室が栄えた時に人民が楽しみ、皇室の衰えた時に人民が苦しんだという通理を発見しない者がいるだろうか。(6)

千九郎は、応仁の乱以後戦国時代に入り、京都市内が何度も戦場となり、皇室が最も衰微した状況を調査した。財政が乏しく、将軍や武将の援助が足りないために践祚《せんそ》も予定どおりに行えず、何年も延期せざるを得なかった天皇や、短歌などを色紙に書いて国民の献金を求めざるを得なかった天皇の実情を知り、その惨状に落涙《らくるい》しつつ、この書を著している。しかし、このような時代にあっても、国民の皇室を尊ぶ心がまったく失われてしまったわけではないことに、千九郎は驚嘆した。

信長、秀吉、家康などが皇室に対して取った態度についての記述は、興味深い。

信長については、「尾張名古屋の城主織田信秀は、平 重盛《たいらのしげもり》の子孫で天下を思う気持ちがあった。それゆえ、よく皇室を尊び、神祇《じんぎ》を敬った」(7)「信長はおおいに皇室を尊ぶ」(8)としている。

秀吉は天下を統一し、「おおいに皇室を安んじ奉った。秀吉は低い身分からその身を起こしたので、皇室の力を借りて自分の権威を天下に示そうと思い、常に天皇の詔《みことのり》をいただいて諸侯の入朝をうながした」(9)と記している。

しかし、徳川家康に対しては手厳しい。皇室に対する「禁裏十七条《きんりじゅうななじょう》」「公武法制応勅十八箇条《こうぶほうせいおうちょくじゅうはっかじょう》」を取り上げ、不忠であり、酷法《こくほう》であると評している。徳川幕府の皇室に対する抑制、圧迫については、かなりの頁を割《さ》いて批判している。

いつの時代にも勤皇《きんのう》の士はいる。幕府の皇室に対する対応が適切を欠けば欠くほど、勤皇の士の慷慨《こうがい》は強くなり、一方、危険を感じる幕府は皇室に対する処遇をますます厳しくする。これがまた志士の気持ちを逆《さか》なでする。千九郎は、このような状況の高まりが尊皇倒幕の動きを高揚させたと論じ、そこに王政復古の真原因を見いだしている。

『皇室野史』に対する書評は、多くの雑誌や新聞に取り上げられた。例えば、『東京評論雑誌』『東京読売新聞』『国民の友』『福井新報』『東海新報』『福島新聞』などである。それらはおおむね好意的なものであった。

本書は当時同志社英学校において参考書として採用されている。また、本書は明治四十年四月、桜井章の論説「過去四十年間における国史学界の概観」(『国学院雑誌』第一三巻第四号)の中でも、後述の千九郎の『日本史学新説』『史学俗説弁《しがくぞくせつべん》』などとともに取り上げられている。

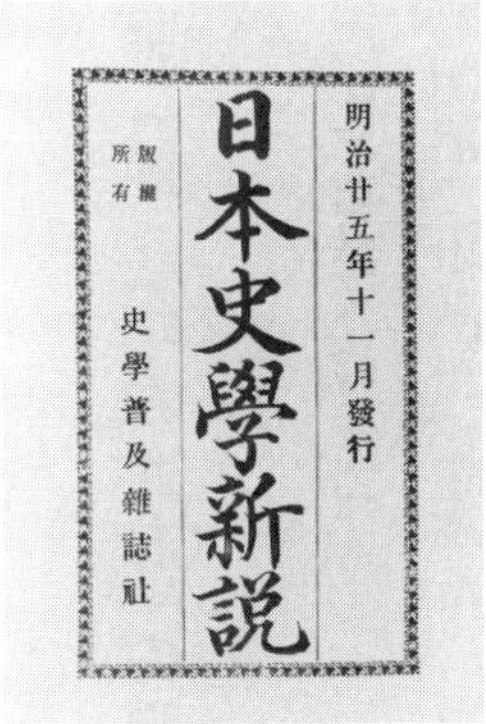

『日本史学新説』
（明治 25 年 11 月発行）

『史学俗説弁』
（明治 26 年 9 月発行）

『新説日本史談』
（明治 27 年 6 月発行）

『日本史学新説』など

毎月『史学普及雑誌』を発行するだけでもたいへんであったのに、千九郎は京都在住の約三年間に次々と著作を出版している。『日本史学新説』（明治二十五年十一月）、『史学俗説弁』（明治二十六年九月）、『新説日本史談』（明治二十七年六月）、『歴史美術名勝古跡京都案内記』（明治二十八年四月）などである。

このほかにも、『平安通志《へいあんつうし》』『京華要誌《けいかようし》』、醍醐寺三宝院《だいごじさんぼういん》の寺誌編纂や比叡山延暦寺《ひえいざんえんりゃくじ》の古文書《こもんじょ》の整理などにたずさわっている。

『日本史学新説』は、明治時代の歴史学者が従来の見解の誤りを指摘している新説を集めたもので、著名な歴史学者の論文六十四編が収められている。主なものは星野恒《ほしのつね》十五編、重野安繹《しげのやすつぐ》十一編、久米邦武《くめくにたけ》九編である。このことからも、千九郎が実証主義の立場を重んじていたことが分かる。

『史学俗説弁』は、井沢長秀《いざわながひで》の『広益俗説弁《こうえきぞくせつべん》』を基本に、曲亭馬琴《きょくていばきん》や新井白石などの解説を取り入れ、随所に千九郎自身の解説を加えたものである。本書が実証的精神で編述されていることは、「新井白石、曲亭馬琴等、正しい史眼を備えた非神道的学者の卓説を網羅《もうら》したものである」と書かれていることからも明らかである。内容は、歴代天皇についての史説の誤りを指摘しているものが多い。

『新説日本史談』は、千九郎の著述の中では最も異色なもので、青少年向けの通俗書というべきものである。扱われている人物は、豊臣秀吉、山田長政、大石良雄、護良親王《もりよししんのう》、石川五右衛門、頼山陽などで、読者の興味をそそるものを取り上げ、時に道徳的教訓をまじえている。

第二節　『平安通志』の編纂

記念事業への協力

明治二十八年、京都市において「第四回内国《ないこく》勧業博覧会」が開催されることになった。これまでの三回はすべて東京で開催されたが、第四回が京都で開かれることになったのは、明治二十八年が平安遷都からちょうど千百年になるので、この時を期して盛大な祝祭典の行事を催すことにしたからである。

この行事は、いわば国を挙げての行事となり、主な内容としては、平安遷都紀念祭、平安京大極殿《だいごくでん》を模《も》した平安神宮の建設、博覧会の開催、京都・舞鶴間の鉄道の新設、日本で初めての市街電車の敷設《ふせつ》などがあった。京都市民は、日清戦争の勝利にわき立つとともに、この博覧会によって京都の声望を取り戻せるものと期待して、一体となって準備に協力した。実際、博覧会の入場者は百十三万人に上り、空前の盛況となった。同時に、これは京都の文明開化と経済の復興に大きく寄与した。

これらの行事の一環として『平安通志』の編纂をすることになり、官民の歴史家が多数動員された。千九郎も最初この事業に勧誘を受けたが断った。しかし、明治二十七年七月三十一日に、京都市参事会が再度委嘱《いしょく》してきた時には、引き受けることとした。生活に困っていたこともあって、千九郎は、集中

『平安通志』(明治 28 年)

して『平安通志』の編纂に取りかかった。そのため、これまで定期的に発行していた『史学普及雑誌』を初めて一か月休刊した。第二十四号巻末には、「さる八月は主筆多忙にて休刊せり」と陳謝している。

『平安通志』は、名著として評価が高かった。千九郎は、全体の約三分の一の編纂にあたっている。この仕事に対する報酬は三百円という大金であった。この収入は、千九郎夫妻にとって望外の喜びであった。『日記』の「これ天の与うる所なり」という表現に、喜びの大きさが示されている。

また、千九郎は、『京華要誌』上下全二冊の編纂にもたずさわった。

『京都案内記』の発行

このほか、千九郎は『京名所写真図絵』『歴史美術名勝古跡京都案内記』などを著している。これらは京都の観光案内のガイドブックであり、博覧会の観光客の便宜《べんぎ》をはかって京都市が計画し、千九郎が作成したものである。その一部については、英文の案内書も計画していた。千九郎はこれを作成するため、各神社仏閣に宝物拝観依頼書を出している。

これらの発行に際しては、純粋な歴史家としての立場が示されている。明治二十八年四月一日発行の「高等案内応属会《おうぞくかい》」についてのパンフレットには、このことが端的に示されている。

京都の地は名勝古跡が多く、宮殿、仏閣、神社などが各所に存在している。したがって、見学者が巡覧する場合、必ず案内人の力を借りなければならない。しかし、従来出ている案内書には不正確なものが多く、伝統的文化の真髄《しんずい》を正しく伝えていない。学者、教育家、学生などの京都旅行は、歴史、風俗、工芸、美術などの学識を開くためなので、必ず「高等の案内者」を求めなければならないと述べている。

高等の案内者とは、歴史家としてしっかりした知見を持つ研究者による案内であり、千九郎みずからそれに任じようとした。「真に修学旅行の目的を達して貴重な時間と旅費とを活用し、旅行を有益なものにしたいと思う者は、よく考えて本会にその案内を任《まか》せてください」と述べている。

実地調査

千九郎は万事において実地調査を重んじている。後年の『回顧録《かいころく》』には、次のような記録がある。

京都では『史学普及雑誌』という専門雑誌を発行して、一方では予定していたように史学の研究を行い、また一方では、盛んに大義名分を説いた。その時分に、南朝の事跡などをことごとく調査して、京都付近、畿内《きない》一帯の史跡はもちろん、紀州のほうまでも南朝の

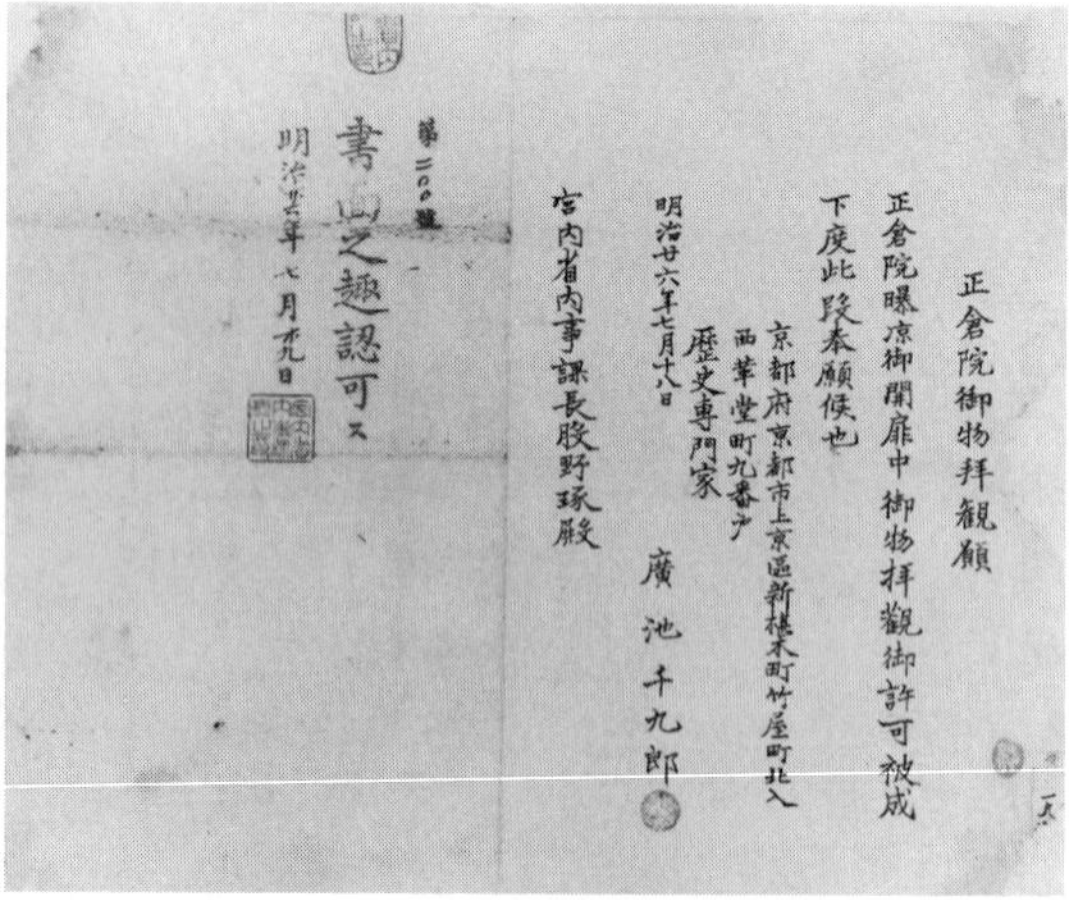
正倉院御物拝観願
正倉院曝涼御開扉中御物拝観御許可被成
下度此段奉願候也
京都府京都市上京区新椹木町竹屋町北入
西革堂町九番戸
歴史専門家
明治廿六年七月十八日　廣池千九郎
宮内省内事課長股野琢殿
第二〇〇號
書面之趣認可ス
明治廿六年七月廿九日

正倉院御物の拝観認可書

事跡を探って回ったことがあります(10)。

明治二十六年八月一日、千九郎は正倉院《しょうそういん》の御物《ぎょぶつ》を拝観する許可を得て見学しており、次のように記している。

正倉院はかけがえのないほど尊い御倉《みくら》であり、勅命がなければ開かれることはない。これを開く時は必ず勅使が下向《げこう》する。それゆえ古来、通常の人は決してこれを拝観することができない。しかし、毎年夏期の曝涼《ばくりょう》の日だけは、高等官ならびに華族以上の人及び各種著名の専門家は、出願によって拝観できるという規定がある。しかし、その専門家とは天下知名の人物に限られるので、毎年出願する者は多いが、その栄に預かる者はほんのわずかしかいない。拝観することがいかに困難であるかを知るべきである。(11)

千九郎が喜んだのは、このような厳しい条件の中で拝観を許可されたのは、歴史家として公に認められたと考えたからである。

第三節　法制史研究へ

歴史から法制史研究へ

歴史の研究を志して京都に上った千九郎ではあったが、「京都に着いてその研究の方法を講ずるや、たちまちにして、この都に来たことを後悔した」(12)とあるように、その期待はわりあい早い時期に崩《くず》れた。その大きな理由の一つは、京都は予期に反して、東京に比べて学問研究の場所として適切でなかったことが考えられる。

当時は、同志社英学校ほか二、三の学校があるだけで、めぼしい学者も少なかった。明治二十三年に他界した同志社の新島襄《にいじまじょう》が生きていれば、様子が違っていたかもしれない。千九郎は、新島の死を悼《いた》んでいる。

世にあなたの事業について述べているものは多いが、あなたの精神を知るものは少ない。私はキリスト教がはたして日本の人心を支配して国家の利益となるのかどうかは分からないが、早くから新島氏が忠愛誠実な愛国の人であることを断言するのに躊躇《ちゅうちょ》するものではない(13)。

このころ千九郎は、専門の研究を歴史から法律の分野へ広げようと考えた。これについて、次のように語っている。

私はだんだんと見識が高くなりまして、歴史家くらいでは、とても将来わが国の思想を善導して、わが国体を維持することに貢献していくことはできない。歴史家は歴史家でよいが、歴史の上に法律学者、政治学者、財政学者、経済学者となるのみならず、さらに実際の政治家となって、みずから日本国民を指導して日本を善いほうに振り向けていこうと決心したのであります。それから初めて法律学に志したのであります[14]。

別の記録には、「一、単なる学者としての歴史家では、十分に現代の人々の心を正しく改革し、ほんとうに皇室に尽くすことができない。一、私は法律学に志す。そして政治・法律の実際の局に立って民心を正し、大義名分を明らかにしたい[15]」とある。

明治二十六年夏のある日、千九郎は古本屋の店頭で、『法学協会雑誌』(明治十七年三月刊)の中の穂積陳重《ほづみのぶしげ》の「法律五大族の説」という論文に目を止めた。これは、千九郎のその後の人生行路を決定する運命的な出会いともいうべきものであった。

のちに、この時の決意について、次のように語っている。

当時わが国法律学の泰斗《たいと》である穂積陳重先生と申しますお方のお話と申しますものを承りますと、だいたい世界には法律の系統が五つあるということでした。しかるに、そのうち四つまでは欧州の学者が開拓しておりますが、そのうちの一つ、中国の法律及び法理に関しては、欧州の学者もこれを研究究明することはむずかしいので、これだけは日本の法律学者の任務である、と申すのでありました。そこで、私はたとえ浅学不才なりといえども、幸い少々漢学の素養と法律学の端緒《たんしょ》を学んだことがありますから、これを基礎として進んでみようというので、中国の法制史研究という新学問の開拓に取りかかりました。これがそもそも私の苦労の始まりでした(16)。

こうして、千九郎は東洋法制史の研究を開始した。最初は独学で研究を始め、続いて富岡謙《とみおかけん》三《ぞう》（富岡鉄斎《てっさい》の長男）のもとに通い、法律の勉強をした。明治二十六年十一月二十二日発行の『史学普及雑誌』第十五号には、「古代法典研究会」を富岡謙三宅で毎週水曜日に開催すると予告している。

明治二十六年十二月には、大阪東区安土の松雲堂（鹿田書店）で『唐律疏議《とうりつそぎ》』を購入した。生活が苦しかった千九郎ではあったが、この高価な書を買い求めた。店主の鹿田静七《しかだせいしち》は古書の収集家として有名であった。

千九郎は、この本によって和漢の法律の比較研究（『倭漢比較律疏《わかんひかくりっそ》』）を開始した。明治二十六年夏ごろの記録に、「目下、私はもっぱら和漢の歴史制度の研究中である。わが国の歴史、律《りつ》令格式《りょうきゃくしき》及び諸家の記録類はもちろん、著名なものはたいてい調べないものはなかった(17)」とある。

千九郎は、のちに完成した『倭漢比較律疏』の自序文に、法制史を研究するうえで『大唐六《だいとうりく》典《てん》』と『唐律疏議』はどうしても読まなければならない書物であるが、この二書の註釈をつくろうと思い、試みにこれを通読してみたところ、『唐律疏議』のほうが『大唐六典』よりも難しい。そこで、まず難しい『唐律疏議』から手がけたと記している。

東京に出てから、明治二十九年ごろに、穂積陳重に最初に面会した時、「田舎におって、よくそこまで気づいたな」と言われている。その後の京都での約二年間で、『唐律疏議』をもとにした『倭漢比較律疏』の研究は、かなり進んだ。

第三章　京都での生活

第一節　富岡鉄斎との出会い

鉄斎という人

千九郎は、南画の大家富岡鉄斎《とみおかてっさい》と親交を持ったが、交際を始めた時期については、はっきりしない。『史学普及雑誌』第六号に鉄斎の詩が掲載されており、その発行が明治二十六年二月二十六日であるから、二月以前であることは確実である。

春子の『思ひ出』には、「鉄斎を紹介された」とあるから、だれかに紹介されたようである。千九郎が中津で国学を学んだ渡辺玄包《わたなべげんぽう》は、大国《おおくに》（野々口《ののぐち》）隆正《たかまさ》の門弟であり、鉄斎も大国に就《つ》いて国学を学んでいるから、鉄斎とは同門ということになる。千九郎が京都に出るにあたって、渡辺に国学の指導者として紹介されたのではないだろうか。

それ以後、千九郎は頻繁《ひんぱん》に鉄斎とその子謙三《けんぞう》と交流し、書画を見せてもらったり意見の交換もした。鉄斎夫人からも和歌の原稿をもらっている。謙三は、この時期に千九郎が最も親しく交わった友人の一人であり、その交際は生涯にわたっている。

鉄斎は天保七年（一八三六）に京都で生まれ、大正十三年、八十九歳で亡くなっている。鉄斎の青年時代は、ちょうど幕藩体制の崩壊から維新の成立期にあたり、その喧噪《けんそう》の中で、平田《ひらた》篤胤《あつたね》の流れをくむ大国隆正に国学を、岩垣月洲《いわがきげっしゅう》らに漢学、陽明学、詩文などを学んでいる。またこのころ、書や絵の手ほどきを受けている。

鉄斎は、少年時代に歌人太田垣蓮月尼《おおたがきれんげつに》のもとに預けられた。彼女は鉄斎をわが子のようにかわいがった。また、蓮月尼のもとに出入りする頼三樹三郎《らいみきさぶろう》、梁川星巌《やながわせいがん》らからも多くのことを学んだ。このころ、陽明学者春日潜庵《かすがせんあん》の門に学び、梅田雲浜《うめだうんぴん》の塾にも通った。このような影響もあり、幼い時から尊皇の精神が培《つちか》われた。その後長崎に遊学し、当時全盛だった長崎画壇で南画を学ぶことになった。

富岡鉄斎（1836〜1924）

二十八歳の時、蓮月尼旧宅で私塾を開いたが、いまだ無名の学者であり、絵筆をとっても作品は売れず、生活は一時困窮《こんきゅう》を極めた。しかし、慶応三年（一八六七）に『孫呉約説《そんごやくせつ》』を著し、三十二歳ごろから鉄斎の名は学者として世間に知られるようになり、五十五歳を迎えた明治二十三年ごろには、大学者として東京にまで知られるようになった。また、南画家としてもしだいに頭角を現し、京都画壇の中心的存在になった。

鉄斎にとって、芸術は人格の表現にほかならなかった。「人格を磨かなければ、その絵には一文《いちもん》の値打ちもない」「学問をしなければ、絵は描けない」というのが、終生変わらぬ持論であった。晩年まで読書を怠らなかったのは、絵画とは天地のことわりを知ることで、それが筆端《ひったん》に露出するものと考えていたからである。

千九郎と鉄斎

鉄斎は、千九郎に大きな影響を与えた。当時、鉄斎は五十七歳、千九郎は二十七歳であった。千九郎は鉄斎を師と仰いで傾倒した。

鉄斎は、蔵書家としても著名であり、古書の収集家でもあった。「万巻の書を読み、万里の道を進まなければ、絵は描けない」と主張していた鉄斎は、古書珍籍の収集に努め、その蔵書は、漢学、国学、仏典、絵画などを中心に、あらゆる分野にわたっていた。

鉄斎は、自分の蔵書をなかなか他人に見せない人であった。しかし、千九郎の学力と人格を認めたのだろう。ある時、二か月ばかりスケッチのための旅に出た時、千九郎に留守を頼んだ。千九郎は快く夜間の留守を引き受け、この間鉄斎の蔵書の閲覧を許された。春子は、こう記している。

　そのころから有名な南画の大家富岡鉄斎先生に紹介されました。先生はたくさんの本を持っておられる方ですが、他人にはなかなかお貸しにはなりません。お宅で拝見する分にはさしつかえないとのこと、四月五月の気候よろしき時は実写をなさるため、月余りに渉《わた》りてご旅行なさる由《よし》にて、留守居に来てほしいとのお頼みをいただき、天の与え、これ幸いと、良人《おっと》も打ち喜び、わが家に乳飲み児《ちのご》を抱《かか》えた私ひとりを残して、夕食後には一条近くの富岡先生の留守宅へ歩いてまいり、また朝食前に帰宅してまいります。一か月余り無事に留守番を果たし、夜半にかけて思う存分たくさんのご本を拝見、勉強ができましたので大喜び、富岡奥様よりは、いまに成功なさる方よとほめられ、信用を得ました。[18]

『史学普及雑誌』第六号には、鉄斎の詩が載せられており、また第十二号（明治二十六年八月発行）には鉄斎の「花扇《かせん》の図」が載せられた。千九郎は、「右は京都の画伯富岡鉄斎氏が、わが普及雑誌のますます盛んなるを喜ばれ、季節に応じてわざわざ寄贈してくださったものである[19]」という言葉をつけている。

鉄斎との交流は、千九郎をその子謙三との交流に導いた。謙三は、千九郎より七歳年下だったが、後年京都大学で中国史を教えるようになったように学究肌の人であり、文才もあったので、交流すべき人物が少なくて物足りなく感じていた千九郎にとって、格好《かっこう》の友人となった。

謙三は、紫明庵主《しめいあんしゅ》という号で『史学普及雑誌』にしばしば投稿し、また、千九郎といろいろと行動をともにしている。「古代法典研究会」を発足させたり、「以文会《いぶんかい》」という会を連名で起こし、論文、散文などの原稿を募《つの》ったりしている。明治二十六年八月に正倉院御物を拝観する際も、千九郎と同行している。

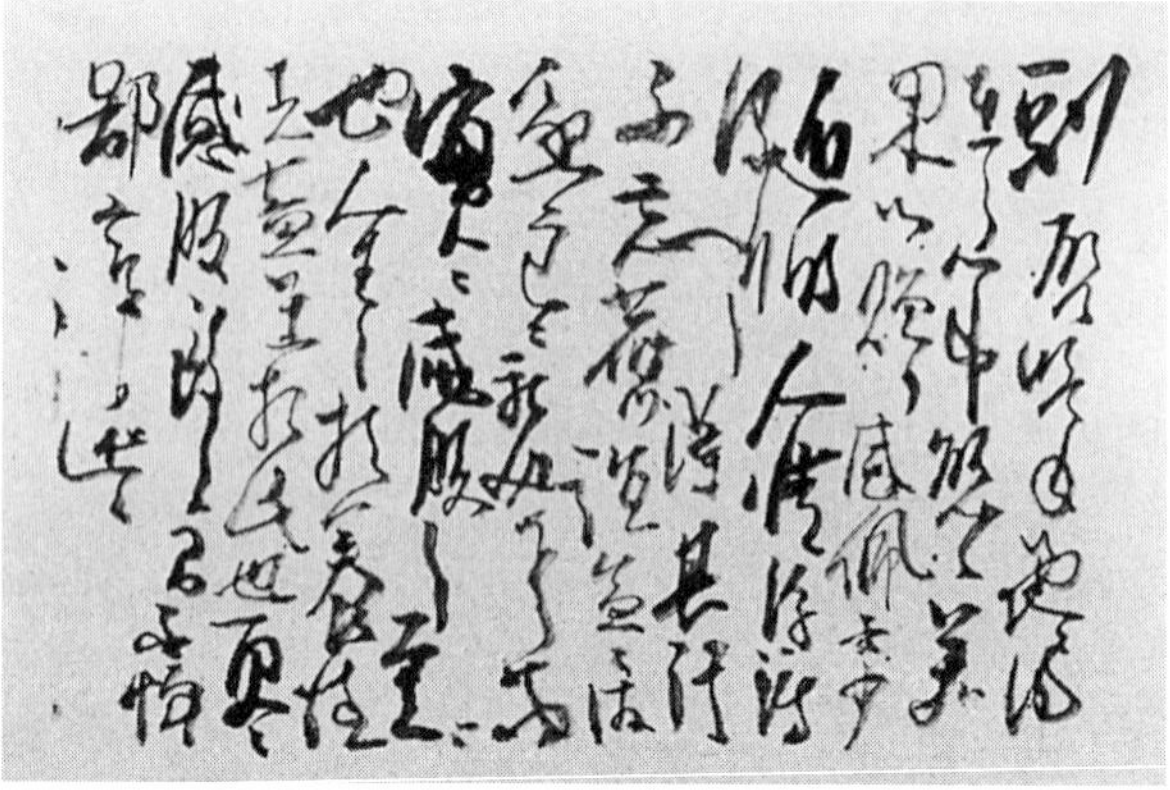

鉄斎の礼状

その後、千九郎は東京に出るが、鉄斎の恩を忘れることなく、報恩を尽くした。鉄斎は、千九郎の長年にわたる篤《とく》志《し》に感じ、ある年の新年の祝詞の中で、「およそ人間の品性を養う第一の方法は、古き誼《よしみ》を忘れないことにある」と、千九郎の徳行を賞揚《しょうよう》している。

次の文は、後年の鉄斎の礼状の一節である。

　先日は、わざわざおいしい果物をお送りいただき、非常に感激しております。最近の人情浮薄《ふはく》の折、旧《きゅう》誼《ぎ》（ふるきよしみ）を忘れず、ますますご懇意《こんい》にしてくださっていることは実に感服の至りです。人生の養徳は、けだし、ここにあります。[20]

第二節　生活苦と勉学

困窮と希望

ここで、当時の京都の状況を概観《がいかん》しておこう。
京都は幕末の騒乱に明け暮れ、人々は不安の中で過ごしていた。明治維新による東京遷都により、京都は千年に及ぶ首都としての地位を失った。そこで、明治初期の京都は、急激な衰微から立ち上がるべく、活性化が緊急の課題とされた。第二代知事槇村正直《まきむらまさなお》、京都府顧問で京都府議会初代議長となった山本覚馬《やまもとかくま》らによって積極的な近代化政策が進められ、各種の学校、文化・医療施設が設けられていった。

京都に市制が施行されたのは、明治二十二年である。当初は、府知事が市長を兼ねており、実際に市長が選ばれるのは、明治三十一年になってからであった。当時の市の人口は、約二十八万人で、明治十年には、京都駅が竣工《しゅんこう》され、京都・神戸間の鉄道が開通した。この年、西陣織物会所が創設され、その後各種の企業や大丸呉服店などが開設されていったが、このころまでの京都は、まだまだ近代化を十分に達成してはいなかった。公家《くげ》文化の長い伝統が一つの大きな障害になっていたのである。本格的な近代化への契機は、明治二十八年開催の第四回内国勧業博覧会であった。

さて、千九郎の生涯で京都時代の三年弱の生活は、経済的に最も苦しかった時期である。生活の唯一の糧《かて》であった『史学普及雑誌』が思うように売れなかったからである。売れたのは第一号と第二号で、それからは徐々に減少を続け、二十七年になって日本と清国の緊張が高まるにつれて、いっそう振るわなくなった。

生活苦は、すでに明治二十五年十二月に始まっている。十二月二十八日、正月を迎える費用にも困り、思案の末に永松木長に相談したところ、知人を紹介されて四十円借金した。ところが、三日目の三十日に永松夫人が来て、春子に利子一円二十銭を請求した。春子が「奥さん、拝借したのは一昨日でしたね」と言うと、「そうよ、この三日間が今月の利子ですよ」と言われた。春子はたいへん驚き、今後は絶対に借金はしないと決意し、いっそう節約に努めた。

春子は、「米一升八銭、牛肉百匁《もんめ》八銭、下駄一足八銭、足袋《たび》一足八銭、湯代八厘《りん》、豆腐一丁八厘という。これさえなかなか十分にはできず、そのうち正月となり、ようやく年越魚を下宿人にも一切あて、お餅もほんの三が日分だけしか買えません」(21)と書いている。

明治二十六年二月には、長男千英《ちぶさ》が生まれた。このころは、一か月八円あればどうにか生活ができたが、それも思うに任せなかった。

春子は、次のようなエピソードも記している。

東京の両親が初めての孫の顔が見たいから、写真を送ってほしいと申してまいりましたので、写しに同道してくれるよう良人に頼み、新椹木《しんさわらぎ》町《まち》二条下ルから三条上ル京極まで、親子三人で行きましたが、写しての帰り道、歩きながら良人は何一つ話はせず、ただ「二時間損した、二時間損した」と、それのみ言い通し帰宅致しました。いかに時間を大切に致したか徹底しています[22]。

『史学普及雑誌』は、編集から発送に至るまで、すべて千九郎と春子の二人で行った。春子は、原稿の清書や発送などを懸命に手伝った。

京都での千九郎夫妻
（明治 26 年、長男・千英誕生の記念）

ある時、春子が夜の十二時過ぎまでも起きていて発送の準備をしているので、千九郎が見かねて「明日にしたらよかろう」と言うと、春子は「この雑誌を読んでくださる方のことを思えば、一時でも早くお送りしなければなりません」と言って、作業を続けたという。

このころ、春子が千九郎に、自分たちの生活はいつになったらよくなるかと問うと、千九郎は二十年後だと答えた。春子がそれでは四十歳になってしまうと不満をあらわにすると、千九郎は、「二十年苦労してくれ。急がんでもいい」と答えたという。

長期の計画に基づいて着々と歩を進める千九郎の気概《きがい》がうかがえる。春子もまた、困難な生活の中でも初心を忘れることなく、夫を助けた。

明治二十七年四月ごろには、生活苦のために京都上京区（現左京区）仁王門通の頂妙寺妙雲院《ちょうみょうじみょううんいん》の一室に転居せざるを得なくなった。頂妙寺は、文明六年（一四七四）に建立《こんりゅう》された日蓮宗の寺である。家賃は一か月一円だった。この六畳一間で一年ばかり生活することになるが、この一間が、家族三人の生活の場であり、読書、研究や雑誌の編集・発送などの場所でもあった。

ある日、千九郎は校正に出かけたが、帰るはずの時間になっても帰ってこない。春子が一睡もしないで待っていたところ、午前三時ごろにやっと帰ってきた。どうしたのかと聞くと、千九郎は、財布を落として汽車賃がないので歩いて帰ってきたという。春子はこの時のことを、「成功のほかはなにごとも考えず、妻子のあることさえ忘れているようなありさまでした」と記している。

当時は、貧苦のどん底だった。次は、千九郎の回想である。

その後二十五年、六、七、八年の春まで四年間苦労をしました。その間というものは風呂へも入らなかった。時々水をあびてすませてきた。ナマ魚は、一年に一回も食べたことはない。ヒモノも食べたことはない。飯と汁だけでやってきた。しかし、それにも屈せず勉強し、歴史や法律を独学をもって研究し、また英語もドイツ語も習ってきた。(23)

京都生活はまったく物質的に困難を極め、勉強にも非常な苦労が伴った。このような生活の中でも、千九郎は親孝行を決して怠《おこた》ることはなかった。苦しい家計の中から、毎月幾分かの金銭を郷里に送っていた。仕事などで社寺に行き、珍しいお菓子をもらうと、「国の母は酒を飲むわけでもなく、何か楽しみがあるわけでもない。だからこのお菓子を贈って喜ばせてやりたい。(中略)子供は前途が永いから将来どんなにおいしいお菓子でも食べられる。しかし、老人はそうはいかない(24)」と言って、子供には与えずに両親に送った。

このころ、弟の又治《またじ》は男きょうだいが皆家を出てしまったので、自分も「矢も盾《たて》もたまらず」という気持ちになり、千九郎を頼って、京都に出てきた。千九郎は、又治を「眼の玉が飛び出るほど」激しく叱《しか》った。千九郎は、田舎に残って両親の世話をする人を残しておきたかったのである。

勉学への情熱

生活は苦しかったが、千九郎の勉学に対する情熱は衰えることがなかった。毎朝五時に起き、水を浴びて冷水まさつをし、それから本を読み、夜十二時まで勉強した。暑い時には、昼間外出して用事をすませ、朝夕涼しい時に本を読み、寒さが厳しい時は、朝夕寒い間に外出して用事をし、朝十時から午後四時まで本を読んだり執筆にあたった。

寒気の厳しい京都の地で勉学に励んでいた時、天窓から吹き込んだ雪が机の上に降り積もっているのにも気づかなかった、というエピソードも伝わっている。

千九郎は、専門の歴史や法律の研究ばかりでなく、漢籍や国学の研究、英語やドイツ語の学習も続けた。中津での学力の向上には目覚ましいものがあったが、京都での勉学には、さらに拍車がかかり、確固たる自信を持ったようである。次の記録がある。

当時の雑誌や博士といわれる人々の書籍を見ると、これでも博士が書いたのかと思うほど、つまらんものであった。当時の私の学力は、博士になるくらいの力はあったのである。(中略)一生懸命に勉強した。そこでわずかの間に、漢学、国学には自信ができ、いかなる博士にも立ちうちできるようになっておった。いかなる学者も、なんでもないと思う自信ができた。[25]

また、千九郎は、京都時代に仏教書を読み、特に『浄土三部経《じょうどさんぶきょう》』を耽読《たんどく》した。後年、「私はきわめて若年のころに『三部経』を読んだ時に、すでに深くこの経文の真理に感激しました」と記録している。

人物交流

京都時代の三年間の交友関係は、それほど多くない。すでに述べた永松木長、富岡鉄斎と謙三親子、阿部守太郎、それに、金沢庄三郎などである。

明治二十六年ごろ、六角博通《ろっかくひろみち》子爵に就いて国史研究の指導を受けたり、蔵書を見せてもらっている。

六角は幕末・明治の有職家《ゆうそくか》であり、本草学者としても名高く、特に宮殿の専門家で京都禁裏《きんり》の建築について書を著している。『史学普及雑誌』には「昇殿と半昇殿と地下」と題する論説を投稿している。

明治二十六年一月に、京都の高等中学の教員が中心となって「京都旧事諮問《しもん》会」が設立され、月二回研究会が開かれている。千九郎もこの会に出席しているが、この会では華族の山科言縄《やましなときなお》、冷泉為紀《れいぜいためのり》、六角博通などを招待している。

千九郎は、京都に来てからの師として、東京帝国大学教授黒川真頼《くろかわまより》、儒学者で歴史家の内藤《ないとう》耻叟《ちそう》、井上頼圀《いのうえよりくに》、久米幹文《くめもとぶみ》などの名を上げている。明治三十九年に黒川が死去した時、千九郎は雑誌に弔辞《ちょうじ》を記し、「先生の学問は、深厚醇正《しんこうじゅんせい》であって、終始一貫していた。これを明治年間に求めても、なかなか匹敵する人は見いだせない」と称えている。

金沢庄三郎との交流は、京都に出てきたころから始まった。金沢は、阿部守太郎と第三高等学校の同級生で親友であり、阿部を通して千九郎と交流を持つようになった。しかし、二十六年四月には、金沢は阿部とともに東京帝国大学に入学したので、京都での直接の交流はなくなっている。

金沢は明治五年生まれで、言語学者として著名である。明治二十九年に東京帝国大学を卒業し、国学院大学、駒沢大学、東京帝国大学などで教鞭《きょうべん》を執《と》っている。日本語を中心として東洋語学の研究に造詣《ぞうけい》が深く、国語辞典『広辞林』『小辞林』の編者として知られている。明治二十七年四月、金沢が東京に出てから、千九郎は東京の大学における国文と漢文の研究状況について照会している。金沢からの書簡には、次のようにある。

今、漢学を修めようとするものが、もしも訓詁《くんこ》だけを学んで、卒業してから他人に教授しようとするならば、私は何も言うことはない。それでは漢文教師としてとどまるだけだからだ。もしも外国語を研究して西洋哲学を学び、かねて修学した漢学の力をもって中国哲学の深奥《しんおう》を極め、東洋哲学と西洋哲学と並び立たしめようと思うならば、これほど大なることはないであろう。そこまでいかなくても、国語を学んで漢学を修め、道春《どうしゅん》以来乱れに乱れた漢文訓点を日本文脈に従って改正し、将来の学生が漢文を学んだために、日本語を誤らせることがないようにすることも、また一快事業といえよう。(26)

この金沢の書簡からも想像できるように、このころ千九郎は京都に見切りをつけ、東京進出を考えていた。

第三節　住吉神社での誓い

日清戦争のころ

日本をめぐる国際情勢は、激変の様相を見せていた。ペリー来航の前後、つまり十九世紀中葉から二十世紀初頭にかけて、欧米の列強は、アジア、アフリカその他の領土へ進出を続けていた。アジアにおいては、イギリスはインド、ビルマ、マレー半島などを、フランスはベトナム、カンボジア、ラオスなどを、ドイツはニューギニア北東部、ビスマルク群島など太平洋の諸島を侵略した。また、ロシアは清国の黒竜江下流域や沿海州を占領した。

日本にとって、ロシアの進出は最大の脅威であった。ロシアが南下し、朝鮮を植民地化すれば、次に日本侵略の野心を抱《いだ》くのは火を見るよりも明らかだったからである。すでにロシアは文久元年（一八六一）、対馬《つしま》に軍港をつくるために軍艦を寄港させたこともあった。

そこで、日本政府は朝鮮との外交関係更新の交渉に臨もうとしたが、朝鮮は交渉を拒否した。その結果生じたのが征韓論争である。日本政府は、その後も朝鮮との修好をはかったが、進展しなかった。明治八年（一八七五）、江華《こうか》島で日本の軍艦が朝鮮から砲撃を受け、日本もそれに対抗した。江華島事件である。翌年、日鮮修好条約が結ばれ、清国《しんこく》の宗主権が廃されて、朝鮮が自主独立の国であることが承認された。

明治十五年（一八八二）、朝鮮では下層兵士の暴動を機に攘夷《じょうい》派の大院君《たいいんくん》がクーデターを起こした（壬午《じんご》政変）。その二年後の八四年には、開化派で親日的であった金玉均《きんぎょくきん》、朴泳孝《ぼくえいこう》らがクーデターを起こした（甲申《こうしん》政変）。清国は、先のクーデターの際に袁世凱《えんせいがい》の軍隊を派遣し、事実上朝鮮を支配下に置いた。次のクーデターを鎮圧したのも袁世凱であった。壬午政変の時、袁世凱の軍隊によって日本公使館は焼かれ、多くの日本人が殺傷された。これらの事件を通じて、日本政府では清国との対立は避けられないと考えるようになった。

明治二十七年四月、朝鮮に東学党《とうがくとう》の乱が起こると、朝鮮政府の要請によって清国は兵を送った。日本政府はこれに対抗して出兵を決定し、清国公使袁世凱と何度も交渉して、清国の撤退を求めたが、清国は逆にわが国に撤兵を要求し、さらに増兵したため、明治二十七年七月には豊島沖海戦となり、八月一日には宣戦が布告されて日清戦争に突入した。

わが国は、平壌の戦いで清国軍を破り、黄海海戦では東洋一を誇る北洋艦隊を壊滅《かいめつ》させた。明治二十八年三月から、日本と清国の和平交渉が下関で開かれ、四月十七日に下関条約が結ばれた。この条約によって、清国は朝鮮が独立国であることを認めること、三億円の賠償金を日本に支払うこと、遼東半島《りょうとうはんとう》、台湾、澎湖諸島《ほうこしょとう》をわが国に譲渡することなどが決まった。しかし、条約締結後、直ちにロシア、ドイツ、フランスが条約の内容に反対し、日本は遼東半島を返還せざるを得なくなった。いわゆる三国干渉である。

五か条の誓い

明治二十七年の前半は、このような清国との対立で、国内は騒然たる状態であった。このころ、千九郎は『史学普及雑誌』第二十四号に「一般諸君に謹告す」と題し、次のように書いている。

目下清国との戦争のために人心は動揺しているが、やがては必ず解決する。このような時こそ、学者は学者、教育家は教育家の本分を尽くし、ますますその道に精励することこそ、国家のためになるのである（ペスタロッチ氏がナポレオンの乱中も、なお教育を廃することはなかったように)。そこで、本社も、天下の変動に関せず、史学のために奮励《ふんれい》し、軽佻浮《けいちょうふ》薄《はく》の徒が時流に流されている間に、おおいに史学の基礎を定めるつもりであるので、読者各位も活眼《かつがん》を開き、本社とともに着実に進歩されることを望んでやまない。念のため、序をもって一言《いちげん》申し上げる次第である。

すでに売れ行きが悪くなっていた『史学普及雑誌』は、日清戦争の勃発《ぼっぱつ》によってさらに困難に陥《おちい》っていった。千九郎一家の生活はもっぱら雑誌の売り上げに依存していたため、これは死活の問題だった。しかし千九郎は、節約できるものは風呂代しかないというほどの貧苦の中にあっても、大志を捨てるようなことはなかった。

ある時、千九郎の困難を見かねて、京都地方裁判所の判事が、千九郎を月給十五円の裁判書記に推薦してくれたり、奈良県庁に推薦してくれる人も出てきた。しかし、千九郎は、「朝九時から午後四時、五時まで出勤して公務に就《つ》いていたら、とうてい大業はできない(27)」と考えて断った。

千九郎は、困難な状況を契機として常により大きく飛躍していった。この時は、「住吉神社での誓い」というエピソードが残されている。

『史学普及雑誌』の売れ行きがなかなか思うようにいかなかったので、千九郎は、京都や大阪の本屋に出向いて販売に努力した。明治二十七年七月三十一日、以前から古書などの購入の

住吉神社（大阪市住吉区）

ために出入りしていた大阪の松雲堂（鹿田書店）へ販売を依頼に行ったところ、「私のほうではお引き受けできませんが、堺に私のよく知っている和田書店という本屋があるから、そこを紹介しましょう」と言われた。そこで和田書店を訪ねたが、主人が不在のために目的を果たすことはできなかった。千九郎は真夏の暑いさなか、雑誌を包んだ重い風呂敷包みを担《かつ》いで、約十二キロの道を歩いて戻ってきた。

　大和川を渡ってまもなく、大阪の市内に入ろうとする所に有名な住吉神社がある。住吉神社は官幣大社《かんぺいたいしゃ》で、西暦二一一年に建てられた由緒《ゆいしょ》ある神社である。

　千九郎が訪れた当時は、現在とは違って大阪湾が近接しており、海岸には海水浴場もあって、料理屋なども立ち並び、華やかな夏の遊び場だった。千九郎が境《けい》内《だい》で休んでいると、料理屋からは三味線の音に混じってにぎやかな笑い声が聞こえてきた。人一倍正義感の強かった千九郎は、その様子を見て、「自分がこれほど苦労しているのに、あのように遊んでいる人がいる。

世の中はどこかおかしい」と一瞬憤《いきどお》りを感じた。しかし、千九郎は直ちに、次のように反省した。

自分は世界中でだれも手をつけることのできない中国の法律系統に関する法理を明らかにしようとして、官にも就かず、会社にも入らず、このように民間にいて研究に没頭している。そのため、このように物質に窮迫《きゅうはく》しているのに、心なき利己主義の人たちは、どうして享楽をほしいままにできるのだろうか。この転倒した社会の現象を見聞きする者は、世に神もなく仏もなしと思うのは無理のないことである。だから道徳を行う者もなくなり、国家や人類のために努力する者もしだいに減っていくのは当然のことである。そして、この社会をのろい、ついに反社会的な思想を抱く者、もしくは悪事をなす者が生まれるようになるのだ。しかしながら、これは皆学問、知識、先天の徳のない人々が考えるところで、およそどんな人間でも、その至誠の精神及び行為は、必ず神様が受け入れてくださると考える。(28)

千九郎は、「幸い、ここは霊験顕著《れいげんけんちょ》の聞こえある住吉大明神の境内でありますから、この神様に私の前途を祈願しよう(29)」と考えつき、五か条の誓いを立てて、祈りを捧《ささ》げた。

第一　国のため、天子のためには生命を失うも厭《いと》わず。

第二　親孝心。

第三　嘘《うそ》を言わず、正直を旨《むね》とす。
第四　人を愛す。
第五　住吉神社のご恩を忘れず参拝。

祈願し終わって、大阪へ行き、鹿田書店に着いた。すでにお金がなくなっていたので、店主から借りて、すし一皿を食べ、京都に戻った。ところが、帰宅してみると、まるで住吉神社での祈願の効験《こうけん》が現れたかのように、京都市参事会から『平安通志』編纂協力の依頼が来ていたのである。

千九郎は、この時の住吉神社での反省が、運命の岐路《きろ》となった重要事と自覚していたようで、後年、門人に、貧乏な青年が大人たちの遊興《ゆうきょう》を目撃した時、どのように考えるかでその人間の将来が決まると話している。

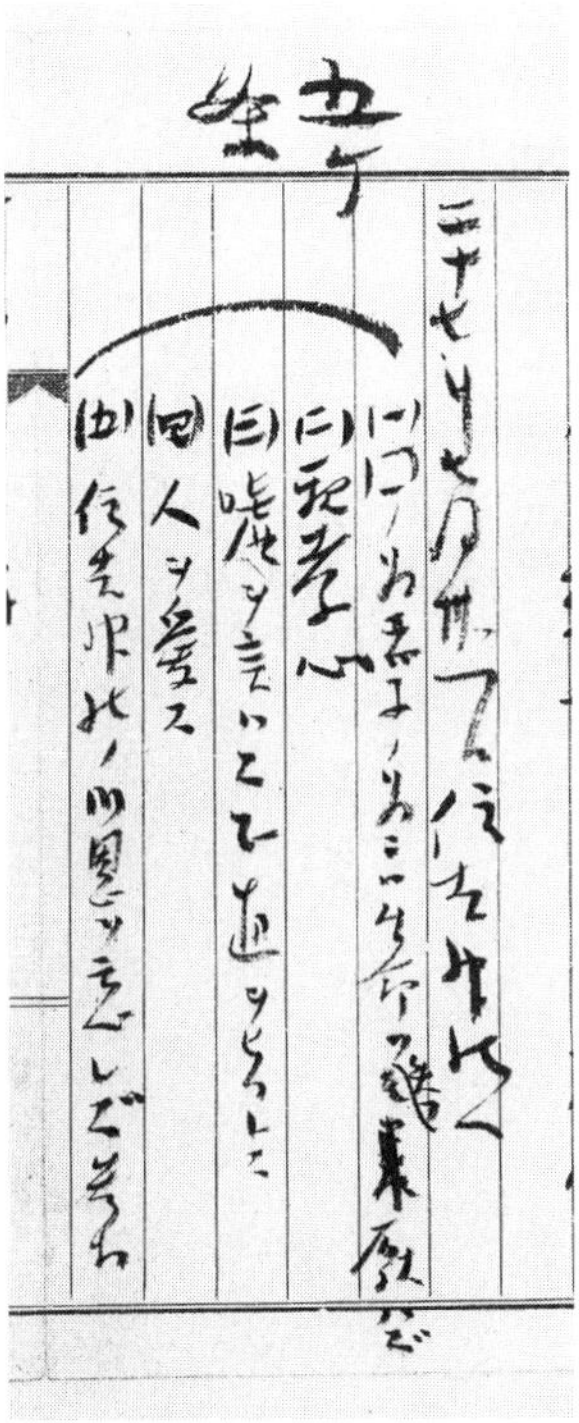
「五か条の誓い」

その翌日の明治二十七年八月一日、日清の宣戦が布告されると、世は戦争一色に塗りつぶされてしまい、歴史とか国史とかいったものは忘れられてしまった。そこで、千九郎の雑誌の経営はもちろん、経済生活は、困難の極《きわ》みに陥った。生活必需品にもこと欠き、心ならずも商人に「借り」さえできるようになった。

第四節　井上頼国との出会い

弟子を訪ねた師

千九郎と井上頼国《いのうえよりくに》との交流は、中津にいる時から始まっている。千九郎が井上を知ったのは、大分皇典講究所の研究者を通じてである。

のちに国学院大学となる皇典講究所は、明治十五年（一八八二）、内務卿《ないむきょう》 山田顕義《あきよし》の建議により、有栖川《ありすがわの》 宮幟仁親王《みやたかひとしんのう》を総裁として開設、宮内省や各宮家及び神官、全国の官幣社《かんぺいしゃ》や国幣《こくへい》社《しゃ》などからの資金援助を受けて運営された。

この講究所は、文明開化、欧化主義の風潮に対し、わが国の国体を明らかにして道義を発揚《はつよう》し、古典や礼制を研究して、それに必要な教育を行うことを目的としている。主な事業としては、国学院の経営、神職養成の事業、神職資格の検定試験の実施などであった。井上は、この設立におおいに貢献している。また、各道府県に皇典講究所分所が設置された。

当時、大分のほうにも井上の名声は広がっていたようで、千九郎は『経歴』に、「明治十八年、家の都合によって帰郷したけれど、なお小川含章を師とし、またはるか東京において、当時日本古典学の泰斗《たいと》と称せられた井上頼圀先生を師として、日本の古典及び古代制度を研究している[30]」と記している。

その後文通が続けられ、井上は千九郎を丁寧に指導した。京都に出てからは、文通の回数も多くなり、何通かの手紙が残っている。次は、井上あての千九郎の手紙の一節である。

井上頼圀（1839～1914）

> 私は先年以来、『大日本志』編纂の心づもりをしており、すでに少し書き始めております。（中略）本書の書き方は、一般の歴史編纂の形式にならって一か所ごとの沿革を記し、その末尾には、従来の歴史の記述形式とは違って、少し短い見解を加え、同時に気候や風土など、地理上の事柄も記載するつもりでおります。この点いかがでしょうか。なにとぞしかるべくご指導をお願い申し上げます[31]。

千九郎は、頼圀の長男の頼文《よりぶみ》より五歳も若い。しかし、頼圀はまだ白面《はくめん》の青年にすぎない千九郎の手紙に、いちいち丁寧に返事を書いた。意見を求められることがあれば、それにも率直に答えた。

千九郎が井上と初めて直接会ったのは、明治二十七年八月一日である。井上が宮内省の調査事務のため京都出張の途次《とじ》、妙雲院に千九郎を訪ねたのである。井上五十六歳、千九郎二十八歳であった。井上は、『中津歴史』や『皇室野史』『史学普及雑誌』などを通じて、千九郎の思想と実力を知り、将来を嘱望《しょくぼう》していた。歴史の雑誌を一人で発行するという千九郎の心意気には、少なからず注目していた。

井上は、人物の力量を見抜くだけの才覚を持っていた。この日の二人の会見は、両者の主義、さらには研究と関心の一致を見るなど、まさに肝胆相照《かんたんあいて》らすものであった。

論談は数時間に及んだ。この時、千九郎は、「私は京都に参りましたが、学者がいない。今後、ここにいても意味がない」などと、京都では勉学の環境が不十分であること、機会があれば上京したいことなどを話した。

このころ、井上は宮内省図書寮《ずしょりょう》の御系譜課長をしていたが、翌年には『古事類苑』の編修顧問になることになっており、この時も『古事類苑』編纂のための人材を探しに来たのであった。井上は、千九郎の識見、力量に今さらながら驚き、編修員に推薦する意向をほのめかした。

この会見以来、両者の親交は深まり、井上が大正三年に他界するまで続いた。井上は、千九郎の経歴上最も密接な関係を持った師の一人であった。

師・井上頼圀

井上頼圀とはどのような人物だったのだろうか。

天保十年（一八三九）、井上は江戸神田に生まれた。六歳で中国古典の素読を始め、十二歳のころには朱子学を講じ、近所の子供を集めて漢文の素読を教えるようになった。

その後、二十三歳で平田鉄胤《ひらたかねたね》の門に入り、さらに権田直助《ごんだなおすけ》のもとで日本の伝統的医学である日本古医道を修めた。井上の精進ぶりは周囲からも認められ、二十九歳の時に権田門下の指導を任されるようになった。さらに三十一歳で大学中助教、皇漢医道御用係を拝命するなど、その実力は内外の認めるところだった。

明治四年、三十二歳の時に国学を教える家塾、六年には、私塾神習舎を開設し、国学と皇漢医道を教授して子弟の教育に全力を尽くした。しかし、井上は決して国学のみに固執《こしつ》したわけではなかった。その教育の目的は、あくまでも日本の歴史を学び、日本文化の伝統を知り、日本人として伝統文化の精神を継承することにあった。

当時の日本では、明治維新以後、急速に流入した西洋文化を過度に評価する人が増え、日本古来の伝統的な精神文化が軽視されがちであった。そのことを憂慮《ゆうりょ》した井上は、国学を基礎として、より広い視点から一人でも多くの若者に日本人としての自立をうながしていた。

塾生は、多い時には百名にも達したといわれ、千九郎も明治二十九年、弟の長吉とともに神習舎に加入している。千九郎を神習舎に紹介したのは、『平安通志』の編纂員の一人であった国史学者和田英松《わだひでまつ》であった。千九郎はのちに、『古事類苑』の編纂で和田とも同僚となる。明治二十二年、井上は国学院講師となり、二十三年には古事類苑校閲員、三十三年には華族女学校教授となり、その後学習院教授を兼任した。

第五節　両親の京都見物

千九郎の孝心

千九郎は、『平安通志』や醍醐寺三宝院の寺誌の編纂、延暦寺の古文書《こもんじょ》の整理などで一挙に大金を入手したので、家賃、本代、薪炭料《しんたんりょう》などの滞納金を返済し、両親を京都見物に招いた。両親の旅費として、残金の大半を送った。次のような千九郎の回想がある。

京都市参事会が『平安通志』を著そうということになって、私はその編集に参加し、だんだん物質的に豊かになってきた。こんな時普通ならば、魚が食べたい、芝居へも行きたい、ご馳走も食べたいと思うのでありますが、私は国を出てから、長い間両親に十分孝養を尽くしていないので、時々五十銭や一円を送っておりました。しかし、物質的にも豊かになりかけたし、博覧会も四月から開かれるので、一度両親に京都へ来ていただきたいと思いまして、そのことを申し上げましたところ、二十八年四月、両親が上って来ることになりました。(32)

このころ、千九郎はすでに『古事類苑』の編纂事業に参加するために、上京が決まっていた。したがって、家族三人が上京して、生活する費用を考えれば、ほんとうは両親を呼ぶ余裕などなかったのである。

春子の胸の内

千九郎は春子に、両親を招待したいので、家族の上京を一時延ばしてくれるように頼んだ。これは春子としては、青天の霹靂《へきれき》だったようで、次の言葉には、その口惜《くちお》しさがありありと示されている。

良人《おっと》の申すには、東京まで行っては故郷の両親ともちょっと会えない、この際両親を招いて京都見物をさせたいとのこと。実は私共一家が上京する旅費のほか一文の余裕もありませんので、お金さえあればと申しましたところ、良人の申しますには、九月には必ず送金して迎えるから、それまで私共親子二人は上京を延ばしてここに居残ってくれるよう、一生の頼みと申されます。余りと云《い》えば余りの勝手、別居までして、自分たちは四年間まだ一か所の見物もせず、それに今、国元から両親を呼びよせ見物とはなにごとかと、思えば腹は立つ、涙は落ちる。さりとて乳飲《ちの》み児を抱《かか》えて出て行くわけにもゆかず、仰《おお》せに従うほかなく、国から両親を呼びよせ、十四日間滞在、本願寺詣《まい》りから、金閣寺、銀閣寺等十分に見物してもらい、両親は打ち喜び帰国致しました。(33)

両親が京都に来た日ははっきりしないが、「両親おおいに喜び、明治二十八年三月京都に来《きた》り、月を越えて帰国す」とあるから、三月下旬には上洛した模様である。十四日間滞在したことからすれば、有名な場所はほとんど案内し、四月一日に開場した博覧会も見物した。千九郎親子は、京都新京極福井座で芝居も見物している。

千九郎の道徳の核心の一つは、「孝は百行《ひやっこう》の本《もと》なり」にある。千九郎は、それを常に念頭におき、苦しい中でも実践を怠らない強い信念の持ち主であった。

明治二十八年、『古事類苑』の編修顧問となった井上は、しかるべき手続きを踏んで、千九郎に上京の意志をただした。千九郎が快諾《かいだく》の返事を出すと、四月一日、井上から上京せよとの通知がきた。

両親が京都滞在中にこの知らせを受けたので、両親も千九郎の説明を直接聞くことができ、おおいに安心したことだろう。東京行きが現実のものとなったことに、千九郎は歓喜した。苦しかった京都での生活から離れ、いよいよ本格的に研究に打ち込み、雄飛《ゆうひ》するチャンスが得られたからである。事実、このことは千九郎の生涯にとって大きな転機となった。

〔第二部　注〕

(1)『思ひ出』一五頁
(2)『選集』③四二四―四二五頁・意訳
(3)『史学普及雑誌』第八号・意訳
(4)同上
(5)同上書　第九号・意訳
(6)『全集』①四五六頁・意訳
(7)同上書　①三五二頁・意訳
(8)同上書　①三五三頁・意訳
(9)同上書　①三五八頁・意訳
(10)『回顧録』二〇八頁・意訳
(11)『史学普及雑誌』第一二号・意訳
(12)『経歴』七頁・意訳
(13)『史学普及雑誌』第五号・意訳
(14)『回顧録』二〇八―二〇九頁
(15)遺稿・意訳
(16)『回顧録』一六―一七頁
(17)遺稿・意訳
(18)『思ひ出』二二頁
(19)『史学普及雑誌』第一二号・意訳
(20)『経歴』一一二頁・意訳
(21)『思ひ出』二〇頁
(22)同上書　二二頁
(23)『回顧録』一六一頁
(24)『経歴』八―九頁・意訳
(25)『回顧録』一六二頁
(26)明治二十七年四月二日付　千九郎宛金沢庄三郎書簡・意訳
(27)『回顧録』一七頁・意訳
(28)同上書　七〇頁・意訳
(29)同上書　七一頁
(30)『経歴』四頁・意訳
(31)明治二十七年頃　井上頼圀宛書簡・意訳
(32)『回顧録』一六一―一六二頁
(33)『思ひ出』二五―二六頁

第三部　『古事類苑』の編纂と東洋法制史研究

第一章　『古事類苑』の編纂

第一節　東京へ出る

日露戦争のころ

明治維新以来、政府は富国強兵、殖産興業《しょくさんこうぎょう》に力を注ぎ、政治、経済、軍事など、あらゆる方面で近代化を推進してきた。その結果、軽工業を中心に経済は急速に発展していった。さらに、日清《にっしん》戦争の勝利によって朝鮮、中国への市場もいっそう開け、産業、経済は飛躍的に発展した。

一方、列強《れっきょう》は、日清戦争によって清国の弱体ぶりが分かると、中国侵略の企《くわだ》てをさらに推《お》し進めた。ドイツは膠州湾《こうしゅうわん》を、ロシアは旅順《りょじゅん》、大連《だいれん》を、イギリスは九竜《きゅうりゅう》半島と威海衛《いかいえい》を、フランスは広州湾を租借《そしゃく》した。このような列強の態度は、ロシア、フランス、ドイツの三国干渉によって遼東《りょうとう》半島の返還を強制された日本にとっては心外なことであった。日本人はおおいに憤慨《ふんがい》し、「臥薪嘗胆《がしんしょうたん》」を合い言葉に国力の増強に努めた。ロシアに対しては特に警戒心を燃やした。

このような列強の侵略に対して、明治三十三年（一九〇〇）、清国では「扶清滅洋《ふしんめつよう》」を唱《とな》える義和団《ぎわだん》が蜂起《ほうき》したが、日本を含む列国は連合軍を派遣し、清国を降伏させた（北清事変《ほくしんじへん》）。

この事変を機に、ロシアは満州《まんしゅう》を事実上占領した。ロシアの南下に対抗して、共通の利害を持つイギリスと日本は、明治三十五年（一九〇二）、日英同盟を締結《ていけつ》した。

明治三十七年（一九〇四）、北清事変後も満州から撤退《てったい》しないロシアに対して、日本は撤兵を要求した。しかし、ロシアとの交渉は決裂し、同年二月、ついに日露《にちろ》戦争が始まったのである。日本はイギリス、アメリカなどの支持を得て、戦局を有利に展開した。翌年初めには、絶大な犠牲を払いつつも、旅順二〇三高地を陥《おとしい》れ、同年五月の日本海海戦で大勝した。

日本橋通りを行進する日露戦争凱旋部隊（明治 39 年）

しかし、長期にわたる戦争は、日本の国力からいっても無理だったので、日本はアメリカに仲介を依頼した。そしてアメリカ大統領セオドア・ルーズベルトの斡旋《あっせん》により、明治三十八年（一九〇五）九月、ポーツマス条約を結んで、戦争は終結した。

この条約によって、ロシアは日本の朝鮮に対する優越権を全面的に認め、旅順、大連（遼東半島）

の租借権が譲渡された。大国ロシアに勝ったことで、日本の国際的地位は揺《ゆ》るぎないものになった。しかし、賠償金《ばいしょうきん》はいっさい取れなかったため、日本政府は国民から激しく非難され、日比谷《ひびや》焼き打ち事件（明治三十八年九月）などが起きた。

待望の上京

千九郎は、明治二十八年四月、神宮司庁《じんぐうしちょう》から『古事類苑《こじるいえん》』の編修員《へんしゅういん》を嘱託《しょくたく》されると、四月二日に発行した『史学普及雑誌《しがくふきゅうざっし》』第二十七号を最終号として、この雑誌を廃刊《はいかん》することとし、早速《さっそく》書店に貸してあった雑誌代の集金を済ませるなどして、上京の準備を整えた。しかし、旅費に予定していた資金を両親の京都見物に費《つい》やしてしまっていたため、いよいよ上京という段になって、家族を挙げて上京することができなかった。やむを得ず、千九郎は落胆する妻子を頂妙寺妙雲院《ちょうみょうじみょううんいん》に残して、単身出発した。東京到着後は、とりあえず英国公使館横の下宿屋に住むこととした。明治二十八年五月七日のことであった。

第二節　『古事類苑』の編纂事業

『古事類苑』刊行の目的

千九郎は上京後、直ちに『古事類苑』の仕事にとりかかる準備を開始した。

『古事類苑』とは、明治年間から大正にかけて編纂された、わが国最大の百科史料事典であり、全部で一千巻もある膨大《ぼうだい》な書物である。洋装本は全五十一冊で、現在は六十冊本もある。

本書の内容は、日本の古代から慶応三年に及ぶあらゆる書籍、図画、諸家の日記や古文書《こもんじょ》など、版本であれ写本であれ、すべてその原文のままを写し取り、これを分類整理して、神祇《じんぎ》部、宗教部、帝王部、政治部、法律部、文学部、飲食部など三十部門を立て、さらに細目に分けて、それぞれの事項の由来、使用例などの沿革《えんかく》を明らかにしたものである。事項およそ二万七千、八万項目に及ぶ大百科事典である。

明治政府は、近代国家建設に向けて、西洋の近代文明・文化を急速かつ積極的に取り入れてきたが、この政策はあまりにも性急すぎたため、国全体が混乱してしまった。そこで、わが国固有の文化を研究、顕彰《けんしょう》する必要が生じ、これに応《こた》えるものとして『古事類苑』の編纂事業が企画されたのである。

『古事類苑』洋装本の一部（全 51 冊）

明治十二年、西村茂樹によって編纂の建議が出され、直ちにこの年から文部省に編纂係が設けられ、事業が進められた。編修員は三名で、国学者小中村清矩《こなかむらきよのり》が主任となった。しかし、思うようには進まなかった。

明治十九年十二月、官制改革のために一時中止されたが、東京学士会院に委託され、事業は再開された。二十三年には、国学院大学の前身である皇典講究所に移管されたが、財政難のためあまりはかどらなかった。このころまでの編修員として、那珂通世《なかみちよ》、黒川真頼《まより》、井上頼圀《いのうえよりくに》、川田剛、佐藤誠実《さとうじょうじつ》、松本愛重《たかしげ》らがいた。

明治二十八年四月一日、編纂事業は神宮司庁に移管された。東京市牛込区矢来町《やらいちょう》三番地に事務所が設置され、それまで文部省及び東京学士会院で作成された原稿二百三十四巻と、皇典講究所で作成された原稿四百七巻とを受領して、文学博士川田剛編修総裁のもとで、小中村清矩、本居豊穎《もとおりとよかい》、木村正辞《まさこと》、栗田寛《くりたひろし》、黒川真頼、井上頼圀を編修顧問として再スタートした。編修員は、佐藤誠実を編修、松本愛重を副編修とし、内藤耻叟《ちそう》、石井小太郎、黒川真道、和田英松、廣池千九郎ら十数名がその実務にあたった。二十九年二月一日には、川田剛が亡くなり、細川潤次郎が総裁になった。

まもなく事務所は小石川区市兵衛河岸に移った。千九郎がたずさわるようになったのは、事務所が小石川に移ってからである。明治三十三年四月には、職制が改革され、佐藤誠実編修長、松本愛重編修副長、石井小太郎が編修副長心得、助修に熊谷直一郎、廣池千九郎、加藤才次郎、山本信哉《のぶき》、和田信二郎ら十数名があたった。

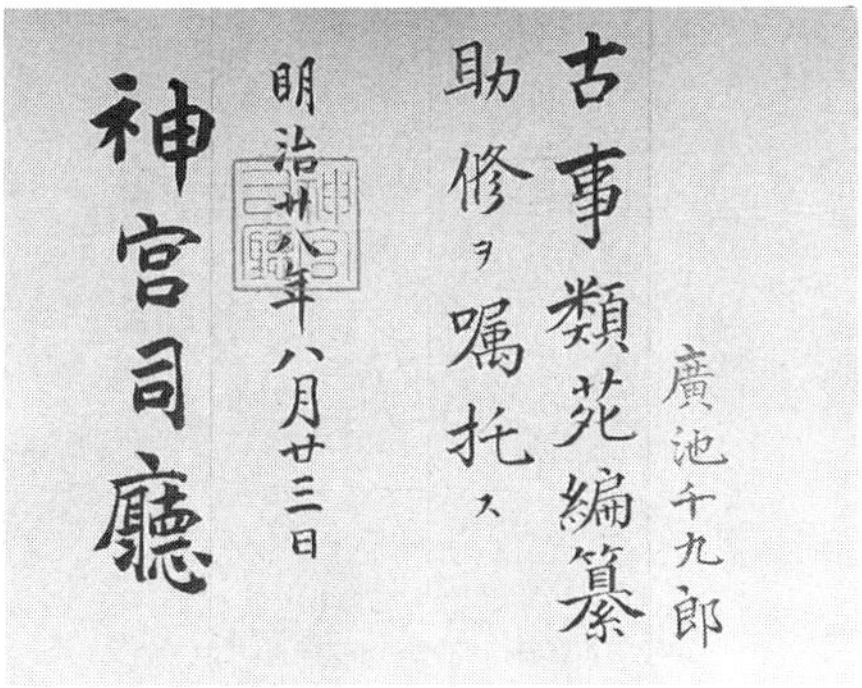
廣池千九郎
古事類苑編纂
助修ヲ囑托ス
明治卅三年八月廿三日
神宮司廳

『古事類苑』編纂助修委嘱の辞令

この編纂事業にたずさわった学者は、ほとんどが国学者であった。井上頼圀は、明治二十三年からこの事業に従事してきたが、二十八年四月以降、この仕事が神宮司庁に移管された時、編修顧問兼校勘《こうかん》になっていた。

この事業は、明治四十年十一月にようやく一応の完成を見るが、着手してから完成まで、その期間は実に二十八年七か月という長期にわたった。しかも、目録、索引《さくいん》までもそろい、完全に終わったといえるのは、大正三年（一九一四）三月三十一日のことであった。

千九郎の貢献

この編纂事業は、俸給制《ほうきゅうせい》ではなく請負制《うけおいせい》であった。千九郎が参加した当時は、四十字詰二十行原稿用紙一枚六十銭であった。千九郎は当初編修員の末席にあったが、この制度を知り、助手として写字生《しゃじせい》を雇《やと》えば能率が上がると考えた。そして写字生五、六人を使い、東京帝国図書館（現在の国立国会図書館）、東京帝国大学図書館、文科大学資料編纂掛《がかり》（現在の東京大学史料編纂所）、宮内省図書《ずしょ》寮《りょう》などに行き、古今《ここん》内外の書籍を渉猟《しょうりょう》した。少ない日でも数十冊、多い日には数百冊の書物を調べ、関係資料を写し取らせて一日十枚以上の原稿を作成した。多い時は百枚以上に及んだ。

千九郎の原稿執筆《しっぴつ》の特色の一つは、邦文文献だけではなく中国の文献を引き、中国との比較において当該《とうがい》項目を理解させようと努めていることにある。これは、編纂事業の管轄《かんかつ》が文部省時代、皇典講究所時代には考えられなかったことである。

千九郎の活躍は、編修員の間でも評判だった。例えば、千九郎のメモである「古事類苑編纂法実験談」の中には、千九郎が材料の校合《きょうごう》や訓読を行っているのを藤田安蔵という人が見ていて、その仕事の迅速《じんそく》かつ的確なのに驚嘆し、「本居宣長《もとおりのりなが》ならびに平田篤胤《あつたね》に比すほどだ」と言ったという記録が残されている。

千九郎は各部の初めに総説を掲げ、条の初めにも解題《かいだい》を加えてその要旨《ようし》を示しているが、この解題を書くのにも細心《さいしん》の注意を払った。

しかし、原稿の検閲《けんえつ》体制は厳しく、編修員がまず原稿を編集して提出すると、編修副長がこれを検閲して訂正を指示してくる。次にその検閲を通過すると、さらに佐藤編修長がこれを検閲する。このようにして再三再四修正し、正確な内容と美しい表現を追求しなければ、通過させてもらえなかった。ことに編修長の検閲は、きわめて公平でかつ完全を期《き》したもので、一歩の妥協も許さなかった。そのため多くの編修員は、その厳しさに耐えきれず、途中で辞《や》めていく者も少なくなかった。

この仕事は、古今の史料に精通し、深く広い学識と忍耐力を持ち合わせていないかぎり、とてもその任にとどまることができないものであった。本事業にたずさわった編修員は総計数十人に上るが、一人辞め、二人辞めして、明治四十年十一月九日に行われた編纂事業終了式のころには、千九郎のほかに十名程度しか残っていなかった。

『古事類苑』の編纂は、これまで佐藤誠実の功績とされて、その中で果たした千九郎の役割については、まったく明らかにされないままだったが、幸い戦後になって、皇学館大学教授西《にし》川順土《かわまさたみ》の研究によって、千九郎の業績が他の編修員とは比較にならないほど際立《きわだ》っていたことが明らかにされた。この編纂にたずさわった学者は、明治二十八年、神宮司庁に移管されてからだけでも三十三名に及んでいるが、『古事類苑』全一千巻のうち、今日千九郎が一人で編纂したことが明白なものだけでも二百三十二巻、それに一巻の一部分の項目を編纂したものが十六巻あり、実に全巻数の四分の一以上を担当しているのである。

千九郎は、年平均およそ二十冊、多い時で年四十冊分もの原稿を執筆している。西川順土は、「文部省が最初に計算した学者の原稿作成能力は、一人一か年十冊であるから、博士（廣池）は将《まさ》に超人的な努力をされていたことが分かるであろう」(1)と述べている。

当時の千九郎の勉学ぶりと、その研究の成果には驚くべきものがある。次のような記録がある。

私の奮闘時代における状況は、どんなに寒さが厳しい日でも猛暑の日でも、朝は五時から夜中の一時まで勉学に励み、疲労も病気も押して押して押し通し、一時間も休むことはなかった。それゆえ、いつもどんな風邪《かぜ》でも自然に治ってしまった。ある時などは、ついに風邪のために四十度の熱が出て医者を呼び、薬をもらったが、一晩のうちに一日分の薬を飲んでしまい、夜どおし布団で発汗し、翌朝、熱も下がったので、直ちに起き出して出勤した。そのあとに医者が往診《おうしん》に来て、あきれて帰ってしまった。このように意気旺盛《おうせい》な自分であった。(2)

千九郎は、昼は『古事類苑』の編纂のために大学その他の図書館に通い、夕方から夜間にかけて専門学の研究に熱中した。一年中、祭日、日曜、寒暑の休日などもすべて研究にあて、元旦といえども数時間研究をしなければ外出することはなかった。

千九郎の生活は仕事と勉学一本で、家庭も家族も顧《かえり》みるいとまがないほどであった。家族全員がそろって食事をすることはあまりなかった。千九郎の帰りはいつも遅かったし、家にいる時も書斎に閉じこもり、そこで食事をとったりもした。子供の養育などは、いっさい春子に任せきりだった。

長男千英《ちぶさ》の回想によれば、千英がようやくヨチヨチ歩きができるようになった三、四歳ごろ、千九郎は六畳の部屋に一人閉じこもり、一日中書類を広げて書き物をしていた。そこへ千英が近づいて何か声を出すと、千九郎はいきなり「やかましい」と叱《しか》り、ピシャッと千英をたたいた。春子は止めようとしたが、千九郎は知らん顔をして原稿を書き続けていたという。

日中は、『古事類苑』の資料の収集とあわせて、『支那文典《しなぶんてん》』や『東洋法制史序論《とうようほうせいしじょろん》』に関する材料を集めた。また、比較的豊かな収入は、専門学に必要な図書の購入にあてたので、上京後数年たったころには、柳行李《やなぎごうり》十数個が専門書でいっぱいになり、和漢洋の蔵書は数千冊に上り、先輩や友人は皆驚いたという。

明治二十九年七月、千九郎は房州（千葉県）館山に避暑に出かけた。そして古典中国語（漢文）の文法書を作成するために、それまでに収集した資料の分類を始めている。この年には、日本文法の助詞「テニヲハ」に関して、英語、中国語との比較研究も開始している。

『古事類苑』の原稿執筆だけでも常人の域を越えていたが、これに加えて文法の研究や東洋法制史の研究を行っているのである。以後、さらにいくつもの異なった研究が、次々と並行して進められていくことになるが、それは文字どおり猛烈を極めた研究生活であった。

千九郎の読書ぶりについては、当時の新聞にも紹介された。東京帝国図書館で多くの書物を読んだことを偲《しの》ぶ逸話《いつわ》として、蔵書をほとんど閲覧《えつらん》したので「図書館博士」と言われたとか、「上野の図書館の書物をほとんど閲覧した人がいる。それは廣池千九郎大人《うし》という人だ」（『万《よろず》朝報《ちょうほう》』）と報じられたこともある。千九郎自身も、「同館の和漢書はご存じのように約二十万巻もあるが、私は過去十二か年間、ほとんど毎日登館し、日々約百巻を読みあさった[3]」と記している。

次は、朝日新聞の記事である。


個人の秘密をすっぱぬくようであるが、さすがに廣池千九郎氏は読書人である。元史訳文証補、三通《さんつう》、東西周考、四川総志、中外交渉、周大暦、水左記、三長記《さんちょうき》、十訓抄《じっきんしょう》、中右記《ちゅうゆうき》、百川学海《ひゃくせんがっかい》、元朝秘史《げんちょうひし》、連筠簃叢書《れんきんいそうしょ》、支那地志、広東通志、長安志等を読んでいる。

（明治四十年五月二十四日）


しかし、過度の勉学が病気を招いたことの反省もあるのだろう。後年、「いっときに激しく勉強するなかれ。熱するものは冷めやすしという。毎日怠《おこた》らず二、三時間読書する習慣を養うべし。すべていかなる事業も虚名を願わず、虚栄を避け、もっぱら将来の大成を期すべきである」(4)と学生を戒《いまし》めている。

編修長佐藤誠実

編修長佐藤誠実は、天保十年(一八三九)、江戸浅草正行寺の第十一世住職佐藤誠慶の次男として生まれた。「文学博士佐藤誠実先生小伝」(5)によると、弘化四年(一八四七)に九歳で得度《とくど》。幼いころから学問を好み、のちに和漢、仏教、文法(語法)、考証学などの学問に精通する。その学問は、本居宣長と漢学者狩谷棭斎《かりやえきさい》を継承するものであった。

佐藤誠実(1839〜1908)

その後、文部省の編集寮や元老院の書記生を経《へ》て、明治十三年(一八八〇)、四十二歳で『古事類苑』の編輯掛となった。その後東京帝国大学の古典科の講師、東京音楽学校教授を経て、明治二十八年、『古事類苑』編纂の編修長に任命された。以後十三年間にわたり、精力的にこの事業に尽力した。

佐藤は、その後半生を『古事類苑』の編纂に捧《ささ》げ、この事業の完成のめどがたった翌年の明治四十一年、七十歳でこの世を去った。佐藤の死去を伝えた『国学院雑誌』は、「天は古事類苑を完成せしめるために、この人を下した」と報じている。また当時、東京帝国大学総長であった浜尾新《はまおあらた》は、佐藤を「大学教授の教授である」と評している。

佐藤誠実は、優れた教育者でもあった。その著『日本教育史』の緒言には、「文学をはじめ、神道、宗教、武芸、音楽、天文、算術、茶の湯、挿花《そうか》及び農工商の業に至るまで、本邦の教育に関する古今の概況を挙げたり」と記し、日本の文化全般にわたる歴史を概観し、それを通して教育の重要性を説いている。

「文学博士佐藤誠実先生小伝」には、「先生が人を感激させるゆえんは、実に諄々《じゅんじゅん》として後進を指導するところにある。それゆえ、ひとたび先生の謦咳《けいがい》に接する者で、喜んでその指示に従わない者はだれもいない」と記され、終始一貫してこの事業に従事した編修員は、「先生の学識は、一世に卓越し、その徳は人を心服させずにはおかない(6)」としている。

千九郎の著書に初めて佐藤の名が見られるのは、明治二十五年に出版された『日本史学新説』であるが、千九郎が佐藤誠実と初めて会ったのは、明治二十八年五月、佐藤五十七歳、千九郎二十九歳の時であった。千九郎は、その後十三年間、最も脂《あぶら》の乗りきった時期を佐藤の指導のもとに過ごした。

編修副長の松本愛重《たかしげ》は、東京帝国大学古典講習科を卒業後、文部省に入り、『古事類苑』の編纂にたずさわった。また、女子学習院教授、国学院教授などを兼任した。松本は、明治十九年からこの編纂に従事し、この事業が終了する大正三年まで尽力した。佐藤誠実を編修長に推《お》したのも松本であった。

千九郎の反省

千九郎が東京に出てきて、佐藤に最初にあいさつに行った日の翌日、次のようなことがあった。

翌日、行ってみると、一枚六十銭で百枚やれば六十円という話なので、これは一人でやっておってはいかんと思い、書生を一枚二銭で五人頼んで、上野の図書館にいっしょに行って、私が計画を立てて手ぎわよく仕事をやっていくと、どしどし金になる。その編纂には五十人からの人がかかっておった。皆儲《もう》けることだけに一生懸命努力しておる。私もなんでも金が儲かればよいというので、どんどん仕事をやった。ほかの人も皆、金を儲けさえすればよいのである。私が、その張本人《ちょうほんにん》であった(7)。

ところが、佐藤はこうして書いた原稿をなかなか通過させなかった。ある時、千九郎は井上頼圀から呼び出され、「努力しておるのはよいが、実に粗製《そせい》で、これでは困る。他の編修員は学問がない。問題にならんが、あなたの学力、あなたの努力をもって、着実にやっていったならば、実に大したことである。なぜ粗製をするのであるか[8]」と強く叱られた。

千九郎は、「なにぶん、当時京都においては、まったく金に困っていたので、急に金を儲けたくなって、金儲けに走ったのであった。井上先生に、『実に申しわけありません』と謝った。その後、何日かのちによく考えると、実に申しわけないことであったと後悔《こうかい》の念に襲《おそ》われ、おおいに、しかも真に自己反省した[9]」と回想している。

それから、佐藤のところへ行き、心から謝罪すると、佐藤は非常に喜んで、「よいところに気がついてくださった。どうか一生懸命やってください」と言った。そこで今までの原稿を返してもらい、書き直していくと、それが全部検閲を通過したという。

これは千九郎にとって最初の大きな自己反省である。佐藤の検閲が非常に厳しく、当初千九郎は、それを快く思っていなかったようである。次の記録が残されている。

ひそかに転職しようと思ったり、某《ぼう》書店と謀《はか》って出版業を起こそうとしたこともあった。あるいは実業界に身を投じようとも思ったが、すぐに実現の可能性が少ないことに気づいた。そして、翻然《ほんぜん》と悔悟《かいご》して、自己の使命が『古事類苑』の編纂にあることを自覚し、ある日天照大神《あまてらすおおみかみ》を祀《まつ》ってある自宅の神棚の前に平伏《へいふく》し、自分の精神が非常に利己的であることを陳謝《ちんしゃ》した。そして、今後いかなることがあっても、佐藤博士の命令に従うだけでなく、佐藤博士の心をわが心としてこの事業を完成させなければならない、と神様にお誓いし、その翌日からは、いっさい自分の利益を念頭におかず、ただこの編纂事業の完成に全力を尽くし、泰然《たいぜん》として真の研究に没頭するようになったのである。(10)

ここで転職といっているのは、例えば文学普及会の設立であり、会社の創立とは、弟の長吉と又治を役員にして、自分が社長になって中央政教社という出版社を設立しようとしたことである。この出版社からは、「国語読本大字典」を出版する計画を立てていたが、実行するには至っていない。

その後、千九郎は、この事業の完成まで編修長の右腕となって全力を尽くすことを心がけた。佐藤編修長の命令に従うばかりではなく、佐藤の心を心とし、「佐藤流の文章」を書くことさえ心がけている。このような努力をした千九郎の心中を思う時、この出来事は非常に貴重な体験であったことが分かる。佐藤もまた、以後、千九郎をとりわけ信任するようになり、千九郎は編修長の代理をするようにまでなった。

千九郎が独力で編纂したという文学、法律、政治、方技《ほうぎ》、宗教等の各部について見ると、実は、いずれもまったくの新しい原稿ではなく、その多くは、佐藤が文部省時代、皇典講究所時代にみずから執筆を担当して頓挫《とんざ》していたものであることが分かる。つまり、その編纂の困難なことを知っていた佐藤が、あえて千九郎に任せたとも考えられる。ここにも、千九郎に対する佐藤の信任の厚さを推《お》し量《はか》ることができる。

佐藤誠実への報恩

そのころ、千九郎は、佐藤を送迎する人力車の車夫が、カジ棒をドスンと下ろしたり、老体の佐藤が降りる時に手を差しのべることもしないのを見て、「これはいけない」と考えた。そこで早速《さっそく》、浅草の車夫のたまり場の親方を訪ね、「実は、あの先生は『古事類苑』という、日本の国にとって非常に有益な本をつくる責任のある地位におられる大事な方です。それにご老体でもあることなので、大切に送迎していただきたい。これはほんの少しですが、皆さんで好きなものでも召し上がってください」と言って、酒代《さかしろ》を出した。

翌日、千九郎が物陰から見ていると、佐藤を乗せた人力車が石やくぼみを避けて通り、カジ棒も静かに下ろし、降りようとする佐藤の手を取って助けていた。佐藤は、このことを知らずに世を去った。

この編纂事業こそは、まさに千九郎の実力を養い、社会的地位を高めることになった。それは、佐藤誠実の絶大なる信頼に応えて努力したからであった。千九郎は、その恩恵に深く感謝し、大恩に報ずるため、佐藤の晩年においては、多忙を押して三、四日ごとに訪問し、一生独身を通した佐藤に奉仕した。

佐藤が名著『日本教育史』の改訂版（明治三十六年六月）を刊行する時も、千九郎は労を惜しまず献身的に助力した。佐藤は同書の緒言において、千九郎の労に謝辞を呈している。

千九郎は、編纂事業を進めるうえで、どうすればこの国家的大事業を迅速・的確に処理し、能率を上げて早く完成できるかを終始念頭においていたので、上司にたびたび意見を具申《ぐしん》した。文書によって改善案を提示したことも二度ほどあり、その記録が残っている。この事業を迅速・確実に進捗《しんちょく》させるばかりでなく、内容の質を高めてよりよいものを後世に残したいという気持ちから出したものであった。また、編纂責任者がたびたび代わり、編纂方針が大きく変更したことも作業を困難にし、改善案を出させる一因となった。

千九郎は、次のようなメモを残している。

初めに文部省で編纂した原稿は、皇典講究所において作成したものと編纂の基本方針が違っている。また皇典講究所で作成したものも、検閲の方法がまちまちなので、体裁《ていさい》の統一がとれていない。さらに、神宮司庁において新たに編纂を始めるにあたっては、編纂の方針が違っているので、今までつくってきた原稿にも修正を加えなければならないものが非常に多く、中には全部廃棄《はいき》したものも少なくなかった。(11)

長男の廣池千英は、このころの父親について、「『古事類苑』の編纂の時分ですけれども、私の父は正義の観念が強かったものでしたから、よく上役とけんかをいたしました(12)」と回想している。けんかしては、春子に菓子折を持たせて謝りに行かせたという。おそらくは不平を抱き、自己反省し、また不平を抱き、自己反省していくうちに、千九郎の人格はしだいに向上していったのであろう。

編纂事業参画の意義

千九郎にとって、この事業に参画した意義には計り知れないものがある。次のような点が挙げられる。

第一は、専門学に対する実力を養成する機会を得、同時に千九郎の実力を学界や一流の人物に認めてもらうことができたことである。千九郎自身、「その史料は国史の根本的資料にかかわり、その編纂は国史の分類的研究にあるため、学力の養成という点では、いかなる学校に学び、いかなる編纂に従事するよりも、この仕事に優《まさ》るものはない[13]」と記している。

第二は、多くの師や友人知己《ちき》を得ることができたことである。佐藤誠実、井上頼圀、細川潤次郎、松本愛重《たかしげ》、和田英松《ひでまつ》、古事類苑編纂事務所理事で国学者の江見《えみ》清風はじめ、編纂にかかわったたくさんの国学者との出会いが生じた。

第三は、生活が安定したことである。京都時代の貧困生活から脱却できたばかりでなく、専門学の研究に必要な書籍の購入が可能となった。千九郎は終始倹約に努めたが、書籍購入には多大の資金を投入したのである。

また、『古事類苑』の編纂は、千九郎の専門学研究におおいに役立った。この事業にかかわっていた時期に、千九郎の専門学研究の成果の大半が成就《じょうじゅ》している。千九郎は、編纂事業にたずさわりながら、常に同時平行的にいくつもの研究課題を追求していた。一冊の書物を調べる場合にも、いつも多様な視点から判断し、写字生に書き取らせていたのである。

事実、千九郎の『古事類苑』の原稿の中の数多くのメモには、「法制史へ」「皇室史へ」などという書き込みがある。また、千九郎の多様な視点による専門学研究が執筆の原稿の随所に反映し、その内容を精彩《せいさい》あるものにした。

本書は、千九郎自身にとって有意義であったばかりでない。特筆すべきことは、「江戸時代以前の日本文化の研究に大きな便益を供している」(『日本大百科全書』)、「研究の手引、史料所在案内の書としては今日でもなお十分に利用価値がある」(『日本歴史大辞典』)、「近代学問の発展した今日においても価値は高い」(『国史大辞典』)などとあるように、本書が日本の学術の進歩発展に多大の貢献をしており、現在もなおその価値を減じていない点である。

編纂事業の終了式

明治四十年十一月九日、『古事類苑』編纂事業の終了式が華族会館で行われた。明治十二年にスタートした大事業に一応の終止符が打たれたのである。

　この日の参会者は七十余名で、著名な人物が出席した。総理大臣西園寺《さいおんじ》公望《きんもち》、内務大臣原《はら》敬《たかし》、文部大臣牧野《まきの》伸顕《のぶあき》、宮内大臣田中光顕《みつあき》、神宮大宮司三室戸《みむろど》和光《まさみつ》、神宮少宮司桑原芳樹、帝国学士院会長加藤弘之、編修総裁細川潤次郎などである。専任の編修員で参列したのは、佐藤誠実、松本愛重《たかしげ》、廣池千九郎、加藤才次郎、山本信哉《のぶき》、村尾節三、佐伯有義、三浦千畝などわずかな人々であった。西村茂樹、川田剛、小中村清矩《こなかむらきよのり》、石井小太郎など、創業以来大功のあった人々は、すでに不帰《ふき》の人となっていた。千九郎は苦労が多かっただけに、感慨もひとしおであったろう。

　終了式の日、佐藤誠実は千九郎の長年にわたる労をねぎらい、秘蔵していた『故唐律疏議《ことうりつそぎ》』全十巻を贈呈した。この本は日本に数少ない貴重本であり、千九郎が律令《りつりょう》研究に真剣に取り組んでいることを知っていたからである。

　この終了式は、佐藤の病状を考慮して、日時を早め

『古事類苑』編纂終了記念
（前列左から２人目が佐藤誠実編修長、後列右から２人目が千九郎）

て実施されたものであるが、翌年三月、佐藤は住み慣れた正行寺の自室で息を引き取った。佐藤の一生は、まさに『古事類苑』の編纂に捧げられたものであった。その後も、松本愛重、山本信哉などの出版準備委員によって『古事類苑』刊行作業は続けられ、総目録、索引の発行が完了したのは、大正三年三月のことであった。

第二章　法制史の研究

第一節 『東洋法制史序論』

比類のない学説

千九郎が、自己の専門学の研究成果として初めて公表した著作は、明治三十八年十二月発行の『東洋法制史序論』である。

本書は、「東洋に於《お》ける法律と云《い》う語の意義の研究」という副題に示されているように、法律の意味、根源を探求した本である。

千九郎は、まず古典を対象として「法」「律」という語の意味を究明し、それは「中正《ちゅうせい》・平《へい》均《きん》」という観念に帰着するとしている。「中正・平均」とは「天道」の実質を示すものであり、さらに「善の実質」、すなわち人間の行為の基準であることを実証しようとしている。この「法律＝中正・平均＝善の実質＝天道」という図式は、千九郎独特の見解である。そして、「なぜ法律という語が中正・平均の意義を含むのか」「なぜ中正・平均を善の根本実質とするのか」と、考察を展開している。このことか

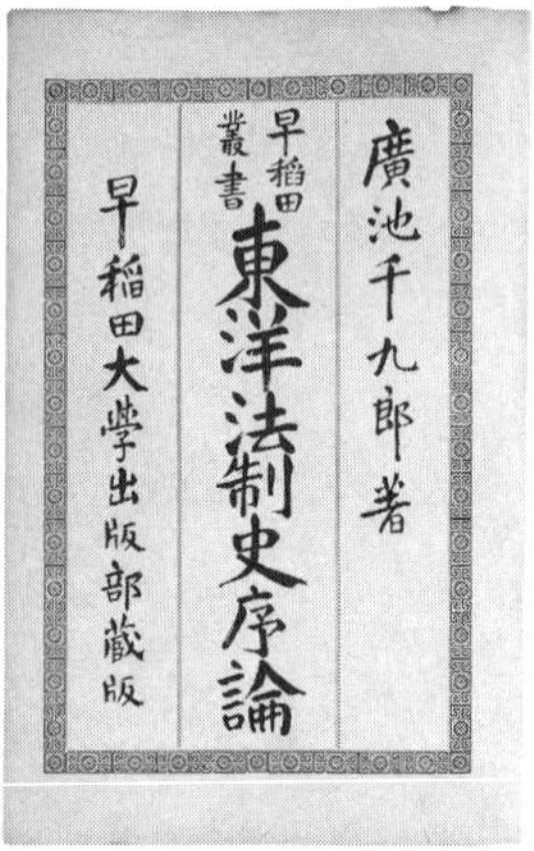

『東洋法制史序論』
（明治38年12月発行）

ら、本書は、単に中国古代における「法」「律」という語義を究明することにとどまるものではなく、中正・平均の観念や天道の思想、善の実質が文化を超え、時代を超えた普遍性を持つものであることを究明しようとしているのである。つまり、東洋文化の母体である中国の伝統的な精神文化が、人類社会全体における普遍的な価値を持っていることを探求したのである。

本書はまた、中国道徳思想史といってよい内容も含んでいる。孔子・孟子と老子・荘子の思想を対比しながら、中国古代の道徳思想を比較研究し、孔孟《こうもう》の道徳思想こそが、中国の正統の思想であるとして、聖人論を展開し、仁、天道などの意味を明らかにしている。

ただし、江戸時代の儒教研究、明治の儒教研究など、数多くの研究書が出版されているが、千九郎はこれらの研究書についてはいっさい言及《げんきゅう》していない。その理由は、それらの研究に対して大なり小なり不満を持っていたからではないかと考えられる。それゆえに、千九郎は、みずから原典それ自体にあたって「法」の研究を行い、原典の意味することを解明した。それが、千九郎の「経《けい》を以《もっ》て経を説く」という実証的方法である。

また、千九郎は、日本の法律という語の源となっている「のり」の語義を解明し、それが「声高く話す」ということにあり、ここから権威ある人の宣言を指すのに用いられ、ついに「掟《おきて》」の意味にもなったとしている。

千九郎は、『中庸《ちゅうよう》』を漢代以来約二千年間、東洋の道徳を支配してきた一大名著であり、孔子は中庸を行うか否《いな》かをもって人格を区別する標準としたとしている。

さらに、人格の向上とは、われわれの精神作用を不断に磨き上げ、誠《まこと》の心、すなわち仁《じん》の心に近づくことであり、これこそが修身といわれるものの核心である。換言すれば、これは天命に従うこと、神意《しんい》に同化することであるという。千九郎は、孔子が「神の存在を認めておることは論なし」と言っており、人間の行う善事は、皆天意の命ずるところであり、人類の行為はすべて天道にならって成り立っていると述べている。

天道については、天地の大道《だいどう》であるとも自然の法則であるとも言及し、善の根本実質が天道にあるとして天道を強調している。人間は、天道の中に生まれ、天道に従うことこそあるべき姿であり、しかもここには因果の法則が働いているという。天道に従うものは栄え、逆らうものは滅《ほろ》びるという因果律である。

孔子や孟子にとって、天道とは普遍的な道徳である。天道に従って生きた模範が聖人であり、その言行は常に天道に一致し、古代より天下を統治する天子は、必ず聖人であるという観念が持たれてきたことを指摘している。千九郎は孔子を称《たた》え、孔子こそが真の聖人であると言っている。

本書には、恩師穂積陳重《ほづみのぶしげ》が序文を寄せている。

廣池千九郎君の篤学《とくがく》と博識は、私の常に敬服するところである。廣池君は早くから中国法系における法制の研究を志し、東洋法制史を編述しようという大志を抱き、弱い体に鞭《むち》打《う》って日夜これに取り組んできた。そして今その研究の結果の一部を公にし、『東洋法制史序論』と題して刊行することになった。その全編で、法律という語の意義を明らかにしている。その材料の豊富さ、その論の独創性には実に驚くべきものがある。（中略）

私はいつも著者と親しく交流し、著者の熱意と苦心とをよく見てきた。今、著者がその精励刻苦《せいれいこっく》の結果を公刊するに至り、私は喜びにたえない。けだし、学者がその著書を公にするのは、自分の子供を生むようなものだ。その喜びは、自分の子供を生むことより優るものがある。私はここに数言を呈して、前途有望な学徒の生誕をお祝いしようと思う。(14)

また、東京帝国大学教授の戸水寛人《とみずひろんど》は、その序文において、次のように本書の独創性を強調している。

わが日本には、近来、法律の優れた研究者が続々と排出し、意気揚々《ようよう》、大家然《たいかぜん》として構えている。しかし、その研究は、だいたいヨーロッパ人の踏襲《とうしゅう》で、その述べるところは、おおよそヨーロッパ人の見解である。これでは、彼らに向かって法律の意義を問うよりは、ヨーロッパ人の書をひもといて読んだほうがいいということになる。（中略）

友人である廣池千九郎君は、和漢の学を兼ね備え、さらに英語にも通じている。これは簡単には得られない人材である。（中略）本書を読むと、ヨーロッパでは研究できないところを研究し、ヨーロッパ人では言えないことを述べている。法律の語源、古代東洋人の思想を分かりやすく説明している。法律の何たるを知りたいと思う者は、これを読めばおおいに発見するところがあるだろう。東洋人の書は読むに足らないなどと言ってはいけない。このような書は、これまでヨーロッパ人が著述しようとしてできなかったものである。これは東洋の奇跡にして天下の奇書である(15)。

本書は発表当時、内外から高く評価された。『史学雑誌』『法学志林』『国学院雑誌』『法学協会雑誌』などの学術誌はもちろん、『読売新聞』『国民新聞』『時事新報』などに書評や紹介文が掲載され、千九郎の名は一躍《いちやく》学界の注目を浴びるに至った。

千九郎は、明治三十七年に大病にかかった時、春子へ次のような手紙を書いている。

今回発表する『東洋法制史序論』は、実に世界に比類のない学説である。日本の学問界のみならず遠く世界の学者を驚かし、直ちに名声を得ることになるのは疑いのないところだ。このような名誉ある思想を構築したのだから、決して落胆することなどないと思い、これを気分のよい時にまとめて発表するつもりでいる。

この書が刊行されたら、早稲田の大隈重信伯爵《おおくましげのぶはくしゃく》、鳩山博士、高田早苗《たかださなえ》博士等の諸名士はもちろん、東京帝国大学の文科の中心である坪井九馬三《つぼいくめぞう》博士、井上哲次郎《いのうえてつじろう》博士、上田万年《うえだかずとし》博士など、皆さんが賛同してくださり、穂積陳重先生と戸水寛人先生のお二人は、本書を学会に紹介してくれるなど、いっそう私に力を貸してくれることであろう[16]。

なお、「東洋法制史」という言葉は、千九郎が日本で初めて学術語として使用したものであり、早稲田大学での東洋法制史の講座も最初のものである。

恩師穂積陳重

千九郎が穂積陳重に初めて会ったのは、『古事類苑』の編纂方法がひととおり身についた明治三十年前後と推定される。

当時、東京帝国大学史学科に在籍中の内田銀蔵の紹介状を持って訪問したが、穂積はなかなか会ってくれない。十回以上の訪問ののち、ようやくわずかの時間、面会が許された。

穂積陳重（1855〜1926）

この時のことを、千九郎は、次のように回想している。

穂積先生から、「法律学を学ぶためには、法律哲学を学ばなければならないが、あなたは田舎にいて、よくそんなところに気がついたなあ。私にできることは指導してあげよう」とのお言葉をいただきました。先生は、まず比較法学、歴史法学を実証的にやるがよいと申されました。（中略）今後、法律学を科学的につくり上げるには、自然科学の力をまたなければならないことが多いとのことでした[17]。

千九郎は、穂積の助言に従って、直ちに東京帝国大学理科大学の研究室に行き、助言を仰いだ。その時に世話になったのは、人類学者の坪井正五郎《つぼいしょうごろう》教授であり、また、哲学者で心理学者の元良勇次郎《もとらゆうじろう》教授に就いて実験心理学の指導を受けた。元良主催の研究会には、十年間ほぼ毎月出席し、心理学を学んだという記録もある。

千九郎は、この間の経緯《けいい》を、次のように振り返っている。

それから医科・工科・農科などあらゆる帝大の各方面の研究室を巡回して、その研究室でいろいろなご指導を受けて、自然科学のほうもひととおりのことが分かるようになったのであります。そこでだんだんと歴史的に原始法律学を研究してみると、法律の源も政治の源も経済の源も財政の源も、何もかも神様から起こっておるのであります。神様から起こっていないというのは、人間の利己的本能から起こっておる現代異端の精神科学であることが分かったのであります。そして、それとてもまったく神様に基づいていないものはないというようなことが分かってきたのです。そこで神様というものは何かというと、この大宇宙が神の肉体であって宇宙自然の法則が神の精神であり、この大宇宙の一部分をなす人間の身体は小宇宙であることが、自然科学と精神科学との総合的研究によって明らかに窺《うかが》えることになったのです。そこで人間はこの大宇宙の一部分であるから、その大宇宙の法則に従うものが進化し、これに反するものが退化することも分かったのであります。[18]

千九郎が、次に穂積に会うのは明治三十五年ごろだが、穂積に最初に会った後、穂積の著書や論文を読み、その人格と思想に共鳴していった。千九郎は、穂積を自己の道徳の師として仰いでいる。

千九郎は、明治三十五、六年ころ内弟子になった時から、穂積には常に至誠をもって奉仕した。穂積が遠くへ出張する場合には、前の晩から穂積の家へ行って用事を進んで引き受けた。ことに穂積が著述する時には、必要な資料を調査するなど、献身的に尽くした。穂積は、大学の研究室でもだいたい夜の八時ごろまで研究をして帰宅するが、千九郎は、折あるごとに穂積の助力をした。そのような千九郎に、穂積は絶大な信用を持つようになっていった。

穂積は、明治十七年十月から月一回、学生、卒業生、教授陣を対象に「法理研究会」を開催していた。最初は自宅で行われたが、参加者が増えたため、明治三十年二月からは会場を学士会館に移して行われた。千九郎がこの研究会に最初に参加したのは、明治三十九年五月で、その後、この会で何回か発表している。内容は、「支那における立憲政治の根本思想について」「日本における免囚《めんしゅう》保護事業の起源」などである。

なお、明治四十年ごろには、この会の会員は数百名に達しており、日本の法学界の中心人物が網羅《もうら》されている。この会の出席者の中には、東京帝国大学理科大学長の菊池大麓《きくちだいろく》、憲法学者の美濃部達吉《みのべたつきち》、法学者の牧野英一《まきのえいいち》、筧克彦《かけいかつひこ》、穂積八束《ほづみやつか》、三潴信三《みつま》などがいた。

また、最初に千九郎を穂積に紹介した内田銀蔵は、日本経済史学の開拓者であって、東京帝国大学文科大学国史科大学院を卒業後、歴史学者、経済史家となり、京都帝国大学で教鞭《きょうべん》を執《と》った。千九郎とはかなり交流があり、内田が明治三十六年に『日本近世史』を出版した時、その序文に千九郎への謝辞を述べている。内田は、京都帝国大学では富岡謙三や東洋史学者の内藤湖南《ないとうこなん》とも同僚であり、親交を持っていた。

早稲田大学講師に就任

明治三十五年九月、千九郎は早稲田大学の講師になり、三十八年から日本で初めて「東洋法制史」の講義が開講された。

早稲田大学は、明治十五年（一八八二）、大隈重信によって創設された学校で、最初は、東京専門学校という校名であった。

明治初期以来、日本の政界において大活躍してきた大隈は、明治十五年、立憲改進党の総理となり、もう一方で学校を建設した。その後、大隈は二度にわたって外務大臣となり、明治三十一年には憲政党内閣の首相となった。しかし、大隈は生涯の大半を在野の一巨人として終始し、「東西文明の調和」という高遠《こうえん》な理想を説き、絶えず内外の人士を引見《いんけん》して談論風発《だんろんふうはつ》、倦《う》

明治38年当時の早稲田大学（読売新聞社提供）

むことを知らなかったという。

明治三十五年九月に早稲田大学と改称された時、中国古典の文法を担当することのできる学者を探していた。職員の種村宗八が、東京帝国大学文学部の国語研究室において千九郎のことを知り、『支那文典』を一読して感激し、大学の首脳である法学博士の高田早苗に推薦した。高田は千九郎の研究が斬新《ざんしん》・精確であることを知り、千九郎と会見して即座に講師を委嘱《いしょく》した。さらに、高田は千九郎を大隈に紹介した。

高田早苗は東京に生まれ、東京帝国大学文学部を卒業した。そして早稲田大学の創設に貢献し、同大学の学監《がっかん》、学長、総長を歴任した。衆議院議員にも六回当選し、第二次大隈内閣の文部大臣も務めている。

千九郎は、大隈と面会した時の感激を、次のようにつづっている。

伯爵《はくしゃく》にお目にかかったらよいというので、私は伯爵の所へ伺いました。伯爵は、ご承知のとおり足が悪いので、立つことができにくいのを、つーと立って、「先生よく来た、実に感謝にたえません」と、地位の低い若年《じゃくねん》の私に椅子《いす》を立って迎えられた。伯爵のような有名な人から、「先生」と立ち上がって迎えられたので、私は実に感謝した。偉《えら》い出世をしたものだと感じた。(19)

大隈重信（1838〜1922）

この時大隈は、千九郎を上座《かみざ》にすえ、先生と呼んでいる。のちに、千九郎は大隈について、「大隈侯《こう》は実に偉かった。古今の学は知らんが東西の学は知っておられた。大隈さんは言う。日本は人を尊び、西洋は物を尊ぶ。これは国体の相違であろうとのお話でありました。私はだいたいそう分けることができると思いました」(20)と述懐《じゅっかい》している。学歴をまったく持たない在野の一学徒を大学の講師に抜擢《ばってき》したのは、大隈と高田の英断であった。

千九郎は早稲田大学講師となり、大学部（法学、政治経済学科）ならびに専門部（法律科）において、「東洋法制史」と「支那文典」の講義を担当した。当時早稲田の史学科には、久米邦武《くめくにたけ》、那珂通世《なかみちよ》、吉田東伍《とうご》、浮田和民《うきたかずたみ》などがいた。

三十八年には、千九郎は専任の講師に昇格し、四十三年に辞職するまでの八年間、早稲田大学と関係するわけであるが、早稲田大学を通じて学問上の成果を発表することができた。次のように述べている。

その研究の発表を私にうながし、初めてこれを広く天下に紹介し、私の抱負《ほうふ》を発揮させてくれたのは、実に早稲田大学であった。早稲田大学は私の学問上の恩人であり、私の学問上の慈母《じぼ》である。また学問上第二の故郷ともいえる。(21)

このころの講義ぶりについて、当時学生だった安田尚義は、次のように回想している。

廣池先生の講義を聞きまして、私たちがまず第一に驚いたことは、その該博《がいはく》な学識でありますす。何をお聞きしてもよくご存じで、しかもそれを深く研究していらっしゃるということに驚いたわけでございます。(中略)

同級生の川崎君は、自分で頭が悪いと謙遜《けんそん》しておりますが、実はクラスの優秀生の一人であります。この川崎君ですら、講義の筆記がなかなかむずかしかったのです。一つには、廣池先生の講義のテンポが早かったからでしょう。そしてまた、私たちに理解できないようなむずかしい言葉が時々出てきますので、それにはほんとうに悩まされました。(22)

第二節　『倭漢比較律疏』と『大唐六典』

『倭漢比較律疏』の持つ意味

千九郎の専門学の最初の研究成果は『東洋法制史序論』である。しかしそれ以前に、『倭漢《わかん》比較律疏《ひかくりつそ》』と『大唐六典《だいとうりくてん》』の研究を手がけていた。前者は、日本と中国の法律を比較研究したものであり、後者は「近衛本《このえぼん》」と呼ばれる近衛家熙《このえいえひろ》が校訂した『大唐六典』に全巻にわたって句読訓点《くとうくんてん》を施し、また、所々に注記や文字の書き入れをし、全部が読解できるようにしたものである。

明治二十六年、法律研究を開始したばかりの千九郎は、大阪の鹿田書店の店主から『唐律疏議《とうりつそぎ》』をすすめられた。当時千九郎は経済的に非常に苦しい状態にはあったが、大金を出してこれを購入した。入手後、直ちに日本と中国の律の比較研究を進め、明治三十三年ごろには『倭漢比較律疏』が形をなすまでになった。この時点で発表しようと思えばできたのであろうが、そのまま手も

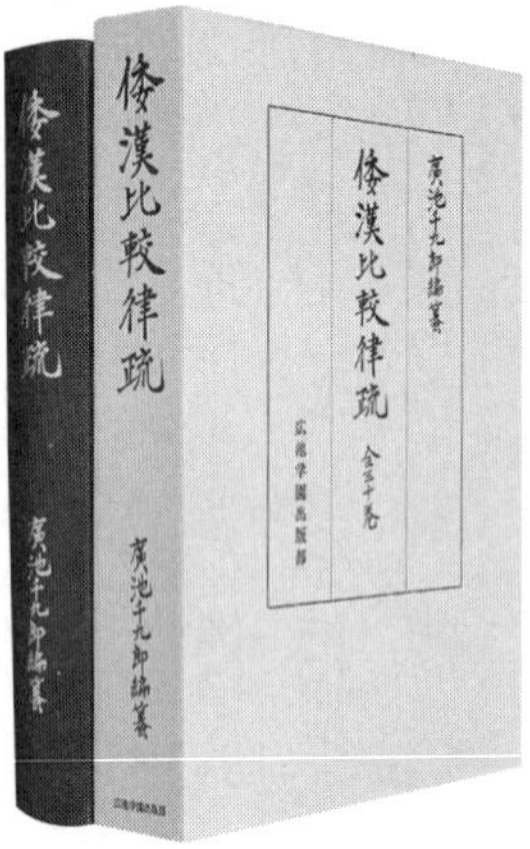

『倭漢比較律疏』全 30 巻
（昭和 55 年 6 月発行、稿本は明治 39 年 11 月）

とに置き、その後補正して明治三十九年ごろ現在の形にした。

本書は、長い間公開されることなく篋底《きょうてい》に保存されていたが、昭和五十五年六月に出版された。千九郎がこの研究を行ったのは、唐代の制度の研究をするためには、日本古代の律令を併《あわ》せ読む必要があり、さらに和漢の律文の比較をすることが重要と考えたからである。

本書では、中国の『唐律疏議』と日本の大宝令《たいほうりょう》とが、近代的な学問方法によって厳密に比較されている。唐律は現存するから問題はないが、大宝令のほうは散逸《さんいつ》しているので、さまざまな文書を調べて、散在する法律の条文を復元しなければならなかった。この作業はきわめて困難なものであった。

千九郎の遺稿を研究した法制史家の利光三津夫《りこうみつお》は、「もし、この研究が明治三十年代に公表されていれば、日本の律令学は少なくとも今より三十年は進歩していたであろう」と述べ、「その当時（明治三十年代）に発表されておれば、廣池博士が近代律令学を日本で初めて基礎づけた人として永遠に律令研究史上に不滅の光を放つことになったのに、まことに残念です[23]」と語っている。

このように千九郎は、明治三十年代に優《すぐ》れた研究をしているが、大正末年ごろ、法学者の滝川政次郎《まさじろう》が同じ研究を始め、それによって東京帝国大学から学位を受けた。そのため、日本の近代律令学は、滝川によって基礎づけられたものとされているが、実はそれよりも三十年前に、千九郎がそれに劣らないほど優れた研究を行っていたのである。

滝川も穂積陳重の門弟だったので、たまたま昭和初年に千九郎と会うことがあった。滝川が倭漢の律令の比較研究で脚光《きゃっこう》を浴びていた時だった。千九郎がその時、「この研究はかつて私もやったよ」とひと言話していれば、この研究分野での評価が変わっていた可能性がある。しかし、千九郎はそのことには少しも触れず、「道徳の科学的研究は可能だ」と、モラル・サイエンスの研究について力説して立ち去ったと、のちに滝川が話したという。

千九郎は、なぜこの書を出版しなかったのだろうか。一つは、さらに遠大な研究計画を持っており、その完成後に発表しようと考えていたためである。もう一つの理由は、その後の千九郎の精神生活上の変化にある。

『大唐六典』の研究

このころの千九郎のもう一つの研究成果に、『大唐六典《だいとうりくてん》』の研究がある。

昭和四十八年、同志社大学教授の内田智雄《うちだともお》は、千九郎の『大唐六典』の遺稿をそのまま出版しても価値があるが、多少とも補訂することが千九郎の遺志に添うものであろうとの判断から補訂を加え、広池学園出版部から出版した（のちにモラロジー研究所に移管）。六典の研究には、昭和五年の玉井是博《たまいぜはく》の『南宋本大唐六典校勘記《こうかんき》』があるが、内田はこの玉井の解読できなかった点などにも解読を加え、よりいっそう完備したものにした。

内田は本書の意義について、こう語る。

　博士の東洋法制史に関する著作は、いずれも当時としては、まさしく画期的な業績でありますが、学問というものは、遅々《ちち》たりとはいえ進歩していくものでありまして、今日となっては、やはり東洋法制史研究の古典というよりほかにはありません。（中略）しかし、このたび博士の名において出版された『大唐六典』は、それが中国やわが国の政治制度研究上の基本文献であるだけに、ただに博士の名を不朽ならしめるのみにとどまらず、後学を益することの甚大《じんだい》さは、他に比を見ないものであるといって、決して過賞《かしょう》ではないと信じています。(24)

『大唐六典』(昭和48年12月)

『唐律疏議』『大唐六典』二書の研究は、東洋法制史家にとって最も基本的な研究であり、その成果の学会に及ぼす影響もまた非常に大きい。千九郎は、その双方にきわめて優れた業績を残しているが、生前にこの両書が出版されなかったことが惜しまれている。

　千九郎は、東洋法制史研究の体系化という遠大な構想を持っていた。法制史研究が『東洋法制史序論』としてほぼまとまるとともに、前後して「東洋法制史総論」や

「日本法制史大宝令の研究」などの壮大な計画が構想され、「法制史総論」「法典編纂史」「東洋憲法史」などの原稿、さらには「大清商律注釈《だいしんしょうりつちゅうしゃく》」の原稿等がまとめられている。その出発点に、『倭漢比較律疏』や『大唐六典』という基礎研究が存在したのである。

第三節 「大宝令」の独訳

幻の原稿

次に、「大宝令」のドイツ語訳の事業について触れておこう。

「大宝令」とは、実は「養老律令《ようろうりつりょう》」のことで、これは七〇一年につくられたわが国最古の法典である。そのドイツ語訳の事業は、ベルリン大学教授で法制史家として著名なヨゼフ・コーラーが、明治三十五年ごろ、大宝令の独訳を穂積陳重に依頼したことが発端《ほったん》となった。穂積は承諾し、東京帝国大学の法科主任教授、宮崎道三郎に原文の作成を依頼した。原文の作成とは、漢文で書かれた大宝令の文章を現代日本文に改めることであるが、宮崎に断られた。

穂積は数年間、適当な人を探したが、なかなか見あたらなかった。ある日、千九郎に事情を打ち明けたところ、千九郎は労の多い原文の作成を承諾した。

翻訳は、ドイツに十数年間留学してドイツ語に堪能《たんのう》だった法学博士の津軽英麿《つがるふさまろ》が担当することになり、直ちに着手した。津軽は、留学中コーラーの指導を受けており、穂積は大学での恩師であった。この作業は、千九郎の作成した原文を、津軽が千九郎と相談しつつ独訳し、穂積の検閲を受けるという形で進められた。

大宝令は、当時の風俗習慣に通じていなければ正しい解釈ができなかったため、原文の作成はきわめて難渋な作業となった。しかし、千九郎は精力的にたずさわったので、三十八年六月にスタートして以来、予想以上に早く進行した。この作業は、約二年間で第一期の翻訳を終え、それを穂積がコーラーに送った。令《りょう》は全部で千余条あるが、その約三分の一の訳を完成していたのである。

しかし、明治四十年秋、津軽は韓国統監府の高官として赴任《ふにん》して多忙となったため、翻訳を継続することができなくなった。そして、津軽は大正八年（一九一九年）に病没した。この事業が中途で挫折《ざせつ》してしまったことは、悔《く》やみても余りあることである。

昭和五十四年、イギリスに留学中だった利光三津夫は、コーラーに送った原稿を探したが、ついに見つけることができなかった。控えの原稿も、関東大震災で焼失したと見られ、現在のところ見つかっていないため、具体的にどのようなものであったのかは不明である。

現代語訳自体が研究業績に値するものであるといわれているばかりでなく、この事業が完成していれば、日本の古代の法律がドイツ語訳されることは初めてのことであり、その意義はきわめて大きなものであったろう。加えて、千九郎はこのころ「大宝令の研究」の計画を立てており、この研究が完成していれば、その意義も計り知れないものであったと思われる。

第三章　文法研究と多彩な活動

第一節 『支那文典』

漢文法の研究

千九郎が東洋法制史の基礎研究を行う過程で、最初にまとめた著作は『支那文典』である。これは専門学と同様の意義のある研究と考え、渾身《こんしん》の努力を重ねて、明治三十二年ごろに完成した。

千九郎は言う。

私は昔、小川含章《がんしょう》先生のもとで学んでいたころから、漢文に文法を立てたら、どんなに便利だろうかとしきりに思っていた。そこで熟考《じゅっこう》した結果、漸次《ぜんじ》にその方法を案出し、明治二十九年から、もっぱらこれに従事し、明治三十一年ごろには、ほぼ全体の構想ができあがった。(25)

このように、千九郎は青年時代に本書編述の志を持っていたが、具体化したのは明治二十八年に東京に出てきて、法制史の研究を開始した時からである。

千九郎が漢文法を研究した意図は、次の二点にある。

一、専門学である東洋法制史の研究の基礎研究として必要であったこと。

『支那文典』（明治 38 年 12 月に初版発行）の各版本とその原稿

二、漢文法に法則を確立することによって、中国古典の研究者や漢作文の学習者に便宜《べんぎ》を与えること。

ところで、法制史研究と漢文法の研究とはどのような関係があるのだろうか。『支那文典』の緒言には、次のように書かれている。

わが国の古代法制は、その条文は主として中国の法制に則《のっと》ったものですから、わが国の法制史を調べるためには、まず中国の法制を詳しく調べなければなりません。中国の法制と申しますのは、経書《けいしょ》が土台になっていますから、おのずから経書から研究しなければならないという順序になったのです。(26)

つまり、日本の古代法制——中国の法制——経書とさかのぼり、その経書を読破するためには、漢文を自在に操《あやつ》らなければならない。ところが、漢文には用字の法に規則がないので、漢文に文法をつくればよいのではないかと思いつき、研究を開始したという。ここにも、根本ないし淵源《えんげん》を探るという千九郎一流の研究態度が現れている。

そこで、手始めとして漢文法の研究に取りかかり、三十巻に及ぶ中国の字書『説文解字《せつもんかいじ》』を学び、いっそう深い研究へと入っていった。漢文法に関するそれまでの優れた著書を調べたところ、ドイツのウイルヘルム・ショットの『支那文典』と、ガベレンツの『支那文典』があった。ガベレンツの『支那文典』はすぐに入手できたが、ショットの『支那語辞典』はなかなか手に入らなかった。千九郎は、東京本郷区湯島の南江堂書店の主人と相談して、ロンドン、ベルリン等の新聞に広告文を出し、約二年後にその書を手にすることができた。定価一、二円のこの書籍を入手するのに百円以上を使ったという。

やっと入手した二冊の本を読解しなくてはならない。京都時代に学んだ初歩的なドイツ語力でショットの書は大意を理解できたが、ガベレンツの書はなかなか歯が立たず、千九郎はドイツ協会に通ってドイツ語を学び、約一年かけて読了したのである。

『支那文典』の研究は、明治三十二年のころには原稿ができあがっていたが、明治三十五年に早稲田大学講義録本という形でまとめ、公表した。さらにこの講義録を補訂し、明治三十八年に単行本として出版したのである。

この間には、次のようなエピソードもあった。

『支那文典』を著述している時、猪狩幸之助《いかりこうのすけ》という人が明治三十一年に『漢文典』を刊行した。そのことを知ったある人が、「廣池さん、もうほかの人が四、五人も『支那文典』を発表していますよ。だから早く出さないとだめですよ」と助言したところ、「だれが出そうとかまいません。私は学問のために忠実に研究しているのであって、キワモノをつくっているのではありません」と答え、泰然《たいぜん》として研究を続けたという。

千九郎以前に日本では、岡三慶《おかみつよし》の『岡氏の支那文典』（明治二十年）、猪狩の前掲書ならびに中国人馬建忠《ばけんちゅう》の『馬氏文通』などの漢文法の研究書があった。

千九郎の『支那文典』は、わが国の漢文法研究史上、どのような意義を持っているのだろうか。

本書が、明治三十八年に公刊された時、文学博士で東京帝国大学教授の上田万年《かずとし》が序文を寄せている。

廣池千九郎君は、九州の碩学《せきがく》帆足万里《ほあしばんり》先生の学統《がくとう》を継承し、早くから漢学をもって一家をなし、東洋法制史の研究を行っている。そして、その研究の基礎として、積年、日本語、中国語の語学の研究に力を傾注《けいちゅう》し、ついにここに『支那文典』の著が完成した。（中略）今この『支那文典』を見ると、その研究は深く、説明は微細にわたって、注目すべき記事が多い。(27)

『支那文典』の意義

東京教育大学教授牛島徳次《うしじまとくじ》は、千九郎の『支那文典』を高く評価し、本書の特色が千九郎の心そのもの、つまり情熱と研究心と科学的精神の発露《はつろ》にあるとしている。

また、本書は、今まで行われてきた研究成果を集大成し、加えて独自の精緻《せいち》な研究方法によって新生面《しんせいめん》を開き、それ以後の漢文法研究に方向と目標を与え、さらに水準をも示した。とりわけ引用資料は多種多様、豊富で、しかも典拠《てんきょ》が正確で、解説が適切である。同時に、これらの用例に施された「訓点」の周到《しゅうとう》さ、説明の懇切《こんせつ》さは、口語体を用いた叙述《じょじゅつ》の平明さとあいまって、とかく難解に陥《おちい》りがちな漢文法を一般読者に親しみやすくし、学びやすくしたと述べている(28)。

本書は、出版後、『読売』『朝日』『毎日』『二六』『日本』『報知』『時事新報』などの新聞や、『新潮』『国学院雑誌』などの各種の雑誌に書評が載せられ、絶賛を博した。また、日本在住の中国人留学生ばかりでなく中国本土でも読まれ、その後二十年間に版を七回重ねた。

千九郎はのちに、東洋法制史の研究で学問の新分野を開拓したが、この『支那文典』も学問の一分野の確立と考えていた。つまり、前人未到の分野の創建であるから、自分は二つの学問分野の樹立に成功したという矜持《きょうじ》を持っていた。

第二節　『日本文法てにをはの研究』

てにをは廃止論のねらい

『支那文典』との関連で、平行して研究が進められたものに『日本文法てにをはの研究』がある。本書は、明治三十四年ごろには、ほぼ原稿がまとまっていたが、明治三十七年に早稲田大学文学科講義録として発表され、三十九年、早稲田大学から単行本として出版された。

本書の目的は、日本語の「テニヲハ」という品詞を廃止して、代わりに他の品詞を設定し、日本文法の形とインド・ヨーロッパ語文法の形とを一致させ、東西の言語に共通の仕組みがあることを立証し、日本語の習得に便宜を与えることにあった。

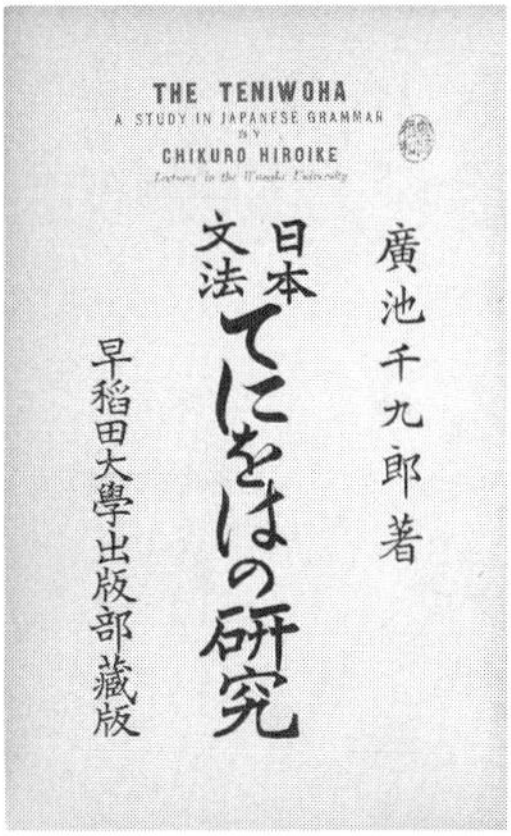

『日本文法てにをはの研究』
（明治 39 年 12 月発行）

本書は、第一編「総論」、第二編「教育上テニヲハ廃止の必要を論ず」、第三編「学術上テニヲハを廃止し得《う》べきことを論ず」の三編に分かれている。そして、「テニヲハ」の名称を廃止し、これらを英文法の範疇《はんちゅう》に分類すべきであること、そうしなければ、学生、生徒は、英文法、漢文法、国文法の三種類の文法を学習しなければならなくなり、中等教育または高等教育における国語の教授法に大きな害があると説いている。文法としては最も完備している英語に範《はん》を取り、漢文や日本古典に関する文法を組織することが、教育上、さらには国家の政策上重要であるとしているのである。

千九郎は、次のように述べている。

専門家を除けば、語学は手段であって、学問の目的ではない。したがって、語学の教授は最も注意して、明確かつ迅速にこれを修得させなければならない。多大の年月をこれに費やさせる憂《うれ》いがある時は、日本語を学ぶ外国人は徐々に減少し、その結果、直ちに日本の国威の発展に影響を及ぼすことになるから、語学を軽蔑《けいべつ》し、なおざりにすることなく、語学教授の得失を考えて、おおいにその改良をはかっていかなければならない(29)。

つまり、千九郎の文法研究は、単に自分の専門学研究のためばかりでなく、わが国の語学教育の実情を踏まえ、国際化していく日本の将来を見据《みす》えての提言になっている。

早すぎた主張

しかし、「てにをは廃止論」は問題があまりにも根本的であるため、実現はきわめて困難なことが予想された。実際、賛否両論相半《あいなか》ばして、学問上の業績としては十分に評価されなかった。それは、千九郎の主張があまりにも異色だったからであろう。また、日本語、英語、中国語などの諸言語に通じている学者が少なかったからでもあろう。千九郎の強い主張は、当時にあっては奇異《きい》の感があったが、現在では各国語の間で品詞の呼び方はおおむね統一の方向に向かっているなど、言語研究は千九郎が主張した方向に進んでいるといえるのではないだろうか。この主張は、当時の時代状況からすれば卓見《たっけん》であったといえる。この文法研究は、異なる言語に一貫する文法の研究であり、各文化における普遍的法則の研究の一端であることに注目すべきである。

本書に引用されている日本の文献は、『万葉集』『源氏物語』『古今集《こきんしゅう》』『後撰集《ごせんしゅう》』『古事記』『新古今集』『拾遺集《しゅういしゅう》』など九十四冊にも上っている。全文献の引用点数は千百九十点であり、千九郎がいかに日本古典文学に深い素養があったかが分かる。

第三節　皇室の研究

井上頼圀の励まし

明治三十年ごろ、千九郎は、日本皇室が万世一系《ばんせいいっけい》であることの理由について研究を始めた。この研究は、国家体制を堅固《けんご》なものにしようと考えていた、当時の日本の中枢《ちゅうすう》の人々が切に希望していたものであるが、なかなか適任者を見いだせなかった。そのような中、井上頼圀《よりくに》は千九郎が最も適当であると考え、その研究をすすめたという経緯がある。千九郎にとって、このすすめは大きな感激だったようで、後年、次のように語っている。

明治三十年のころのある日、先輩の井上頼圀先生が私に向かって、今日本において学者の従事すべき最も重大な研究が一つ残っている。それは日本国体の研究である。これについて、先年山田顕義伯《あきよしはく》が、世界中の君主は数代もしくは数十代で滅亡するのに、日本の皇室だけはなにゆえ万世一系なのかと国学者たちに質問したが、だれ一人として明確な回答をした者がなかった。（中略）そこで、きみは年若くして法律に通じ、和漢の学に秀《ひい》で、またことのほか敬神家であるから、この大事業を徹底的に研究してみてはどうか、自分は年老いているし、また多忙だから、自分一人ではできないが、指導の労を惜しまないというお話があったのです。

その時私はおおいに驚きまして、門弟がたくさんいる中で、先生が特に私を見込んでくださり、そうおっしゃっていただけたのは、実にありがたいと感激致しまして、以来ひそかにその研究を心がけておりました。(30)

井上自身も、この研究には深い関心を持っていた。井上は、宮内省図書寮《ずしょりょう》の御系譜課長を務めているし、明治十七年には『皇統略記《こうとうりゃくき》』を著している。井上は、皇室の正しい系譜を明らかにすることに、学者としての生命をかけていたともいえるほどであった。特に、皇室が万世一系である理由を学問的に証明する必要があると考えていた。千九郎にこの研究をすすめたのは、『皇室野史』や『史学普及雑誌』の諸論文を見て、千九郎の皇室研究に対する熱意と実力を見抜いており、その研究成果を評価していたからである。

『歴代御伝』の編纂

千九郎は、まず『歴代御伝《れきだいぎょでん》』の編纂計画を立てた。『歴代御伝』の構想については、京都時代に『皇室野史』を発刊した際、将来一大皇室史を編纂することを期していたが、その編集方針も確定できたので、いよいよ具体化しようとしたのであった。体裁《ていさい》としては、歴代天皇の伝記を本編とし、皇室制度を付編とし、すべて原文をもって編集しようとした。

『歴代御伝』出版の目的は、中国においては孔子、孟子の学説が、西欧ではキリスト教が国民道徳の標準とされているように、わが国においては、歴代天皇の事跡をもってその標準とし、国家生存の大本《おおもと》である人心の統一、忠義の精神の涵養《かんよう》をはかることにあった。千九郎は、本書執筆のため、宮内省や内閣記録課などが所蔵する図書の閲覧許可を得ようとした。

また、千九郎は明治三十年ころ、醍醐《だいご》、村上二代の伝記を編纂したが、個人の力の限界を感じざるを得なかった。そこで、先輩を通じて宮内大臣に進言し、宮内省が主となって国家的事業として行ってほしいと訴えたのである。このことから、千九郎が『歴代御伝』の実現に向かって、相当意欲を燃やし、着々と準備を進めていたことが分かる。

千九郎は、「御歴代の『御聖徳記』を編纂してはいかがでしょう」と宮内大臣田中光顕《みつあき》に進言したこともあるが、採用されなかった。

その後、明治三十二年一月に認《したた》められた『改定皇室史』に関する覚書《おぼえがき》が残されている。本書は、前記の『歴代御伝』の内容を改定したもので、歴代天皇の「聖徳」を列挙しようとしたものである。さらに明治三十五年ごろには、「皇室制度の研究発表」というメモが残されている。これらの計画が、どの程度進行したのかは不明であるが、皇室研究に強い問題意識を持ち続けていたことは確かである。

第四節　雲照律師と仏教の研究

「四恩」と道徳

明治二十九年ごろ、千九郎は雲照律師《うんしょうりっし》を訪ね、その教えを受けている。なぜ雲照律師の指導を受けようとしたのであろうか。最大の理由は、律師の思想に共鳴したからである。京都時代に『浄土三部経』を耽読《たんどく》し、仏教に関心を持っていたこと、また、このころ『古事類苑』の宗教部の編纂にたずさわり、『漢訳大蔵経《だいぞうきょう》』を読み込み、その内容をより深く理解する必要性を感じていたことも関係している。千九郎の求道《ぐどう》は真摯《しんし》なものであった。

雲照律師（1827～1909）

雲照律師（渡辺雲照）は、京都仁和寺《にんなじ》の第三十三代住職にもなった高僧である。晩年は、東京目白の寺に隠棲《いんせい》し、神儒仏《しんじゅぶつ》三道一貫の徳育教育主義をもって国民道徳の振興に努めた。

律師は、明治三十三年、七十四歳の時に『国民教育の方針』を発行しているが、その中で、父母の恩、衆生《しゅじょう》の恩、国王の恩、三宝《さんぼう》の恩（仏法僧《ぶっぽうそう》の恩）を挙げて、四恩《しおん》が道徳のもとであると強調している。ことに国王の恩について、天祖は日本国民の源であり、国民の祖宗《そそう》であるから、天皇を信奉することにおいて二心《ふたごころ》があってはならないと述べ、それがわが国体の精華《せいか》であり、教育の淵源《えんげん》はこれ以外にはないと記している。

釈迦の教えの真髄

律師が意図したのは、神道・儒教・仏教の思想に一貫する真理をもって国民を教育することにあった。そのため、晩年は学校の設立を悲願としたのである。このような律師の思想は、千九郎の思想と基本線で一致するものであった。

千九郎は、律師にいろいろと質問した。すると律師は、「よく本を読んでおりますなあ」と言ったという。千九郎が「釈迦《しゃか》の真髄はどこにありますか」とただしたところ、律師は直筆《じきひつ》で、「仏種縁《ぶっしゅえん》によって起こる。このゆえに一乗《いちじょう》を説く」(『法華経』方便品《ほうべんぼん》)と書いた。これは、人間の本性には仏種(道心)があり、それは縁によって生じ、一乗とは悟りに達するための唯一の道、つまり大乗のことであるという意味である。千九郎の解釈によれば、仏教の真実の教えは唯一(大乗)であり、道徳実行の決意によって縁が生じ、実行を継続することによってすべての人が悟りを開くことができる、それが大乗の究極の目的であり、釈迦如来《にょらい》の教えの真髄はここにあるという。

のちに千九郎は、雲照律師について、「わが国においては弘法大師以来の大人格者であって、まったく聖人の再来とも申すべき方[31]」、「日本一学徳兼備の人」などと述べ、自分の仏教の師の一人としている。

第五節　校訂と編纂活動

『国史大系』『群書類従』などの校訂

次に、千九郎が行った大きな仕事は、明治三十一から三十二年ごろの『史料大観』(三巻四冊)、『国史大系』(正編と続編合計三十二冊)、『群書類従《ぐんしょるいじゅう》』(正編五百三十巻、目録一巻六百六十七冊、続編一千巻千百八十五冊)、『本朝世紀』(四十七巻)などの校訂である。『史料大観』の表紙には、黒川真頼、小杉榲邨《おんそん》、栗田寛、井上頼圀検閲となっており、同書の解題には、廣池千九郎校正、井上頼圀検閲と記されている。これらの校正は、たいへんな学力と労力の必要な仕事であり、井上の依頼で行われたものである。

『高等女学読本』の編纂

千九郎の業績として看過《かんか》できないのは、高等女学校のための国語教科書を編纂したことである。明治三十二年に「高等女学校令」が出され、その後、女学校がいくつか設立された。同年に、下田歌子《しもだうたこ》が実践女学校と女子工芸学校を、翌三十三年九月には、津田梅子が津田塾大学の前身となる女子英学塾を開設している。また、成瀬仁蔵《なるせじんぞう》が日本女子大学校を開設したのは明治三十四年四月のことである。

『高等女学読本』（明治 33 年 10 月）

千九郎は、女学校用の教科書として『高等女学読本』の編集を行い、明治三十三年十月に発刊した。また、『古事類苑』の同僚、山本信哉《のぶき》、和田信二郎、村尾節三と『女流文学叢書《そうしょ》』（全二冊）を編集した。これは、紫式部、清少納言などの女流作家の古文を集め、整理したものである。さらに明治三十五年四月、千九郎は『高等女学読本参考書』を編集している。

『高等女学読本』には、本書編纂の由来として、次のことが述べられている。

一、女子の読本には、女子特有の心得となるべきことと女子の徳の養成に必要な事柄が含まれていなければならない。
二、自分は教育に深い縁を持ち、特に国家における女子の位置や力を軽視してはならないことは、東西の歴史を調査して理解しているので、女子教育には強い関心を抱いている。
三、昨年以来、本書の編纂に着手した。文体はすべて現代文によった。多少徳川時代の文章も採用した。それらは、名文というよりは穏当《おんとう》なものを選んだ。
四、生徒が社会に出て、結婚し、家庭婦人となった時に必要な事柄を選んだ。男子のものに比べれば、理論的な文章というよりは、実際的な文章を採用した。

『高等女学読本』を編纂するにあたり、千九郎は、広く内外の教育書を参考にしたことはもちろんだが、著名な女子教育者にも相談した。例えば、華族女学校長細川潤次郎、三輪田真佐子《みわだまさこ》女史、華族女学校学監下田歌子女史などである。特に細川には、全編の校閲を依頼している。千九郎は、細川を重要な恩人の一人と考えていた。『古事類苑』の総裁として細川の下《もと》で働いてきたことだけでなく、『高等女学読本』などで指導を受け、人格的に尊敬していたのである。

次のようなことがあった。

『古事類苑』の編纂事業が終わった時に、総裁細川潤次郎が編修員全員を食事に招待した。

千九郎は、帰宅して家族に、「今日は細川先生にごちそうになったが、やはり偉い人は違うものだなあ」と語った。なぜかというと、その時に細川は、「自分は若い時には、世界中を引っかき回してやろうというつもりで今日まで努力してきたが、結局、現在の地位にとどまっている。だから、きみたち若い者は、もっと大きな志を持たなくてはいけない」と話した。これを聞いた千九郎は、「自分は日本中を引っかき回してやろうというつもりで、郷里を出てきたが、やはり細川先生はスケールが違うなあ」と感じたというのである。

千九郎の編纂した『高等女学読本』は、全十巻からなり、第八巻と第十巻の内容は、江戸時代以前の古典からの引用である。つまり、『徒然草《つれづれぐさ》』『神皇正統記《じんのうしょうとうき》』『太平記』『平家物語』『源氏物語』『枕草子』などである。その他の巻には、短文約三百二十編を集めている。引用されている著者は、松平定信、三輪田真佐子、細川潤次郎、福沢諭吉、貝原益軒《かいばらえきけん》、新井白石など、明治と江戸の人物九十五人に及んでいる。

また、千九郎は、『女子の友』(32)に「日本女子勢力史の一節」という論説を載せ、日本の歴史上での女性の活動について考察している。

『在原業平』の発行

明治三十年、千九郎は、『在原業平《ありわらのなりひら》』という書物を、「鵬南《ほうなん》」というペンネームで文学普及

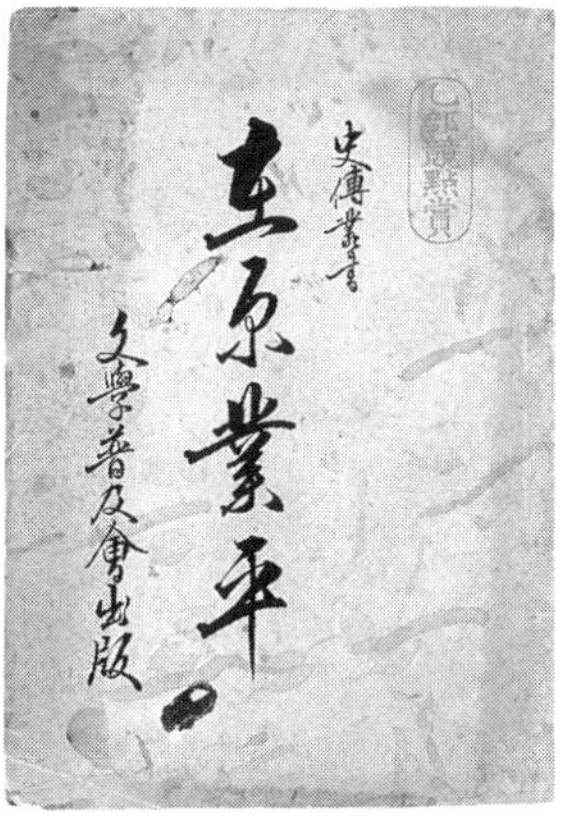

『在原業平』（明治30年）

会から発行した。本書は、平安時代の歌人で貴族であった在原業平の伝記である。

文学普及会は、千九郎と井口基二が共同で麹町《こうじまち》区飯田町につくった会である。「文学普及会設立の趣旨」には、「文学者でない人と文学を談じ、歴史を好む人と歴史を語りたいという趣旨の会であるから、本会はむしろ学者の会員よりも、一般の有志家に会員になってもらうことを望むものである(33)」とある。しかし、具体的にどのような活動を行ったかは不明である。この会は、もう一冊『文学概論』（著者不明）を出版して解散した。

千九郎の号

千九郎は、生涯にわたってさまざまな号を使っている。青年時代には、「扇城《せんじょう》」「西海」などを用いている。「扇城」とは中津地方の別名である。「西海」は主に『史学普及雑誌』において使用されたもので、関東方面を示す東の海に対して関西以西を意味する。関西方面での史学の中心的存在であろうとする千九郎の意志を読み取ることができる。次に、『在原業平』で使用した「鵬南」という号は、天空万里にはばたく神なる鳥のことである。世界を駆けめぐろうという千九郎のスケールの大きな高い志と、おおいなる気概《きがい》がこの号に込められている。

大正期になると、「蘇哲《そてつ》」という号を用いている。これは、ソクラテスの人格と思想に対する敬愛の念を示すものであり、現代のソクラテスになろうという気魄《きはく》が込められている。また、「幹堂《かんどう》」という号も使っている。これは、天地の根幹《こんかん》、宇宙の堂守《どうもり》という意味で、世界の平和の使徒となろうという意志の表明である。

第四章　家庭生活と大病

第一節　東京での生活

質素な暮らし

千九郎が明治二十八年五月に上京したあと、春子と長男千英が上京したのは、四か月後の九月六日であった。当時、東京帝国大学二年生で、ちょうど夏休みで中津に帰郷していた阿部守太郎が上京の折、京都に立ち寄り、東京まで同行してくれたのである。千九郎が新橋駅に出迎え、麴町区五番町の下宿に親子三人が落ち着いた。その間、手紙のやりとりがあったが、春子は、千九郎の元気はつらつとした様子を見て安心したことであろう。

何よりも、春子にとって、すでに明治二十二年に上京していた自分の両親との再会は待ちに待ったものであった。春子は『思ひ出』にこうつづっている。

私の両親には中津で別れてから八年目の対面です。そのころは姑《しゅうとめ》の許可がなくては、嫁は実家の親とは会うことさえできませんでした。父親が先に来まして、長男千英三歳を見て喜んでくれました。母親は、私のやつれ果てた姿を見て驚き、肺病患者と思い込み、心配致して物も言わず、打ち伏してしまいましたが、決して病気ではないことをいろいろ話をして分かってもらい、ようやく安心致したのであります。わが子を思う親心、わが身といえども、決して粗末に致して親に心配させてはならぬとつくづく思いました。心にもない親不孝になります。その後もたびたび親のほうから訪ねてくれました。[34]

十一月には家賃三円三十銭の家で家族そろっての生活ができるようになった。部屋は、六畳二間、三畳と二畳の四部屋で、長吉と又治も同居させた。二人の弟は、それまで月十三円の下宿に入っていたので大喜びだった。それでも米が一斗《いっと》一円、牛肉百匁《もんめ》十銭で豆腐や銭湯代なども、京都より二割高となった。

千九郎は、『古事類苑』の仕事をほかの編修員よりも数倍行ったので、多くの収入を得るようになった。月に平均二、三百円、多い時には五百円にもなった。県知事の俸給が二百円程度だったから、それ以上の収入を得ていたわけである。しかし、その収入の大半は、書籍の購入にあてられ、生活は質素倹約に徹《てっ》していた。

いくつかのエピソードが記録されている。

九段から上野まで木綿《もめん》袴《ばかま》に木綿の紋付《もんつ》きで、雨傘を持って、いつ雨が降ってもよいように高下駄で、こつこつと歩いた。九段からは円太郎馬車があって、上野までが一銭五厘であった。乗ろうかなあと思っても、まてまてと言ってめったに乗らなかった。[35]

次のような回想もある。

東京では、いろいろの関係で、一流の料理店で行かない所はなかった。書籍の発行の関係とか、早稲田の関係で行くこともあるが、私費では一回として行ったことがない。年末などには、忘年会に呼ばれることもあるが、正しい所からのつき合いでなくては、いっさい行かない。それで、今まで私費で料理店へ行ったということは、かつてない。今日まで、実に苦労辛酸《しんさん》をなめてきた。またご馳走も一流の所へ行かない所はない身分になった。しかし、聖人の教えから見た時には、まだまだ精神的にたりない。(36)

家族の状況

千九郎夫妻には、明治二十六年に長男千英が生まれているが、その後、次々と子供に恵まれた。明治三十年五月十九日には長女とよが生まれ、明治三十二年六月六日には次男千巻《ちまき》が生まれた。千巻の命名にあたっては、千九郎が万巻の書物を読破したので万巻と命名するはずであったが、京都時代に世話になった富岡鉄斎の号が「万巻」なので、一桁《ひとけた》下げて「千巻」にしたという。

これで五人家族となり、春子は、「ようやく家庭らしく楽しくなり、良人《おっと》も時には笑顔を見せるようになりました」と回想している。千九郎三十三歳、春子二十九歳、千英六歳、とよ二歳、そこに千巻が加わった。経済的困窮《こんきゅう》から脱し、三人の子供のにぎやかな声があふれるようになって、一家が小春日の中にあるような安穏《あんのん》な時期であった。

この時期、千九郎の家族は何回か転居している。

明治二十八年九月六日、家族を呼び寄せ、麴町区五番町に住む（借家）。

同年十一月、本郷区弓町一丁目二十五番地に移転（借家）。

明治三十五年四月、真砂町二十五番地（現在の本郷四丁目九）に転居（借家）。

同年十一月には、次女富《とみ》を授かった。

同年十二月ごろ、本郷区台町三十二番地へ、家を購入して移転する。この家に約十年間住む。

明治二十八年上京当時、東京を中心とした千九郎をめぐる家族、姻戚《いんせき》関係者の動静をいえば、弟の又治が、十月に京都府の尋常《じんじょう》小学校本科正教員学力検定試験に合格し、免許状を得て上京した。その後、明治三十二年に国学院大学に入学している。

東京市本郷における千九郎一家（明治33年1月3日）

弟の長吉は、明治二十八年八月に神宮教校助教を辞して東京にいたが、二十九年二月から宮内省に奉職、二十九年六月から石川県石川中学校に赴任した。

春子の両親は、麻布狸穴《まみあな》町に在住。春子の弟の剛吉《ごうきち》の上京は、明治三十年ころと推定される。いとこの阿部守太郎は、明治二十九年に東京帝国大学を卒業後、大蔵省へ就職、のちに外務省に転勤した。

明治二十九年六月、長吉が石川県石川中学校に奉職したので、同居人が一人減った。同じころ、又治も学校の寄宿舎に入った。

同年八月、郷里の中津から寄せられた半六の書簡によれば、末弟の作郎の病状が思わしくなく、何もできなくなっていた様子であり、末の妹のそのも、少し体をこわしていた。この年、郷里には、祖母、両親、弟一人、妹二人（あきはすでに結婚）がいた。郷里に残してきた家族に対しても、千九郎は、長男としての立場から月々仕送りを続けていた。

次の半六からの書簡には、遠く中津の空から子供の健康を気づかっている親の気持ちが切々と感じられる。

暑い時分ですから、皆用心をしなされ。内にも用心ばかりをしております。御名号《ごみょうごう》様（仏様のこと）を朝晩、二度のお礼はしてくだされ。忘れんようにお頼みを申します。長命がしたいなら、弥陀《みだ》を頼んでお念仏を唱《とな》えなされ。念仏を唱ゆれば、かならずかならず長命をする。このことばかりは二親ともに手をさげて頼みまする。かえすがえすも、御名号様を大切になされて拝みなされ(37)。

大波小波

明治三十三年四月には、一家そろって向島の言問橋《ことといばし》に花見に行った。留守番を隣のおばあさんに頼み、朝八時に家を出た。本郷三丁目から吾妻橋《あづまばし》まで行き、それから人力車で言問橋へ向かった。言問団子《だんご》を一串ずつ食べて帰宅したのは、午前十一時だった。留守番のおばあさんがあっけにとられて「どうかしましたか」と聞いたので、春子が「どうもしない。言問まで行って帰りました」と答えたところ、「へえー、もうお花見をしてお帰りですか。東京のお花見というものは、お昼か夕食かをどこかで召し上がってお帰りになるものですよ」と聞かされた。それを聞いて、春子もへえーと思ったという。それでも春子は、「一世一代ただの一度、妻子を連れてわずか三時間花見をして遊びました。一生をかえりみて、楽しかった思い出の花見です(38)」と回顧している。

次は、千九郎の記録である。

貧乏とはいいながら、年に二千円以上の収入があるようになったのですから、裕福《ゆうふく》な暮らしをしようと思えば、できないことはなかったのです。それでも妻は、京都にいた時と同じような生活に満足して、一度でも不満足らしい口吻《こうふん》を洩《も》らしたことはありませんでした。毎日子供の世話をしたり、私の仕事を助けたり、休むことなく働いておりました。

東京へ来てから十九年になりますが、その間に物見遊山《ものみゆさん》に出たのは、十年ほど前に、日比谷へ一度と、向島へ一度と、上野へ二度行ったきり、春が来ても、秋が来ても、遊びに出たことはありません。もちろん、芝居や、寄席《よせ》や、活動写真などに行ったことは一度もありません。(39)

明治三十三年十一月二十八日、千九郎夫妻にとって何とも痛ましい事件が起こった。春子の弟剛吉が、東京商船学校の練習船月島丸の沈没で遭難した。月島丸は教職員、生徒を含めて総勢百二十三名を乗せ、北海道から清水港に向かう途中、帰港直前に暴風雨に遭遇《そうぐう》して沈没したのである。

この事件が千九郎に与えた影響のほどは、資料もほとんど残されていないので、明白ではないが、「月島丸の時、神も仏もないと思った」とか、「角《すみ》剛吉氏を説得して志望していた法律への道を断念させたのは、私の私心であった。このために、月島丸の災難に遭《あ》わせてしまったこと深く深く懺悔《ざんげ》する」(40)という記録が残されている。

また、次のようなこともあった。

明治三十四年夏、雇っていた写字生が原稿を自分の家に持ち帰って、夜涼しくなってからやりたいと言った。その時、千九郎は大切な原稿だから慎重に扱うように注意した。

千九郎が帰宅してまもなく、半鐘《はんしょう》が激しく鳴り、写字生の下宿のほうに火の手が上がっていた。現場に急行すると、下宿屋が燃えていた。千九郎は猛煙の中をかいくぐり、命がけで原稿包みを持ち出した。千九郎の安堵《あんど》の気持ちが目に映るようであるが、その感謝の気持ちとして、多少の金銭を養育院に寄付した。

親孝行

平素、孝心の篤《あつ》かった千九郎は、珍しい菓子が手に入ると郷里の両親へ送り届けた。春子は『思ひ出』で、こう語っている。

(『古事類苑』編纂事務所では)一年の内に五月と十月と二回慰安会がありまして、その時の食膳に片栗粉《かたくりこ》で菊や牡丹《ぼたん》の花を型取った打物《うちもの》菓子が出ます。それを持って帰り、久々に珍しいお菓子よと思うまもなく、故郷の両親へ送るようにと申します。子供は先が永い、両親は先が短いと申しまして、長男にも与えず、小包にして送るのであります(41)。

明治三十五年七月十四日、千九郎は郷里から両親を東京に招き、二十日間東京見物や善光寺参りなどをしてもらった。両親が、「この世に思い残すことはない」とたいへん喜んだことはもちろんであるが、千九郎も、上京後八年目にして初めて東京見物ができたことを感謝している。親子で皇居、泉岳寺、上野公園、浅草などを見て回った。

両親を東京に招いた時の記念写真（明治 35 年 7 月）

病弱な母親は、三年後に六十五歳で亡くなるが、千九郎はこの時、東京見物をしてもらっていたことで、母に対する孝養に悔いが残らなかったと語っている。その意味において、この年の東京見物は、千九郎にとって忘れがたい出来事であった。

のちに千九郎は、次のように述懐している。

今回両親を東京に呼ぶか呼ばぬかの問題について考えました結果、母親ももはや六十三歳であるからと申して呼ぶことにいたしましたが、呼んで大いに善かったのであります。それは母がこの後、まもなく急性腸カタルで死にました。その訃音《ふいん》が到着しました時の私の感想は、悲哀の間に「マア善かった」と思いました。何で善かったかといえば、もし当時両親を東京に迎えなかったならば、私は実に終身復《かえ》らざる一大恨事《こんじ》を遺《のこ》したであろう、と思ったからであります。『韓詩外伝《かんしがいでん》』に「樹《き》静かならんと欲すれども風止《や》まず、子養わんと欲すれども親待たず」という句のあるのを思い出しまして、「古人われを欺《あざむ》かず」と考えました[42]。

このころの千九郎一家の生活は、経済的にゆとりができ、親子六人の家庭生活は、潤《うるお》いのあるものであった。研究も着々と進捗《しんちょく》し、早稲田大学へも就任した。春子がのちに、「明治三十五年には、次女が生まれ二男二女、四人の親となった嬉《うれ》しさ、楽しさ、良人《おっと》も共に十余年間の苦労も忘れたような心地にて[43]」と書いているように、ある意味において幸福の絶頂にあったといえる。

しかし、この幸福も長くは続かなかった。明治三十六年ごろから、千九郎が大病にかかったからである。

千九郎一家の身辺にも変化が生じていた。明治三十五年、千九郎の弟一松《ひとつまつ》又治は国学院の選科を卒業、十一月に県立鹿児島中学校に赴任した。また、長吉は二十七年七月、国学院本科を卒業後、石川県、大分県、徳島県などの中学校を歴任し、明治三十五年四月には、鹿児島県立川辺中学校に赴任した。

明治三十五年十二月、千九郎一家は本郷区台町三十二番地へ転居した。この家には、大正二年五月まで住んだ。大正元年十二月、千九郎が博士号を取得した時、新聞記者が春子を訪れたのもこの家である。

明治三十六年ころから、春子の母角《すみ》えいが千九郎の家に身を寄せるようになった。春子にとって、最後の数年を母親と一つ屋根の下で暮らすことができたことは、せめてもの慰めとなったであろう。角えいは、袋貼りをしたり賃仕事をしたりしては小遣いをため、孫に本などを買い与えることを楽しみにしていたという。

明治四十二年八月三十日、えいは六十一歳でなくなった。葬儀は千九郎が出し、中津藩の菩《ぼ》提《だい》寺《じ》であった麻布広尾の祥雲寺内の東福寺に葬《ほうむ》られた。えいが死亡した時、えいの遺志に従って小学校に童話の本を寄贈した。

これより先、明治三十八年八月二十五日、千九郎の母りえが急性腸カタルで死亡した。享年六十五歳であった。さらに、明治三十九年一月三日、郷里の中津から電報が入った。弟の作郎が危篤《きとく》であるという。五日にも電報があり、六日には作郎の死を打電してきた。享年二十七歳、病死であった。母親の死に続く家族の不幸であった。六人きょうだいのうち四人が男だった千九郎は、ここで郷里に残っていた末弟を失った。

長男としての千九郎には、たとえ遠く郷里を離れていても、いつまでも家の重みがのしかかっていた。といっても、今さらきょうだいのだれかが家へ帰ることもできない。その後、郷里の家は二人の妹が嫁《とつ》いだのち、父親一人が守り、後年、父親も娘の嫁ぎ先の福岡へ寄寓《きぐう》することになる。

また、明治四十年ごろには、次男千巻がチフスにかかり、その後、心臓弁膜症を患《わずら》って病床に伏《ふ》することになった。

千九郎は、四十年六月に神宮皇学館へ単身赴任することになったが、それによって俸給も少なくなり、家庭の経済も苦しくなっていったのである。

第二節　社会奉仕活動

寄付活動を続ける

生活は質素倹約に徹していたが、千九郎は、書籍の購入や薬、治病など、必要なものには大金を投入した。また、いつも慈善のための寄付に心がけていた。青年時代から義捐金《ぎえんきん》の募集や恩師の碑を立てるなど数多くの社会貢献の行動をとってきたが、東京在住の時期においても、多くの記録が残されている。
明治三十年五月二十五日　千九郎は、慈善団体忠愛会創立に尽力した功績を表彰されている。千九郎は、井上頼圀、国文学者落合直文とともに忠愛会の評議員となっている。
同十二月十三日　東京市養育院へ金品を寄付。

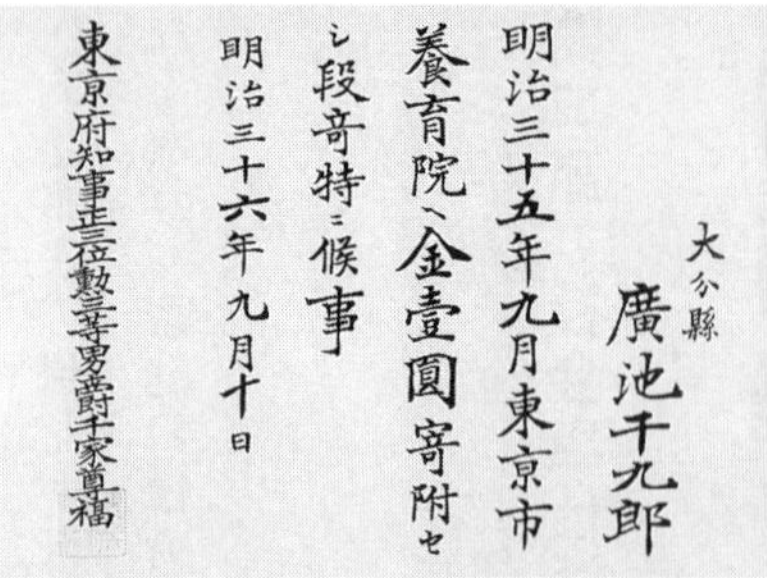

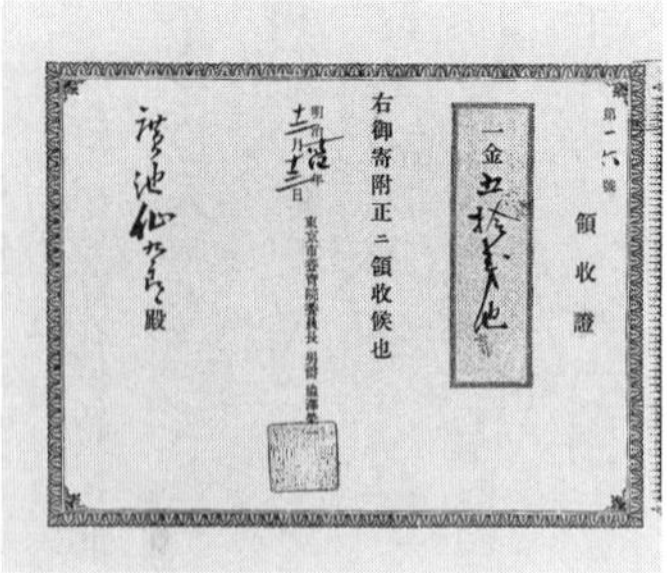

千九郎は事あるごとに養育院等へ寄付した

明治三十五年四月十一日　行賞《こうしょう》（賞を与えること）を受ける。
同十一月一日　養育院へ寄付をした件で表彰される。
明治三十六年九月十日　養育院へ寄付をした件で表彰される。
同十月　このころ、修善寺温泉に救貧院設立を計画する。

養育院は、江戸時代に松平定信が窮民《きゅうみん》救済のために設け、明治初年東京府が継承し、設立したものである。明治七年から渋沢栄一が院長を務めている。

千九郎は、福田会《ふくでんかい》にもたびたび寄付をしている。福田会は、明治九年に、養護施設、精薄児施設、その他の福祉事業を目的として設立された社会福祉法人で、現在も活動を継続している。

千九郎は、このころの生活を振り返り、後年、次のように語っている。

　私は少年のころより身を奉ずること質素にして、職務もしくは事業に対しては他人の二、三倍の努力をしまして、日曜、祭日、寒暑《かんしょ》の休暇はもちろん、元日といえども二、三時間の勉強をなさざることなく、信義を守り、約束を違《たが》えず、長上に事《つか》え、人の恩を空《むな》しくせしことなく、常に自己より下の者を憐《あわ》れみ、ことに吉凶あるごとに些少《さしょう》ながら孤児院、養育院その他に寄付をなし、旅行より帰りて余金ある時には、ことごとくこれを停車場の備え付けある福田会その他の慈善箱に投入するを常としておったのであります。(44)

困窮者への思いやり

明治三十一年三月二十三日、本郷春木町に大火が発生した。この火事は、千九郎の借家があった本郷区弓町の隣の元町まで類焼してきたので、数千人の罹災者《りさいしゃ》が避難してきた。千九郎夫妻は、朝から午後まで約十回もご飯を炊《た》き、おにぎりをつくり、被災者に配った。

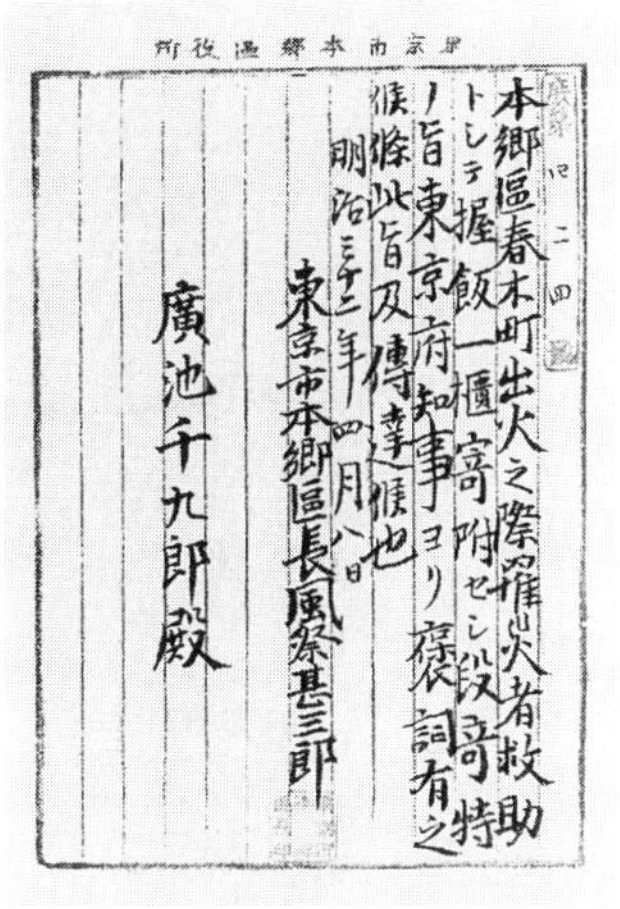
東京市本郷區役所

本郷區春木町出火之際罹災者救助トシテ握飯一櫃寄附セシ段奇特ノ旨東京府知事ヨリ褒詞有之候條此旨及傳達候也

明治三十二年四月八日

東京市本郷區長風祭甚三郎

廣池千九郎殿

火事の罹災者救助に対する市の感謝状

千九郎夫妻の援助活動は新聞にも報道され、市からも被災者救助の功で表彰された。

また、次のような逸話《いつわ》もある。

明治三十四年七月、千九郎は、たまたま療養していた草津温泉桐山旅館で、従業員の光永リョウが旅費に窮《きゅう》し、当旅館で働くに至った事情を知った。直ちに同宿の客に呼びかけて、彼女が郷里に帰るための旅費を工面《くめん》しようとした。

光永リョウ

右は備中《びっちゅう》の出身で、その夫とともに足尾銅山に出稼ぎ中、夫がにわかに病死してしまいました。進退窮《きわ》まり、当温泉までさまよってきたところ、当館の主桐山君の仁愛によって、当家に一時雇い入れてもらったのです。しかし、国もとには九歳と六歳の二人の子供が残っているため、今年秋までには何とか田舎に帰りたいと望んでいるのですが、給料だけでは旅費が賄《まかな》えず、困っております。私たちは本人から詳しくその事情を聞き、気の毒に思って入浴費の万分の一を割《さ》き、同人に贈りました。つきましては、皆様もお気持ちがあれば、五銭でも、また二十銭でも三十銭でも、本人にご恵与《けいよ》くださってはいかがでしょうか。賛同してくださる方は、右にご記帳していただき、ご投与くださいますようお願い申し上げます。

明治三十四年七月二十八日

桐山止宿浴客

廣池千九郎、小出綱蔵、竹内定吉、伊藤本次(45)

これらは、明治三十四年、三十六年、三十七年の年末の東京市養育院への寄付などとともに、困窮者に対する千九郎の慈愛を示すエピソードである。

第三節　恩師井上頼圀への報恩

記念文庫の設立

ここで、千九郎の恩師井上頼圀《よりくに》に対する至誠の一端について触れておこう。

『古事類苑』編纂事業の最大の功労者は佐藤誠実《じょうじつ》であるとされているが、井上も佐藤に劣らない大功労者であった。つまり、この編纂事業が思うように進捗《しんちょく》していなかった時、頼圀は文部省に所蔵されていた原稿を引き出して、その事業を皇典講究所によって再開させ、財政が苦しくなると、今度は編纂の管轄を神宮司庁に斡旋《あっせん》するなど、一貫してこの事業の完成に意欲的に取り組んだのである。

宮内省図書寮編集官田辺勝哉は、次のように述べている。

『古事類苑』の編纂について、井上先生の功績の偉大さは、今さら言うまでもない。先生を編纂及び校閲などに煩《わずら》わせたことには、おおいに理由がある。それは、先生の蔵書中の異本や参考書を借用するほか、先生の博覧強記《はくらんきょうき》の才能を十分に活用してもらう必要があったからである。国学界の三博士として推《お》されている先生の博学ぶりは、社会も認めている。観察の確実なのは佐藤誠実博士である。また頭脳の緻密《ちみつ》なのは松本愛重《たかしげ》博士である。

三博士とも、『古事類苑』編纂上、忘れることのできない功労者である。(46)

明治三十一年、井上頼圀の還暦の祝宴があった。その時、国学者色川国士が井上文庫設立の必要を述べ、千九郎ほか参会者は、この提案に賛同した。千九郎は、同年七月、『国学院雑誌』に論説「古今蔵書家を回想して井上文庫の設立を望む」という一文を発表し、井上の貴重な蔵書が散逸《さんいつ》しないよう、一括《いっかつ》して保存すべきことを提唱している。

井上の蔵書は、四万巻とも六万巻ともいわれた。千九郎は、井上家によく出入りし、その蔵書を閲覧した。京都時代に諸家の書庫に出入りしていた千九郎は、その人の亡きあと所蔵されていた貴重な書籍がたちまち古書店などに出回り、散逸してしまう光景を目にしたはずである。上京して井上が所蔵する書籍の貴重なことを知った千九郎は、ただ門下生としてばかりでなく、もっと高い見地に立って、その蔵書の保存を提言したのである。その後、平沼騏一郎《ひらぬまきいちろう》元首相の計らいで、大久保に無窮会《むきゅうかい》がつくられ、井上の蔵書を永久に保存することとなった。

井上頼圀の学位取得

千九郎や松本愛重など、井上頼圀と親交のあった人々は、井上が実力があるにもかかわらず、学位をとっていないことを残念に思っていた。井上は、学位を取る意志を持っていなかったのである。時に弟子がすすめると、「わしは天爵《てんしゃく》はほしいが人爵《じんしゃく》などは絶対に不要だ」と、手厳しくはねつけてしまうのが常だった。しかし、弟子たちはあきらめず、彼らの総意としてぜひ学位を取るようにすすめることとなり、その役目が千九郎に回ってきた。千九郎は数回にわたって熱心に説明し、学位取得をうながした。すると、さしも頑強《がんきょう》であった井上も、ついに論文を提出する決意を固めた。明治三十四年のことであった。

明治三十七年には、井上から審査過程が順調な旨《むね》を知らせてきた。伊豆で療養していた千九郎は春子あての書簡で、次のように言っている。

昨日井上先生から手紙が来て、博士号の審査がうまく進んでいるということで、お礼をおっしゃってきた。六月四日に審査会があるということなので、吉報を待っている。

私の運命は、すべて危機的な状況から助かってきた。それを思えば、今回も当選するはずだ。もしそうなったら、井上先生やその一門の人たちも、私を一生の恩人と思ってくれるだろう。そして私のためにいっそう意を用いてくれるだろう。私の体に異常がなく、命が続くならば、井上先生の力によって官幣大社《かんぺいたいしゃ》の宮司《ぐうじ》となることだってできるかもしれない。いずれにしても、井上先生の今回の成功は、私の一大成功でもある。(47)

井上頼囶が文学博士号を授与されたのは、明治三十八年十二月のことである。

第四節　明治三十七年の大病

死を覚悟

千九郎の一生は、病気の一生といってもよいほど、終始病気に悩まされ続けた。東京に出てきた翌年の二十九年から三十六年までも、それほど重い病気ではなかったが、毎夏のように転地療法や温泉療法を用いた。場所は関東北部や伊豆方面が多かった。その間、『古事類苑』で雇っていた写字生には十円ずつ与えて休ませた。療養とはいっても、千九郎は専門学の研究に余念がなかった。

明治三十六年十月ごろから千九郎は、大病の前兆が出て、それを癒《いや》すために修善寺温泉五柳館に出かけている。当時の病状の一端は、次の『日記』の記事のうちに示されている。

三十六年十月一日　修善寺。二十一日ごろ、咳《せき》ほぼ止まる。たまたま腸カタル。

十月三十日　帰京。咳ひどし、毎日三時間位働く。

十二月二十八日　為永《ためなが》（医院）へかかる。

三十七年一月十五日　インフルエンザ、発熱衰弱始終《しじゅう》、為永頓服《とんぷく》は用う。

三月十六日　修善寺。四月八日咳大略止まる。いささか不養生のためか、またおおいに起こる。

五月一日　帰京。十一日よりまた発熱。

五月二十二日　熱海行。続いて二十七日まで発熱。二十八・九・三十日、三十一日可。

六月一日　午後、また発熱。

この病気のために転地し、温泉も利用した。千九郎自身の記録によれば、病状は「脳、肺、神経、胃腸」とあり、また「三十七年大病のこと、困難のこと、決死のこと、神に祈ること、宗教を求めて得ざりしこと」(48)とあるように、一時は生死の境をさまようような状況にも立ち至った。妻子を枕元に呼び、死後のことを話したこともあったという。

千九郎は、自分の健康が思わしくないことを自覚していたのであろう。三十四年ごろ、生命保険に加入している。千英にはそのことが記憶に残ったようで、次のように回想している。

私が中学の時でございましたが、父が一時大病をいたしまして、もうむずかしいというようなことで、非常に苦しんだことがありました。その時、私はよく記憶しておりますが、父は母と私の前で「もうわしも駄目《だめ》かもしれない。しかし、明治生命保険会社に千円の生命保険がかけてあるので、わしが死んだら、その千円で子供の教育の費用にあてよ。そうすればあとはどうにかゆきはせんか」と、こういうことを申したことを、小さい耳によく覚えております。ともかく非常に苦労に苦労を重ねて、東京の生活をしてまいったのであります。[49]

春子への書簡

千九郎が、この時の病気を相当深刻なものと受けとめていたことは、療養先から春子にあてた二通の手紙からも分かる。

この状況で三週間もたてば、必ず一段と快方に向かうことは間違いない。今までも、三週間たてば、いつも少しはよくなっていた。それから三、四か月続けてゆっくりすれば、必ず平癒《へいゆ》するに違いない。これは私にとって、生まれて初めての大休息だ。（中略）

このようにして私の病気が全治すれば、わが名声はますます天下にあがるだろう。もしこのまま死んだとしても、恩師たちや友人たちならびに図書会社の社長（宮川保全氏）など有力な知人が多いから、私の最後の頼りとして三千円の遺金と五千部の書籍とを出し、それで四人の子供の今後の教育にあてれば、必ず好結果になることは疑いない。今日の私の地位は、十年前とは違う。決して決していたずらに心配をしないように。[50]

二通目は、次のとおりである。

九月までによくならない時は、東京に帰って死ぬまで著述するつもりだ。それが私の初志だからだ。あなたに苦労をさせてきたのもこのためである。つまり、瓦《かわら》となって生きるよりは玉となって砕《くだ》けようと思っている。すべては運命であるから、いたしかたがない。

（中略）

今は時候のせいで、すぐにはよくはならないと思う。今日世界で進化論の鼻祖《びそ》といわれるダーウィンという人は、病気がちでいつも田舎ばかり旅行していたが、そのうちに名高い著述ができたということだから、私も病に負けてばかりはいられない。安心してください。[51]

春子は、この二通の書簡を終生、肌身離さず身につけていたという。

右の手紙の「玉となって砕ける」というような内容は、『古事類苑』編纂の事務局長江見清風への手紙にも書き、それに対する江見の返信が残っている。江見は千九郎に、「玉となって砕ける」とか「倒れてのちやむ」といった表現を慎《つつし》むように助言している。人は決してそのような決死の気持ちにばかりなっていたのでは勝利を得ることができない。勢いがあると思えば進み、ないと思えば退き、屈伸自在《くっしんじざい》の妙を尽くして、自分の宿願を実現することこそ志のある人のとる道である。いたずらに小さな感情やささいな事情にこだわって心身を害し、挫折するようなことのないように、と心のこもった忠告をしている。[52]

揺れる心

病中、千九郎は『古事類苑』の事業からの離脱をも考えていたことが、江見清風からの次の書簡にうかがうことができる。

『類苑』も、熊谷氏が前に亡くなり、石井氏もまた亡くなり、今また最も頼みに思っているあなたに退職の意志があると聞くに及んでは、実に心細いことです。あなた自身がいちばん考えなければならないところだと思います(53)。

さらに、同じ江見の書簡から、転職先として「伊勢の学校」を考えていたことが分かる。

伊勢の学校云々《うんぬん》とお聞きしましたが、これはお察しのとおり、あまりよい結果にはならないと思います。伊勢の学校の当局は、一種特別の思想を持っていますから、とても面白い話などもできにくく、私なども昨年以来、何の行動もとらないで沈黙を守っております(54)。

『古事類苑』の仕事の先行きが見えてきたことも深く関係しているのであろうが、井上頼圀にも国学院などへの就職先の斡旋《あっせん》を依頼している。加えて、経済的な問題を心配しなければならなかった。この時の病気によって、千九郎は種々な面において窮地《きゅうち》に立たされた。

千九郎が大病で苦しんでいたころ、国内は日露の対立で騒然としていた。戦争前夜からついに戦争に突入していった時期だった。千九郎は青年時代から愛国、愛民の考えを持っており、同時にまた、平和を建設するのに平和的な手段を用いなければならないと考えていた。

後年、日清・日露戦争のころを回想して、「かつての日清・日露両戦争の時、占領するたびに、日本勝った日本勝ったとよろこび、戦勝祝い、また戦い収まって凱旋《がいせん》祝いによろこびあふれて、旗行列、提灯《ちょうちん》行列、昼は日の丸の旗の波、夜は火の海」だったにもかかわらず、「こんなときも、自分はどうしても浮いた気になれず、一度もその光景に目を向けたことはなかった。尊い人命と物質が犠牲になっている。どうしたら、この世から戦争をなくすことができるかと、それのみ一途《いちず》に考え込み、研究に研究をやり、今もなお続けている」(55)と記している。

千九郎は、日清戦争のころは生活苦に悩まされていたし、日露戦争のころは病気と闘《たたか》っていた。それがこのような所感を述べている理由の一つではなかっただろうか。

当時、千九郎は、穂積陳重に、「思想が悪化している状況において、学者だけでは、思想の改善という大任は果たせないと思うがいかがでしょうか」と質問している。これに対して、穂積は、次のように答えたという。

それはそうである。あなたは実際家となって、政治のために当たれば、立派なことができると思います。しかしながら、いま少し学問を蘊蓄《うんちく》したほうがよいと思う。広大なる学《がく》殖《しょく》を有して、一方には大学者となり、一方には実際家すなわち政治家・法律家・教育家・実業家などを指導していけば、いかなる人も皆、あなたを先生として尊ぶようになるから、あなたはその上に立って、これを指導するようになれば、そのほうがかえって大きいことになりましょう。[56]

第五節　宗教への目覚め

これまでの宗教研究

「三十七年の大病、宗教を修めんとす」（『日記』）とあるように、千九郎はこの大病を契機に、宗教を修めることを決意した。ここで、千九郎のこれまでの宗教研究を振り返っておこう。

これまでの宗教研究が真剣なものであったことは、京都時代に『浄土三部経』を耽読したことや、東京に出てから雲照律師に師事しようとしたこと、『古事類苑』の宗教部全部の編纂、神道の研究、キリスト教との接触などからも十分に窺《うかが》える。

千九郎自身、「『古事類苑』の宗教部全部の編纂を引き受けてから、いっそう（宗教に）趣味を持ったのである。けれどもその時分は、信仰という心は少しもなかった」[57]と述べている。

「古事類苑受領簿」（神宮文庫所蔵）によると、千九郎が書いた仏教部門の原稿は、戒律、法会《ほうえ》、各宗派の寺院など二十七項目、四百字詰原稿用紙で三千五十八枚に及んでいる。師の佐藤誠実が仏門の出身であり、仏教に造詣《ぞうけい》が深かったから、千九郎もまた、確実に仏教に関する見識を深めていった。

キリスト教についても、関心以上のものを持っていた。明治四十五年の遺稿に、「私は耶蘇《やそ》教《きょう》を十七、八年間聞いておりました」とあるから、東京に出てまもないころから、時々教会に行って説教を聞いている。場所は、東京お茶の水のニコライ堂（ギリシア正教）や、本郷の住居近くの教会であった。

しかし、この時期までの千九郎の宗教研究は、仏教やキリスト教の思想の知的な理解であり、信仰ではなかった。「信仰という心は少しもなかった」のである。ところが、明治三十七年の大病の時は、信仰に入ってもよいという覚悟を持ったようである。病気が深刻な状態だっただけに、宗教への傾倒《けいとう》も真剣そのものだった。それまでは仏教、キリスト教など種々の教典を読みあさるが、最後のところで信者にはならなかった。それは、次の三つの理由からであった。

一、国体保持の点で不満があったこと。
二、科学的でないこと。
三、宗教活動に生命力がなかったこと。

ここで、明治政府の宗教政策を見ておこう。

政府の宗教政策は、明治元年の「神仏分離令」からスタートする。これまでの神仏混淆《こんこう》を打破し、純粋な神道の姿を回復し、神道をもって国家の精神的支柱にしようとしたのである。これにより、一部では暴力的に寺院や仏像を破壊する行き過ぎた行動を起こすまでになり、仏教界に深刻な打撃を与えた。いわゆる廃仏毀釈《はいぶつきしゃく》である。明治三年には、政府は「大教宣布の詔《だいきょうせんぷみことのり》」を発表して、本格的に「惟神の大道《かんながら》」を天下に宣揚《せんよう》し、国民思想の指導をめざした。

政府は、国家神道の立場を確立し、神道を、仏教、キリスト教、その他の新興宗教よりも高い次元に置こうとした。この時の神道は、宗教としてではなく、国民道徳として位置づけられた。この明治政府の政策は、神道を根幹とする国民道徳によって国民精神を統合するという目的を持っていた。そのような状況の中で、「軍人勅諭《ちょくゆ》」(明治十七年)、「教育勅語」(明治二十三年)が発布され、のちに「戊申詔書《ぼしんしょうしょ》」(明治四十一年)が発布された。

一方、江戸時代に禁止されていたキリスト教は、明治六年になってようやく禁止が解かれたが、神道を国教とする政府の宗教政策の中では、さまざまな制限があった。キリスト教徒は、自己の宗教的信念に合致しない神道の儀式などを強要され、今日では想像できないほどの苦悩を背負っていた。例えば、第一高等学校教師内村鑑三も、明治二十四年一月九日の始業式の際、「教育勅語」奉読式で「敬礼の仕様が足りない、態度が不敬である」と批判された。いわゆる不敬事件である。

このような政府の宗教政策の中で、天皇中心の国体論を奉じ、それを擁護する立場に近い千九郎は、長年宗教の研究を続けてきたが、日本の国体護持《ごじ》を明確に打ち出さないキリスト教や仏教の信者とはならなかったのである。

次の文章には、信者にならなかった理由の一端が示されている。

私はキリストを十七、八年聞いておりました。その神の愛を示されるとどうしても教えを信じなければならないようになりますけれども、私は加入は致しません。（中略）なぜ加入しないかといいますと、わが国体は万世一系の天皇が統治なさり、その天皇は天津神《あまつかみ》の血統を引いているのですから、他国とは国柄が異なり、かつまた国民もその統治を受けているのですから、加入はできないのです[58]。

仏教についても、同様の趣旨を述べている。

仏教、キリスト教は、もとは外国の教えであり、その祀《まつ》るところの神はわが祖宗《そそう》の大神《おおかみ》ではありませんから、その教理の本質からいえば、わが国体に背反《はいはん》することもちろんなのです[59]。

さらに千九郎は、「私は宗教学及び各宗の教理につきましては、比較的深い造詣《ぞうけい》を有しており、かつその実地の有様をも知っておるのでありますから、いずれの寺院にも教会にも、行くことを快《こころよ》くせぬのであります[60]」と述べている。つまり、教理も実情も知悉《ちしつ》しているから信仰はしない、と言っているのである。

坐禅を組む

ところが、明治三十七年の大病の際には、宗教を修めようとした。具体的に行ったことは、儒教、仏教、キリスト教などの原典を熟読したことと、三十八年の夏に坐禅を組んだことである。坐禅を選んだのは、いちばん宗教臭《くさ》さがないからであるという。三十八年に約一か月間坐禅を組んだのは、鎌倉五山の一つ浄智寺《じょうちじ》においてであった。

なお、三十七年、修善寺で療養していた時、土地のハリストス教会（ギリシア正教系）から復活祭に誘われ、喜んで参加した。かなり感銘を受け、そのことを機関紙『正教新報』に寄稿している。

私はこの光景に接して、陶然《とうぜん》と酔うもののようになってしまった。なぜならば、私は久しく都会に住んでいて、このような質素で無造作な会合に参加したことはなく、また平和と平等と信愛との情が、こんなに盛んな会合に参加したこともなかったからだ。しかし、私をそのような気持ちに至らしめたものは、また別にある。神道を見てみなさい。仏教を見てみなさい。それらの祭日にあたれば、その祈禱《きとう》の礼には階級があって、一銭、二銭、五銭、十銭などの区別がある。五円を出す信者は上席に座し、三円の者は中席に座し、一円の者は下席に座し、五十銭の者は、ただ玄関で折り詰めをもらって帰るといったことばかり多くて、このような真実の平等な会合はきわめてまれである。私がこの日深く感動した理由は、そのためなのである。(61)

また、千九郎は修善寺療養中、救貧院設立の計画を立てている。それは、普通の湯治客、軽病者、重病者にそれぞれ合った施設をつくること、そして貧しい人々に対しては無料で入湯できる施設をつくることを考えたが、実施はされなかった。

千九郎は、坐禅を通しては、結局「神も仏もつかむことができなかった」と述懐《じゅっかい》している。しかし、そのことは決してむだではなかった。信仰への関心を強め、それを求めたことは、のちに神仏を発見する伏線になっているからである。千九郎は、それまで知的立場で宗教や信仰を考えてきたが、この大病を契機《けいき》に、みずからの魂の問題として求道《ぐどう》の道を歩み出したのである。

〔第三部　注〕

(1) 西川順士「『古事類苑』と廣池博士」『論集』七七頁
(2) 『日記』①一一七頁・意訳
(3) 遺稿・意訳
(4) 遺稿・意訳
(5) 山本毅堂『国学院雑誌』十四巻四号
(6) 同上書・意訳
(7) 『回顧録』一六四―一六五頁
(8) 同上書　一六五頁
(9) 同上
(10) 『経歴』一三―一四頁・意訳
(11) 遺稿・意訳
(12) 『歩み』一一七頁
(13) 遺稿・意訳
(14) 『東洋法制史序論』穂積陳重序文・意訳
(15) 『全集』③三七―三九頁・意訳
(16) 明治三十七年　春子宛書簡・意訳
(17) 『選集』③四二八―四二九頁・意訳
(18) 同上書　③四二九―四三〇頁
(19) 『回顧録』一六八頁
(20) 遺稿
(21) 『増訂支那文典』第四版緒言、五頁・意訳
(22) 『社教』第四七号　一二八頁
(23) 同上書　第七七号　七二頁
(24) 『所報』昭和四十九年六月一日
(25) 『支那文典』付録五一頁・意訳
(26) 同上書　緒言一頁・意訳
(27) 『全集』②五七頁・意訳
(28) 『日本における中国語文法研究史』九五頁・意訳
(29) 『全集』①四九二―四九三頁・意訳
(30) 『回顧録』一二七―一二八頁・意訳
(31) 遺稿
(32) 『女子の友』第一〇六号　明治三十五年一月
(33) 遺稿・意訳
(34) 『思ひ出』二八頁
(35) 『回顧録』一六六頁
(36) 同上書　一七〇頁
(37) 遺稿
(38) 『思ひ出』三二―三三頁
(39) 『回顧録』一〇九頁
(40) 遺稿・意訳

(41)『思ひ出』三一頁
(42)『回顧録』二一頁
(43)『思ひ出』三四頁
(44)『回顧録』一三頁
(45)遺稿・意訳
(46)田辺勝哉著『井上頼圀翁小伝』九四—九五頁・意訳
(47)『歩み』一七七頁、明治三十七年五月三十日付　春子宛書簡・意訳
(48)遺稿
(49)『廣池千英選集』②三〇二—三〇三頁
(50)明治三十七年五月三十日付　春子宛書簡・意訳
(51)明治三十七年六月十六日付　春子宛書簡・意訳
(52)明治三十七年十月十四日付　江見清風書簡・意訳
(53)明治三十七年八月二十七日付　江見書簡・意訳
(54)明治三十七年十月十四日付　江見書簡・意訳
(55)『語録』二三四頁
(56)『回顧録』二二二頁
(57)同上書　七九頁
(58)遺稿・意訳
(59)遺稿・意訳
(60)遺稿
(61)『正教新報』第五六二号・意訳

第四部　学位の取得と求道者としての歩み

第一章　神宮皇学館

第一節　伊勢行き

教授就任

伊勢の神宮皇学館は、現在の皇学館大学の前身である。廣池千九郎が皇学館の教授になったのは、『古事類苑』編纂の仕事がほぼ終わりに近づいた明治四十年六月のことであった。明治三十九年十二月、神宮皇学館館長桑原芳樹から直接要請され、千九郎がこれに応じたのである。神宮皇学館は、明治十五年に伊勢神宮祭主久邇宮朝彦《くにのみやあさひこ》親王の令旨《りょうじ》によって、神官の養成を目的に設立された学校である。明治三十三年二月、伊勢神宮祭主賀陽宮邦憲《かやのみやくにのり》王は、「神宮皇学館教育の趣旨は、皇国の道義を講じ、皇国の文学を修め、これを実際に運用することによって常日ごろの倫理感を厚くし、文明を補おうとすることにある」(1)と明示した。

当時、神宮皇学館は内務省管轄《かんかつ》の官立高等専門学校であった。尋常中学卒業生を入学させ、本科は四年間教育し、卒業時には官国幣社宮司《かんこくへいしゃぐうじ》の資格を与えた。そのほか、予科一年、専科二年の課程があった。

千九郎の伊勢行きの理由については、「私が特に皇学館に赴《おもむ》いたのは、年来、敬神の念がはなはだ深かったところに、神宮からの懇請《こんせい》があったからである」(2)と述べているが、穂積陳重《ほづみのぶしげ》から学位を取るためにも官閥学閥《かんばつがくばつ》があったほうがよいとすすめられたことも、一つの理由である。

春子の『思ひ出』には、次のようにある。

穂積博士にご相談申し上げましたところ、お考えの上、任官なされるがよろしい。任官の手続上、全部の著書を内務省に提出なさい。官閥学閥は無いより有るほうが学位を取るにも都合がよろしい、とのことをおさとしくださいました(3)。

当時の神宮皇学館（明治 40 年）

千九郎は、明治四十年六月十二日に辞令を受けて直ちに単身赴任《ふにん》した。この時の俸給《ほうきゅう》は、年千百円であった。八月、就任にあたっての「新任の辞」には、以前より皇学館に対しては多大の望みを抱いていたこと、皇学館の主義は、敬神、忠君、愛国であること、麗《うるわ》しき忠君愛国主義を有する学校は、本館をおいてはほかに皆無《かいむ》であること、東京博覧会を観《み》た時、各宗教家の熱心な大道演説を聞いたこと、中に神道家がいて、熱心に忠君、愛国、敬神の主義を説いているのを見たが、彼らには力量がないこと、力量は教育、学問にまたなければならないこと、などが述べられている。

次は、その一節である。

力量はどうすれば得られるのだろうか。つまるところ、これは教育によらなければならない。学問によらなければならない。そもそもドイツ帝国は、何によってあのように隆盛しているか。それは教育の普及によってである。（中略）私たちもそうなるためには、武力ではなく思想によらなければならない。学問にまたなければならない。(4)

このような気持ちは、明治四十一年に刊行された『伊勢神宮』の中にも示されている。

いろいろ考えてみると、現在世界で物質文明の発達に関しては、いたるところで知的教育が推進され、隆盛を極めているが、精神教育に関しては、これが行われているというのを見聞したことがない。これは憂慮《ゆうりょ》すべき現象である。わが国が固有の民族性を発揮し、理想的な国体を維持するためには、特に精神教育に力を尽くさなければならないことは必然である。しかし、文部省などは予算に限りがあって、十分にこの種の教育費用を支出することができない。そこで、神宮のように神聖にして世俗の上に超然《ちょうぜん》とした方面の官公庁が、特別の費用を国家ならびに国民に求め、それによってこの種の教育事業を営むことは、わが国目下の急務といわざるを得ない。(5)

膨らむ希望

千九郎は、自分の抱負《ほうふ》を実現するうえで、まさに理想の地に赴任した。当時、皇学館の教授として、倫理学の矢島錦蔵《やじまきんぞう》、井上頼圀《よりくに》の子息で古典担当の井上頼文《よりぶみ》、作家尾崎一雄の父親で歴史学の尾崎八束《やつか》、漢文の湯浅廉孫《れんそん》、のちに台北帝国大学総長となった国文の安藤正次などがいた。上田万年《かずとし》、三上参次、松本愛重《たかしげ》など、千九郎と交流の深かった人物も講師として名前を連ねている。

神宮皇学館時代（前列右から２人目が千九郎）

千九郎は、大正二年二月に退官するまで五年八か月教《きょう》鞭《べん》を執《と》っているが、その間、皇学館で行った講義科目は、古代法制、東洋家族制度、帝国憲法、東洋地誌、国史（太古史）、歴史研究法、中国民族史、神道史《しんとうし》などである。

「神宮皇学館における教授方針」には、千九郎の教育姿勢が、次のように示されている。

私は、歴史教育については、その国家の真の実質もしくは民族の実質を説明することに努めるべきだと思う。まずは、その実質、つまりその社会的組織及び政治的組織を知り、そのうえでそのシステムの変化を説くのが『真正の歴史』というものである。(6)

従来の歴史は、まずは沿革を説き、次にその時代の政治的組織と文学、宗教、農業、芸術の概略を説くだけであったが、これでは学問とはいいがたい。実質の中でも、事実と制度だけでなく、人の心を研究しなければならず、何を思い、信じ、感じたかを知ることが必要である。

このような研究においては、倫理、哲学、宗教、文学、法律、慣習など、各方面から事実を総合することが必要である。特にその人種がどのようなものであるかを知ることは、一つの重要な問題である。(7)

千九郎は学生たちに人気があった。当時の教え子の回想が残されている。

私たち大正三年卒業クラスは、約三年間、先生に教えていただいたのですが、情けないかな、実はその在学中、先生の偉さについては学識のほかは、ほとんど知らなかった。前歴についてさえ、ただ、先生は苦学力行《りっこう》の結果、ついにここまで来られたこと、『古事類苑』の大半は先生が心血を注いで完成されたものであるという程度でした。しかし、年とともに、お偉さは分かってきましたが、素《もと》より先生は外観を飾らない、お威張りがない、少しもたくみがない、一見すると学者とか教授とかいうふうではなかった。ある時は堂々たる大学者ではあるが、またどこか田舎くさい野人的な素朴さがあった。だが聞けば何でも知っておられる。いくらでも、またいつまででも相手になってくださる。たとえそれが愚問《ぐもん》であっても懇切丁寧《こんせつていねい》に教えてくださる。（中略）

先生の専門は「東洋法制史」であったが、私たちがノートを取るのは時間の終わる前十分か二十分で、それまではお説教か漫談——放談といってもいい——だが、先生のこの漫談は四方山《よもやま》で、ご自分のことは言うまでもなく、そのほか、古今東西にわたり、先生の交友、先師、先輩に関しており、その人たちの言説や書評、人物評価、逸話《いつわ》の類《たぐい》でありました。（中略）ともかく話題が豊富で、またお話好きでした。ある時など、先生は試験の監督のため教室へ来られたのですが、セッセと青息吐息《あおいきといき》、答案を書いている学生を前に、先生お独《ひと》り元気な声で何かしゃべられるので、「先生、少し黙っててください。答案が書けませんよ」と学生から叱られ、ドッと吹き出した記憶さえあります。(8)

第二節　神宮皇学館での苦労

理想と現実

千九郎は皇学館の教育におおいに期待を持ち、実際に精力的に理想の実現に努めたが、期待していたような結果は得られなかった。『廣池千九郎日記』には、「伊勢行、不平」「伊勢神宮の信仰、伊勢にて反響なし」などと記されている。さらに、具体的には、「校長の不公平、同僚との争い。己《おのれ》の病、子の病(9)」とある。同僚の教官との立場の相違、日本精神の復興という理想に対する教官や学生の理解不足、後述の千九郎の天理教入信に対する教官たちの疑惑や軽視、批判など、新たな問題が続々と生じたのである。

遺稿に「不満あれば参拝す」とある。当時の皇学館は内宮《ないくう》の近くにあったが、歩けばかなりの距離である。千九郎は、日本人の精神の原点である伊勢神宮に参拝し、くじけそうになる心を奮《ふる》い立たせたのであろう。また、どのようにすれば日本人の精神的復興が実現するか、着想を練《ね》ったことであろう。

千九郎は自分自身に対して、「私の欠点は潤色《じゅんしょく》と努力と高慢の過ぎることだ。秀吉のように潤色が度を越している(10)」と反省している。別の記録には、「学問の研究は三度の食事より好きだが、多情多恨《たじょうたこん》というか、どんな学科でもほぼその核心を究《きわ》めなければ気がすまないというところがある」[11]とある。

このころ、千九郎は皇学館を辞任する考えを抱《いだ》いたこともあった。次のようなメモがある。

皇学館を辞任して一年間天下を周遊するつもりだ。皇学館の辞表を印刷して持っている。（中略）私は感ずるところがあり、今回辞職して専門学を研究するかたわら、さらに皇国の道義を天下に広めたいと思っているので、ご許可をいただきたい。[12]

明治四十四年三月には東京に帰ることも計画していたが、時期尚早《しょうそう》と思ってやめている。

さまざまな計画

千九郎は赴任してから辞任するまでの間、さまざまな計画を持っていた。しかし、実施するには至らなかったものが多い。その例としては、「中国人のための日本語学習塾設立案」（明治四十一年ごろ）、「精力学社開設案」（同）、「早稲田大学寄宿舎創設の建議」（四十三年ごろ）、「神宮皇学館大学組織のことを企《くわだ》てる」（四十四年ごろ）、そのほか「私立神職講習所設立案」「伊勢講設立の主意」などがある。

右の「日本語学習塾」は、推薦文によれば、北京在住の法学博士岡田朝太郎、文学博士服部《はっとり》宇之吉《うのきち》の賛意を得て、設立しようとしたものであった。この計画は結局、構想のままに埋《う》もれてしまうが、注目すべきは千九郎の教育姿勢である。この設立案の中で、中国人留学生の扱いを、「父兄に代わってその子弟の前途の幸福を保証する」とか、「家族同様の慈愛をもって起居飲食を共にし」などと述べ、生徒たちへの慈愛を具体化しようとしている。

また、「精力学社開設案」の一節には、「当面は地方にあって向上主義を堅持《けんじ》し、例えば小学教員から中等教員に上り、中等教員からさらにいっそうその地位を進めたいと思う人々のために、微力ながらその指導の任にあたりたいと思って、次の規定を設け、有志を募《つの》りたい」と記している。

一、国語、漢文科の中等教員の受験志望者中、比較的短期間で確実にその目的を達したいと願う人々を招集して学塾に収容し、生活をともにして、その指導の任にあたろうと思う。

一、修業年限は別にこれを定めない。

一、この方法で一年間、日夜研修の功を積めば、成功はほとんど疑いない。

第二章　中国調査旅行

第一節　旅行の決意

立ちはだかる困難

千九郎は、明治四十一年三月十六日から四月二十三日までの約四十日間、学術調査のために中国を旅行した。

出発に際しては、いろいろと困難があった。一つは資金の問題である。『古事類苑』の終了の際、八百四十円の報酬《ほうしゅう》があったが、これだけでは不足だった。そこで千九郎は、明治四十一年三月一日、三井の総番頭朝吹英二《あさぶきえいじ》に、中国調査旅行が学問上においても、また将来の日中問題を考えるうえにも多大の意義があることを訴えて、五百円の借金を依頼した。

朝吹は千九郎の出生地に近い豊前《ぶぜん》の生まれであり、三越の前身である当時の三井呉服店専務理事をはじめ、王子製紙の会長、東京商業会議所特別議員などを務めていた。朝吹は、同郷の子弟の教育に多くの資金援助をしている人物であるが、この時は、手紙で千九郎の依頼を断《ことわ》っている。

もう一つの大きな困難は、次男千巻《ちまき》の病状が悪化したことである。千巻があまりに悪いので、春子に任せて渡航するのもどうかと、千九郎が迷っていると、春子は「時期が時期だから行っていらっしゃい。この時期をはずしたら、今度はいつ行けるか分かりません。あとは私がお引受けします。決して決してご心配なさいますな」[13]と励ましたので、千九郎は、千巻に万が一のことがあった場合、どのようにするかを詳しく指示して出発した。

さまざまな困難はあったが、幸いなことに、阿部守太郎が当時北京の公使館に一等書記官として駐在していた。また、中国での学者との面会については、京都大学の東洋史学者内藤湖南《ないとうこなん》が紹介状を書いてくれた。千九郎は、富岡謙三や内田銀蔵を介して内藤とは以前から交流があった。

旅行の目的

旅行の中心目的は、東洋法制史の研究のためであった。千九郎の中国に関する研究の蓄積には、膨大《ぼうだい》なものがあった。博士論文の提出を決意し、文献的には相当研究もし、執筆を進めていた千九郎には、実際に確かめたいことが多々あったに違いない。

千九郎の調査目的は、以下のとおりである。

一、憲法、刑法、民法、ことに民法中の重大な疑義を明らかにし、あわせて商法に関する商慣習調査の方法について、その方針を定めること。さらに、家族、宗族、地方自治などについての詳細な調査をすること。

二、韓国においては、釜山地方の農民の土地所有の観念に関する調査ならびに東萊府《とうらいふ》における不動産法に関する調査及び行政実務・司法実務を視察し、京城《けいじょう》においては、新式旧式の各種裁判所ならびに監獄警察等を視察し、あわせて民法上の各種慣習について調査すること。

三、付帯調査事項として、中国における文字教授法を調査し、関連する学者と面談して諸学校を見学すること。

また、このころ、千九郎は経世済民《けいせいさいみん》への強い思いを抱いており、日中関係の実情をつかむことも関心の一つであった。

第二節　大陸歴遊

その旅程

千九郎の出発に際して、富岡鉄斎は次のような漢詩を書いた扇を贈っている。

鉄斎から贈られた扇面

送廣池千九郎遊清国
観光素志欲雄飛
万里乗槎発帝畿
到処愛奇莫留滞
故山槑鶴待君帰

廣池千九郎清国に遊ぶを送る
観光の素志をもて雄飛《ゆうひ》せんと欲し
(世界を観たいという意志を持って飛び立とうとし)
万里のかなたに槎《いかだ》に乗りて帝畿《ていき》を発す
(万里のかなたをめざしていかだに乗って、祖国を出る)
到る処《ところ》奇を愛するも留滞することなかれ
(先々で興味を引かれることも多いだろうが、そこに滞在してしまうことのないように)
故山《こざん》の槑鶴《きんかく》、きみの帰るを待たん
(祖国では友人がきみの帰りを待っている)

行程は、次のとおりであった。

小倉↓釜山↓東莱《とうらい》↓大田《たいでん》↓京城↓仁川《じんせん》↓大連↓旅順↓金州↓普蘭店《ぷらんてん》↓大石橋↓営口↓溝幇子《こうほうし》↓錦州↓山海関↓天津↓北京↓塘沽《とうこ》↓煙台↓長崎

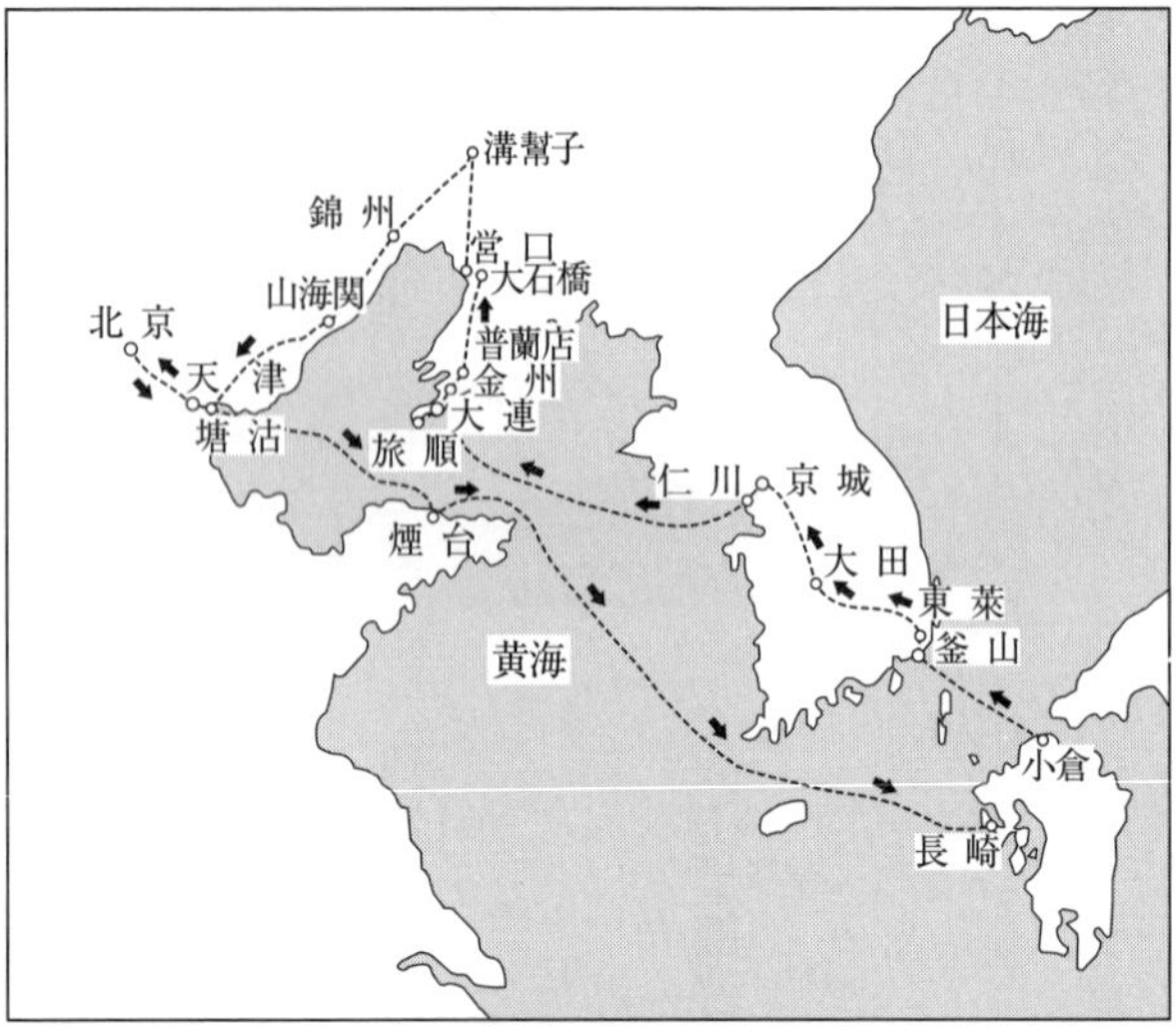

千九郎の中国調査旅行の行程

この旅行中、いちばん長く滞在した北京では、阿部守太郎の世話もあって連日のように歓迎会が行われた。

四月九日に訪問した北京の修訂法律館は、清朝が、法律の改正を行おうとしてつくった特設の機関である。外に向かっては西洋諸国の侵略に抗《こう》し、内に向かっては国内の革命勢力や改革運動に対処してその命脈を保持するための機関であった。

また、清朝は法律改正のことは日本を模範とすべきであるとして、著名な日本の法律学者である東京帝国大学教授の岡田朝太郎、司法省監獄局獄務課長の小河滋次郎《おがわしげじろう》、明治大学教授の志田鉀太郎《しだこうたろう》、大審院判事の松岡義正などを顧問として招聘《しょうへい》している。

千九郎は、この修訂法律館で、次のような内容の講演をしている。

法律を改訂するためには、日本の模倣ではだめだということ。民族性、つまり人民の人情、風俗、習慣を参酌《さんしゃく》すべきであること。特に民事法、商事法においてそうすべきであって、いたずらに他国のものを模倣《もほう》してつくった法典は実行を期待できる法律にはならないこと。したがって、その弊害を除こうとすれば、まず各地の風俗、習慣の調査を行い、それを折衷参酌《せっちゅうさんしゃく》し、調和、融合して立法すべきであることなどである。

旅行の成果

千九郎の中国視察旅行は盛大に歓迎され、『燕塵《えんじん》』『順天時報』『満州新報』など、いくつかの新聞や雑誌にも掲載された。次は『燕塵』の記事である。

　皇学館教授廣池千九郎氏は、清国法制史及び漢文漢字教授法調査のため、四月二日に来京し、阿部書記官の公館に仮寓《かぐう》していたが、十九日に帰国の途《と》についた。在京中、氏は戴《たい》法部尚書《ほうぶしょうしょ》、沈修訂《しんしゅうてい》法律大臣、厳学部侍郎《げんがくぶじろう》及び古学者の羅振玉《らしんぎょく》等を訪問し、また法制に関係のある各部院、裁判所、監獄、大中小学堂等を参観した。短時日の間に非常に熱心に種々の調査を遂行された。われわれはこのような篤学者《とくがくしゃ》が多数来清することをおおいに歓迎する[14]。

千九郎は、四月九日、清朝の皇族である粛親王家《しゅくしんのうけ》の家庭学校を視察したことを、以下のように特記している。

　明治四十一年四月九日、粛王府の家庭教師成田芳子嬢の紹介により、清朝の皇族粛親王家の家庭学校を参観した。王府は私の参観を歓迎してくださり、特別に西太后《せいたいこう》の親筆になる「弜《とら》」の字の額を下賜《かし》され、その上親王の名刺を添えてくださった。成田嬢によれば、数年来、日本から来て参観した人は十数人にとどまらないが、このような好待遇にあずかった例は、今までになかったという。(15)

この旅行での予想外の成果は、北京の孔子廟《こうしびょう》を訪れ、孔子ならびに高弟顔回《がんかい》などの子孫が準貴族として万世不朽に存在し、人々の崇敬《すうけい》を受けている事実を確かめたことである。

のちに『経歴』には、次のように記されている。

孔子の廟を参拝し、さらに深くその事跡を探り、そして中国古今の変遷を見て、特に感《かん》慨《がい》が深かった。日本皇室のご祖先である天照大神のご聖徳と日本国体の淵源《えんげん》が宏遠《こうえん》であることについて、いっそうその感を深くし、帰国第一に、『伊勢神宮』を著してこの事実を公にして、日本国民を覚醒《かくせい》させた。これはすなわち、今日のモラロジーにおける最高道徳の発見の端緒である。(16)

孔子廟訪問は、千九郎の年来の研究課題の一つであった皇室の万世一系の原因が、天照大神と歴代天皇の高い道徳性にあるという結論を裏づける強力な傍証《ぼうしょう》となった。

なお、この旅行の報告書は明治四十一年五月上旬に、早稲田大学には「渡清調査報告書」として、文部大臣牧野伸顕《のぶあき》には「中国における文字教授法視察報告書」として提出している。

文部大臣への報告書には、日本の漢学教育の重要性とその教育法の改善の必要性が述べられている。

第三章　博士号の取得

第一節　学位への挑戦

学位論文の提出

明治三十五年ごろ、千九郎は『支那文典』によって学位の請求を試みたが失敗した。当時の学位取得は、今日とは比較にならないほど困難であった。ましてや学歴も学閥もない千九郎にとっては、難事中の難事であった。千九郎は、言語学での学位取得をあきらめ、法制史研究による取得を考えた。明治三十九年の暮れ、法理研究会の帰り道、穂積陳重に再度博士論文の提出をすすめられて決意したのである。

千九郎は、本格的に学位論文の作成にとりかかり、四年後の明治四十三年十一月、東京帝国大学に「支那古代親族法の研究」を主論文とし「支那喪服《もふく》制度の研究」と「韓国親族法親等《しんとう》制度の研究」の二部を副論文として提出した。

「韓国親族法親等制度の研究」は、大部のものではなかったが、その研究の価値は世界の法律学に警醒《けいせい》を与えるものであった。この原稿を穂積陳重と一木喜徳郎《いちききとくろう》に見てもらったところ、東京帝国大学法理研究会奨励金を拠出《きょしゅつ》してもらって出版するようにすすめられ、明治四十二年四月二十八日、法理研究会から出版された。また、時の韓国法典調査委員長であった梅謙次郎は、その原稿を見て千九郎に会見を求め、韓国法典調査部に入って、その事業に尽力してほしいと強く要請した。しかし、千九郎は、『古事類苑』編纂の事業を終えたが、ほかにも志すところがあったので、梅の好意には感謝したが、その要請を断《ことわ》った。

このころ、千九郎は、教派神道十三派の研究、各地の講演会などで多忙を極めていた。皇学館教授就任の一つの理由は病気療養のためであったにもかかわらず、持ち前の猛勉強ぶりはこの時も拍車《はくしゃ》がかかっていた。それも一因となって、明治四十二年の大病をもたらすことになる。このような状況の中、寸暇《すんか》を惜しんで博士論文は完成されたのである。

春子の『思ひ出』によれば、「一週間五、六時間の教壇に立つほかは、自分の研究ができますので、今まで集めた材料で昼夜をわかたず勉強致しました結果、明治四十二年には論文がまとまり」[17]とある。

学位の授与

千九郎が学位請求の論文を提出した時、すでに穂積陳重は退官していた。千九郎の論文審査には三人の教授があたった。

論文の審査は、大正元年十一月の教授会において行われ、満場一致で通過した。後日、三人の教授は皆千九郎に、「このような好成績はかつてなかったことだ」と語ったそうである。こ

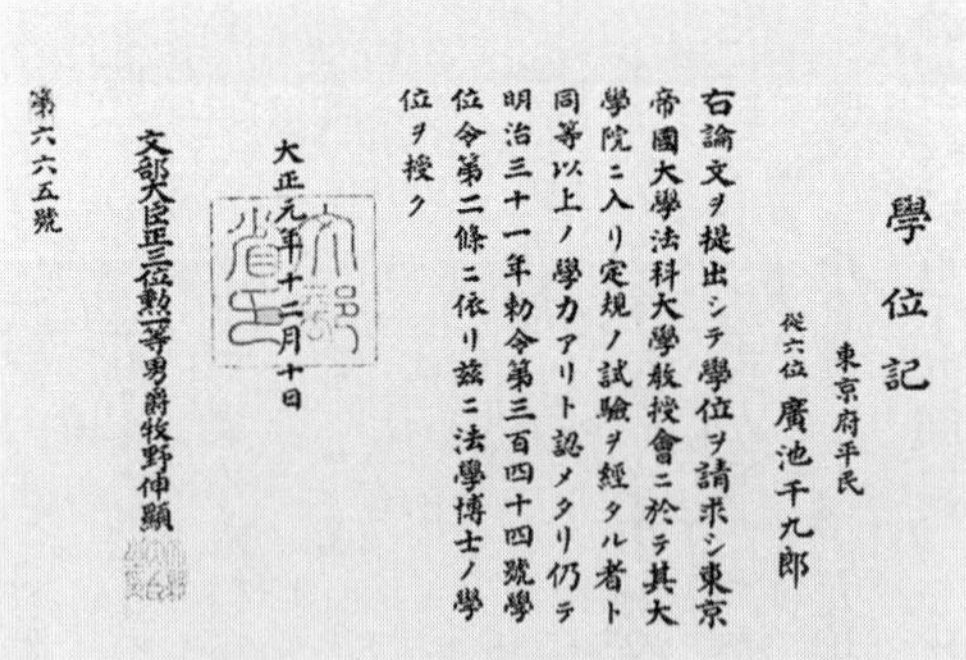
學位記
東京府平民
從六位 廣池千九郎
右論文ヲ提出シテ學位ヲ請求シ東京帝國大學法科大學教授會ニ於テ其大學院ニ入リ定規ノ試驗ヲ經タル者ト同等以上ノ學力アリト認メタリ仍テ明治三十一年勅令第三百四十四號學位令第二條ニ依リ茲ニ法學博士ノ學位ヲ授ク
大正元年十二月十日
文部大臣正三位勲一等男爵牧野伸顕
第六六五號

法学博士号の学位記（大正元年 12 月 10 日）

うして同年十二月十日、文部大臣牧野伸顕によって、法学博士の学位が授与された。日本では、第百三十五番目の法学博士号だった。

日本学位令は、明治二十年五月二十日、勅令第一三号をもって発布され、三十一年十一月九日に勅令第三四四号をもって改正された。当時、日本の学位は欧米の学位のように各大学から授与されるものとは違い、国家が学問の業績あるいは功労に対して与えるものであったから、学位を取得することはたいへん難しかった。その後、大正九年七月五日、勅令第二〇〇号をもって学位令は改正され、以来、学位は各大学より授与されることになった。

十二月七日、高田早苗から祝電が届いた。

あなたの積年の苦労の結果、このたび法学博士の学位をお受けになったことは、私にとってもこのうえない喜びです。学位の有無《うむ》は、必ずしもあなたの価値を左右するものではないでしょうが、あなたのような篤学者《とくがくしゃ》がこの学位を取得したことで、初めて学位そのものが光彩を発するようになりました。まずはとりあえずご祝詞のみ。[18]

博士号が大きな名誉であった時代において、学閥はもちろん、藩閥《はんばつ》、閨閥《けいばつ》、財閥、あるいは党閥をも持っていなかった千九郎が、優《すぐ》れた学力と多年の不屈の精神をもって学界に貢献した功労によって学位を得たことは、おおいに国民を驚かせた。全国の新聞雑誌は、こぞって千九郎と春子の経歴を載《の》せ、特に千九郎がこのような栄誉を得ることができたのは、春子の偉大な内助の功にあると言って称《たた》えた。当時の高等女学校では、修身科の教材として春子の経歴を取り入れたところさえあった。

学位授与祝賀会

千九郎が学位を授与された翌年の大正二年の春、東京では先輩や友人たちから、「せっかく学位を取得したのだから、恩人に感謝する意味で祝賀披露宴《ひろうえん》を催《もよお》すべきだ」という意見が出された。そこで阿部守太郎が先頭に立って準備を進め、四月二十八日に上野精養軒で祝宴が開かれた。

当日は穂積陳重、井上頼圀、上田万年をはじめ、恩師、友人たち二十人ばかりが集まった。

穂積が祝いの言葉を述べた。

ご主人が当代稀《まれ》に見る篤学かつ博識な学者であることは、この席にご列席の方々は以前からご承知のことですので、今これについては申し上げません。しかし、このような学者に学問上の名誉を与えることは学界の慶事《けいじ》であり、また学問上においても奨励になることであると思ったので、私は先年、論文を提出するようにご主人におすすめしたわけです。ところが、ご主人は自重されてなかなか提出しませんでした。これには、まことに学者の態度として感服致しました。こうしてご提出になった論文は、まず形のうえで博士論文中空前の大部なものであって、しかも、その内容は考証が精密で議論は着実、あくまで研究の態度が真摯《しんし》だったので、それが審査委員の意に適《かな》ったようです。したがって、審査委員の報告は期せずして一致しており、教授会の投票は全部白票でした。これは学界未曾有《みぞう》のことで、実にご主人の名誉は、学者としてこのうえもなきことと考えます。しかも、法科における論文通過は、はなはだ困難なことで、とうていひととおりの研究ぐらいで認められるようなことはなく、また一部分の教授の賛成や称賛で通過するようなことも決してないので、従来すでに難事中の難事となっており、(中略)同じ学位でも非常に尊いことと思われます(19)。

穂積の祝辞を、千九郎はどのような気持ちで聞いたのであろうか。後述の千九郎の天理教本部入りについては、穂積やほかの先輩、知人は疑惑《ぎわく》の心を持っていた。あれだけの実力を持ち、万人のあこがれの学位まで取得したにもかかわらず、信仰に没入《ぼつにゅう》してしまうなどとは気が知れないと感じていたことであろう。千九郎も複雑な思いであったが、そのうち分かってくれるだろうと気持ちを引き締めたに違いない。

この日も話題が天理教に及び、千九郎は穂積の細かい質問に一つひとつ丁寧《ていねい》に答えた。春子は後述のように、大正二年一月に千九郎の本部入りに反対し、説得したが、千九郎の意志を変えることができず、悲嘆《ひたん》に暮れたことがあった。したがって、この時は、いったん忘れかけていた悲しみを思い出したが、祝いの席上でそのような素振《そぶ》りを見せることもできず、心は揺れ動いていた。

春子はこの時の気持ちを、次のように記している。

三人の博士をはじめ、先輩、知人等合わせて三十余人、上野精養軒にお招き致し、祝宴を催《もよお》しましたが、私にとってはその時は嬉《うれ》しいのか、悲しいのか、お祝いであるか、別離であるか分からない有様、皆々様へごあいさつ致すも、しどろもどろにて終わりました。(20)

第二節 『東洋法制史本論』の出版

前人未到の研究

大正四年三月、千九郎は学位論文をまとめて『東洋法制史本論』という本にして出版した。本書は三部からなっている。第一部は「支那古代親族法の研究」、第二部は「韓国親族法における親等《しんとう》制度の研究」、第三部は「支那喪服制度の研究」である。

第一部の「支那古代親族法の研究」では、中国の家族制度の基礎となっている周代の家族制度の解明に重点を置いている。

殷《いん》及びそれ以前の親族制度は、比較的単純なもので、もっぱら血縁の親疎《しんそ》によって親等が定められたが、周代になると喪服制度が定められ、血縁だけではなく、喪服の軽重《けいちょう》によって親等を定めるようになった。第三部の「支那喪服制度の研究」は、周代の喪服制度を明らかにしないかぎり、中国の親族法を明らかにすることはできない、としてまとめられた論文である。

また、殷代の親等制度の資料は、不十分な形で残されているに過ぎないが、韓国の親等制度が殷代の親等制度に源を持つもので、それが特殊な形で発達したものであるとして、韓国の親等制度を究明した論文が、第二部の「韓国親族法における親等制度の研究」である。

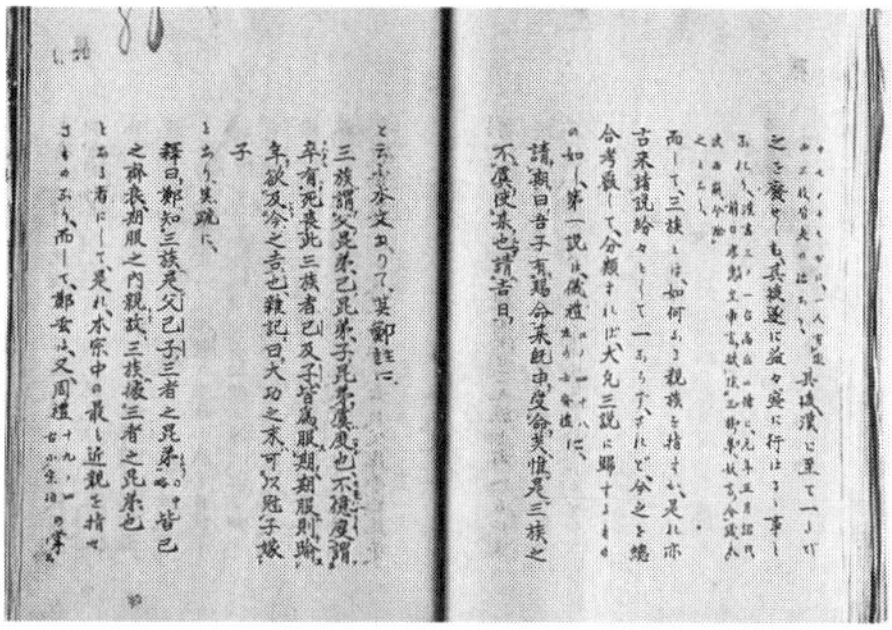

『東洋法制史本論』（学位論文「支那古代親族法の研究」が収録されている。大正４年３月14日発行）

本書は、発表された当時、法制史学における前人未《み》到《とう》の領域であった東洋法制史を世界で初めて開拓し、秩序を正し、組織づけた不滅の研究として揺《ゆ》るぎない評価を得ている。

本書の発行については、『大阪毎日新聞』『東京朝日新聞』『読売新聞』『大阪朝日新聞』『報知新聞』『万《よろず》朝報《ちょうほう》』『国学院雑誌』『丁酉《ていゆう》倫理雑誌』など、多くの新聞、雑誌が書評を出している。

また、同志社大学の内田智雄《ともお》教授は、本書について次のように述べている。

とにかく著者が中国の家族制度の解明にあたって、まずその親族法を採《と》りあげたということはまさに慧眼《けいがん》と称すべきであって、そのことは筆者がかつて数年間、中国農村の家族制度の調査に従事した経験に徴《ちょう》してみても、確信と実感とをもっていうを得るところである。(21)

千九郎が法学博士号取得後、三年を経過して本書を刊行したことは、法制史研究に一応の決着をつけたものとも解釈できる。

思い返せば、京都時代の明治二十六年、千九郎が二十七歳のある日、穂積陳重の論文に接して法制史の一分野を開拓し、学界に貢献しようとして約二十年間研鑽《けんさん》に研鑽を積んできた。そうして築き上げた学問的業績は著《いちじる》しいものであったが、中途で断念してしまったために、この分野での令名を高めるには至らなかった。その業績が正当に評価されるようになるのは、千九郎生誕百年記念の昭和四十一年に、「倭漢比較律疏《わかんひかくりっそ》」、「大唐六典」「大清商律注釈《だいしんしょうりつちゅうしゃく》」などが発掘《はっくつ》され、法制史研究の専門家の注目を引くまで待たなければならなかった。

ここで、千九郎の業績が学界で十分に評価されなかった理由について、内田智雄教授は、次の点を指摘している。

一、「先覚者《せんかくしゃ》は世に入れられず」ということである。当時の東洋法制史の学者というのは、学界に暁天《ぎょうてん》の星のようにごくわずかしか存在しておらず、その人たちの業績が、今日もなお、非常に高い学問的価値を持っておるにもかかわらず、いずれもその優れた業績に対しては、きわめてやぶさかな学問的地位をしか与えていない。

二、学問そのものが非常に困難であるということである。法制史の中でも東洋法制史は、とりわけ困難な領域である。[22]

千九郎の研究が、そのまま継続されていれば、法制史研究のうえで、さらに大きな成果が上がり、日本の法制史研究に著しい貢献をなしたであろう。

しかし、法制史の新分野を開くことを断念した千九郎が企図《きと》したことは、これまた前人未到の新機軸《しんきじく》、「道徳科学」を樹立することであった。そして、十数年間の想像を絶する苦闘《くとう》の末、『道徳科学の論文』を書き上げることになるのである。

第四章　神道の研究

第一節 『伊勢神宮』の発行

国体を明らかにする

中国視察旅行から帰国した千九郎は、明治四十一年十二月、『伊勢神宮』を執筆して二百部を自費出版した。それを、大隈重信、穂積陳重、井上頼囶ら、恩師、友人、関係者などに贈呈《ぞうてい》した。続いて翌年一月、高田早苗に早稲田大学出版部から同書の発行を依頼したところ、快諾《かいだく》を得、明治四十二年三月五日、増訂版として発行された。

千九郎は、明治四十年ごろ長年の研究上の関心事であった日本皇室の万世一系の原因を了《りょう》得《とく》したとし、国民の道徳的精神の高揚《こうよう》に資するために本書を書いたと言っている。そして、発行の理由を、次のように記している。

わが国にはわが国固有の大道《だいどう》が存在し、日本国民の精神界を支配して国家の基礎となってきた。それならば、これを研究し、保存し、発展させて、わが国家の発展に資することは、学者や政治家、教育家など社会の指導者たちの任務ではないか。いわゆる真正の教育とは、このような大業《たいぎょう》を完成することではないか。それが私の本書を著した理由である。(23)

本書は、伊勢神宮と皇室と国体の関係を論じ、日本の国体の特質を明らかにするとともに、

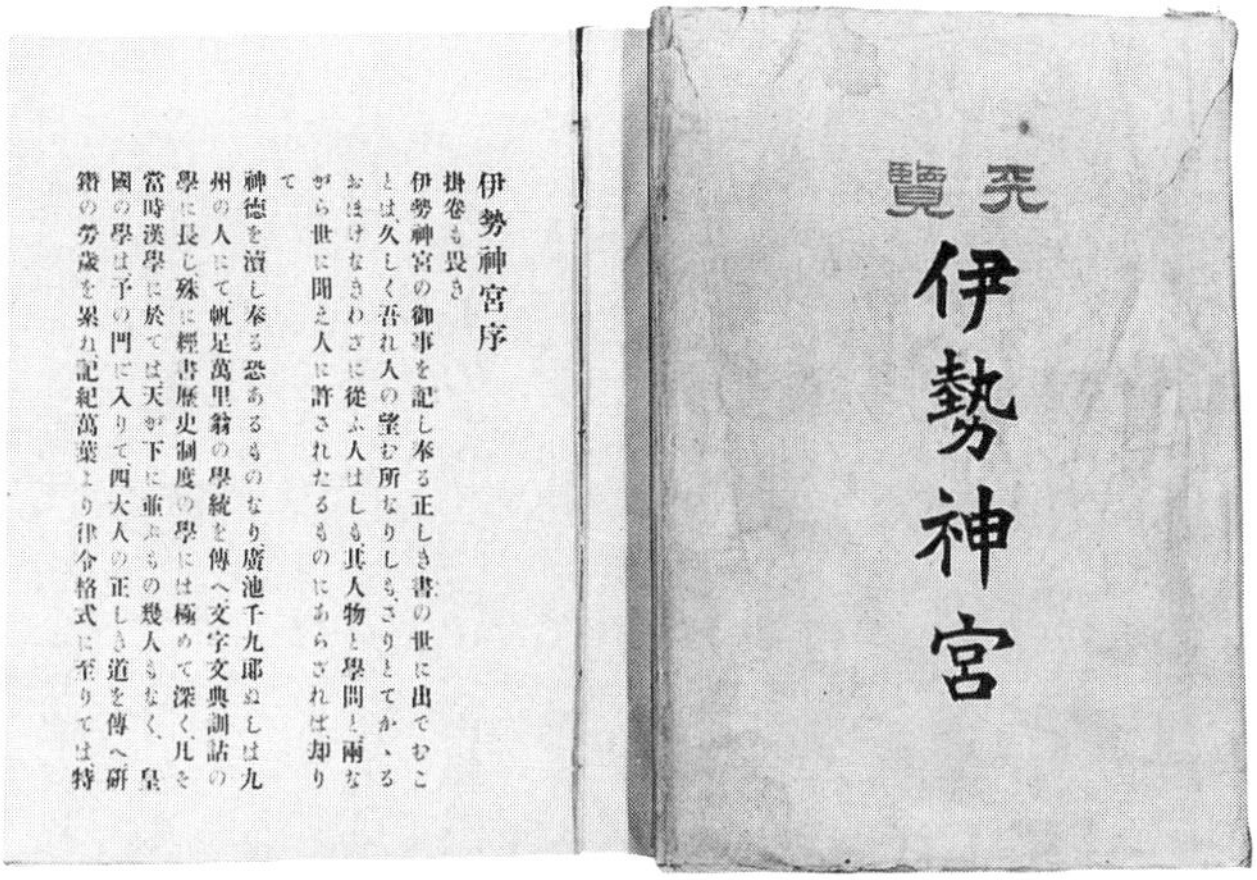

『伊勢神宮』（明治 41 年 12 月 30 日初版発行）

国民道徳の淵源を示している。ここで国体とは、「万世一系の天皇によって統治される国柄」を意味しているが、とりわけわが国の独自性は、次の五点にあるとしている。

一、日本では、天皇と国民が祖先を同じくしているという事実があること。

二、大祖先の聖徳が超絶していること。

三、天祖（天照大神）の大詔《たいしょう》。

四、歴代の天皇が英知に優れ、聖《ひじり》にして文武にたけ、きわめて仁徳《じんとく》が高く、国民をわが子のように愛し、天祖の大詔の主旨を発揮し、その仁徳はしだいに積み上げられて勢いを増し、人心に浸《しん》潤《じゅん》して、忠君愛国の心を涵養《かんよう》したこと。

五、祖先崇拝の国風。

さらに本書では、伊勢神宮の歴史と現状、天祖と祖先崇拝、日本民族と中国民族の宗教心の相違、わが国民の絶対的信仰などについて述べている。

例えば、日本と中国の忠孝に対する考え方の相違について、次のように記している。

わが国においては、大義名分は天皇に対するものであって、父親に対するものではない。したがって、忠が主《しゅ》で孝は従《じゅう》である。しかし、中国においては、中国固有の根本思想である孝道と、周代以来養成された人為的な忠道とは、周の中葉《ちゅうよう》以降しばしば衝突し、学者、政治家は皆その処置に苦しんでいる。その点、わが国においては忠孝の違いがはっきりしている。(24)

本書は、青年時代からの千九郎の信念と皇室の万世一系の研究ならびに道徳の研究の集大成ともいえるもので、国民教育の根本として自信を持って世に問うたものである。

清潔の徳

千九郎が教育の枢要《すうよう》と考えていたものは、伝統的な日本の道徳的精神である。その中心的内容は、普遍的実行の徳である「清潔の徳」を尊ぶことにあるという。

「大祓の詞《おおはらえ ことば》」について、次のように述べている。

大祓の詞は、太古《たいこ》以来、わが日本民族の間に行われてきた悪習慣をわれわれの祖先が不倫汚行《おこう》とみなし、もし、誤って不倫汚行をなす者がある時は、直ちに悔悟《かいご》して祓除《ふつじょ》の業を修め、「清潔の大道」に帰らせる一大教訓である。この教訓の実例としては、素戔嗚尊《すさのおのみこと》の天祖に対する不敬の行為が、最も重大な犯罪として重刑に処せられたことを挙げることができる。また、その時天祖が素戔嗚尊に向かって、「まだ黒い心がある」とおっしゃったように、黒心は白心の反対で、不清潔を意味する。上下君臣《くんしん》の秩序を乱すようなことは、不清潔の極《きわ》みであるからである。清潔の徳こそ、天祖が親しく垂示《すいじ》してくださった日本民族の道徳で、われわれの祖先が実行してきた大道であることが分かる。伊勢神宮が清潔を尊ぶ理由はここにあり、伊勢神宮が神聖であるのは決して偶然ではないことを知るべきである。(25)

千九郎は、大祓あるいは禊《みそぎ》の神話は心身の因果関係を示すものであり、心身の汚《けが》れを祓《はら》って執着心と妄想《もうそう》とを去り、八面玲瓏《はちめんれいろう》、玉のように温和、円満、崇高《すうこう》、至純の心づかいを涵養《かんよう》して「至高道徳」の域に達すれば、自然の理法と一致して、どんな病気もどんな不幸、災難も除かれ、またどんな大業でも成功を克《か》ち取ることができる、(26)と言っている。

『伊勢神宮』の評価

本書には、井上頼囶と文学博士井上哲次郎が序文を寄せている。千九郎は、哲学者として著名な井上哲次郎とは東京在住のころから親しく交流していた。

井上頼囶はその序文で、千九郎が諸学に通じ、特に漢学においては天下に並ぶ者が幾人もいないほど学識が高いこと、自分の門に入って、長年研鑽《けんさん》を重ね、『古事記』『日本書紀』『万葉集』から律令格式《りつりょうきゃくしき》については、特に精到《せいとう》な研究を積んだことを紹介し、「今日その名声はまださほど世に知られてはいないが、氏の博識篤学《はくしきとくがく》ぶりは学者の間では有名である」と述べている。そして本書が自分の意志を十二分に表現してくれたものであると称賛しているが、その言葉から、井上が千九郎を自分の最も重要な国学の弟子の一人と考えていたことが分かる。

本書は、わが国の国体が伊勢神宮に発することを説いた初めての書だった。八坂《やさか》神社宮司高原美忠《たかはらよしただ》は、「この書は、一人寂しく暮らす庵《いおり》に人が訪ねてきてくれたような喜びをもたらしてくれた。この書によって人々が神宮を知り、神祇《じんぎ》を知り、国体を知ることができた。神宮御遷《せん》宮《ぐう》の当日、各学校その他で遥拝《ようはい》式をする時、講演者は争ってこの書によって話をした(27)」と述べている。

本書が当時いかに広く社会に迎えられたかは、発行後わずか半年余りで、三千余冊が出版されたという事実によっても明らかである。

第二節　神道史の研究

神道史講座の担当

明治四十一年に神宮皇学館で神道史《しんとうし》の講座が設けられ、千九郎がそれを担当することになった。中国旅行をしていた関係で、講義は帰国後の五月から開始された。

この講座が開設されたのは、皇学館の卒業生の中に、神道の講習会を強く希望する者があり、同館に申し込みがあったからである。ところが、皇学館では、担当する教師を全国規模で探したが、適任者を見いだすことができなかった。そこで、学内で選定することになり、千九郎に白羽《しらは》の矢が立ったのである。千九郎は、自分は専門家ではないと思ったが、ほかに人もいなかったので引き受けることにした。

千九郎は、日本には神道に関する適切な著書がないと思っていた。平田篤胤《あつたね》の著書は多いが、それは十九世紀の前半のもので、当時の日本の状況とは大きく隔《へだ》たっている。そこで、この講座の担当を受諾《じゅだく》し、独自の講義を準備するとともに、『伊勢神宮』の執筆にも力を注いだ。

千九郎は、早くから神道の倫理的側面だけでなく、宗教的側面にも関心を持っていた。しかし、そのころ政府は明治十八年に「神官教導職分離令」を出し、神社と宗教を区別して、神社では宗教活動をしてはならないと規定していたので、教派神道などの力を借りなければ、神道の宗教的側面を強く出せない状況にあった。

千九郎は、神道を、次の三つに分類している。

一、固有神道、これは日本の古代よりあったいわゆる原始的神道（古神道）。

二、江戸の四大国学者が唱えた神道、すなわち皇道（学派神道）。

三、当時宗教として行われていた神道（教派神道）。

そして、「固有神道」は日本民族の思想、日本民族の行為、日本人の生活の規範のすべてを包含《ほうがん》しているが、神道は皇道《こうどう》であるという精神を形に現すには教派神道の力にまたなければならないと言っている。(28)

千九郎は、倫理道徳も宗教も、根本神霊、すなわち神の法則とでもいうべき絶対的なものによって成り立っていると考えていた。次の資料からは、神の概念、神への信仰及び道徳について、千九郎の思想の核心の一部を垣間《かいま》見ることができる。

人類はようやく神の性質がどのようなものかを知ることができた。神は無限の慈悲を有し、己を捨てて万物を育てることを悟ったのである。そのために、人類はただ神に向かって祈願するだけではなく、人間として真実の道理を行うということこそ、神の心に適《かな》うものだと気づいたのである。つまり、神に対する信仰は、単に神の威力《いりょく》に服するだけではな

> く、われわれの住する宇宙における自然の法則及び人為の法則が、ことごとく神の意思の現れであることを知り、その恩に感謝することから生じるのである。また、わが身の根本である父母祖先の恩を思って、これを崇拝し、祭祀《さいし》することとなり、これに準じ、人格者ならびに自然物に対して、いやしくも物を育て、人類の用に供しようとするものにも崇敬《すうけい》の念を抱くようになる。これは根本神霊の威徳《いとく》によるものである。その信仰が、宗教的のほか広く倫理としても発達したのはこういう理由による。[29]

次の引用には、人間が神意に同化して天功《てんこう》を助けるべきことが述べられている。

> 　自己の心を修め、自分の行った道徳の力によって神の恩寵《おんちょう》を呼び出し、外部の障害を除こうとする考えがある。これはすなわち、人が神を拝み、神頼みするだけではなく、神の慈悲に同化して、自分もその慈悲の心を持つことによって神の恩寵を受けるということである。単に神を拝むにとどまらず、倫理的に人を愛し、社会を愛し、国家を愛し、そして自分の職務に精励《せいれい》し、天功を賛助することである。[30]

さらに、世界諸宗教に共通一貫する神概念についての着眼も見られる。

> 　世界における普遍的な宗教は、教理には多少異なるところがあるが、その神観は相互に一致し、宗教の目的もまた互いに一致するのもこのためである。（キリスト教はゴッドを祀《まつ》り、仏教は仏を祀り、現代の神道において、金光教《こんこうきょう》は金神《こんじん》を祀り、天理教は天理王命《てんりおうのみこと》を祀るというように、

その名は違っても実質は皆同じで、知徳円満、無限の精力と慈悲とを有して、その信教の目的は人心の救済を標榜《ひょうぼう》するものである)(31)。

教派神道の研究

千九郎の神道研究の中心は、古代から江戸時代の学派神道までであった。江戸中期から幕末、明治初期ころの変革期に生まれ、庶民に広く普及していた天理教、黒住教《くろずみきょう》、金光教、禊教《みそぎきょう》などの教派神道十三派については、「学問上論ずるに足らず」という考えを持っていた。教派神道とは、明治政府が国家神道と区別するためにつけた名称である。

しかし、千九郎は、明治四十一年の秋以降、教派神道十三派の研究を始めた。千九郎は、単に文献の研究だけではなく、実際の教化の方法や信徒の活動の様子などを調査研究した。

教派神道十三派の研究後に発表された「予《よ》が信仰」の中では、千九郎の心境の変化が如実《にょじつ》に示されている。それは、次のような点にある。

教派神道を研究する以前は、これらの宗教は信頼できないものであると考えていたが、実際にはだいたいにおいてりっぱなものであった。その教えは、いずれも古代わが民族の間に発生した倫理思想に基づいており、布教の方法もいずれも単純であり、有力な一、二の教派は、宗教として理想に近い。古代神道は理想的な宗教である。しかしそれ以後、教派神道以前までの神道は、人心救済を目的とする純然たる宗教としての価値のあるものが一つもない。教派神道の研究によって、自分は神の存在、作用、本体を科学的に認めた。教派神道は因果律を説いているが、それは古代の神典、すなわち『古事記』『日本書紀』の二書を見ても同一である。自分の信仰はその根底が古代神道にあるので、現代の一、二の神道の教義のみによっているのではない。

千九郎は、教派神道十三派の教理の内容は、次の点で基本的に一致しているとしている。

神道十三派の区別はただ形式のみの相違である。共通項は次のとおり。

①誠心誠意、②清潔身心、③楽天観、④現世的・非厭世的《ひえんせいてき》、⑤活動的、積極的、⑥進化論に合す。（中略）⑦因縁因果《いんねんいんが》の教えもまた存在している。[32]

黒住教と金光教を調査した報告書の中には、次のような文章もある。

天照大神を敬信奉斎《ほうさい》する黒住教と、金神を信ずる金光教、それに禊《みそぎ》教《きょう》を理想的宗教と認識して、信者に深厚な敬意を払っている。かねて研究した教義上の輝きは感じていたが、実地に調査した黒住・金光両教の高尚なこと、りっぱなことは意外なほどであった。[33]

こうして千九郎は、古代神道を基本とし、教派神道をより普遍性を持ったものに改良して、神道のいっそうの興隆《こうりゅう》を企図するようになっていった。

第五章　宗教への傾倒

第一節　天理教入信

心づかいの反省

千九郎が天理教の研究を開始した時期は、明治四十一年十月前後であった。神道史の講義を担当している責任上、千九郎は教派神道十三派について研究する必要を感じたのである。

この研究の過程で天理教に関心を強めた千九郎は、明治四十二年三月、天理教の本部を訪問し、教理、教育方法、信徒の状況などを調査し、この年十月に天理教に入信した。千九郎は、天理教の教理に触れ、宗教の持つ実践性が人間を変革する様子に感動した。同時に、自分の「心づかい」が不十分であり、運命の改善が必要であることも深く自覚するに至った。

明治四十二年、研究の歩《ほ》がおおいに進むと同時に、私は病に襲《おそ》われ、学界に対する前途の光明《こうみょう》が消えていくように思われた。医薬や鍼灸《しんきゅう》などあらゆる方法を試みても、精神の修養に一大変革を遂《と》げなければ、途中で挫折《ざせつ》してしまうことを悟り、私は初めて心を宗教に傾けた。(34)

病に打ちひしがれた千九郎は、おのれの生命が風前の灯《ともしび》であることを感じずにはいられなかった。文字どおり道を立ちふさがれた状態である。「通れぬ日」の近い将来に来ることが予感されていながら、施《ほどこ》す術《すべ》もないまま時間が経過した。経過する時間は不安を募《つの》らせるばかりだった。目の前に広がるのは底知れぬ暗黒のみである。活路を開くにはどうすればよいのか。自己の力に絶対的な自信を持っていた千九郎も、ここに至ってみずからの力の限界を認めざるを得なくなった。

元来、自分の性質は、非常に自信が強くて、大きな夢を抱いており、自己の力を発揮すれば、どんなことでも成し遂《と》げられるものと思っていた。そのようにして奮闘《ふんとう》してきたことは、私の日常を知っている先輩や友人が一様に認めるところであろう。ところが、この信仰を得てからのちの私の心には、大きな変化がもたらされたのである。つまり、自分の活動する力とは、神の力であるということを信じたのである。

そして、その活動する力は、自分の過去における因縁《いんねん》によって限定されていることを知り、したがって、自己の活動力はある程度までのものであって、無限のものでないということを自覚したのである。(35)

この心境の変化は、千九郎にとって精神の一大覚醒《かくせい》といってよいほどのものであった。千九郎の入信の理由を適切に理解するためには、当時の天理教について認識しておく必要がある。明治政府は国家神道の立場に立ち、この立場に添《そ》わない新興宗教は認可しないという厳しい宗教統制を行った。そのため、多くの新興宗教団体は多少とも教義を変更せざるを得なかった。特に天理教は教祖中山みきの時代から激しい弾圧を受け、認可も十三派の最後となった。明治三十二年、天理教は一派独立請願書を内務大臣に提出したが、「天皇帰一《きいつ》の思想がない」などという理由で却下《きゃっか》された。

この認可申請の過程で、いわゆる『明治教典』が作成された。この作成には、神道学者逸見《いつみ》仲三郎や井上頼圀がたずさわった。天理教はこれを受け入れ、明治四十一年、宗教団体として認可された。明治政府は、この教典が誠実に実行されているかどうかを監視するために、国学者大宮兵馬《おおみやひょうま》などを天理教校教官として派遣している。一方、天理教は、政府の国民道徳振興策に積極的に協力していく姿勢を取り、戊申詔書《ぼしんしょうしょ》講演会などを全国的に開催した。この点、千九郎の年来の国家の道徳的改善の意図に合致する面があった。

天理教主催の戊申詔書講演会では、教育勅語や戊申詔書などの話をできる人が天理教内部では見あたらなかったので、外部の国学者などに依頼し、天理教の講演者と共演させた。その点、千九郎は必要かつ十分な条件を満たしていた。教理についても深い理解を持ち、神道の講義もできる千九郎は、当時の天理教にとっては願ってもない人物だった。戊申詔書講演会などは、政府や県や市などの公的機関が主催するものも多く、信徒以外の知名人も多数参加した。そんな中で、学者としての千九郎の講義は魅力があったので、天理教の普及という点でも多大の力となった。

矢納幸吉との出会い

千九郎が伊勢の吸霞《きゅうか》園《えん》という旅館に下宿していた時、天理教信者の服部ていが働いていた。

天理中学卒業生に特別講義を行った際の千九郎（前列右端）
中央は矢納幸吉会長

千九郎は服部ていの献身的な世話に感心していた。このころ天理教に関心を深めていた千九郎は、ていの厚意により、ていの家に下宿することにした。ていは勢山《せいざん》支教会に所属しており、千九郎を矢納幸吉《やのうこうきち》会長に紹介した。千九郎の天理教理解、研究、活動などの全般にわたって多大な影響を与えたのは、この矢納会長である。

千九郎は入信の一つの理由として、「自然に勢山会長の誠に感じたから」「私は矢納会長に接触して、その卓越せる精神的感化を受け(36)」と記している。

千九郎は『日記』の中で、「我を育てた勢山会長」として、次のように述べている。

私が着くやいなや、狂喜して歓迎してくれた。

毎日毎日私が通っていくと、矢納会長は飯まで食べさせてくれた。

昼は病気の私のため、ごちそうづくりに骨を折り、夜はお話をしてくれる。

矢納会長には、元来人を育てる精神が充実している。食堂が狭い時は、自分はただ一人あとに残る。会長だからといって先に食べたりはしない。天理教は親を大切にすると聞くが、親が子を育てるためには、このように苦心しなければならない(37)。

また、次のようにも述べている。

勢山支教会の矢納会長は、天性ははなはだ才知に富み、学問上の素養もあり、儒教や心学道話に通じていた。その信仰に至っては実に深遠雄大で、しかもきわめて常識に富んでいましたから、ほかの天理教会とはまったくその趣《おもむき》を異《こと》にしておりました(38)。

第二節　二見今一色での体験

誠の体験

明治四十二年、千九郎は天理教に入信して、心の世界を見いだし、精神の修練に励《はげ》んだ。その一つの頂点が、明治四十三年の「誠《まこと》の体験」であった。

当時、千九郎の最大の関心事は、いかにしたら真実誠の心を体得できるかということにあった。誠が日本の道徳の根本であることは、学者として熟知《じゅくち》していたから、一歩進んでそれを実践的に身につけたいと願っていた。そこで、千九郎は日ごろ誠の精神に富んでいる矢納幸吉会長に、その秘訣《ひけつ》を尋ねてみた。すると矢納は、「実際に人を助けてみれば分かります」と語り、伊勢の二見《ふたみ》今一色《いまいしき》の講社に案内した。そこには中風症で三年半も寝たきりの松本初子という三十七歳の女性がいた。千九郎は彼女の病気を治すよう求められたのである。しかし、千九郎にはなす術《すべ》がなかった。これまで蓄積《ちくせき》した膨大な知識は何の役にも立たなかった。

千九郎が最初に今一色に行った日時は定かではないが、遺された資料から判断すれば、明治四十三年の二月十四日であると推定される。その後、四、五日おきにその女性のところを訪ね、誠心誠意、救済に努めた。当時、千九郎自身はかなりの病身であり、かつ学位論文執筆に骨身を削《けず》っていたにもかかわらず、その大切な時間を割《さ》いて約八キロの道を通ったことに、千九郎の覚悟のほどがしのばれる。

千九郎は、次のように回想している。

その病人は三十七歳の婦人で、三年半の間全身不随《ふずい》で寝たきりでした。その婦人を助けよというのです。私はほんとうに当惑《とうわく》しました。医学的な治療のすべてをやり尽くし、ただ死を待つばかりの病人に、道徳心を注入してその精神を改革し、あわせてその肉体の病を自発的に治癒《ちゆ》させようとするのですから、当惑するのは当然でしょう。
　この状況に直面し、私の学力も、私の信仰上の勇気も、与えられた課題を遂行するにはあまりにも微弱であることを自覚したのです。ここに至り、私は知らず知らずの間に神様のお力にすがったのです(39)。

千九郎自筆の「誠」

次のようにも述べている。

　伊勢二見が浦の今一色の講社で難病の患者に出会った時、たとえわが身はどうなっても、この難病人の心を助けさせていただきたいと思わず知らずに神様に願いました。あとから考えれば、それがすなわち誠でした。それ以前は、神様に向かって自分の幸福を願っておりましたが、このように人を助ける立場になり、難病人に出会った時、思わず知らずにわが身を捨てて、この人を助けたいと思ったのです。その心こそ誠でした。ここで初めて、誠のほんとうの意味が分かりました(40)。

また、次のような文章もある。

私たちのようなつまらない人間でも、他人の魂を救おうとすれば、知らず知らずのうちに自分の力が微小であることを自覚せざるを得ません。すると広大な神の力を信頼する心が生じ、自分の高慢心がなくなっていくのです。(41)

千九郎の至誠が通じたのか、その病人は、二か月後の四月初めには手足が動くようになり、やがて自分で立って歩けるようになった。

千九郎はこの体験を通じてさまざまなことを学んだ。後年、次のように述べている。

第一に、日本語のいわゆる誠という言葉の真髄《しんずい》は、神の慈悲心に合することであり、神の慈悲心とは物質的な救助ではなく、精神的に人心を救済することにあるということが分かりました。(中略)誠という言葉の真髄は、「苦労は我《われ》これをなし、その結果たる幸福は他人に分かち与える」ということであり、真に神の慈悲心に合することをいうのです。

(中略)

第二に、この今一色における人心救済の実行によって、私はモラロジーでいう「伝統」(恩人の系列)の大恩を痛切に体得したのです。(中略)自分のような誠の少ない人間でさえ、多少の犠牲を払って神様のお力を借り、他人を助けようとするのですから、ほんとうに誠に富んでいる勢山支教会の矢納会長は、昨年以来私を助けるために、たいへんな苦労と犠

牲を払っているに違いありません。この大恩を忘れるようでは、私の前途には暗黒しかないと自覚しました。（中略）

こうして人心救済の経験をさせていただいた結果、年来、研究してきた世界の諸聖人の信仰や道徳の原理が、私の精神の中に躍如《やくじょ》として現出したのです。こうして私は初めて更生《こうせい》の途に上り、神の御心《みこころ》に救われることになったのです。(42)

この体験をのちに「誠の体験」と呼んでいるが、この体験が千九郎にとって非常に重要なものであったことは、後年（昭和三年）の「五十鈴河畔《いすずかはん》の教訓」の冒頭に、「誠の意味を体得せる実験、二見今一色にての実験」と記していることからも分かる。

船頭との問答

松本初子の救済の過程において、千九郎はもう一つ重要な体験をしている。千九郎は、その場面を生き生きと描写している。

四、五日おきに河崎《かわさき》の教会から今一色の講社に行き、その病人に信仰上の話をさせていただきました。河崎の教会から今一色に行く近道は、神社《かみやしろ》を経《へ》て約一里あり、その間には大きな湾がせり出して道を隔てていました。そのため、そこは渡し船で渡るのです。ある日、天候が非常に悪く、今にも暴風雨がやってきそうな時、私はその渡し船に乗ろうとしました。すると、船頭は規定の船賃の数倍を要求してきたのです。私はこれを不当なことだと感じました。私は船賃を値切ることはしませんでしたが、その値段が不当であることを難詰《なんきつ》したのです。そして、乗船する時、まず船頭が船に乗り、陸の上にいた私に向かって船をつなぐ綱を陸上の綱柱から解き、船の中に投げ込んでくれと言ってきました。そこで私は綱を船に向かって投げ、同時にその船に飛び乗りました。しかし、その綱は船に届かず、水中に落ちてしまいました。すると、船頭はしきりに不平を称《とな》えて私を罵倒《ばとう》したのです。

神社港の船着き場より今一色を望む

その時、私は深く自己反省し、神様に謝罪しました。なぜならば、事の起こりは、私がまず船賃が不当だと憤慨《ふんがい》したことから始まったのです。人間社会の正義から見れば、船頭のほうが悪いことは明らかですが、神様の心を体得して人心救済を行う私の精神から見れば、その時の私の精神作用と行為はきわめて不当であるのです[43]。

千九郎の回想は続く。

すべての社会の紛争も、個人の肉体の疾病《しっぺい》も、すべてこのような人間社会の正義を標準とする道徳観念の衝突から起こるのです。すなわち、このような衝突は、当事者はもちろん、それを見聞する者の心まで不安にして、その累積《るいせき》が肉体の違和《いわ》、つまり疾病となり、また運命を閉《と》ざすことになり、その集合の結果が社会や国家の不和や混乱を引き起こすのです。人心救済とは、その根を断とうとする神の事業です。私はその人心救済に赴《おもむ》く途中です。そこで私はおおいに神様に謝罪し、またその船頭に向かっても謝罪し、要求された額の船賃のほかに若干の金を与えて上陸したのです。

その後、船頭は私の身分をも知り、船に乗るたびに非常に尊敬を払ってくれるようになりました[44]。

船頭が初めに要求した額がすでに不当であったのに、千九郎は下船に際して、さらに追加の金銭を与えた。ここには、深い真理に気づかせてくれた船頭への感謝の気持ちが込められていたのである。

第三節　中山真之亮との出会い

三教会同

千九郎の活動は、内には天理教の教理研究と、外に向かっては国家の国民道徳振興政策への参画《さんかく》となって現れた。

このころの内外の状況を見ておこう。日露戦争に勝利した日本は、戦後三次にわたる日韓協約を結び、朝鮮の内政、外交を完全に掌握《しょうあく》した。明治三十八年に設置された統監府《とうかんふ》の初代統監には、伊藤博文がなった。明治四十二年、伊藤が安重根《あんじゅうこん》に暗殺されたのを機に、翌年、日本政府は、ついに朝鮮政府のすべての政治権力を統轄《とうかつ》するに至った。いわゆる日韓併合である。

一方、満州では、明治三十九年（一九〇六）に関東都督府《かんとうととくふ》が旅順《りょじゅん》に置かれ、半官半民の南満州鉄道株式会社（満鉄）が設立された。日露戦争後、日本の中国進出を警戒していたアメリカは、中国大陸への門戸開放を唱え、このような日本の動きに対して強く反対した。

明治四十四年（一九一一）、中国では弱体化した清王朝の支配に抵抗して、各地に革命軍が蜂《ほう》起《き》し、武漢《ぶかん》、南京《なんきん》を占領して清王朝を打倒した。これが辛亥《しんがい》革命であり、翌年、中華民国が成立した。

日露戦争後、日本の国際的地位は高まった。国家的課題であった不平等条約の撤廃《てっぱい》も順調に進み、明治四十四年には関税自主権が完全に確立され、年来の悲願であった条約改正は、ここに完結した。

しかし、一方で、戦後は世界的に軍備拡張が進み、列強の対立が激しくなっていった。このような中で日本が直面した課題は、戦争によって疲弊《ひへい》した国力と民力を回復し、新たに国民の経済的、精神的、物質的な力を結集することであった。

その方策として、内務省は地方改良運動を推進した。この地方改良運動の精神的指針となったものが、明治四十一年に発布された戊申詔書であった。これは、今後の国家発展のためには風紀をよくすることと民力を養うことが必要であって、そのためには勤勉、倹約の精神が重要であることを宣言したものである。これに基づいて地方改良運動が興《おこ》され、報徳会、斯民会《しみんかい》、青年会の再編や在郷《ざいごう》軍人会の組織化などが推進され、この運動は思想界や宗教界にも及んだ。

明治四十五年二月、第二次西園寺内閣の内務次官床次竹二郎《とこなみたけじろう》は、欧州視察から帰国し、欧州の文明はキリスト教の力によるところが大きいことを指摘した。これを受けて、内務省は二月二十五日、国民道徳振興に宗教家の応援を求め、神道、仏教、キリスト教各派の代表者約七十名を集め、東京華族会館で懇談会を開催した。これは「三教会同」と呼ばれた。この会合では、日露戦争後の社会の退廃《たいはい》、国民の疲弊に対して、宗教家は国民道徳の振興と社会風教の改善とに協力することが決議された。

天理教はこの決議に積極的に対応し、まず『三教会同と天理教』と題する小冊子を発行し、ついで八月に講習会を開いて三教会同の趣旨《しゅし》を徹底させようとした。この三教会同について、天理教側で相談役となったのが千九郎であり、右の小冊子を作成したのも千九郎であった。しかし、政府が音頭をとったこの三教会同の活動は、その後進展しなかった。

天理教本部入り

大正二年一月、千九郎は天理教本部に教育顧問ならびに天理中学校長として招かれた。大正元年には学位も授与され、天理教から受けた恩義に報いるために本部入りを決意したのである。

この時、恩師たちからは本部入りをやめるよう強い要望の手紙が相次いで届いた。穂積陳重は「一両年後に、東洋法制史の講座を設けるように尽力するから帰京せよ」、高田早苗は「早稲田大学で働いてもらいたい」、慶応義塾の鎌田栄吉《かまたえいきち》塾長は「本塾に廣池先生のために一つの新しい学科（東洋法制史）を設けましょう」、外務省政務局長であった阿部守太郎は「中国政府に推薦《すいせん》するから、ひとまず上京すべし」、白鳥庫吉《しらとりくらきち》は「南満鉄道の岡松博士の従事している中国法制に関する取り調べの主任に推薦する」などというものであった。

しかし、千九郎は、これらの紹介に応ずることなく、本部入りの決意をいっそう固めている。

千九郎の本部入りは、世間の耳目《じもく》をそばだてるのに十分だった。この時もまた、多くの新聞や雑誌が話題にした。春子は病気の子を抱《かか》え、取材を断るのに骨折ったという。

千九郎は本部に入るにあたって、学者の生命ともいうべき蔵書《ぞうしょ》を献納《けんのう》した。東京に出てから約十五年間、倹約に倹約を重ねて購入した蔵書約三千五百冊を献納したのである。ここに千九郎の並々ならぬ決意が示されている。

千九郎が中山真之亮《しんのすけ》管長に面会したのは、明治四十五年一月のことである。中山管長は、教祖中山みきの孫にあたる人である。この時、千九郎は中山の人格に感動し、天理教一筋に生きる決意を強めた。中山管長は広い包容力を持ち、大きな視野のもとに天理教を考えていた。管長は新人である千九郎の提案を受け入れ、教理結集の仕事を依頼した。

大正二年一月、千九郎が本部入りをしてから中山管長に面会した時、管長は非常に喜び、「教祖が、今に世界に二人とないえらいものを神が引き寄せると言うておられたことを聞いておるが、貴君がその人であったかもしれない」(45)と語ったという。

千九郎と中山管長は厚い信頼関係にあった。千九郎は、次のように回想している。

私が地方の教会もしくは一般社会の教育会とか、商工業者の団体などより招聘《しょうへい》されて講演に行く時には、必ず私を見送り、帰りました時には、必ずその状況を詳《つまび》らかに聴き取る例《れい》でありました。それゆえに、私はいずれにまいりましても、到着と発足《はっそく》と講演の状況の概略とを、必ず管長に打電するのを例といたしておりました。その間における両者の情は、ただ感激と感謝に満ちておったのであります[46]。

管長は、大正二年十一月十六日、千九郎を自分の居間に案内し、「今日はあなたに内々にわが天理教にて重大なる品をお目にかけたいと思います[47]」と語り、教祖の写真と直筆《じきひつ》のお筆先《ふでさき》を見せた。管長は、「これは本部役員にても二、四人のほか、拝見を許したことはない貴重なものでありますが、あなたは将来天理教の教理をつくる本部の役員でありますから、一日も速《すみ》やかにこれをお目にかけておきたい[48]」と説明した。千九郎は管長の信頼に感謝し、ますます天理教の発展に向かって努力することを神に誓った。

天理中学での教育

千九郎は、大正二年天理中学校長に就任した。新進気鋭の学者が独立間もない天理教に入信するということ自体、天理教の側からすると大きな意味を持つものであった。千九郎が校長に就任したことについて、「廣池博士が天理中の校長として同校に赴任することは、実にギリシアのプラトンがアカデミーに臨《のぞ》むようなものである[49]」と報じられた。千九郎に対する期待がいかに大きかったかを物語っている。

天理中学は、明治四十一年四月から五年制の中学校に改まり、定員は四百名であったが、大正二、三年当時、生徒数は、五、六百人に増加していた。

千九郎の手当は、年俸千五百円であった。住まいは、養徳院という天理教の孤児院の別棟《べつむね》の一室であった。このころの千九郎の生活の印象を、当時養徳院の教官をしていた吉田藤三郎は、次のように語っている。

博士と私とは十年間同居していました。この長い年月、いまだかつてお腹立ちの様子を見せたことは一回もなく、また人から博士に贈られた物は、ご自身がこれを専有するようなことはせず、人々に分け与えてくださいました。私たち養徳院内の者も幾度となくこの恩恵に預《あず》かりました。また、商人から物を買われる時も、一銭の値引きを求めたこともありませんでした。そのように神に近い心となり、これを実行して大神様にご守護を願われましたので、そのため病《やまい》もしだいに回復され、人に助けられて、草履《ぞうり》をはいて大神様の御前にお礼参りができるようになりました。

その後ほぼ健康になられて、天理中学校長になって、子弟の教育に努力されつつ、かたわら布教伝道に東奔西走《とうほんせいそう》、一年中で養徳院に帰られるのは、一、二回に過ぎないという状態でした。(50)

千九郎は校長就任後、まもなく生徒向けの「天理中学生徒の心得に関する訓諭《くんゆ》」、教師向けの「天理中学生徒の訓育に関する希望」など、各種の文書を発行し、自分の教育理念の徹底を期している。

千九郎は、次のように考えていた。

教育の要《かなめ》は「慈悲寛大」の精神にある。人生の目的は徳性の涵養《かんよう》であり、身体の健康と才学はあくまでもその目的を達する手段に過ぎない。ただし、徳を修め、健全な身体を持っていても、学力や才知がないと、道徳を活用して天職を十分に全《まっと》うできない。

慈悲寛大とは、えこひいきしたり、校則違反を見逃《みのが》したり、生徒の機嫌《きげん》を取るということではない。しかし、威嚇《いかく》したり、威厳をちらつかせたり、叱責《しっせき》したり、刑罰などを用いるのは、皆変則な指導であり、これらを用いなければ教室の管理ができず、学校の規則が維持できないというのは、教師の罪であり、自分の教育上の失敗だと思って、決して生徒のせいにしてはいけないと説く。

しかし、生徒の過失犯則は、最も厳正に矯正《きょうせい》すべきである。ただ、生徒を憎むという心を持たずに、その者の将来の幸福のためになるようにという親切心を持って接しなければならない。そのためにはどうすればよいか。叱ってもいい、怒《おこ》ってもかまわない。その心に慈愛さえ持っていればよい。厳格に叱るほうがむしろよい。しかし、形のうえでは怒っても、心の中では怒ってはいけない。心の中で怒っているのに、形だけ優しいのはだめだと指摘している。

学業については、「学力の優劣《ゆうれつ》や成績のよしあしなどは、先天的な能力で決まることが多いものだ。いわば、それは天からの借り物だ。しかし、㈠学科に対する努力、㈡出席の努力、㈢操行《そうこう》の努力、この三つの努力は、自分の心一つでできることだ。この三つのことに努力しなさい(51)」と言っている。

生徒の感想の中には、「廣池校長の在任は短期でしたが、その天理教教育主義をもって真《ま》っ向《こう》から臨《のぞ》まれ、朴訥《ぼくとつ》で尊厳のある風貌《ふうぼう》、慈悲寛大、犠牲的精神、絶対服従などの講堂訓話は、強く印象づけられています」などとある。

このような教育指導によって、生徒たちは一変したといわれている。「私は、少年の時に大分師範学校に入ろうとして二回も落第した。しかし、私を見てごらん。落第は必ずしも悲しむべきことではない。だから、これからは、変わらずに努力する心だけは持ち続けてほしい」と生徒たちを激励《げきれい》している。

なお、『天理中学三十年史』（昭和五年）には、千九郎の功績について、「短期間ではあったが、その天理教育主義を高く掲《かか》げて鋭意《えいい》本校の改善に専念し、本校としては将来もなおその努力にまつところが多かった(52)」と記されている。

第六章　精神の大転換

第一節　大正元年の大患

絶体絶命

大正元年九月二十日ごろから、千九郎の持病が再発した。病状は一進一退を繰り返し、十二月前後には、生死の境《さかい》をさまようまでに衰弱した。これがいわゆる「大正元年の大患《たいかん》」である。

この大患は、千九郎の精神を決定的に深化させた。自己の精神作用の未熟であることを深く悟り、それを徹底的に改める決意をして、日夜心の修練に打ち込んでいったのである。このころから、『日記』の記述は反省、懺悔《ざんげ》の記録に満ちてくる。

十月十一日の記事には、「ただただ、今後一つでも多く人を助けることをさせていただきたい。その代わりとして、苦労を与えてくださるように願うのみである(53)」とある。

同十三日には、二十日ごろまで学校の休日が続くことを回想しつつ、悲痛なまでの心境を語っている。

今から回想してみると、もし自分が今日健康だったら、毎日こんなにも休みがあってどれほど楽しいことだろう。ところが、昔は生計を立てることと出世することで苦しみ、春の花、秋の月を楽しむことさえできなかった。今は仕事は楽になったが、病気で苦しんでいる。つまり、私の一生は苦しみをもって始まり、苦しみをもって終わるようだ。しかし、ここが立命の要点である。（中略）たとえ今回の悩みがいかに大きなものでも、今後自分の決心で直らないはずはない、という信念を固めた。今後はただ命があって人様のために働くことさえできれば、事毎《ことごと》に自分の意に添わないことが生じ、金銭、食物すべて不自由になり、いっさい不足がちの身になることを予期します。つまり、健康と物質上、精神上の不足不自由との交換を神様にお誓いする。(54)

このような精神の苦悶《くもん》がいかに激しいものであったか。十月十七日、「夜半、夢に襲われ、苦しんで目が覚《さ》める。御道《おみち》に関する夢でもない夢だ。これはやはり心に御道を重んじていない証拠だと思い、深く懺悔した(55)」とある。

十一月十二日にも夢のことがある。「昨夜、就眠《しゅうみん》したあと、恐ろしい夢に襲われ、心が動転して発熱してしまった。私は自分の心がいまだに正しくないことを懺悔し……(56)」

このころ、千九郎は、自己の全存在を抹殺《まっさつ》して、もっぱら神意に従う心境に到達した。十一月十二日の『日記』には、次のように記されている。

無我の愛というのは、己を捨てることである。己を捨てるというのは、己の生命、財産、自由を捨てて、人類の幸福に資することである。(57)

この間、十月二十五日には、先年来病床に伏していた次男千巻の心臓病が再発したという通知が届いた。さらに、十一月十四日に学位授与内定の電報が来るのである。この時までに、すでに千九郎は、東洋法制史の研究を捨て、一身を人心救済と世界平和の実現に捧《ささ》げる覚悟を固めていたが、専門学者としての最高の栄誉の通知を受けて、心の動揺は隠しきれなかった。

次は、電報を受け取った時の記事である。

> 千巻の病状がよくないとの通知があったので、かねて覚悟はしていたものの、親子の情とでもいうべきものなのでしょうか。電報が来ると、思わず息子の危篤《きとく》の知らせかと思って、はっと驚き、頭に血が上りました。ところが電報は、私の一身上の光栄に関する吉報《きっぽう》でした。（中略）
>
> 私は心中ひそかに吉報のことと思い合わせ、今後自分の身分が高まれば、必ず高慢の心がおのずから起こるはずだからと、神様がこれを知らせてくださったのだと思い、懺悔し、かつおおいに治定《じじょう》しました[58]。

この時、千九郎の病状は悪化の一途《いっと》をたどっていた。過去においても幾度となく病魔に苦しめられてきたが、千九郎はほとんど医者にはかからずに治してきた。しかし、この時ばかりは、医師の診察を受け、任せる気持ちになった。「十一月二十四日、初めて医師の診察を受ける」とある。病院は日本赤十字病院三重支部である。

しかし、一向によくなる気配はなく、十一月二十八日には、「わが子を捨てて、世界の人を子とする」と、悲壮なまでの決意を披瀝《ひれき》している。

さらに、十二月六日には、ついに医師にも見放され、死の宣告を受けたも同然の状態になった。「薬をやめ、もっぱら天命を待つ」という絶体絶命の状況に追い込まれたのである。のちに、千九郎はこの時の病状を回顧《かいこ》して、次のように述べている。

だんだんと重くなって、十二月六日の夕刻には、ほとんど両目で物を見ることができないくらいにまで衰弱してしまいました。病状は、長年の過労により、強度の全身的神経衰弱となり、内臓の神経まで弱ってしまいました。肺なども肺量計で計ると平素の半分も昇らず、心臓の働きも半分くらいに鈍《にぶ》り、胃腸などは完全に消化力を失っていました。重湯《おもゆ》や牛乳などの流動食すら消化する力もなく、視神経、聴神経、触官神経、さらには歯根《しこん》の神経まで衰弱して、五官がことごとくその用をなさないようになってしまったのです。その結果、強い咽喉《いんこう》カタルを生じ、せきとたんが激しいので、周りの人は皆肺結核だと思っていたのです。胸部から両左右の肋《あばら》に、いわゆる肋間《ろっかん》神経痛を併発《へいはつ》していたので、自分でも肺病だと思っていました。このような重態に陥り、物質的な治療は尽きてしまったので、ただ死を待つほかなかったのです(59)。

二十年の延命祈願

ところが、このような状況の中で、千九郎は院長の許可を得て、十二月七日、あえて退院してしまうという挙《きょ》に出た。退院した千九郎は、再び他人の幸福実現のためにわが生命を捧げ尽くすという、あらん限りの至誠心を振り起こした。次のように記している。

今回のような大病を患《わずら》っては、とうてい命があるはずはないのですが、もしも神様が私に一年の生命を貸してくださるならば、私は人心救済に関する世界諸聖人の真の教訓に基づく前人未到の真理を書き遺《のこ》しておきましょう。もし、またさらにこれより長い生命をお貸しくださるならば、私の学問、名誉及び社会の地位全部を神様に献納し、生きたまま神前の犠牲となって、人心救済をさせていただき、全人類の安心、幸福及び人類社会永遠の平和の実現に努力させていただく所存です(60)。

千九郎がこの決意をすると、不思議なことに直ちに全身的な反応が現れた。医師に見放された病が、徐々に軽快の兆《きざ》しを示し始めたのである。

十二月六日の神への誓いは、初めは一年の延命であったが、千九郎は、諸聖人の思想、道徳を学問的体系にまとめるためには一年では足りないと考え、二十年の延命を祈願した。天国と地獄を同時に見たような心境であったろう。学者としての最高の栄誉と人間としての最大の悲惨《ひさん》に直面して、千九郎の精神は大きく転換した。

千九郎は、学位授与に際して、次のような誓いを立てている。

今回私が発表した研究の一部分は、識者の間に認められて、学者最高の栄誉である法学博士の学位を授けられた。その研究事業も、今やまた非常に進捗《しんちょく》している。学位はもちろん終極の目的ではないが、ひとつの事業の一小段落であることも確かである。それゆえ、私は生命が枯渇《こかつ》し、死ぬ運命となっても悔《く》いるところはない。ただ神様に感謝するのみである。これからは、私の一日は、ただ感謝のために存在し、自分のいっさいの幸福を顧《かえり》みないことにする。そして学理の啓発、真理の擁護《ようご》に身を投じるのみである。(61)

千九郎は、これまでの自分の心づかいが利己的であったことを心底から大悟した。後年、次のように回想している。

自分は僻地《へきち》に生まれて、貧しい中から身を起こし、神及び聖人の徳をはじめ、二、三の先輩の尊い恩によって今日になったのですから、このうえ高位高官に昇り、富貴《ふうき》の身になるなどということは末恐るべきことです。今幸いに大患《たいかん》にかかり、生死の間を彷徨《ほうこう》するに至ったのは、神の警告であろうと考えまして、いっさいの名誉及び利益を棄《す》てて、世界人心の開発及び救済をなすことに決心致しました。(62)

聖人の教えに従って、私の現在の学力と地位とを全部世界人心の開発及び救済に提供し、全人類を幸福にするために努力するということは一見愚《おろ》かのようですが、私は人間としてこれ以上のことはないと気づきました(63)。

これ以降、さしもの大患も薄紙をはぐように快方に向かい、千九郎は奇跡的に命を取り止めたのである。この時、千九郎は神に支配されているというよりも、自分から主体的に神と精神的に深くつながっていることを実感した。そして、そのことによって神の力が自分の肉体に現れることと、それを可能にする人間の精神の力の偉大さに胸を打たれた。

この大患は、千九郎の生涯の決定的な岐路《きろ》となった。この時点で、千九郎は東洋法制史家としてのこれまでの研究を基盤にしつつ、新しい学問分野を開拓していくこととなった。つまり、新科学としての「モラル・サイエンス」（道徳科学）の樹立者としての新生涯を切り開いていくことになるのである。

自己反省の深まり

天理教の内部の人間となった千九郎の目には、早くも信徒の態度や行動の欠陥がいろいろと見えてきた。天理教を理想の宗教にしようとはやる心が強かったともいえる。

大正二年、三年の『日記』には、千九郎が非難や攻撃を受けた例が、いくつか記されている。

本部に入り、非難攻撃を四度受ける。（大正二年と三年）

私は天理教を買いかぶっていたのではないかという気持ちがしきりに起こり、憤慨《ふんがい》の情を禁じ得ない。

しかし、とにかく不完全ではあるが、やはり彼らを世界のほかの人たちと比べれば、いずれも皆よいところがある。もしもそうではないとしても、私一人が天啓《てんけい》を守れば、新天理教だと覚悟して、神様に謝罪する。(64)

午後、学校でも三年生以上の生徒と職員に、天理教教育の基礎を形成する信仰の内容という題で教理を説いた。同夜、某教師が酒を飲み、一杯機嫌《きげん》で、今日の教理に不平があると言って、どなり込んできた。こちらから謝《あやま》り、帰ってもらう。(65)（大正三年四月二十一日）

このような時、千九郎はどのような反省をしたのであろうか。次は、大正二年から四年までの心づかいの反省の一例である。

ただ明るい心づかいと自分の心の修《おさ》め方だけとに心を使い、世界の心の師となります。(66)

一、いっさい人の短所を見ないことにする。

二、いっさい人のことを悪く思わないようにする。

三、気を永く永く持つ。

四、いっさいいかなる学者にも地位ある人にも抵抗心を出さず、ただただかわいいと思うように努める。

（大正三年五月三十日）

五、なるよう、行くよう、自然に時節《じせつ》を待つ。

六、自分が偉《えら》い、自分が偉いと思い、自分には信仰が十分にあると思う心づかいが大きな誤りである。少しも偉くなんかない。そう思うのは信心《しんじん》の浅い証拠である。(67)（大正三年五月三十日）

神を目的とするのと人を目的とするのでは、その差は大きい。（中略）よいことをして悪くいわれることを楽しむ。(68)（大正三年八月一日）

このような状況から、千九郎は、自分が天理教本部から退かなければならなくなる事態に陥ることもある、と考えていた。

大正三年の『日記』に、「もしも私が社会から攻撃されても、天理教から追い出されても、私は社会に対し、天理教に対して反抗はしません。逆に自分の不徳を反省するだけです(69)」とある。

第二節　大正四年の困厄

追悼講演とその反響

大正三年十二月三十一日、中山真之亮管長が四十九歳で病死した。中山管長の死により、千九郎は最大の理解者を失った。翌大正四年一月八日の葬儀において、千九郎は弔辞《ちょうじ》を読み、十二日の追悼《ついとう》講演会では、延々五時間にわたって天理教会の制度、教育、布教法など、生前管長とも協議した改善案を提示し、教団の活性化について真情を吐露《とろ》した。この講演は信者に大きな勇気を与え、教団の将来に希望を抱《いだ》かせたといわれる(70)。

千九郎は、この追悼講演の中で、次のように述べた。

私は『明治教典』を不完全だと思っております。大和舞《やまとまい》もありがたく思わず、祭式も祝《の》詞《と》も、将来は全面的に改めていかなければならないと思います。また、教導職も今の御道に添うものではなく、お助けには不用のものと思います。（中略）今日までを振り返ると、真の教理の研究が十分でありません。もう少し深く教祖のお心や行いをご研究いただきたいと存じます(71)。

千九郎は、当時の活動のよりどころであった『明治教典』と教団のあり方を批判したのである。このことは、内務省から監視役として派遣されていた人々の逆鱗《げきりん》に触れることになった。彼らは数年前から千九郎の存在を快く思っておらず、『明治教典』に対する千九郎の言辞《げんじ》に目くじらを立てていた。この時、千九郎が公然と『教典』を批判したので、千九郎批判の格好の材料となった。

これらの人々の千九郎批判は「天理教は『明治教典』によって一派独立を完遂《かんすい》した。その最大の保証書ともいうべき『教典』をば、天理教の教育顧問である者が否定するとはなにごとであるか。畏《おそ》れ多くも皇室を無視する言辞にあらずや(72)」というものであった。

追悼講演会から二か月後の大正四年三月十三日、千九郎は地方講演を終えて本部に帰った。そこで大宮教頭らの一派が千九郎を非難していることを知った。教団は千九郎に謝罪状の提出を要求した。千九郎はこれに応じたが、非難グループの追及の手はやまず、内務省の前宗教局長斯波《しば》淳六郎に働きかけ、教団の独立取り消し運動を起こすことをほのめかして、千九郎の辞職を迫《せま》った。四月六日、教団側はついに千九郎を辞職させて、事態を収《しゅう》拾《しゅう》することを決め、その旨《むね》、千九郎に伝えた。

千九郎は、四月二十七日に天理中学校長、天理教教育顧問を辞任し、四月三十日には天理中学生徒への別れのあいさつを行った。「生徒ら皆泣く」と、千九郎は記している。

七月十日、千九郎は『中外日報』に、次の文章を発表している。

辞職に際し学生たちに請われて撮った記念写真

この春の私の辞職は、私が教典の記述に不備の点があり、天啓の真髄《しんずい》が含まれていないので、人心救済には、今一段深い教理の修養が必要であると説いた。ところが、これが大宮教頭に誇張して報告されたため、氏に誤解されて反対を受ける結果となったものである。私は天理教の信念に基づいて責任を取って辞職したものですから、決して他人を恨《うら》むようなことはしない。なぜなら、万々一にも自分の行為の結果を自分の因縁《いんねん》と悟らずに他人を恨むようなことがあれば、必ず大きな神罰があるという強い信念を持っているからである。私はあの日以来、日夜神様に懺悔《ざんげ》している。そして本部はもちろん、大宮、三橋二君に対しても、かえって私の信念を向上させてくれた恩人として感謝している次第である。それなのに、どうしてこれを恨むなどということがあろうか。まして関係のない者を恨むはずは決してない。(73)

この文章のあとに、千九郎は、このような事態に至ったことを、すべて自己の不徳の致すところと反省している。

黙して退く

中学校長、教育顧問を退かざるを得なくなった千九郎の心境は、どのようなものであったろうか。事件発生当時の千九郎の反省の様子を追ってみよう。

　私の留守中に大宮教頭が私を攻撃し、新聞にいろいろ報道された。人々は私の怒りを心配した。私はこれを聞いておおいに懺悔した。[74]（大正四年三月十一日）

　私はすべてを懺悔した。悪いものを悪いと思う心づかいがよくないのだ。敵を愛する心、敵を救済しようとする偉大なる慈悲心を起こして、神様に懺悔した。なお、今後は何人《なんぴと》にも、いっさい教典のことなどは話さないことを神様に誓った。[75]（大正四年三月二十八日）

千九郎は、すでに古来東西の聖人が大迫害を受けてきていること、また、自分の心が浄化《じょうか》されればされるほど、大きな試練《しれん》が来るものと自覚し、さまざまな非難中傷もそれは自己を磨くための試練であると受けとめてきたが、この時はそれをいっそう深く徹底し、すべての困難は神が与えてくれた恩寵的試練《おんちょうてきしれん》として喜び、感謝して受けとめ、克服してきた。争ってしまっては、世界平和の唱導者となることはできないという信念から、弁明はいっさいしなかったのである。

千九郎は、のちに、この時の反省を生涯最大の最高道徳的自己反省としている。

自己反省というのは、自分の過失があった時はもちろん、たとえ自分には過失も罪悪もないのに他人から迫害された場合、これを自己の不徳として反省するのです。(76)その時、模範としたのは天照大神の天《あま》の岩戸籠《いわとごも》り、十字架上のイエス・キリスト、国法を重んじて毒杯《どくはい》を仰《あお》いだソクラテス、迫害者に対する釈迦の実践などであった。

次の記録が残されている。

私は国家の真の平和的統一と世界の真の平和的友好関係が築かれることを願っている。元来、平和を建設するために平和を説くのは、学者、識者の態度であるが、私は、天理教祖の足跡《そくせき》を踏み、これを身をもって実践して、社会を感化する覚悟をしているので、今回は黙して退く。

なぜなら、たとえ善悪がどちらの側にあるにしても、なにごともある事件が起こった当時においては、識者《しきしゃ》もこれを識別することができないことは、徳川時代のお家騒動に照らしてみても明らかである。歌舞伎《かぶき》で演じられる「先代萩」の伊達《だて》の忠義も兵部《ひょうぶ》の悪も、今から見れば明らかだが、その当時、外部から見れば決して事の善悪は明白ではない。それゆえに、これを公《おおやけ》に争えば、やはり一つの争い事と見なされるに過ぎない。そんなことをしていては、平和を唱道する世界の開祖になることはできない。また、自分の主義によって人を感化することもできない。すべていかなる事も自己に反省し、謝罪し、感謝してこそ、人格の力は強大になるものである。こうして初めて人心を救済することができるのである。(77)(大正四年四月七日)

この蹉跌《さてつ》をもって先方の不徳とだけ考えて不平を抱《いだ》き、自分が先方に反抗するような行為に出たならば、将来自分は人の上に立って聖人のみ教えを説き、人心の開発もしくは救済をすることなどは不可能となる。したがって、今日の出来事は、世界の人心を最高道徳で助けるうえからいっても、神様が自分に与えてくださった体験であるので、実に感謝のほかはない。先方を恨《うら》み怒ったりするなどということは、もってのほかのことである。ほんとうに私の年来の研究を実践する方法を悟らせてくださった大恩人である。これを忘れるようでは、かえって自分が救われないのである。だから先方を尊敬しなければならないと思い、衷心《ちゅうしん》から神様に感謝した。こうして、私の運命はこの時から一大回転をしたのである。(78)

千九郎によれば、ソクラテスの感化力は偉大であったが、絶大なる感化力の源泉は、真理の自覚においてあえて毒杯を仰いだ、その実践にあるという。ソクラテスは、「今たとえアテネの法律とアテネ人とが悪いとしても、私は人類の真の幸福のために犠牲となるのである」と述べ、不法の刑に服した。
千九郎は、次のようにも記している。

人間が一生一代の難局に直面して、あるいは緊急な事態であるため、だれにも相談する時間がない場合、もしくは事があまりにも重大で、だれに相談しても、その相手になることができる人がいない時、その難局に善処《ぜんしょ》しようとする場合、これを解決して真の安心立命を得るには、ソクラテスの最後の教訓に優《まさ》るものはないだろう。大正四年（一九一五）以降における私の精神的生活及び行動のすべては、皆このソクラテスの最後の教訓によったものである。(79)

独り立つ

この事件によって千九郎は「豁然大悟《かつぜんたいご》」し、以後すべてを恩寵的《おんちょうてき》試練として感謝するという「大々的大決心」をした。それまで頭では理解していた天照大神の「天の岩戸籠《いわとごも》り」の精神を身をもって体験し、「無我棄身《むがきしん》の境遇に安心立命」できるようになったのである。そのためであろうか。事件の最中でも心の安心を得、千九郎の周囲には不思議な静けさが漂っていた。「今回のことが起きてから体調がすぐれ、いろいろと活動しても、ますます体調がよい(80)」と記されている。

しかし、千九郎の天理教本部入りについて揶揄《やゆ》した新聞や雑誌は、千九郎が本部から出ることになったことを格好《かっこう》の話題とした。先に千九郎が、『余《よ》が天理教に入りし理由』という小冊子を配って天下に宣言したのに、数年で退《しりぞ》くことになったので、「それ見たことか」と思った人も多かったであろう。興味本位の詮索《せんさく》もあり、世間の関心はいやがうえにも高まった。

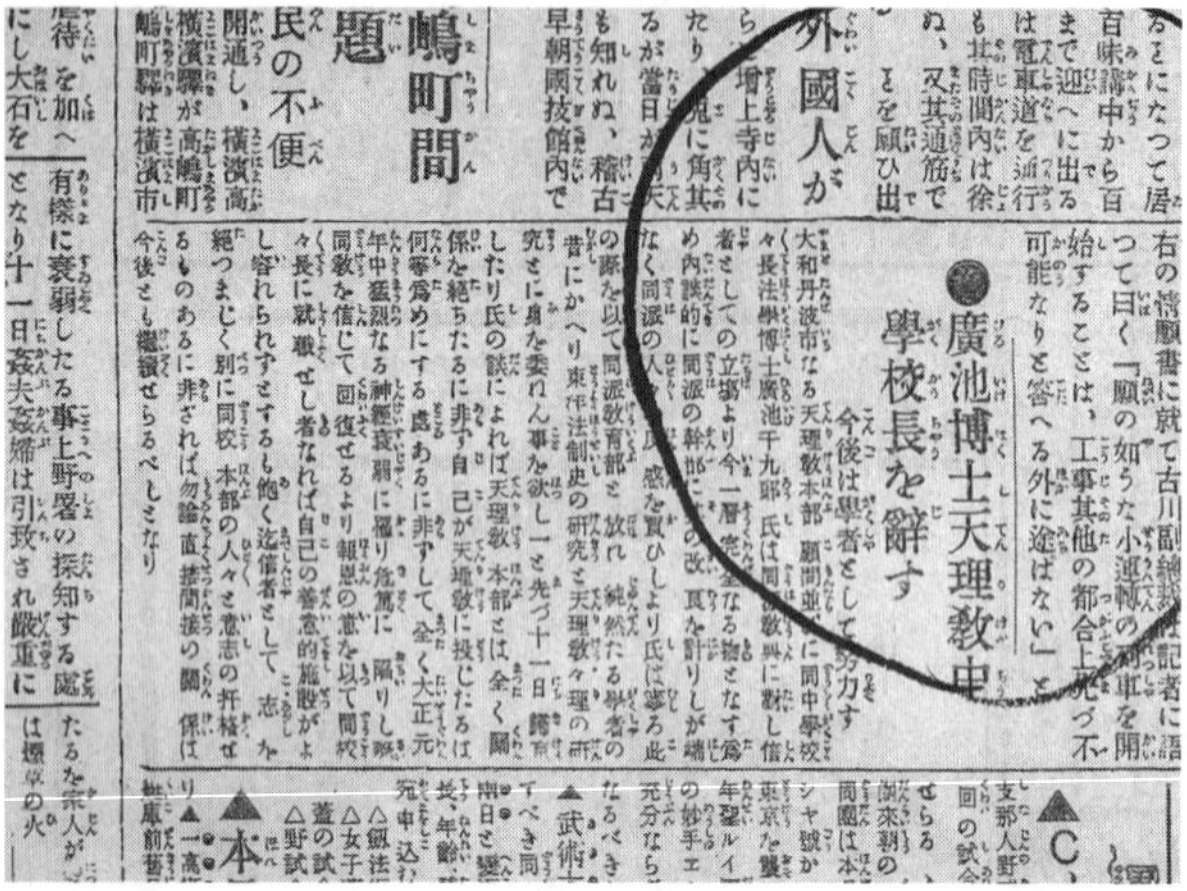
廣池博士天理教史學校長を辭す

千九郎の辞職に関する記事（大正４年４月12日『時事新報』）

四月十一日から十三日、『大和新聞』『奈良新聞』『時事新報』などが、「廣池博士辞《じ》す」「廣池博士引退す」などという記事を出した。また、七月二日には、『国民新聞』に「教典非か・内政非か」、『報知新聞』に「天理教の火の手」と題する記事などが掲載された。さらに、大正五年一月七日『中外日報』には「危機に迫れる天理教」という記事が出た。

次は『大和新聞』(四月十一日)の記事の要約である。

> 博士はそれを聞いて自分の不徳の致すところであると、あくまでも謙遜《けんそん》し、真実心から懺悔《ざんげ》して、この道は勝って通る道ではなく、敗けて通る道である。自分がいるために人に迷惑をかけてすまな

いと言って、引退することとなり、これからは純信仰の人として同教のために尽くすと言っている。（中略）大正二年一月に天理教本部に籍を置き、同教の内外の事務にたずさわり、天理教を上流社会に紹介するなど、その功績は少なくないのに、小さな内紛で博士を失うのは、実に同教のために痛惜《つうせき》の至りであるというべきである。

千九郎は後年、「私が天理を出た時、新聞社がみんな集まったが、私は一同に対して自己反省の言葉を述べた。この時天理を非難《ひなん》していたら、今日の私はなかったであろう(81)」と回想している。

千九郎の追悼講演が投げかけた波紋は、誤解と曲解が重なって、しだいに大きくなっていった。これらの報道は誤解に基づくものが多かったが、千九郎は弁解らしきことはいっさいしなかった。

千九郎は回想している。

私には一厘《いちりん》の貯金もなく、住宅もなく、学者の唯一の武器である蔵書もすでになくなっています。ただ残っているものは、きわめて弱い病気の肉体のみです。ただし、この場合でも、人心救済の大目的を打ち捨てて、自分の生活の安定をはかるためであれば、先輩でも友人でもその他多くの実業家でも、私を歓迎してくれる人はたくさんおります。しかし、私は先年大病を患《わずら》った時に、神様に人心の救済と世界永遠の平和の基礎を確立することを誓ったのですから、今これを変更することはできません。それゆえに、あらゆる人々の同情も親切も、私には何の力にもならないのです。したがって、このような無一物の中から人心救済、世界平和などという大事業の基礎を確立しなければならないのです。

そこで、まったく自我を没却して神の心の中に入り込み、神の法則にしたがって神の慈悲心を実現するよりほかに道はないのです[82]。

こうして千九郎は、家族、先輩、友人に見放され、マスコミや社会の人々からも揶揄《やゆ》、攻撃され、一人の味方もなく、ただ一人の道を歩むことになった。就職しようとすればできたが、すでに人心救済のために自分の生命を神に捧げてしまったので、その誓いを破ることはできないと考えた。千九郎の心には、「キリストはただ一人で立った。私の決心はこれによってついた[83]」という思いがあった。

それから十五年後、この時の決心によって、「ただ一人の至誠が万人を生み出す」こととなったと回顧《かいこ》している。

第三節　「慈悲寛大自己反省」の精神の体得

千九郎の大悟

この大正四年の困厄《こんやく》に対する自己反省によって、千九郎は、のちに最高道徳の核心とされる「慈悲寛大自己反省」の精神を体得した。同時に、千九郎は、ここに日本皇室の万世一系の根本原因があると確信した。この間の経過について、次のように記している。

　私は、日本の国体の淵源《えんげん》に関する研究について、まだ心の中でどこか徹底していないと感じるところがあり、研鑽《けんさん》に努めたが、ついに得るところがなくてやめてしまった。ところが、翌明治四十二年に至って、はからずも私は一種の宗教的信仰を得、これによってある日忽然《こつぜん》と、わが国体の淵源である天祖のご聖徳中、天祖の天の岩戸籠りの際に発せられた慈悲寛大自己反省のご偉徳こそ、ご聖徳中の骨髄《こつずい》であって、これは古

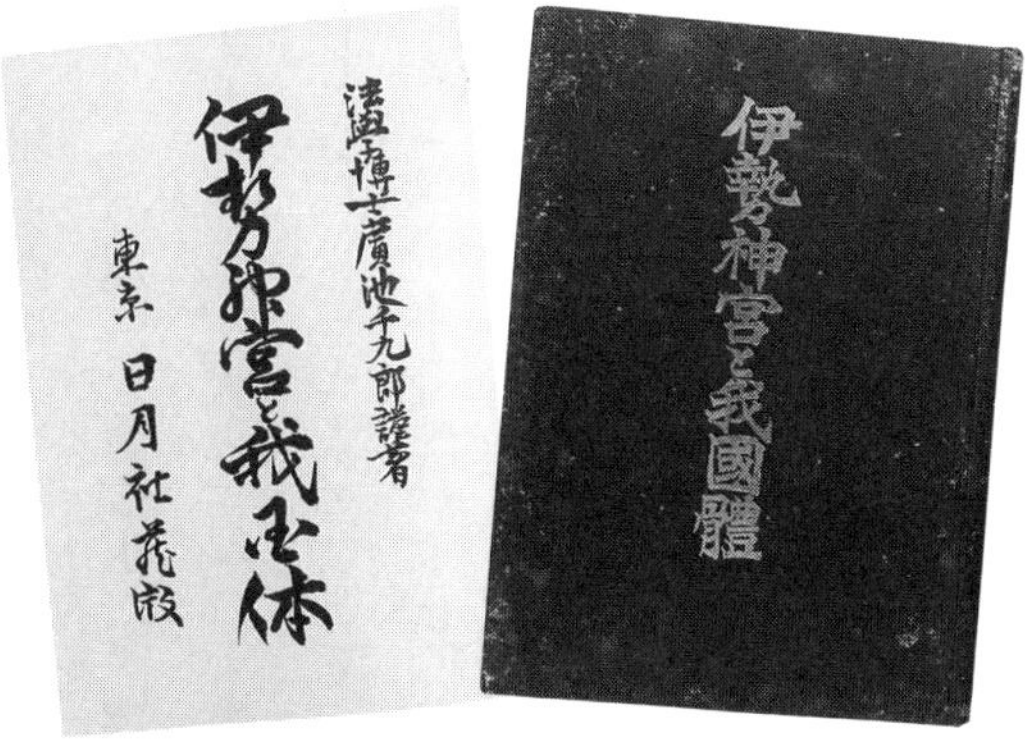

『伊勢神宮と我国体』（左はとびら）

今東西に比類のない偉大な徳であると考えつき、それから研究に研究を重ねて、いよいよその理由を明らかにすることができた(84)。

千九郎は、大正元年の大患、大正四年の困厄を通して、天祖の真精神をみずから体得し、確信を持つに至ったのである。

そこで、千九郎は大正四年九月、先に発行した『伊勢神宮』に「神宮中心国体論」という二十二頁ばかりの文章を追加し、書名を『伊勢神宮と我国体《わがこくたい》』と改めて出版した。

この書において、次のように説明している。

(天照大神は、弟の素戔嗚尊《すさのおのみこと》から)再三再四、迫害を受けたにもかかわらず、大神はいずれもこれを先方に都合のいいように解釈なさった。ことに神殿に大小便をまき散らした時などは、これは素戔嗚尊が酔ってしたことだからと善意に受けとめ、ほとんど今日の人では想像もできないほど寛大な慈悲の心で接しられた。今日の人では、このようなことがあれば、必ずこれを一つの問題として相手を苦しめ、敵を陥《おとしい》れる好機にするのであるが、天祖の明徳には実に敬服するばかりである。そう

千九郎の揮毫
(大正6年9月)

して素戔嗚尊の乱暴が極まると、天祖は自分の弟も感化できないようではどうして国を治めることができようか、これは自分の不徳の致すところであるとして、ご謹慎《きんしん》の心をもって、いわゆる天の岩戸にお籠《こも》りあそばしたものと推量できるのである。この天祖の岩戸籠りの原因については、『日本書紀』には「これにより慍《いか》りを発して天石窟《あまのいわや》に入る云々《うんぬん》」とあるが、（中略）怒って閉じこもったなどというのは、天祖の御心の偉大さを理解しない自分勝手な量見《りょうけん》で、大きな誤りであると考える。『古事記』にはこれに関して、「ここにおいて天照大御神見畏《みかしこ》み、天石屋戸《あまのいわやど》を開きてさしこもります」とあるが、ここでいう畏は恐怖の意味ではなく、古い祝詞《のりと》もしくは宣命《せんみょう》に見える「かしこみかしこみ」と同じ意味で、自分に徳が足りないから恐惶謹慎《きょうこうきんしん》するという意味と考えられるのである。そう解釈すれば、天祖のご聖徳と合致することになる。

　このように、反対の立場から自分に迫害を加えてくる敵に対して、慈悲寛大の御心をもってこれを愛し、これを許し、敵の暴行をもってかえって自己の不徳のいたすところなりとおぼしめして、自己反省の心づかいをなさる天祖のご聖徳の偉大さは、古今東西それに匹敵する事跡を見いだすことはできない[85][86]。

モラル・サイエンスの萌芽

ここに慈悲寛大自己反省の精神が自覚されるとともに、この年から最高道徳という言葉も使用され始める。

大正四年、五十歳の時、千九郎は天理教本部を退かざるを得なくなった。しかし、そのことによって、年来計画していた道徳の科学的研究（モラル・サイエンス）の体系化に時間を割《さ》くことができるようになったのである。

なお、このころ、千九郎は二宮尊徳が慈悲の精神を体得した経緯《けいい》を説明している。

ここにおいて、尊徳翁の苦心は一方《ひとかた》ならず、どうすればこの大業を成し遂《と》げられるかと熟慮《じゅくりょ》した末、下総《しもうさ》の成田不動堂に断食《だんじき》の参籠《さんろう》をして、神仏の力を借り、その解決をはかろうとしたのである。そして、翁はその満願《まんがん》の前夜、夢の中で一大神託《しんたく》を得た。その神託は、人を感動させるには正義だけではだめである。慈悲がなければ人の心は動かせないというものであった（富田高慶著『報徳記』）。こうして翁は、濶然《かつぜん》として自分の感化法の欠点を見いだしたのである。つまり、自分は献身的にやっていたが、しかし、そのやり方はまったく倫理的であって、正義を標準として進んできた。今までも私利私欲を捨てて人を愛し、また人にも世を愛するように教えてはきたが、すべてその到着点を正義におき、道理によって人を責めてきたのである。翁はこれが自分の失敗であったと気がついた。無教育者や悪人や分からず屋を感化するには、道理だけではだめである。どこまでもその無作法・無礼・怠惰《たいだ》・反則を許してやって、あくまでも憐《あわ》れみをかけて、これを心の底から感動させなければならないということに気がついた。そこで、翁は倫理的主義から一変し、宗教的主義に入ったのである。こうして桜町改革の事業は不日《ふじつ》にして成功し、翁の威名《いみょう》は百世《ひゃくせい》の下に輝くようになったのである。(87)

千九郎は、尊徳の体験と回心の中に、自分のそれと重なるものを見て取ったのである。

第七章　夫婦の試練

第一節　神宮皇学館時代

単身赴任

廣池千九郎は神宮皇学館に単身で赴任した。

千九郎は、早稲田大学の講師も兼任していたので、当初は東京へ帰ることも多かったが、講師を辞任した明治四十三年以後は、年に数回しか東京には帰らなかった。

明治四十年七月末、千九郎は帰京している。八月半ばからは、修善寺《しゅぜんじ》温泉にこもり、静養と博士論文執筆に専念し、九月からの授業の構想を練った。九月には、久しぶりに京都の富岡謙三を訪れている。中国史関係の学問的な話がはずんだようである。

同四十一年三月、千九郎は学術調査のために、韓国と中国へ旅行した。当時は次男千巻が病気で寝ているほかに、長男千英は中学三年、長女とよは尋常小学校四年で、いずれも学年試験の最中だった。ほかに七歳の次女富《とみ》を抱えて、春子は留守を守らなければならなかった。

千九郎の旅行中、千巻の病気は非常に悪かったようで、春子は毎晩添《そ》い寝《ね》し、二時間半おきに氷嚢《ひょうのう》を取り替えてやった。それが四か月も続いた。帰国後、それを聞いた千九郎は涙がこぼれたと記している。

次のようなこともあった。

ある時、長男が夜の十二時過ぎまで勉強して床に就くと、次男がひどく出血したので、急に医者を招かなければならなくなりました。しかし、使いにゆく人がなかったので、午前二時過ぎに、長男を起こして医者のところへやったそうです。勉強して疲れて床に就いたばかりのところを起こしたので、「よそのお子さんはこんな目にもあうまいに」と思うと、妻の頬《ほお》には熱い涙が止めどもなく流れたそうです(88)。

明治四十一年、父廣池半六は、中津の生家の家屋敷を売却。半六は千九郎の依頼によって長女あきの嫁《とつ》ぎ先の北九州小倉城野町の小岸家に寄寓《きぐう》した。

明治四十二年の八月末、千九郎が帰省中のある日、同居していた春子の母角《すみ》えいが急逝《きゅうせい》した。えいは昔気質《むかしかたぎ》で、いっときも体を休めることなく、まめに働き、春子を助けていた。千九郎のいない家庭で、えいは春子の救いの一つだったが、その大きな支えがはずれてしまったのである。

千九郎の一面

明治四十二年十一月十一日、千九郎は下宿を宇治山田市古市《ふるいち》町の服部てい宅に移した。

伊勢での千九郎の生活の楽しみの一つは、井上頼囶の長男で国学者であった頼文《よりぶみ》との交流であった。頼文の家にはよく遊びに行ったようである。

頼文の子息の頼寿《よりとし》は、当時をこう回想している。

廣池さんの言葉の研究は相当深かったようである。「どのような人のちょっとした言葉も、ゆるがせには聞かない」これが廣池さんが常に発する言葉で、階級意識の強かった当時の人々には、異様に感ぜられた。方言を聞くと早速《さっそく》、語源を考える。古典をふりかえってみる。これがその学者的態度であった。(中略)

廣池さんは法律研究家というのに、一面、滑稽《こっけい》な言動もあり、豊かな人間味もあって、その人柄は春風が吹いているようで、だれにも親しみを持たせるあたたかい感じの人であった(89)。

廣池さんは、きわめて堅《かた》い菜食《さいしょく》主義者であった(晩年には多少変わられたということである)。一日に果物は、七個、八個を用いる。ことに梨は最もの好物であった。夕方になると母は、お手伝いのハルに、「さア、梨を用意せんならんナ」とよくうながしたものである。(中略)

父が出張で上京した時、美術学校を訪ねた。待っていたように校長が愛嬌《あいきょう》よく応対《おうたい》し、目録にないいろいろな美術品まで出して閲覧に供したのであった。大歓待であった。それは、丁度その日、東京にいた廣池さんが父の訪問の予定を偶然に知り、人力車を走らせて同校を訪ね、あの能弁で詳しく紹介をしておいてくれたためであった。そのことが後で分かった。お互いに、ほめ合いをするおつきあいであったのである。[90]

この引用には、千九郎の人間味豊かな姿が生き生きと描かれていておもしろい。

夫婦の愛と苦しみ

明治四十三年には、京華中学を卒業した千英は一高の受験に失敗、予備校に通い、受験勉強に励んでいた。とよはお茶の水高等女学校一年生、富は小学校二年生であった。

千九郎一家と親戚の人（明治 44 年 1 月）

明治四十四年の正月は、東京の家で迎え、家族そろって写真を撮《と》った。明治二十八年に東京に出てきて以来、千九郎は親に安心してもらうために、年に一度家族の写真を撮り、送っていた。

春子にとって、千九郎が神宮皇学館に単身赴任したことに加えて、収入も減り、千巻の看病に明け暮れる日々は、相当つらいものであった。何よりも、明治四十二年に千九郎が宗教の信仰に入ってしまったことは、憂慮の種であった。
そんな春子を慰める手紙を、千九郎は何通か出している。
さる十七日の夕方から、志摩国答志村《しまのくにとうしむら》に内務省の斯民会《しみんかい》講話にて大宮司より出張を命ぜられ、十八日に二席（一席は神様の話、一席は通俗講話）、十九日には自治制の講話をしてきました。千余人も集り、その地方では近来の一大盛事でした。私の話も好評で、とうとう三泊もしてしまいました。十八日の夜の一般講話会では、私の経歴や奮闘談を混ぜて話し、あなたが二十年来、一度も芝居に行かず、子供のために骨を折っておることや、佐々木侯爵の話などをいろいろ取り混ぜて話しました。すると、千余人の人々が、水を打ったように感心して聞き入っていました。幹部の人々の話では、この地方開けて以来の未曾有のことだと喜んでおられました。あなたが貞節にして一家のために働いてきたことは、決して一家だけの幸せではないのです。このように千余人の人をいっときに感動させ、どれほど人々のためになったか分からないのです。このような話は、東京で一万人が集って聞いても、やはり感心することですから、どうか今の境遇を不平に思わず、よろしくお願いします。（中略）
私は決して方向を誤りません。たとえ万一天理教に入ったとしても、決して人に笑われるようなことはしませんから、安心してついてきてください。あなたの二十年来の功労を水泡に帰させるようなことはしません。また、子供の害になるようなことなど、どうしてするでしょう。最後には、大臣以上の仕事を必ずやってみせます。従来でさえできたのに、今後はたくさんの神のご守護がますます加わり、経験もついてきているのですから。

千巻へ、用心させるようにしてください。[91]

明治四十四年五月二十三日付け千九郎あての春子の書簡が残されている。信仰に入った千九郎と、それに反対して苦悩している春子の心境が、痛いほど伝わってくる。

あなたががまんできないということであれば、勝手にしてください。妻子を殺すも生かすもあなた次第。湯に行く暇《ひま》もない私の身の上をも顧《かえり》みず、病人がいやなことを聞いて発熱するのもかまわず、無理に進むのが宗教の道とは考えられません。宣教師のおだてに乗り、妻子を苦しめるのはやめてください。(中略) 私は六年前、あなたが温泉回りをなさっていた時、伊勢の大神宮にお参りし、博士になり大学教授になるよう、あなたの目的を達するまで命のあるよう、私の命を縮《ちぢ》めてもかまわないから子供の教育ができるようにと一心に祈ったかいがあり、今日まで不幸がなくご出世なさったことを、朝夕心からお礼を申し上げているのです。[92]

また、千英は昔を振り返り、「私の家庭は父のいない家庭でした。私は家族といっしょに、両親といっしょに食事をするということがほとんどなかったのであります。こういうような状態を数十年間続けてまいったのであります。よその家庭では両親がそろっております。そうして、うちのものがいっしょに笑いながらご飯を食べるのであります[93]」と、父親のいない家庭の寂しさを感じたと書いている。さらに、「若いころは、偉い父ではあるが、よい父であるとは思っていなかった。ところが、後年、自分も道徳科学専攻塾（昭和十年設立）の塾長となり、父と同じ立場に立つようになって、父の慈悲心の大きさに気づくようになった[94]」と述懐《じゅっかい》している。

明治天皇崩御

明治四十四年十月下旬、千九郎は皇学館の学生を連れて、東京方面へ修学旅行をした。この旅行では、栃木県桜町の二宮神社を参拝したり、東京帝国大学で日ごろ尊敬していた穂積八束《ほづみやつか》教授の講義を学生とともに聴講した。八束は穂積陳重の弟で、憲法講座を担当していた。明治三十二年には貴族院議員となった。

明治四十五年四月二十日、有名な宗教学者であるゲッチンゲン大学教授ルドルフ・オットーが伊勢に来た時、千九郎も面会した。三十日には、皇学館創立三十周年の行事があり、松本愛重《たかしげ》や上田万年らが来て、千九郎とも歓談している。

この年、明治天皇がご病気になり、七月に入ると「天皇陛下御不例《ごふれい》」と報道された。国民の憂慮は大きく、こぞって平癒《へいゆ》を祈願した。そのかいもなく、七月三十日、天皇は崩御《ほうぎょ》された。国民は天を仰ぎ、地に伏して慟哭《どうこく》した。歌舞音曲《かぶおんぎょく》は停止され、諒闇《りょうあん》となった。

明治の時代は、睦仁《むつひと》天皇とともに始まり、天皇とともに終わったともいえるほど、明治天皇は国民にとって大きな存在であった。

千九郎は七月上旬に上京し、平癒を祈願している。天皇尊崇《そんすう》の念の厚かった千九郎は、明治天皇大喪《たいそう》記念に『我が国体の精華《せいか》』という小冊子を書き上げ、大喪のあった翌々日の九月十五日に発行した。

第二節　学位授与のころ

春子の苦悩

大正元年、子供四人と生活していた春子は、千九郎の学位取得により、長年の苦労もやっと報われたという大きな喜びと新生活への期待で胸が膨《ふく》らんだ。次のような記録がある。

本郷台町三十二番地の露地《ろじ》の奥にあったささやかなわが家へ、新聞記者が「ご主人が博士になられました」と知らせに参ったのです。結婚してから二十五年間、今日あるを期して、着物一枚求めず、芝居の絵看板一つ見ず、良人《おっと》の希望に添って一心不乱、苦労を苦労と思わず、わが子の養育教育に努力し続けてきた私は、新聞記者から博士になられたと聞かされた時には、無意識に東を拝《おが》み、西を拝み、気も狂わんばかり有りがたい！　忝《かたじ》けない！　と伏し拝みました。長年の希望が漸《ようや》く達しまして、共に喜び合うべき良人がわが家におらず、遠く離れ住む身が恨みでした(95)。

学位授与の翌日、大正元年十二月十一日付けの『読売新聞』に「内助の功」という記事が掲載された。

この篤学《とくがく》の人が二十余年間苦心経営の功成《こうな》って、学閥に頼らず推薦にあずからず、真に心血をそそいだ学問の力をもって、学位をかちえた裏面《りめん》には、世にも美しい物語がある。廣池氏は言う、「今度、学位を得たのは、広漠《こうばく》たる学問の道程の途中にある路標《ろひょう》に逢うたまでのことである。私が今日あるをえたのは、先輩の指導誘掖《ゆうえき》、薫陶《くんとう》奨励によることはもちろんであるが、また実に荊妻《けいさい》の内助が与《あずか》って力があるのである。私は先輩に感謝するとともに、より深き敬意をもって荊妻に感謝するのである」と。

この記事は、春子が子供の病気なども含めて家庭内のことはいっさい取りしきり、夫の勉学

奮闘の二十年
▽廣池博士と夫人
▼研學道程の路標
▼模範的夫人

千九郎の学位授与を詳細に報じた『読売新聞』
（大正元年 12 月 11 日）

を煩《わずら》わさないよう努めたこと、世間の交際や形式的な義理よりも自分の身を慎《つつし》み、妻の務めを全うし、夫に従ってきたこと、そのような春子の努力があって独学の博士廣池千九郎を生み出したと、春子の内助の功をほめたたえている。

　ところが、その直後の十二月末、千九郎は天理教の本部入りを決意し、その旨を春子や主な先輩友人に通知した。この時の春子の驚きと落胆《らくたん》は察するに余りある。自分の人生とは、いったい何であったのか。これまでの筆舌《ひつぜつ》に尽くしがたい苦労が一瞬にして水泡《すいほう》に帰したような気持ちであったろう。春子としては、何としても翻意《ほんい》させなければと思ったのも無理もない。

　春子は、恩師穂積陳重に相談した。千九郎の記録には、「穂積先生は実に偉かった。家内が相談に行くと、これには何か子細《しさい》がありましょうと言われました。また、二度目に家内が相談に参りますと、廣池さんに間違いがあったならば、私が責任を持ちますから安心しなさい、と申されたのであります」[96]とある。

　春子は、千英を千九郎のもとにやり、自分の気持ちを伝えたが、埒《らち》が明かず、とうとう自分で伊勢まで出かけることにした。

大正二年一月三日から三日三晩、春子は「二、三十年の長い間、いろいろと苦労させておきながら、本部に入るなどとは心外だ」と、涙ながらに訴えた。千九郎は、平身低頭、意を尽くして説明したが、春子を十分に納得させることはできなかった。

次の記述からは、春子の悲痛極まりない気持ちが伝わってくる。

その時、長男は岡山の第六高等学校在学中にて、長女は官立お茶の水高女に在学、次男次女は小学生でした。そこで長男に、岡山の学校より帰京の途中、伊勢の父の宿へ迎えに立ち寄らせましたが、どうしたことか、良人は帰京致してくれません。たまりかねて、一人旅をしたことのない私が、伊勢まで迎えに出かけまして、いろいろと事情を話し、利害を話し、早稲田大学、慶応大学、どこでも就職できるからと帰京をすすめましたが、頑《がん》として聞き入れません。学者として最高の栄誉を担《にな》いながら、心はすでに天理教信仰の一途《いちず》に深く入り込んでいるのでした。わが家、わが子の姿も目に入らぬ有様、三日三晩、語り続けましたが、ついに呼びかえす術もつき、力なく別れて独り淋《さび》しく帰京いたしました。

その時、本郷三丁目四ツ角で電車を下り、交番の裏に立ちましたが、しばしわが家の方向が判明せず、放心したように行きつ戻りつ一時間余り、ようやく方角が判《わか》り、台町のわが家へたどりついたのは午後三時ころでした。四人の子供をよび集め、父上博士になられましたが、ご帰京なさらぬ、今後いっそう勉強致すよう申しきかせ、約束して、その後はひたすら子供の教育一心に暮らしました。(97)

千九郎の志

この時、千九郎の苦悩もまた深刻であった。春子の切なる懇願を私情を殺して断ち切ったとはいえ、簡単に迷いがなくなるものではなかった。『回顧録』には、次のようにある。

妻には実に気の毒でありました。京都以来、貧に甘んじさせ、東京に移って経済的に余裕ができてからも、書籍や研究に大金を使ってしまい、妻には衣服もつくらせず、遊びにも行かせないで、自分の学業の成功のために助けてもらった。そのおかげでやっと博士号を取れたのに、学位を受けると同時に学界を退き、名利を捨てることになったことは、自分としてはやむを得ないことと思っているが、妻に対してはもちろん、先輩、友人に対しても、気の毒なことであり、かつ申しわけないと思い、ただただ謝罪するしかない。(98)

そして、春子と別れた直後の一月八日には、長文の手紙を書いている。

博士になり、大臣になって、これを成功したと言って驚くのは凡人のすることだ。そんな連中が、私が天理教を信仰するといえば、さらに驚愕《きょうがく》するのだ。そのような凡人の評価など、何ら歯牙《しが》にかける必要はない。学問のため、真理のため、人のため、世のためになることと信じたなら、どしどし行うべきだ。分かる人には分かるが、分からない人には一見分からないものだ。憂《うれ》えることも悲しむこともない。（中略）

私は決して決して学者の態度は失わない。専門学の大成をめざし、同時に真理擁護《ようご》のために命がけの働きをするつもりだ。

私をバカと思ってくれるな。無慈悲と思ってくれるな。私は皆、することなすこと、あとのことを考えている。しかし、自分が世のためになることをして、それが一時迫害の種となるようなことがあっても、天定《さだ》まれば、いずれは人に勝つからあとで分かるはずだ。

貧乏していても、あとの楽しみはたくさんある。おそらくは、われわれくらいあとの楽しみがあるものもいないだろう。昔を考えてみなさい。苦しみを越えてここまできた。これからまた、どれくらい大名《たいめい》をとどろかせるようになるか分からない。(99)

千九郎の心を尽くした手紙によって、春子の気持ちもだんだんと落ち着いていった。

春子ら家族は、この年の五月に、本郷区駒込西片町十番地トの八号（現西片町一丁目三―八）に移転した。

第三節　大正四年までの家庭

埋まらぬ溝

千九郎の天理教本部入り後、春子にとって現実は厳しかった。何よりも千巻の病気である。四人の子供たちを何としてもりっぱに育てなければならない。経済的にも、『古事類苑』編纂《へんさん》時に比べればはるかにゆとりがなく、神宮皇学館の時に比べてもいっそう厳しい状況であった。そのうえ、節約を重ねて購入した蔵書をすべて本部に献納《けんのう》してしまったことは、春子にとって大きなショックだった。煩悶《はんもん》のうちにも、春子は子供たちの成長に夢を託しながら、日々を過ごした。

千九郎一家は、大正二年の七月から八月まで平塚で避暑をした。海の新鮮なオゾンが千巻の病気に効き目があると、すすめてくれた人があったからである。千九郎は、天理中学校も夏休みの時期だったので、自分の体の療養も兼《か》ねて、春子のすすめに応じた。

久しぶりの一家団欒《だんらん》だった。共にあることの喜びは何ものにも代えがたいものであったろう。表面的には喜びに浸《ひた》り、穏やかな時が流れたが、千九郎と春子の心にはしこりがあった。千九郎は春子に信仰をすすめるが、春子は頑《がん》として聞き入れなかった。春子としては、学者として生きる千九郎を願っていたのであり、軽視していた宗教に自分も入ることなど、とうてい考えられなかったからである。また、春子としては、人類のためとはいえ、自分をはじめ家族の苦労を顧《かえり》みない千九郎に対しては、抑《おさ》えようにも抑えきれない不満の気持ちがあった。千九郎としても、春子の苦労は十分に知っていたが、それに対して

学位授与記念。春子と（大正２年４月、47歳）

なす術もなく手をこまねいているよりしかたがなかった。

この一か月余りの平塚滞在の時も、千九郎は講演に出かけたり、寸暇を惜しんで研究を続けた。大正二年八月二十三日には、皇学館時代の神道関係の講演録に加筆した『神社崇敬と宗教』を脱稿《だっこう》した。また、この時の東京滞在中、千九郎は、前年に引き続き東京市内の貧民街を訪問し、彼らがなぜそのような場所に住まざるを得ないのかを調査した。それは、何としても救済したいという気持ちからの調査であった。

なお、この年の九月十二日の『東京時事新聞』紙上に、「学者町の解剖《かいぼう》」と題して、千九郎の東京の住宅が紹介されている。

これを柳町の停留場に下車したとして、田町へ向かって通じた道路を鈴本の方角へ向けて辿《たど》るとしたならば、その坂を上る右にちょっと、ささやかな小路があるを発見せねばならぬ。その奥まった中に入って行くと、廣池千九郎氏の家がある。廣池氏といえば、神宮皇学館の教授で、この間法学博士になったばかりだ。その家は博士とは見えぬ汚《きた》なさ。小学教員に相当している。しかしセルフ・メード・マン（独学の人）たる廣池氏は、自己の地位向上とともに、身辺を装飾する、月並の人物でないことを想到《そうとう》せば、この「きたない家」もこの人に向かって尊崇《そんすう》すべき心持ちが生じてくるのである。

この記事には、春子はもちろん、千九郎も苦笑したことであろう。

大正二年十月二十六日、春子は、千九郎のすすめもあり、千九郎の生活状況を確かめる意味もあって、天理教の大祭を見学に来た。千九郎としては、盛大な大祭を見せることによって翻《ほん》意《い》を願ったのであろうが、思惑《おもわく》どおりにはいかなかった。

この時、本部役員の松村吉太郎は、春子を手厚くもてなし、本部への移住をすすめたが、春子は子供たちの学校のこともあるのでと、丁重に断っている。

大正三年七月末にも、千九郎の家族は、鎌倉の稲村ヶ崎の赤倉別荘で避暑をしている。八月十三日までの二週間ほどであった。この時、中山管長夫人が子供二人を連れて訪ねてきた。春子は夫人のあいさつの仕方に驚き、「賢夫人である。礼儀作法は学ばなければならない」と子供たちに話したという。

恩人たちの死

大正時代に入り、千九郎は三人の友人、恩師を失っている。

大正二年九月五日夕刻、外務省政務局長阿部守太郎が、赤坂霊南坂《れいなんざか》の自宅前で、二人の暴徒によって悲惨《ひさん》な最期《さいご》を遂げた。その五日前の九月一日、中国第二革命の最中、南京で日本人三名が殺害された。この南京事件をめぐって対中国強硬論が国内に起こったが、阿部は不干渉方針を取るよう外務省をリードした。しかし、強硬論者は、これを不満として凶行《きょうこう》に及んだのである。千九郎は、中津在住のころから共に青雲の志を抱いた無二の親友の不慮《ふりょ》の死に、急拠《きゅうきょ》上京し、葬儀、法要を執り行った。千九郎は大きな支柱を失い、何としても日本の国情を正したいという気持ちを強めた。

千九郎は、『日本憲法淵源論《にほんけんぽうえんげんろん》』（大正五年）の中で、こう記している。

彼は私のいとこであった。長い間外務省に勤務し、条約改正委員に選ばれて、特に複雑で厄介《やっかい》な各国の関税の調査にあたり、ことごとくこれを処理して、よくその大任を果たしたが、その原因を知る人は少ない。（中略）彼は高等学校時代から大学時代を通じて、内外の多くの新聞を読み、特に目を経済方面に注ぎ、内外の財政、貿易、為替《かわせ》及び相場の高低などから、物貨の集散運搬方法、船舶《せんぱく》の往来交通などに至るまで、日々これを通読して研究に励み、十年一日のごとく怠《おこた》ることがなかった。そのような彼の積年の素養は、後年ついに発揮されて国家有用の人材となった。物事は決して偶然にしてなるものではない[100]。

翌大正三年一月三日には、勢山《せいざん》支教会の矢納《やのう》幸吉が亡くなった。この時、千九郎は出講中だったが、帰るとすぐに矢納の墓に詣《もう》でた。矢納は、千九郎が本部入りする前に、「慈恩《じおん》山よりも高く、海よりも深し」という書を送ったほどの恩人である。千九郎は、心底から自分を支えてくれた人を失い、孤独感を強めたに違いない。『道の友』三月号に、矢納を偲《しの》び、その功労を称える文章をしたためている。

さらに、半年後の大正三年七月三日には、恩師井上頼圀《よりくに》も逝去《せいきょ》した。千九郎の一生は、井上頼圀との交流なしには考えられないほど、思想的にも職歴上でも深い影響を受けた人物であった。半年前の矢納の死以上の支えを失い、いっそう寂寥感《せきりょうかん》に包まれたであろうが、千九郎は恩人たちの志を受け継ぐためにも日本の精神的振興に身を挺《てい》する決意をいっそう固めた。

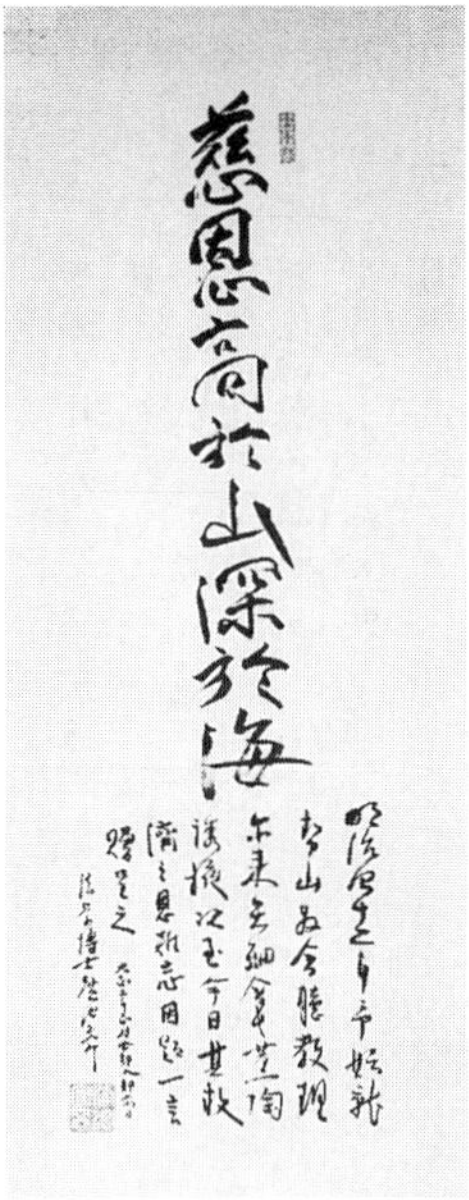

千九郎が矢納会長に贈った書

〔第四部　注〕

(1) 賀陽宮邦憲王の言葉・意訳
(2) 遺稿・意訳
(3) 『思ひ出』三六頁
(4) 新任の辞・意訳
(5) 『全集』④一六三頁・意訳
(6) 遺稿・意訳
(7) 遺稿・意訳
(8) 久保田早苗「恩師廣池千九郎先生の思い出」『社教』第三八号
(9) 遺稿
(10) 遺稿・意訳
(11) 『中外日報』大正二年三月・意訳
(12) 遺稿・意訳
(13) 『回顧録』一一〇頁
(14) 『燕塵』・意訳
(15) 遺稿・意訳
(16) 『経歴』七一頁・意訳
(17) 『思ひ出』三七頁
(18) 高田早苗祝電・意訳
(19) 『経歴』九一―九二頁・意訳
(20) 『思ひ出』四二頁
(21) 『東洋法制史研究』解題七〇三頁
(22) 内田智雄『先学のあしあと』一五八―一六〇頁
(23) 『伊勢神宮』緒言・意訳
(24) 同上書　一三一頁・意訳
(25) 同上書　一六七―一六九頁・意訳
(26) 同上書　五二頁・意訳
(27) 高原美忠「『伊勢神宮と我国体』について」『論集』二九七頁・意訳
(28) 『全国神職会々報』第一三五号　九一頁
(29) 遺稿・意訳
(30) 遺稿・意訳
(31) 遺稿・意訳
(32) 遺稿・意訳
(33) 遺稿・意訳
(34) 『道の友』大正二年三月号　四頁・意訳
(35) 『回顧録』九四頁・意訳
(36) 同上書　一五頁
(37) 『日記』①一四一頁・意訳
(38) 『回顧録』五六頁・意訳
(39) 同上書　七―八頁・意訳

(40) 遺稿・意訳
(41) 遺稿・意訳
(42) 『回顧録』一一二―一一五頁・意訳
(43) 同上書 八―九頁・意訳
(44) 同上書 九―一〇頁・意訳
(45) 遺稿
(46) 『回顧録』四〇頁
(47) 同上
(48) 同上
(49) 『道の友』第二五八号
(50) 吉田藤三郎の回想・意訳
(51) 『日記』①二二六頁・意訳
(52) 『天理中学三十年史』・意訳
(53) 『日記』①九一頁・意訳。
(54) 遺稿・意訳
(55) 『日記』①一〇六―一〇七頁・意訳
(56) 同上書 ①一二九頁・意訳
(57) 同上書 ①一三一頁
(58) 同上書 ①一三一―一三九頁
(59) 『回顧録』二七―二八頁・意訳
(60) 同上書 二八頁・意訳
(61) 遺稿・意訳
(62) 『論文』⑧二六七頁・意訳
(63) 同上書 ⑧二六七―二六八頁・意訳
(64) 遺稿・意訳
(65) 『日記』①二二一頁・意訳
(66) 同上書 ①二三二頁・意訳
(67) 同上書 ①二三一頁・意訳
(68) 遺稿・意訳
(69) 『日記』①二七七頁・意訳
(70) 『天理教青年会史』昭和五十年刊
(71) 遺稿・意訳
(72) 『天理時報』昭和三十九年十月四日・意訳
(73) 『中外日報』・意訳
(74) 『日記』①二八二頁・意訳
(75) 同上書 ①二八四頁・意訳
(76) 遺稿・意訳
(77) 『日記』①二九二―二九三頁・意訳
(78) 『論文』⑨一〇三頁・意訳
(79) 同上書 ⑥一八六頁・意訳
(80) 遺稿　大正四年
(81) 遺稿・意訳
(82) 『回顧録』六三頁・意訳
(83) 遺稿・意訳

(84)『全集』④二六頁・意訳
(85)同上書 ④四七―四八頁・意訳
(86)『畏れる心――「慈悲寛大自己反省」の精神の悟得』(大澤俊夫) 一一―一四頁参照
(87)遺稿・意訳
(88)『回顧録』一一一―一一二頁
(89)井上頼寿「廣池博士の思い出」『社教』第三二号 七三―七七頁
(90)同上『社教』第三四号 四二―五八頁
(91)春子宛千九郎書簡・意訳
(92)千九郎宛春子書簡・意訳
(93)『廣池千英選集』②三三二頁
(94)同上
(95)『思ひ出』三九頁
(96)遺稿・意訳
(97)『思ひ出』三九―四一頁
(98)『回顧録』三三一―三三三頁・意訳
(99)春子宛千九郎書簡・意訳
(100)『全集』④五二〇―五二一頁・意訳

第五部　新科学モラロジーの樹立

第一章　活発な講演活動

第一節　激動する時代状況

第一次世界大戦の勃発

日露戦争後、ヨーロッパでは、ドイツ、オーストリア、イタリアの三国同盟と、イギリス、フランス、ロシアの三国協商が対峙《たいじ》していた。大正三年（一九一四）、オーストリアの皇太子がセルビアの青年に暗殺されると、オーストリアはセルビアに宣戦した。この戦火はたちまちヨーロッパ全土に広がり、第一次世界大戦となって燎原《りょうげん》の火のように激しく燃え広がった。

最初はドイツ側が有利に戦いを進めたが、一九一七年、アメリカが参戦するに至って形勢は逆転した。

日本は、イギリスがドイツに宣戦すると、日英同盟を理由に参戦した。そして、中国に進出し、ドイツの租借地《そしゃくち》だった青島《チンタオ》と、ドイツの赤道以北の南洋諸島を占領した。大正四年（一九一五）、時の大隈内閣は、中国の袁世凱《えんせいがい》政府に二十一か条の要求を出し、これを承認させた。これによって中国人の対日感情は急速に悪化した。

不安な国内情勢

一方、日本の資本主義は、日清戦争以来、着実に発展し、日露戦争後の明治末期には、重工業も発達し始めていた。この経済発展に伴って賃金労働者が増加し、女子労働者の低賃金、長時間労働などの問題が生じて、ストライキが多発するようになった。このような時期をとらえ、社会主義者片山潜《かたやません》や社会運動家高野房太郎らは、明治三十年、労働組合期成会を結成した。これに対し、政府は明治三十三年に「治安警察法」を公布し、労働者の団結権、罷業《ひぎょう》権を事実上、禁止した。

米騒動で焼き打ちされた精米会社（大正７年）

　さらに、明治四十年には、足尾銅山の労働者約千人が暴動を起こし、軍隊が出動して、四百六十人が検挙された。また、兵庫県の生野《いくの》、北海道の夕張、愛媛県の別子などでも争議が起こり、軍隊が出動した。政府は、労働者の生活の悪化と階級対立の激化を防ぐために、明治四十四年に「工場法」を制定した。

第一次世界大戦が勃発《ぼっぱつ》すると、世界経済の中心であったイギリスをはじめ、ヨーロッパ諸国は戦時経済へと突入した。日本は輸出力のなくなったヨーロッパ製品に代わり、アメリカをはじめとする世界各国への輸出を増加させていった。その結果、日本経済はそれまでの不況を吹き飛ばし、活況を呈するようになった。この景気によって成金《なりきん》が輩出した。成金のぜいたくな生活態度に対しては、物価騰貴《とうき》に苦しむ庶民からの反発の声が強かった。河上肇《かわかみはじめ》の『貧乏物語』が書かれたのも、大正五年のことであった。

日本最初のメーデー（大正９年５月）

このような状況下、労資の対立が激しさを増していった。大正元年に誕生した友愛会は、当初は労資協調路線に基づき、労働者の地位向上と日本産業の発展をスローガンとしていたが、大正五年ごろから大戦景気の影響で、急速に組織が拡大すると、労働者の「階級」としての団結をめざすようになり、団結権とストライキ権の確立を訴えて、労働組合としての立場を明確にするようになっていった。このころには、友愛会のほかにも労働運動団体が結成され、労働争議も増えつつあった。

大正六年（一九一七）にはロシア革命が起こり、日本の社会主義者たちを勇気づけた。このころ、吉野作造は民本主義を提唱し、普通選挙の実施を求めるデモクラシー運動が広がっていった。個人主義的、自由主義的な思想を鼓吹《こすい》する、いわゆる大正デモクラシーが社会に浸透《しんとう》していったのである。

しかし、大正七年、大戦景気は第一次世界大戦終了とともに下火になり、国民は物価の高騰によって、毎日の生活すら脅《おびや》かされるようになった。都市への人口集中は、米の需給《じゅきゅう》のバランスを崩し、米価も暴騰《ぼうとう》した。大正七年七月には「米騒動」が起こり、社会不安を深刻化させ、ストライキが飛躍的に増加した。九年五月の第一回メーデーには、十一万人もの労働者が参加した。

第二節　労働問題の道徳的解決

労資の思想善導

千九郎は、明治四十年代から労働問題が、今後の日本の最大の課題の一つであると痛感していた。そこで、その道徳的解決をめざして、研究を進める一方、各地の工場に出向いて労資双方の思想善導に努力した。社会主義について徹底的に研究したという記録もある。

千九郎の労働問題に対する危機の認識は、次の文章に示されている。

現在、わが国にもヨーロッパの危険思想が隠然《いんぜん》とはびこり、軽率で不真面目な学者や政治家は公然とデモクラティズムやソーシャリズムの思想を吹聴《ふいちょう》している。社会問題、ことに労働問題に関しては、物価の暴騰《ぼうとう》の影響に伴い、社会不安が起こって、この危険な傾向に拍車をかけている。危機は日一日と激しさを増している。もしもこのまま放置すれば、やがて由々《ゆゆ》しき階級闘争が始まり、たとえロシアのように国家社会の崩壊を来《きた》すところまではいかなくても、善良な市民の被《こうむ》る被害は計り知れないだろう(1)。

千九郎が最初に労働問題に関する講演を行ったのは、明治四十三年一月、現在の東洋紡の前身の一部にあたる三重紡績会社においてであった。

後年、千九郎は、次のように回想している。

私は明治四十三年から労働問題の道徳的解決を思い立ち、公職のかたわら日本各地の工場に入り込み、親しくその男女従業員の状態を視察しました。すると、労働者たちの知識や道徳心は、予想以上に低く、資本家はこれをよいこととして、彼らに対する待遇はことごとく政策的となり、労働者たちの惨状は実に痛ましく、彼らの前途を考えると憐憫《れんびん》の情を禁ずることができませんでした。私は国家産業の発展のためにも、また人道上も、ますます労働者たちの精神を向上させることが必要であり、急務であると感じたのです。(2)

大正二年八月二十四日には、静岡県の富士瓦斯《ガス》紡績会社小山《おやま》工場を視察している。千九郎は、その後もたびたび小山工場に足を運び、従業員の道徳心を向上させるための講演を行った。当時の富士瓦斯紡績会社の社長は、同郷、中津の先輩で、福沢の慶応義塾で学んだ和田豊治《わだとよじ》であった。そのような関係で、千九郎は、小山工場には大正末年までに二十回以上も訪れている。

和田は、千九郎の思想、人格に感銘し、会社以外での千九郎の講演活動も支援している。また、和田は愛郷心が強い人であって、大正五年、中津の青少年育英のために「和田奨学会」をつくり、多くの青年がその恩典《おんてん》に浴した。

千九郎の講演活動は、大正五年に入るといっそう盛んになり、小山工場には年七回も行って講演した。同年三月二十日の『日記』には、「小山工場へ行き、今後は自分が主人公となり、いっさい菓子料なども辞退し、同社の女子従業員の精神の一新をはかる[3]」と記されている。

大正六年と七年には、三越呉服店（現在の三越）の従業員に対して道徳的指導を行っている。ちなみに、六年一月四日の一回目の講演の演題は、「人類の幸福文化の由来と将来の方針」であった。

経営者への警鐘

大正七年、千九郎は資本家階級に対して警鐘《けいしょう》を鳴らし、『富豪・資本家・会社商店の経営者・重役・高級職員各位并《ならび》に官憲に稟告《りんこく》』を発表している。

その一節にいう。


ヨーロッパの学者は、労働問題に道徳主義を持ち出すのは科学的ではないという。労働問題を解決し、真に工業の発達と人類の幸福とを増進させるための方法は、権利義務によって資本家側の暴力に対抗しなければならないと主張している。（中略）しかし、これは半面の真理に過ぎない。したがって、一時の解決法ではあっても根本的な解決法にはならない。（中略）根本的かつ永久的解決法としては、道徳主義によらなければならないことは、東西の過去の歴史と私の年来の研究、実験から考えて明白なことである。[4]

千九郎は、ロバート・オーエンについても触れている。オーエンは道徳主義を重視することで知られており、千九郎はオーエンを、「きわめて義侠《ぎきょう》の精神に富み、博愛主義に基づいて、おおいに労働者たちの知徳を開発し、その生計を豊かにし、労働者の気風を一変させて教育の進歩をうながした(5)」と評価している。

千九郎の解決法は、資本家側と労働者側が共に慈悲寛大自己反省の精神に基づいて、専心努力することにある。

千九郎は、特に経営者側の自覚をうながしている。

事業経営の眼目《がんもく》は、まず経営者みずから最高の品性をつくり、次に神の慈悲心をもって使用人、仕入れ先及びお得意先という三者の前途を思いやり、これを最高道徳的に開発し、救済する心で努力することにある。事業の発展だけを考えることは本末転倒《ほんまつてんとう》である。ことに使用人の前途を考えず、単に物質と娯楽をもって利己的本能に訴えて使用するということは、最も陋劣《ろうれつ》な行為である。ほんとうの慈悲心で使用人の前途を思いやり、その最高品性を完成させることに努めれば、内部の者はまず一心同体となり、どんな大業《たいぎょう》でも成就《じょうじゅ》し、どんな困難にも打ち勝つことができる(6)。

労働問題の道徳的解決のための活動は、大正六年ごろから、富士瓦斯紡績だけではなく、東洋紡績や日本海員掖済《えきさい》会、工業教育会などにも広がっていった。

第三節　帰一協会での講演

帰一協会とは

千九郎が明治四十二年以来行った講演の数は、「大正二、三年だけでも約二百回」という記録があるように、数えきれないほどである。病身だったことを考えれば、まさに超人的活躍ぶりであった。明治期は、神道関係の講演が主だったが、大正期は、国民道徳や労資問題などの講演が多くなった。

千九郎の講演は、新鮮で、該博《がいはく》な知識に基づく理路整然とした話は、聴衆に感銘を与え、人生の指針を示唆《しさ》するものだった。

講演には、超満員の聴衆が参加することが多く、噂は噂を呼び、千九郎を招くところが増えていった。

大正二年九月二十八日には、東京帝国大学で、印度哲学会、宗教学会連合会のために天理教の純教理について講演を行っている。この会合には、仏教学者の木村泰賢《たいけん》、津山玄道《げんどう》ほか二十数名が出席した。

大正二年十月一日、千九郎は帰一《きいつ》協会の要請に応じ、上野精養軒で大講演会を行った。帰一協会とは、明治四十五年二月に内務省が三教会同を行ったころ、東京帝国大学教授姉崎正治《あねざきまさはる》、実業家渋沢栄一、日本女子大学校校長成瀬仁蔵《なるせじんぞう》、鉄道院総裁床次竹二郎《とこなみたけじろう》などの発起によって組織された会で、日本有数の人物が運営の中心となっていた。「帰一」とは、すべての思想は一に帰するものであるというところから名づけられたもので、混沌《こんとん》としている日本の思想界を統一するという趣旨《しゅし》であった。毎月一回、上野精養軒で例会を開き、各分野の専門家の講話と討論を行い、その記録を印刷に付し、会員に配布していた。

この会合で講演を行うことになったことは、千九郎に「神慮《しんりょ》ただならず」という感を抱《いだ》かせた。

帰一協会での講演の出席者は、学者、官吏、実業家、軍人など、一流の人士約五十名であった。その中には、渋沢栄一、成瀬仁蔵、法学博士添田寿一《そえだじゅいち》、文学博士服部宇之吉《はっとりうのきち》、文学博士加藤玄智《げんち》、東京帝国大学理科大学長菊池大麓《きくちだいろく》、文学博士中島力蔵《りきぞう》、法学博士阪谷芳郎《さかたによしろう》、法学博士筧《かけい》克彦《かつひこ》、法学博士浮田和民《うきたかずたみ》など一流の人物がいた。

義務先行説の発表

講演は約二時間半に及んだ。次はその一端である。

天理教教祖の受けた天啓の核心は、「誠の心になること、慈悲の心になること」にある。わが国体の精華《せいか》は、天照大神のわが身を捨てて世を救うという無我の大慈悲心、没我《ぼつが》の犠牲的観念に存《そん》し、天理教の教理は『古事記』『日本書紀』などに現れている日本固有の信念と一致している。また「真性の権利、自由、威厳などは、みずから主張して得られるものではなく、他より与えられるものである」と、のちに「義務先行説」（権利は義務の先行によって実現するとする説）として結実していく内容も展開された。

討論の席上、添田寿一は、次のように述べた。

天理教の教理は、法律上の権利は、みずから主張せずして他から与えられて成立するものである。また、威厳《いげん》とか威信というものも、みずから保とうとして保てるものではなく、他人から与えられ、他人に心服されてはじめて成り立つものであるとのお話でしたが、私の持論もそのとおりであります。人間は、義務を果たすことによって、他よりこれに伴う権利を与えられるものであるという考えであります(7)。

渋沢栄一も、おおいに感銘を受けたようで、熱心に種々の質問をし、次回の千九郎の上京はいつになるかをただしたほどであった。これに対して千九郎は、帰一協会の例会にはできるだけ出席したいという意向を示した。

渋沢と千九郎の関係には、縁の深いものがある。直接会うのは、この帰一協会と斯道会《しどうかい》の会合が中心であったが、千九郎の恩師穂積陳重《ほづみのぶしげ》は渋沢の長女歌子と結婚しているし、のちに千九郎を活動面でおおいに援助した阪谷芳郎男爵も渋沢の次女琴子と結婚している。渋沢、穂積、阪谷の三家族は、同族会と称して月一回の会合を持ち、親しい交流を続けていた。

第四節　東奔西走の講演活動

斯道会

国の内外が混乱を極めていた社会状況の中で、千九郎は、日本国中を飛び回って講演を行い、国民一人ひとりが道徳に基づいた正しい価値観を持ち、それを社会生活の中で実践することこそ、国家が安定し、人々が幸福になる唯一の道であると説いた。

千九郎は、「斯道会《しどうかい》」と密接な関係を持っていた。斯道会とは、明治四十五年七月に設立された国民道徳推進のための組織で、日露戦争後の社会風紀の退廃《たいはい》、国民道徳の衰微《すいび》という状況に対して、教育勅語の趣旨に添う道徳を実行することを目的としていた。

会長は土方久元《ひじかたひさもと》伯爵、副会長は鮫島重雄《さめじましげお》陸軍大将、実務は幹事の田辺頼真《たなべらいしん》があたり、協賛員として山県有朋《やまがたありとも》、大木遠吉《おおきえんきち》、波多野敬直《はたのよしなお》など、顧問として東郷平八郎《とうごうへいはちろう》、松方正義《まつかたまさよし》、大隈重信《おおくましげのぶ》、

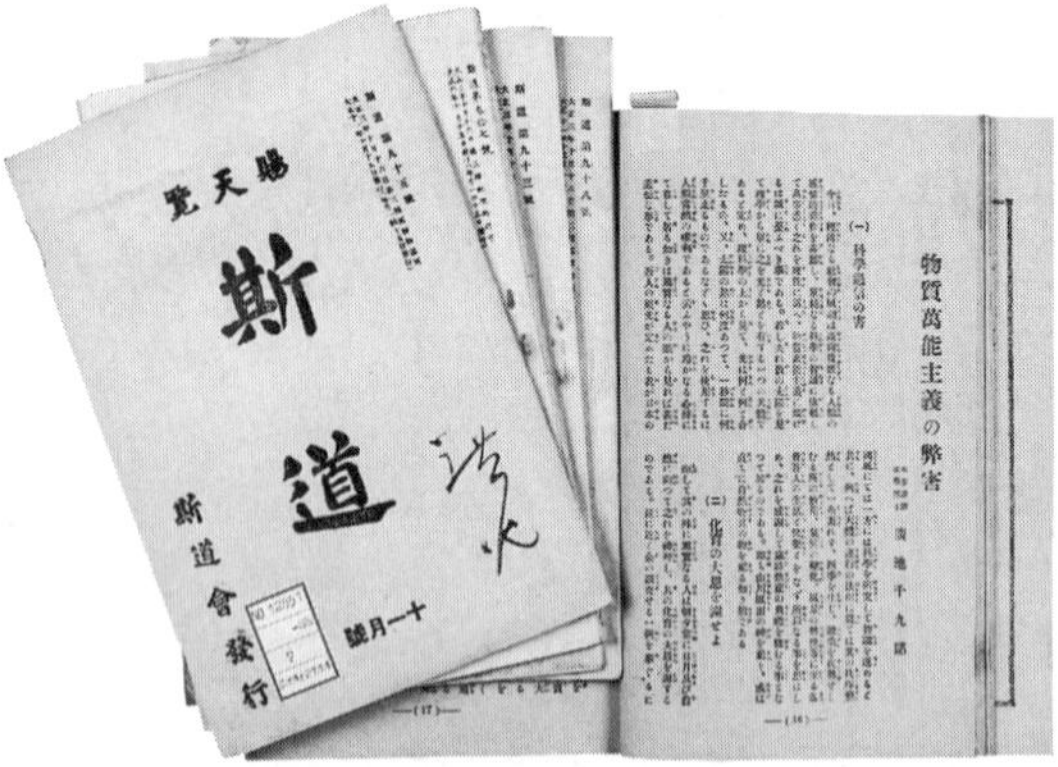

雑誌『斯道』

渋沢栄一など、評議員として阪谷芳郎、清浦奎吾《きようらけいご》などの各界の名士が名を連ねていた。

会員の日常生活の目標として、日々少なくとも一回善事を行うこと、約束を守ること、早起きをすること、華美な服装を避けること、怒りを抑制することが挙げられていた。機関誌『斯道』をはじめとする図書・雑誌の頒布《はんぷ》、講話、講演会などを具体的な活動としており、大正二年の末には、全国に三十一万人余りの会員がいた。

千九郎は会の発起当初から関係を持っており、井上頼圀《よりくに》、新渡戸稲造《にとべいなぞう》、高田早苗《さなえ》、上田万年《かずとし》、阪谷芳郎らとともに、その講師を引き受けている。その他の講師として、井上哲《てつ》次郎《じろう》、金子堅太郎《けんたろう》、鎌田栄吉《えいきち》、沢柳政太郎《さわやなぎまさたろう》、森鷗外《おうがい》などがいた。

千九郎は、斯道会でたびたび講演をした。また、機関誌『斯道』は全百号にも及んだが、千九郎はこれに論説、談話五十六本を寄せ、同誌には千九郎に言及している記事が七十四本掲載されている。千九郎の論説には、奉仕の精神や親孝行などの道徳、自分が苦労して成功した体験、理想の宗教像、現実の政治問題や労働問題解決法などが書かれている。

広がる講演依頼

大正三年二月二十日の夜には、京都帝国大学宗教学読書会の依頼で講演している。この席には、すでに『善の研究』を著して名をなしていた文学博士西田幾多郎《きたろう》や、文学博士喜田貞吉《きたさだきち》、近重真澄《ちかしげますみ》と新城新蔵《しんじょうしんぞう》両理学博士、また旧友の富岡謙三など、京都帝国大学や第三高等学校の教員と学生二百五十名が聴講した。この会のことについては、多くの新聞で報道された。

同年二月二十五日には、東京の岸本博士邸で講演し、明治大学関係者七十余名が参加した。さらに、十二月十九日には、名古屋学術大講演会で講演。愛知県知事松井茂博士、仙波太郎陸軍中将などが出席した。

千九郎は、大正三年、海員の資質や福祉の向上を目的に設立された海員掖済会《えきさいかい》に入会、のちに常議員になっているが、大正四年四月二十日と同六月十二日及び同六年一月の三回、同会で講演している。海員掖済会は、明治十三年に創立された会で、総裁に東伏見宮《ひがしふしみのみや》、副総裁に海軍大将樺山資紀《かばやますけのり》が就任し、東郷平八郎、山県有朋など、当時の要人、財界人、学者などが会員になっている。

大正四年から大正十二年ころにかけては、年に多い時で百五十八回、少ない時でも二十七回、平均八十四回もの講演を行い、北は北海道、南は九州、遠くは韓国にまで足を伸ばしている。

これらの講演の多くは、県や市の公会堂や学校の講堂を会場として行われ、聴講者数は、例えば、大正七年の九州地方の講演会においては、一会場に多いところでは三千人、少ないところでも百五十人、合計五万三千八百人にも及んだ。

講演テーマは、「幸福と道徳」「人類の幸福と現代思想の欠陥」「国家主義・帝国主義と人道主義・個人主義の関係」「人類の文化幸福に対する国家主義の価値」「モラル・サイエンスと国民道徳」「労働問題の新解決法」「近世思想近世文明の由来と将来」などであった。

大正六年一月六日の『中外日報』に、千九郎の論説「教化の根底としての科学的研究」が掲載されているが、その冒頭に「将来の宗教及び道徳の研究は、その根底を科学に置かなければならない」とあるのは興味深い。道徳の科学的研究というテーマは、当時においては新鮮なものであり、千九郎の講演に識者の関心が集まった一因が、そこにあったと推測されるからである。

第五節　華族会館での講演

「モラル・サイエンス」の主張

千九郎の中で新科学「モラル・サイエンス」の内容についてほぼ構想が固まったのか、大正七年ごろからモラル・サイエンスの講演《こうえん》が行われ、大正八年にはいっそう多くなった。

大正八年五月十二日、千九郎は斯道会の紹介で貴族院議員大木遠吉《おおきえんきち》伯爵に面会した。大木はモラル・サイエンスの説明におおいに感銘し、引き続き翌日も説明を希望した。大木が感激した点は、日本の国民道徳の核心は、天照大神が示した慈悲寛大自己反省の精神にある、という見解であった。その後数回にわたって説明を聴いた大木は、最高道徳を求める者を政治家及び実業家の中に二、三十人つくりたいので、協力願いたいと申し出た。

大木遠吉（1871～1926）

その直後の大正八年五月二十一日、華族会館で大木主催による千九郎の講演会が開催された。参加者は、軍人、貴族院議員を中心とする約四十名で、この中には阪谷芳郎、侍従次長伯爵徳川達孝《さとたか》、海軍中将内田正敏、陸軍中将阪井重季などがいた。

さらに、大正八年十一月二十二、二十三日の両日に、華族会館で大木主催による講演会が開かれた。演題は、二十二日夜が「新科学モラル・サイエンスの内容と近き将来において世界各国に起こらんとする兆候《ちょうこう》ある社会革命との関係」、翌二十三日午後は「過去における社会教育の概要」で、聴衆はそれぞれ二百人余りであった。

この時大木は、「廣池博士は、世の名利を捨てて、道徳的な精神教育の指導に専念される偉大かつ尊敬すべき、私の最も信頼する学者である」と紹介している。主催者が大木で会場が華族会館であったため、集まった人々はほとんどが憂国《ゆうこく》の貴族、官界、実業界の名士、軍人、政治家などであった。この中には、陸軍大将山梨半造《やまなしはんぞう》、渋沢栄一、子爵岡部長職《おかべながもと》、海軍少将森電三、海軍中佐伴達也《ばんたつや》などがいた。

千九郎は、年の瀬も迫った十二月二十一日に渋沢を私邸に訪ね批判を求め、翌二十二日には、岡部の私邸を訪れている。

上層階級の教化

この華族会館での講演には、まず上層階級からモラル・サイエンスを普及させようという千九郎の強い願望と期待が込められていた。大正八年八月三十一日の『日記』には、「モラル・

サイエンスの完成と上流の布教をなすこと」と記しており、将来に目を向けた普及活動への構想を読み取ることができる。

さらに、大正八年十二月十九日には、麴町内幸町の幸倶楽部で講演会を行っている。幸倶楽部とは、大正六年に設立された貴族院議員の親睦《しんぼく》団体の一つで、主に華族議員や勅撰議員の集まる会であった。この時は、内田正敏、高木兼寛《かねひろ》が主催し、阪谷芳郎ほか三十名が参加した。同倶楽部での講演は、翌年の六月二日にも行っている。

こうして千九郎は、日本の指導者層にモラル・サイエンス普及の第一歩を印したのである。その反響にもかなりの手応《てごた》えを感じ、今後の活動に対していっそうの自信を深めた。

大木主催の講演会が次に開催されたのは、二年後の大正十年十二月十三日である。それは、大木が大正九年五月に司法大臣になって多忙を極めたためである。この時の講演内容は、階級制度の根本原理と労働問題、社会問題、思想問題の徹底的解決法であった。大木のほかに、阪谷芳郎、和田豊治、日本銀行総裁井上準之助《じゅんのすけ》の四人が連名で主催者となった。そのため前回よりも盛会となり、上流人士二百余人が参集した。

また、大正十二年七月十日、大木主催で再び華族会館で千九郎の講演会が行われた。山梨半造、床次《とこなみ》竹二郎、添田敬一郎、貴族院議員黒田清輝《せいき》、衆議院議員副島義一《そえじまぎいち》などの議員十三人をはじめ、各界の名士三十数名が出席した。

このように、千九郎の活動の支援をしてきた大木ではあったが、無常の風には逆らえず、大正十五年二月十四日、逝去した。

第二章　世界平和への道標

第一節　風雲急を告げる世界情勢

第一次大戦の終結

大正七年（一九一八）十一月、第一次世界大戦は、プロシア帝国（ドイツ）の敗北で終結した。翌年一月からパリで講和会議が開かれ、六月にはヴェルサイユ条約が調印された。この条約により、日本は山東半島と太平洋におけるドイツの権益を譲り受けた。

また、アメリカ大統領ウィルソンの提唱によって、国際平和維持の機関として国際連盟の設立が決まり、一九二〇年に発足した。日本は、イギリス、フランス、イタリアとともに常任理事国となった。この時、新渡戸稲造《にとべいなぞう》博士が事務次長となった。日本は、国際連盟憲章の作成にあたって人種差別廃止条項を入れることを提案したが、否決された。

中国大陸では、一九一九年五月から六月にかけて、山東半島の即時返還を求める学生、労働者などの一大国民運動が起こった。これを「五・四運動」と呼ぶ。

一方、韓国では、日韓併合以来、国民が独立の希望を鮮明《せんめい》にしたことは当然であるが、大戦後ウィルソンの民族自決の主張に励まされて、独立運動が広がっていた。大正八年（一九一九）三月一日には、ソウルを中心に独立万歳の声が挙がり、運動は全土に急激な広がりを見せたため、軍隊が出動し、流血の一大惨事となった。「三《サミ》・一《イル》事件」である。

一九一七年には、ロシア革命が起こり、ロマノフ王朝が倒されてソビエト政権が成立した。翌一八年、日本は、米、英、仏などとともにシベリアに出兵したが、列国の撤退後も軍隊を駐《ちゅう》留《りゅう》させたので内外の批判を浴びた。

中国では、五・四運動以後、反封建、反帝国主義の運動が高まっていった。一九一六年六月、袁世凱《えんせいがい》が急死して北方軍閥の段祺瑞《だんきずい》があとを継ぐと、軍閥《ぐんばつ》が割拠《かっきょ》し、北方派と国民党を率《ひき》いる孫文《そんぶん》の南方派とに分裂して、動乱の時代に入った。また、ロシア革命の影響によって共産主義運動が広がり、一九二四年、孫文はソ連との提携《ていけい》を決め、中国共産党を承認して第一次国共合作が成立した。

日米関係の悪化

また、注目すべきことは、第一次大戦後、日米の対立が深刻化したことである。このため日本は、日露戦争後急速に勢いを増した大艦巨砲主義の路線をさらに徹底し、より強力な「八・八艦隊」の作戦の実現に向かって突進した。「八・八艦隊」とは、戦艦・巡洋艦各八隻《はっせき》を基幹とする大艦隊をつくるという計画である。

しかし、大正十年（一九二一）十一月、ワシントンで軍縮会議が開かれ、米、英、日の軍艦

ワシントン軍縮会議（大正10年11月。日本の全権委員は幣原喜重郎）

保有比率が、五・五・三に決定された。この会議では、アメリカの主導により、列強が日本に対して共同戦線を張ったため、日本は国際的に孤立した。

日本の軍部はこの軍縮条約の内容に激しく反発した。また、不幸なことに、アメリカは日本人移民の制限やさまざまな禁止処置などを講じたため、日米の対立はいっそう深刻化していくことになった。日本を取り巻く国際情勢は決して安穏《あんのん》なものではなく、日米、日中関係の悪化、軍備競争の激化など、一触即発《いっしょくそくはつ》の機運をはらんでいた。ただし、政府の外交方針としては、大正期はおおむね国際協調の姿勢を取った。特に大正末期の幣原《しではら》喜重郎《きじゅうろう》外相の国際協調外交は、よく知られるところである。

第二節　『日本憲法淵源論』の執筆

千九郎の危惧

千九郎は、大正五年十一月に『日本憲法淵源論』を発行した。

本書は、千九郎が第一次世界大戦中の激変する社会情勢と人心の動揺を座視《ざし》することができず、労働問題の頻発《ひんぱつ》、民主主義、社会主義、共産主義などの思想の勃興《ぼっこう》を危惧《きぐ》して書いたものである。千九郎は、全国を回って講演活動に寸暇《すんか》のいとまもない状況下で著述した。

その意図は、次の文章に示されている。

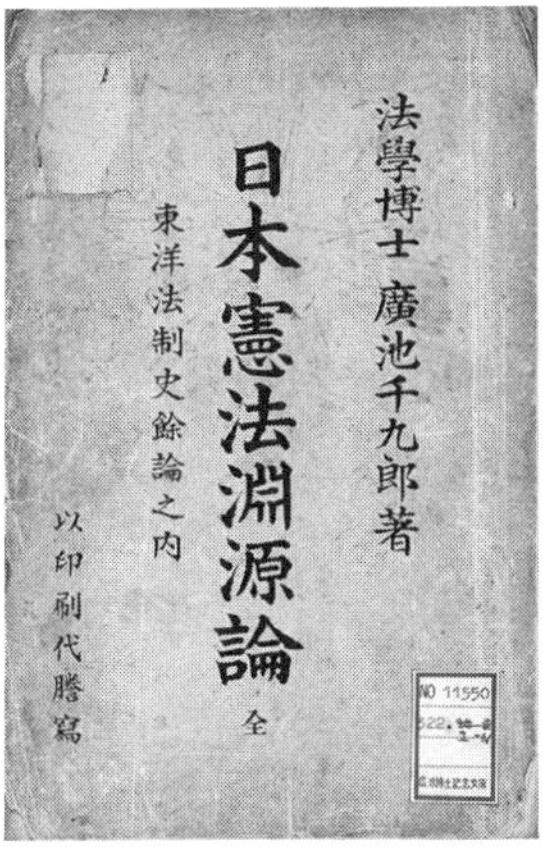

『日本憲法淵源論』
（大正５年11月発行）

　私は今回の世界大戦後におけるわが国家、民心の統一に関して憂《うれ》えていることがある。一つはわが国民の態度が最近非常に慎重を欠いており、政界の人たちの言論や行為は寒心《かんしん》に堪えない。また、教育界、宗教界、産業界など社会各方面にも不祥《ふしょう》事《じ》や不和、不善のことが頻出してとどまるところを知らない。ことに思想界、文芸界、言論界は本来の面目《めんぼく》を失い、国民指導者の権威は日に日に失墜《しっつい》している。日本の国民が継承してきた善良な信仰、風俗、習慣が失われてしまい、将来、わが国家ならびに個人の幸福に不測の難が生じるのではないか。不才微力の身ではあるが、心を痛めてこの書を著《あらわ》す。(8)

平和と幸福の基盤

千九郎は、日本憲法の淵源は、天照大神が体得された慈悲寛大自己反省の精神にあり、この精神を基礎にして人類文化の発達、幸福、平和が実現されるのであり、この精神をもって法律はもちろん、政治、経済、社会、教育、宗教の根本とすべきである、と主張している。人類の目的は、個人の幸福と社会集団の文化を全うすることにある。幸福は人と時代と場所によって異なるが、それを実現するものは道徳である。また、幸福と文明文化とは必ず相伴うものであって、その実質もまた道徳にほかならないとして、次のように述べている。

幸福文化を助ける心づかいを道徳といい、また真・善・美といい、これの発展を害するものを不道徳といい、また偽《ぎ》・悪《あく》・醜《しゅう》という。その道徳とは人類の個人における精神的平和より、社会における団体間の平和を意味するものである。平和でなければ人類の幸福文化は望んでも得られないから、道徳はすなわち平和であるといえる。また、平和は人類の慈悲心の発達によって得られる。したがって、結局人類の幸福文化は、道徳、つまり平和・

慈悲によってはじめて得ることができるのである。(9)

千九郎はまた、「人類の幸福文化の原動力は個人の力にあり」、人の意思が社会の平和を生み、社会の平和が個人の幸福を生み出すことを力説している。

本書について、内田智雄は、次のように記している。

この書は、大正初年における社会不安、特に労資の紛争や食糧問題に触発《しょくはつ》されて、その根本的解決策として提言したものであって、博士の説くところは資本家たると労働者たるとを問わず、社会の上流人たちと然《しか》らざるを問わず、ひとしく道徳教育による人心開発によって、その徳義心を高揚することこそ、その根本的解決策であって、賃金の増額や救《きゅう》恤策《じゅっさく》にのみ汲々《きゅうきゅう》とするのは誤りであることを切言《せつげん》指摘しており、その意味において、この書は、博士みずからいうところの「経世家《けいせいか》」たるの面目躍如《めんぼくやくじょ》たるものがある。(10)

第三節　千九郎の平和論

「知」を超えた平和論

国際平和の確立は、千九郎の念頭から常に離れない問題であった。このころの千九郎の講演や一連の著述では、個人の幸福と世界平和の確立という二つの課題が不可分に結びついていた。千九郎は、固有神道の研究途上にあった明治四十四年ごろ、「我が国体及び国民道徳の淵源本質」という講演において、固有神道の精神として、「慈悲・建設・幸福」とともに「平和」を挙げている。これは、固有神道の精神の特色の一つが「平和」にあるという解釈を打ち立てるものであり、このころ千九郎の平和思想の基盤ができつつあったことを物語っている。のちに、「人間は安心なくして幸福は得られない。物質的に豊かになっても、安心のない豊かさは幸福とはいえない。安心は、平和でなければ得られない[11]」とも述べている。

大正三年には、次のような見解が表明されている。

人類は野蛮な圧制主義や寡頭《かとう》政治などから、漸次《ぜんじ》に今日の自由主義や民衆幸福主義に進んできた。しかし、人類の前途には、人口の増加や食糧の欠乏、貧富の差の拡大、また国家間や人種間の争いなどの問題が目前に迫りつつある。ところが、世界の識者たちの中には、これらの問題の解決策を提示するものが少ない。貧富、国家、人種の接近をはかる会合や企画はしだいに盛んになってきている。これは現代の平和運動ということができるが、この運動は人類のためにきわめてよいことである。しかし、これはただ人類の大惨劇を防ぐための補助策に過ぎず、皆「知」より出た計画である。したがって、効果が少ない。犠牲的精神に基づいて、まったく知を離れて、知以上の崇高《すうこう》偉大な道徳的意思による平和運動が必要である。(12)

宇宙主義・世界主義に立つ

外交の場においても、「およそいついかなる場合にても公明正大にして博愛慈悲の精神から出た外交をもって立つこと」が必要であるとしている。こうした精神に基づく外交の累積が、ひいては「世界平和の盟主《めいしゅ》となる基《もとい》」なのであるという。さらに、「私の獲得した新道徳主義では、正義や武力はこれを用いないのが理想ですが、今日ではやむを得ず許容する」とも述べている。

千九郎は、基本的には軍国主義に反対であった。大正六年の『中外』のアンケートに対して千九郎は、「排撃すべきおおいなる悪しき主義として軍国主義が挙げられる。それは古代野蛮の遺風《いふう》であり、今日の文明化途上の時代では許容せざるを得ないところもあるが、将来の文化が確立した時代には、断固として排斥《はいせき》すべき大悪主義である[13]」と答えている。

千九郎の現実認識は、当時の状況を「国家対立の時代」ととらえる立場に立っている。したがって、一国民としては「国家主義者」となるべき必然性を持つという。しかし、千九郎の独自性は、国家主義に拘泥《こうでい》するのではなく、もう一方で、「世界主義」に立つべきであるとする点にある。

人類の歩んできた過程を振り返って将来を考えれば、人類究極の目的は、宇宙主義、世界主義の実現にあることは明らかである[14]。

千九郎のこうした壮大な歴史観は、第一次世界大戦を機ににわかに鮮明に打ち出されてくる。この時、国家主義と世界主義をどのように調和させていくのかという古くて新しい問題が浮上する。千九郎は、これまでの歴史から見て、両者の統合が可能であるという見解に立っている。

外国においても、善良な国家の創業者は、皆もとより国家主義者にしてまた宇宙主義者、世界主義者、人道主義者であった[15]。

千九郎の意図を推測すれば、国家を代表するものは否応《いやおう》なしに他国との関係をいかに保つかに腐心《ふしん》せざるを得ないこと、したがって、優れた君主もしくは国家の代表者と呼ばれるための条件は、国家主義と世界主義との統合に成功したか否《いな》かという点にある。歴史上優秀な国家創業の人物は、おおむね両者の統合をなし得ていた、というのである。

ただし、「宇宙主義者」「世界主義者」とは、世界が一つの国家として統治されるというものではなく、それぞれの国民が自分の国を大切にし、そのうえでお互いを認め合って平和な世界を形成するという意味である。

一言《いちげん》世間の人に注意を与えておきたいことは、私のいう人類究極の宇宙主義、世界主義とは、すべての国家を統合して、一国家にするという意味ではないということである。考えてみれば、このようなことは、将来においても決して容易に実現しうるものではない[16]。平和実現の具体的な方法としては、各国民が狭いナショナリズム（国家主義）を克服したうえで、「国家主義者」として国を愛すると同時に、「宇宙主義」「世界主義」の実現に努めるべきだというのである。

千九郎は、日本は平和の盟主《めいしゅ》であるべきだとして、以下のように提言している。

いついかなる場合においても、公明正大で博愛慈悲の精神から出た外交をもって処することが、わが国の開国以来の精神です。そのようにすれば、たとえそのやり方は稚拙《ちせつ》であっても、また、一時は他国から軽蔑されることがあっても、内に国民の気力が盛んであって、かつ国力さえ充実し、挙国一致の体制ができていれば、必ずその分だけの報酬は自然に得られます。また、そのような慈祥《じしょう》正大《せいだい》で誠実な精神は、やがて偉大な結果をもたらし、近国は信頼し、遠国は親好を望むようになることは必然です[17]。

さらに注目すべきことは、「黄金世界、平和世界の建設法」として、「平和の目的を達成するに平和の手段を用う。まず我よりこれを行なう」と表明していることである。つまり、目的は平和であるが、手段も平和的手段を用いるべきこと、これをみずから率先《そっせん》して始めるというのである。

第四節　政・官界要人への働きかけ

山県有朋と松方正義

千九郎の平和実現のための具体的な行動は、モラル・サイエンスの普及による政治、経済、教育の改革に現れている。これらは講演活動や労働問題の道徳的解決などの努力に示されているが、さらに直接的には、政・官界の要人への働きかけにみられる。

その一端を示せば、大正六年一月、大正九年一月と九月に、山県有朋を訪問、大正十一年八月には、松方正義を訪問し、階級制度の根本原理を説いている。松方や山県らに最高道徳を理解してもらい、平和実現に尽力してほしいと願ったのである。この二人は性格が寛大で、聖人の教えを受け入れようとする気持ちを持っており、千九郎の見解に多大の賛意を表明していた。千九郎もこの二人から学ぶところは大きかったらしく、次のように回想している。

私が大正十一年八月二十一日、某元老を訪問して昼食をともにいたしました時に、その元老は、私に、「あなたの最高道徳に関する説にはいちいち感じ入りました。明治天皇は私に対して、たびたび誠でなければいかん、誠であるならば必ず成功すると仰《おお》せられましたが、陛下ご一代のご事業はまったく祖宗《そそう》のご意思に従われ、その至誠天地に感通するお心・行いの結果であると存じます」などと語られました。その時、私は襟《えり》を正して、これを拝聴いたしました。明治天皇の御製《ぎょせい》（明治四十二年）に、

鬼神も泣かするものは世の中の人の心の誠なりけり

とあるは、陛下のお心をご自身で表現なさったもので、おそれ多いことであります。(18)

大隈重信の真心

さらに、千九郎は、早稲田大学の講師であった縁で、以前から大隈重信と面識があり、数回最高道徳について話したことがあった。しかし、大隈はなにぶんにも来客が多く、時間的余裕がなかったため、遠慮して開発の機会を逸《いっ》したと言っている。

千九郎は大隈の人物について、「だれでも単なる政治家であると思いがちであるが、決して

そうではありませんでした。神宮・皇室に対してきわめて篤《あつ》い尊敬の心を持っておられ、現に明治二十九年のころまでは、神宮の境内《けいだい》に商人の広告が掲示されていたのですが、侯爵が参拝した時にこれを見て、地方官を叱責《しっせき》し、それ以後、広告のたぐいは宇治橋の内から撤去《てっきょ》されたのです[19]」と記している。

このほかにも、平和実現のために要人に働きかけている。枢密顧問官《すうみつこもんかん》だった佐々木高行《ささきたかゆき》侯爵などもその一人である。佐々木は千九郎の著書を、わざわざ皇室に献呈《けんてい》してくれたりもした。しかし、残念ながらこれらの有力者も次々と世を去っていった。大隈と山県は大正十一年に、松方は十三年に他界した。

第三章　『道徳科学（モラロジー）の論文』の執筆

第一節　モラル・サイエンスからモラロジーへ

道徳の科学的研究

千九郎は青年時代から道徳について深い関心を持ち、着実に研究を進めてきた。その成果が、『新編小学修身用書』であり、『史学普及雑誌』や『皇室野史』における日本の道徳思想、『東洋法制史序論』における中国の道徳思想の研究などであった。

明治時代は、世界的に経済学、社会学、心理学など多くの学問が科学として確立される時代であった。そのような状況において、千九郎は、道徳に関する科学を樹立することが必要であり、また可能であることを自覚し、それをみずからの課題とした。

従来、欧米の学者で道徳科学（モラル・サイエンス）を意図した学者は少なくない。例えば、コントをはじめ、デュルケイム、レヴィ・ブリュール、ベイエなどのフランスの実証主義、ロック、ヒュームなどのイギリスの経験主義、ベンサム、ミルなどの功利主義などがその代表的な例である。また、明治初期に紹介されたアメリカのウェーランドの『道徳科学要論』（*Elements of Moral Science*）は、福沢諭吉をはじめ当時の学者、思想家に大きな影響を与えた。

その後、千九郎は、『伊勢神宮と我国体』、『日本憲法淵源論』の研究やみずからの道徳の実践を通して、質の高い道徳（最高道徳）を発見し、ますます道徳科学樹立の必要性を痛感した。

千九郎は、従来のモラル・サイエンスでは道徳概念が狭いこと、精神作用の研究が欠けていること、最高道徳の研究がまったく存在していないことなどの理由から、新しい学問領域を構築する必要に迫られた。つまり、千九郎のめざした道徳科学は、従来のモラル・サイエンスの方法をとりながら、対象である道徳を普通道徳ばかりでなく、諸聖人の実行した最高道徳としている点で、根本的に異なるので、混同を避けるため、のちにモラロジーという学術語をつくったのである。

『道徳科学の論文』執筆の経過

モラル・サイエンスの研究は、大正四年以降、徐々にその構想が形づくられ、必要な内外の文献を収集し、書籍を購入した。

大正十一年には、英、独、仏などの外国書もほとんど入手し、内容の組織もひととおりできあがった。さらに、内外の書籍から本書に引用しようとする箇所には、いちいち書籍の欄外《らんがい》に付箋《ふせん》を施して引用の便宜に供するところまで作業は進んだ。

翌十二年には、第一巻の第一章、第二章、第五章及び第二巻の一部分の原稿ができた。千九郎は日夜専心、本書の内容の組織の編成と執筆に従事した。大正十四年九月には第七章を書き終わっている。特に十四章「最高道徳論」の原稿には非常に苦労したようで、何度も書き直し、訂正を加えた。

千九郎はのちに、次のように述懐している。

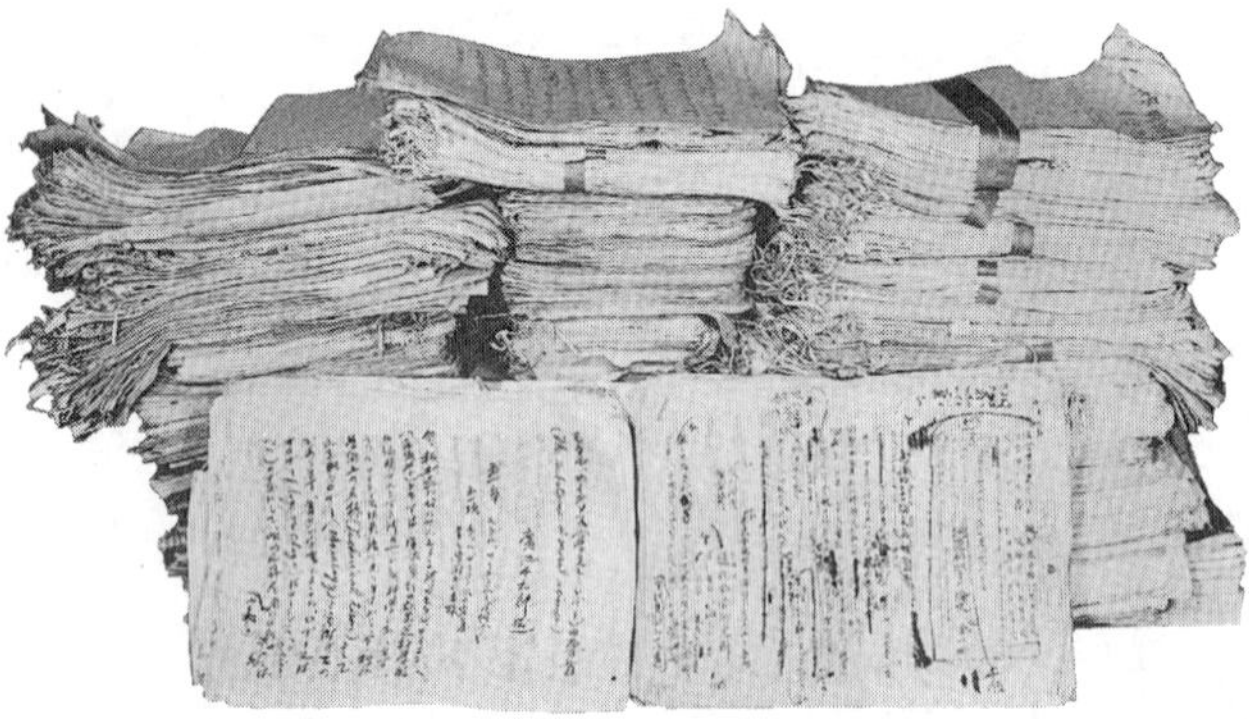

『道徳科学の論文』の原稿の一部

ようやく第十四章の組立てができた。ほんとうにこれには困った。むかし、孔子が『易《えき》』を整理される時に、鹿の綴《つづ》り皮を三度とりかえたということが書いてあるが、そんなことは、ただ書いてあることだと思っていたが、今度自分がやってみて、なるほど孔子が綴り皮を三度もとりかえられたほど、何度も何度もやりなおすことの意味を、初めて自分に体得することができた。[20]

大正十一年から中《なか》田《た》中《みつる》が、千九郎の助手として原稿の筆写、諸連絡、身辺の整理などを行った。中田は千九郎に師事したモラロジーの最初の門人であり、千九郎から最も信頼された門弟の一人であった。また、大正十三年の夏からは、当時東京帝国大学哲学科の学生であった鈴木利三郎が助手となり、欧文の翻訳などにあたった。なお、鈴木は、大正十五年一月に、千九郎の次女富《とみ》と結婚、養子となり、廣池姓となった。

大正十五年、できあがった原稿は、まず謄写版印刷にすることにした。この印刷が開始されたのは大正十五年三月で、八月には完了している。

この間、謄写版印刷する際にも活版印刷にする際にも、念には念を入れて幾多の訂正を行っている。

完成した謄写版『道徳科学の論文』

昭和二年、千九郎は、この論文の原稿完成の段階で、東京帝国大学教授の市河三喜《いちかわさんき》に相談して、ラテン語で道徳を意味する「モス」(mos)と、ギリシア語で学問を意味する「ロギア」(logia)を合成して、「モラロジー」という学術語をつくり、使用することに決定した。

さらに活版印刷にすることにし、昭和三年一月中旬に、築地活版所と契約が整い、この年の十二月二十五日に、『新科学モラロジーを確立するための最初の試みとしての道徳科学の論文』(以下、『道徳科学の論文』と略称)は出版された。

第二節　畑毛温泉での執筆

続く闘病生活

大正四年以降も千九郎は、病に苦しめられた。平温が三十六度くらいの千九郎の体温は、日夜三十七度前後から下がらない。千九郎は、大正二年八月から紅《べに》療法を始めた。紅療法とは、紅花《べにばな》を原料としてつくられる生薬を用いる治療である。内臓神経疾患《しっかん》や神経衰弱などに効くといわれ、内服薬及び塗り薬として用いられる。この療法を始めるとしだいに効力が現れ、まるで死人のようだった肉体が、三、四年後にはやや復活したと言っている。あい変わらず熱は下がらなかったが、千九郎は、この間も絶えず苦痛を押して講演と研究に従事している。

大正二年以降は、紅療法に加えて、種々の滋養剤を用いた。例えば、グリコーゲンやタカヂアスターゼ、クラフト、ビータ、プレミン、人参、鉄剤、純金の粉末などだが、効果はなかった。

熱が時々下がるようになったのは大正五年以後のことで、それも年の半分以上は熱のある状態が続いた。

大正八年三月には、うずらの卵を食べる療法を行ってみたが、効きめはなかった。それからは神経衰弱の注射を打ち、一時はやや回復したが、とても十分とはいえなかった。
　この年の五月十五日から焼塩《やきしお》を服用してみると、非常に効果があった。ところが、大正九年三月以降、千九郎は再び無理をして倒れてしまった。医師の診断によれば、知覚神経の衰弱ということで、臓器には異状がないが、大正元年の大病の時と同様に熱が下がらなかった。外国の薬を使ったり、種々の肉汁を用いたりしても、胃をこわしたり下痢をしたりして効かない。大正十二年に入って、体調はいっそう悪くなった。

　一月十六日夜、これより前に脳を過労し、この夜成田で寝る時にふらふらと倒れて発病。それより発熱、頭が重くて気力が衰える。（中略）二十六日夜、寒けに襲《おそ》われる。二月三日夜、大熱。背中が痛み、食欲を失う。四日、大阪に出る。同上。五日も絶食。この夜、下津井一泊。少し食欲が出た。五日、本島。六日、話をする。また病状が重くなる。十日経つと、おおいに快方に向かう。十七日、十九日、二度話をする。しかし、頭一面が重くなる。(21)

同年一月二十四日、千九郎はソクラテスの品性を継承し、人心救済の土台となる覚悟を決めて「蘇哲《そてつ》」という号を用いることにした。
大正十二年二月六日には「遺言状を認《したた》む」ほどの病状となり、このあとは「面会謝絶、新聞も読まず、手紙も書かず、絶対安静にする」しかないというほどの不調が続いた。しかし、千九郎には不屈の信念があった。

　私は最高道徳を実行することによって、根本から世界を救おうと思っている。私には今日いまだ世界中に一人の競争者もいない。私に代わる候補者がいないということだ。したがって、私の生命は、神から見ても社会的に見ても、全人類のために必要なものといえる。これほど弱っても死なないのは、そのためなのだろう。(22)

と『日記』に書いている。ここには、人類全体の幸福と平和実現への悲壮なまでの使命感が示されている。

畑毛温泉

大正十二年八月十四日、千九郎は病気治療のために温泉を利用することに決め、以前に利用したことのある静岡県の畑毛《はたけ》温泉へ行った。「とにかく皮膚の神経に効くことは日本一と考える」と述べているように、この温泉は千九郎の体に合ったために長期滞在となり、『道徳科学の論文』の執筆が大幅に進捗《しんちょく》した。

千九郎と畑毛の関係は、明治三十五年にさかのぼる。続いて三十七年、三十八年と療養に来ている。明治四十四年の時は、八月に十日間ほど家族四人で滞在している。

畑毛で旅館「七峰館」を経営していた井出静《いでしずか》は、隣の旅館「琴景舎《きんけいしゃ》」(高橋旅館)に宿泊していた千九郎と出会い、身の回りの世話をするようになった。井出は、明治四十四年ごろの畑毛温泉の模様について、次のように表現している。

当時の畑毛温泉は微々《びび》たる一寒村の温泉場で、琴景舎と松屋と私の家のただ三軒のみでした。田舎のこととて、百姓さんが腫《は》れ物ができたとか、火傷《やけど》したとかいう人が、米と漬物を持ってくる浴客でした。千九郎先生はその当時いちばん善い宿の琴景舎へ参られました。当時は鉄道の便も悪く、東海道線は御殿場《ごてんば》廻《まわ》りで、三島駅で修善寺温泉場行の電車にて大場で下車し、そこから一里の山道を馬車と人力車で行くのですが、これが唯一の乗物でした。建物も部屋も粗末極まるもので、鯖《さば》の煮付《につけ》、焼豆腐で金八十銭、三食付で泊まれるという木賃式《きちんしき》の宿です。（中略）温泉は非常に効能があって、千九郎先生は一浴毎に、目に見えてお体に効くと申しておられました。[23]

『道徳科学の論文』を執筆した琴景舎の離れの部屋

大正十二年八月、千九郎がこの旅館の離れの質素な部屋で、『道徳科学の論文』を執筆している状況について、中田中は、次のように語っている。

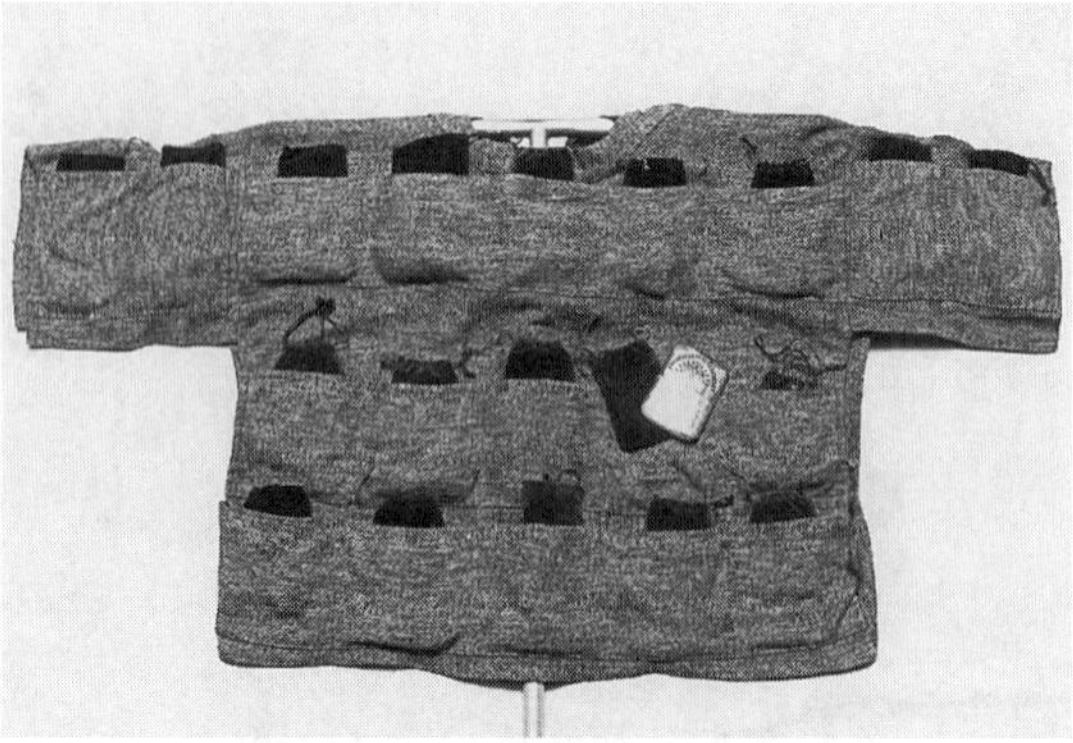

着物と羽織の間に着用した間着。黒く見えるのはハクキンカイロ。体温の保持のため、カイロを多数使った

いつも博士は、寝ておられることが多く、ほとんどご研究だけを友としてのご日常でしたが、遠近を問わず、博士のお徳を慕《した》って教えを受けに来る門人もだいぶありました。

博士は末梢《まっしょう》神経の衰弱のため、真夏というのに綿入の着物にくるまって、ハクキンカイロを二十個以上もあちこちに入れたり、木綿の着物にコクラの袴《はかま》、羽織の紋は墨で塗《ぬ》って消してあるなど、また、温泉地というのに物見遊山《ものみゆさん》をして遊びまわることなど夢にもなく、夜は十二時か一時すぎに休まれるそのお姿は、近所の人たちの眼にもたいへん奇異《きい》な印象を与えたことと思います。[24]

　ある時、東京の弁護士が、一度千九郎に会いたいと言って、琴景舎を訪問したことがあった。

その弁護士は、東京へ帰ってから、「温泉旅館というので、さだめしりっぱなところにお泊まりになっていると思って行ったところが、汚《きたな》くて薄暗い部屋で、昼でもローソクをつけなければ新聞の字も読めないような所で、しかもお召しものは木綿着物で、羽織の紋は墨で塗って消してあった。自分は大島の上下で、りっぱな服装をして行ったので、かえって体裁《ていさい》が悪くて恥ずかしかった(25)」と語ったという。

琴景舎の部屋には飾りらしいものはなく、唯一『観音経』の「慈眼視衆生《じげんししゅじょう》」という掛け軸が一つかかっていただけだった。千九郎は、「慈眼《じげん》をもって衆生《しゅじょう》を視《み》る」というこの言葉が気に入っていた。観音さまの無限の慈悲を思い、この心でいかなければ、衆生を救うことはできないと思い返しつつ、心を込めて論文の執筆にあたっていたのであろう。

入魂の執筆

大正十三年は、「未曾有《みぞう》の健康」とあり、そのため『道徳科学の論文』の執筆に集中できた。しかし、健康とはいっても決して普通の体であったわけではない。

大正十四年のある日、千九郎のもとを訪れた香川初音《かがわはつね》は、病気に苦しみながらも、なお筆を休めない千九郎の姿を見て、「先生、お苦しゅうございましょう。せめて今しばらく筆をお休めになって、いくらかお楽におなりあそばしてから、またお書きあそばしては……」と慰めの言葉をかけた。

それに対して、千九郎は、次のように答えている。

そう思うであろうが、自分は神様をあざむくことはできない。死ぬまで筆を持ち続けな

琴景舎の離れの一室で臥床中の千九郎（大正 13 年）

ければならない。（中略）大正元年に、せめて一年ほど命をのばしていただいたら、学者として生涯末代、人の助かる道を書き残しておきたい。しかし一年では……せめて二十年もあったら、と思ったのが、はや大正も十四年となった。この弱い体では原稿が書き上げられるか分からない。たとえ書き上げられたとしても、これが印刷され書物になるかどうか分からない。幸い書物となっても、果たして人様に読んでいただけるか、それも分からない。幸い読んでいただいても、果たして助かっていただけるか、それも分からない。今の人には読んで助かっていただいても、百年、千年後の人が真に助かっていただけるかどうか、分からないのだが、こうして苦しい中でも書きつづけなければならない。人の心に誠一字が分かってくれたら、こんなにたくさんの古今東西の書物を集めて、研究に研究を重ねる必要はない。ただ人様に誠一つを分からせたいために弱い体をむち打っている。自分の一生は、まったく暗がりの道であるが、ただただ誠一つが分かって助かってもらいたい一途《いっと》である[26]。

執筆の過程においても、千九郎は反省に反省を重ね、自己を磨いてきた。執筆もかなり進んだ大正十四年七月二十五日には、「今一段聖者とならずば、モラル・サイエンスに生命なきこと[27]」と記している。このように、本書は、一字一句に千九郎の全人格と人類愛の精神を傾注《けいちゅう》して書き上げた血涙の書なのである。

大正14年2月ころ（59歳）

このような過程を経て、『道徳科学の論文』の原稿は、大正十五年八月十七日にようやく完成した。

『道徳科学の論文』は、千九郎のこれまでのすべての研究の集大成といえる。つまり、青年時代から志していた道徳の研究に、ほかの学問、思索、苦渋《くじゅう》に満ちた体験など、さまざまな要因を取り入れ、純化し、総合して形成されたものである。歴史、文法、東洋法制史、宗教の研究など、一見つながりがないと思われるようなものも、千九郎という溶鉱炉《ようこうろ》において融合され、みごとに花開いたといえる。

このことについて、同志社大学名誉教授内田智雄は、次のように明記している。

この『東洋法制史序論』も、またのちの『東洋法制史本論』も、また『支那文典』や『てにをはの研究』などを通して窺《うかが》われる博士の思想も、すべて晩年に唱導されたモラロジーの血となり肉となって、おそらくはその中にすべて吸収し尽くされていることであろう。（中略）博士の学問領域はまことに広いが、しかし、博士の広範囲にわたる全著作は、廣池博士という人格の上にみごとなひとつの体系をなしているからである。換言すれば、一見その領域を異《こと》にするかのように見える著作も、博士においてはひとつの統一ある体系をなしていて、それぞれの著作がそれぞれ博士の人格史上に、その地位を確保していると考えられるからである。(28)

第三節　モラロジー形成過程の功労者

諸岡長蔵

昭和三年、『道徳科学の論文』の出版に至るまでには、資金面で有名無名の数多くの援助者、協力者の力があった。ここでは、千九郎の研究と活動を支持し、経済面でも多大な援助をした諸岡長蔵《もろおかちょうぞう》と中野金次郎《なかのきんじろう》を取り上げる。

諸岡長蔵は、明治十二年に千葉県印旛郡《いんばぐん》に生まれた。明治二十八年、十六歳のころ肺病にかかり、その時から天理教の信仰に入った。そして二十三歳の時には成田の講元になったほどの深い信者であった。明治三十二年に「米屋《よねや》のようかん」を創業し、事業も大きく成長していったが、常に「己《おのれ》に薄く他に厚く」という精神を持ち、公共事業のために匿名《とくめい》で援助をしたり、学者や学生の資金援助をするなど、多大の陰徳《いんとく》を積んだ大人格者である。

諸岡長蔵（右）と千九郎
（昭和６年、群馬県霧積温泉で）

千九郎と諸岡との交流は、大正三年三月十五日、千九郎が成田に講演に行った時に始まる。この時、千九郎四十七歳、諸岡三十五歳であった。諸岡は、世界的大学者が天理教に入ったと、千九郎を以前から敬慕《けいぼ》していたが、この時の講演にはさらに深く感銘した。以後、しばしば講演を依頼するとともに、会社の設立、運営等について、千九郎の助言を仰《あお》ぐなど、親密な交わりを持つようになった。

諸岡は、千九郎の学識の深さと人格の高さに感嘆しており、また天理教の上層部からも研究のための資金援助をするように依頼されて、大正四年から毎年援助することになった。

この援助は、昭和に入って『道徳科学の論文』が出版されたあとまで継続された。後年諸岡は、「その道程には教内よりは異端視せられ、また家内よりの反対も多分にありましたが、それらを全部押し切って断々乎《だんだんこ》として援助に乗り出したのであります[29]」と記している。

千九郎が贈った楽焼の湯飲み

諸岡の援助に心底感謝していた千九郎は、昭和八年、熱海に行った際、「天爵を修めて、人爵これに従う。モラロジーの母、諸岡大人へ[30]」と描いた楽焼の湯飲みを贈った。諸岡はモラロジー創建にとって隠れた大功労者なのである。

千九郎は、諸岡家の繁栄のためには、あらん限りの努力をしようと考えていた。例えば、大正十年ごろ、事業経営について成田市の同業者一同の反対があった時、何回か出張し、問題を改善したこともあった。

中野金次郎

千九郎の活動を援助した他の一人は、のちに国際通運の社長になり、実業界の大御所となった中野金次郎である。

中野は、明治十五年、福岡県に生まれ、明治三十八年、叔父の経営する巴組《ともえぐみ》肥後《ひご》又廻漕店《またかいそうてん》、内国通運相談役を経て、大正十三年同社社長となった。当時、小規模店が乱立競争して混迷を極めていた運送業界の統一に尽力《じんりょく》し、同十五年には合同運送を発足させ、昭和三年には、内国通運、国際運送、明治運送、合同運送の大合併を実現して、現在の日本通運の前身である国際通運を設立、社長に就任した。中野は「運送王」と呼ばれるほどの経営者であった。

中野金次郎（1882〜1957）

中野が千九郎に初めて会ったのは、大正四年六月二日である。この時の講演に感銘した中野は、その後もたびたび事業上の問題、みずからの健康問題、家庭問題などで指導を受け、業界や社員にも最高道徳の研究と実行をすすめている。その傾倒ぶりは徹底しており、千九郎の指導に従うことによって多くの難局を乗り越えている。

中野は、千九郎の説く「モラル・サイエンス」そのものに共感していた。財界の実力者の地位に達しながらも、生涯謙虚な態度で道徳を人生の指針とし、長年にわたって千九郎の研究費、その他の経済的援助を行った篤志《とくし》の人物であった。

中野の友人、松山簾の回想(31)によれば、中野が店を建築しようとして千九郎の指導を受けたところ、千九郎は店よりも船をつくれと助言した。中野が素直にそれに従って船をつくったところ、第一次世界大戦が勃発してたちまち船成金になった。次に、別府に別荘を建てようと思って相談したところ、千九郎はその金を社会事業に使うようにと言った。中野はその時もまた指示どおりに実行した。大正七年、たまたま全国に米騒動が起こり、富豪、財閥、米屋などが襲撃、焼き討ちにされ、門司でも中野の隣家まで焼き討ちされたが、中野家はお徳の高い家であるからといって、免れたという。

昭和七年に東京で開催された第一回モラロジー講習会の最終日、中野は、次のような感想を述べている。

私は大正四年、初めて先生にお目にかかり、そのご講演を伺った。当時は無分別な三十代であったが、とにかく非常に結構《けっこう》なお話であると思い、その後大正五、六年ごろ、約一週間位も続けて社員と共に先生のご講演を拝聴したことがある。それ以来、引き続き先生のご指導を仰いでおったが、(中略)ひとたび自分の事業について回顧してみると、先生のご指導がなかったならば、おそらく今ごろは失敗してしまっていたことであろうと、心ひそかに戦慄《せんりつ》の情を禁じ得ないものがある。とにかく、今日までいろいろな難関を切り抜け、どうやら人の上に立ち、会社の経営をしておるのは、一に先生のみ教えの賜物《たまもの》であると申しあげてさしつかえないと思っている。(32)

第四節　『道徳科学の論文』の出版

各界指導者への献本

昭和三年十二月二十五日、待望の『道徳科学の論文』が刊行された。印刷部数は三百五部であったが、そのうちとりあえず十五部を受領して主な人々へ献本した。十二月二十三日には、一木喜徳郎《いちききとくろう》宮内大臣、関屋貞三郎《せきやていざぶろう》次官、鎌倉滞在の牧野伸顕《まきののぶあき》内大臣を次々と訪問し、それぞれ一時間にわたって話をした。二十六日には、秩父宮《ちちぶのみや》御殿で前田事務官に面談し、約四十五分間話している。次いで松平恒雄《まつだいらつねお》大使宅、久邇宮《くにのみや》邸で山田事務官に面談し、二十八日には、秩父宮、高松宮《たかまつのみや》、閑院宮《かんいんのみや》、伏見宮《ふしみのみや》、梨本宮《なしもとのみや》、李王《りおう》殿下へ献本した。

『道徳科学の論文』初版（昭和 3 年 12 月 25 日発行）

昭和四年の元旦を迎えて、いよいよモラロジー最初の著書の発表に胸躍《おど》る気持ちを抑えかねるようにして、『道徳科学の論文』を皇室ならびにその周囲の大官に献本し、さらに陸海軍首脳部に話をすることの決意を示すとともに、実行に移している。

三月五日に一木宮内大臣を訪問し、三月八日には両陛下に『道徳科学の論文』を献上するために宮内省に出かけた。翌九日には「帝国学士院」の会員に献本という記録があり、学会関係者にも寄贈した。

四月二十八日には、海軍大佐伴達也を伴って一条実孝公爵を訪問しているが、この時の様子を、次のように記している。

この日は荒木中将と公爵とご両人がお聞きくださった。公爵は昼食の時、同席した令息に「かかる偉いお方にあやかるためにお酌をしなさい」と言って、私にお酌をしてくださった。思うに、公爵は令息に天爵が人爵より尊いことを知らせて、公爵家を無窮《むきゅう》に続かせるためにおっしゃったのだろう。公爵は、実に現代には得がたい賢人である。(33)

この記事からは、上層の人々にモラロジーの理解者を得ることのできた喜びが伝わってくる。公爵邸における話は、約五時間にわたっている。その後、六月十七日及び二十日にも公爵邸を訪問している。

一条公爵は、六月二十四日夜に公爵邸に鈴木貫太郎《かんたろう》侍従長、奈良武次《ならたけじ》侍従武官長を招待して、千九郎の話を聴かせた。この特別な扱いは、千九郎に将来への活動に絶大なる力添えを与えたことであろう。

その数日後の六月三十日、一条公へ、「今日の状態は、鎌足《かまたり》公の時代よりも困難の時代であることを説き、今後毎月二回、私がお話をさせていただくつもりです」という書状を送っている。

五十鈴河畔の教訓

『道徳科学の論文』の出版を間近にした昭和三年十一月三日、千九郎は、その完成報告と感謝報恩のため、家族や主な門弟など十九名を伴って伊勢神宮に参拝した。その途次、千九郎は、伊勢神宮の建物はほかの宗教団体の建物と比べてきわめて質素である理由を説明し、物質的、形式的なものに支配されている当時の風潮を戒《いまし》めた。

一行は、外宮《げくう》の参拝を終わって、宇治橋近くの「すし久」で昼食をすませ、午後一時に正式参拝をした。この参拝は、六十二歳になっていた千九郎にとって感無量のものがあった。千九郎の一生の最終課題は、モラロジーの創建にあったが、そこに至る、およそ五十年間に及ぶ寝食を顧《かえり》みない蛍雪《けいせつ》の功が実を結んだのである。千九郎は、それを諸伝統のおかげであるとして、感謝報恩の祈りを捧げた。

参加した親族、門人にも神聖な使命感を与えた。神宮の砂利道の一歩一歩に、また、食事の一味一味に各人の感慨が刻み込まれた。

伊勢神宮参拝の記念写真（昭和３年11月３日）

正式参拝を終えた千九郎は、五十鈴川河畔《いすずがわかはん》で一同に向かい、誠一筋になることを強調し、モラロジー教育の原点ともいうべき教訓を提示した。これは「第一五十鈴《いすず》河《か》畔《はん》の教訓」と呼ばれている。以下は、その内容の一部である。

キリストに山上の教訓(*The Sermon on the Mount*)あるがごとく、最高道徳の実行の歴史中に五十鈴河畔の教訓を生ぜり。

一、誠の意味を体得せる実験。

二見《ふたみ》今一色《いまいしき》にての実験。

自我を没却して自然の法則に絶対服従するこ

と。

大を以《もっ》て小に事《つか》うること。

一、至誠天地を動かさざれば生存しあたわざる境遇を実現せり。

㈠　大正元年の大患——生命危《あやう》かりしこと。死の代わりに人心救済に苦労すと願う。ゆえに爾来《じらい》身体上、事情上、常に苦しみあるを至当と考え、かつ生命の前途も測られずとの信念、今において常に絶えず。

㈡　大正四年の困難——無一物のこと。潜在的伝統を見いだしたること。自己反省の体験をなし得たること。（釈迦の事跡）

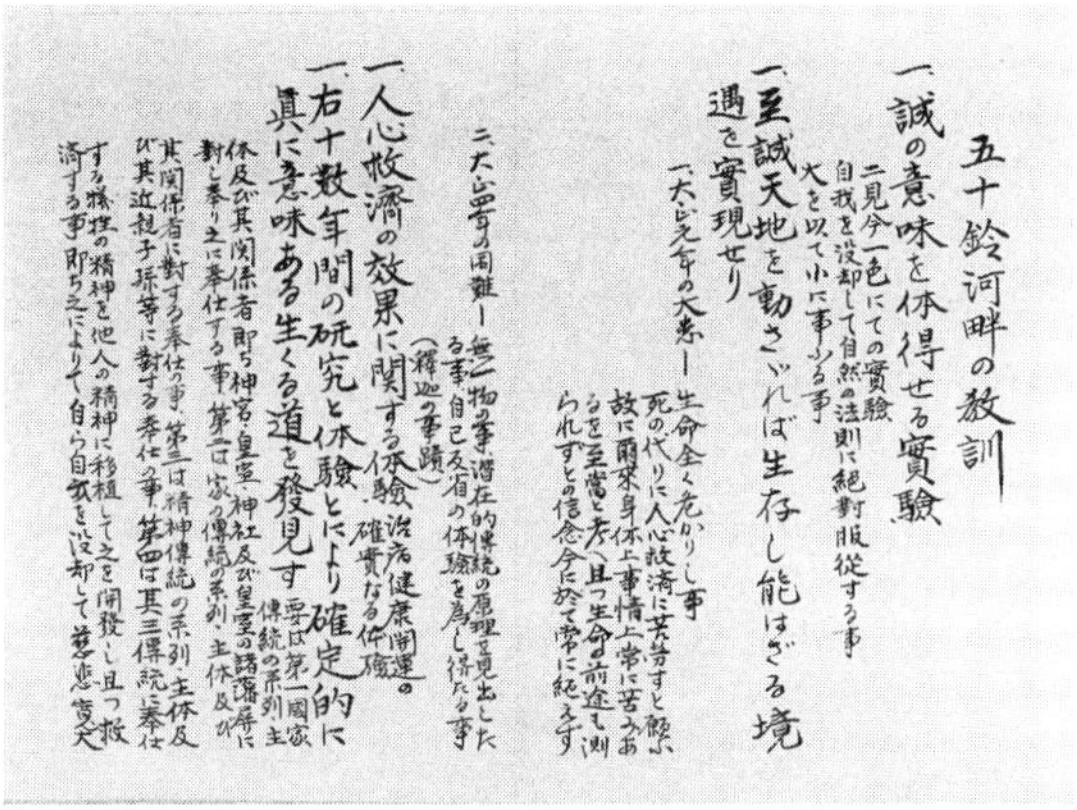
五十鈴河畔の教訓

一、誠の意味を体得せる實驗

二見今一色にての實驗
自我を没却して自然の法則に絶對服從する事
大を以て小に事ふる事

一、至誠天地を動さゞれば生存し能はざる境遇を實現せり

一、大正元年の大患—生命全く危かりし事
死の代りに人心救濟に苦労すと願ふ故に爾来身体上事情上常に苦みあるを至當と考へ且つ生命の前途も測られずとの信念今に於て常に絶えず

二、大正四年の困難—無一物の事、潜在的傳統の原理を見出したる事、自己反省の体驗を為し得たる事
（釋迦の事蹟）

一、人心救濟の效果に關する体驗、治病健康開運の確實なる体驗

一、右十数年間の研究と体驗とにより確定的に眞に意味ある生くる道を發見す
要は第一國家傳統の系列、主体及び其關係者即ち神宮・皇室・神社及び皇室の諸藩屏に對し奉り之に奉仕する事、第二は家の傳統の系列、主体及び其關係者に對する奉仕の事、第三は精神傳統の系列、主体及び其近親子孫等に對する奉仕の事、第四は其三傳統に奉仕する犠牲の精神を他人の精神に移植して之を開發し且つ救濟する事即ち之によりて自ら自我を没却して慈悲寛大

「五十鈴河畔の教訓」

一、人心救済の効果に関する体験。治病、健康、開運の確実なる体験。

一、右十数年間の研究と体験とにより確定的に真に意味ある生くる道を発見す。

第四章　モラロジーとは何か

第一節　モラロジーのめざすもの

研究の動機

『道徳科学の論文』は、三千四百頁の大著である。本書で提唱された新科学モラロジーとはどのようなものなのだろうか。

千九郎は、モラロジー研究の動機について、次の点を挙げている。

一、東洋の法制史を研究した結果、法の目的が個人の権利の保護よりも個人の義務を奨励することにあることを知ったこと。

二、世界各国の君主が皆滅亡するのに、日本の皇室だけが永続している理由を研究した結果、最高道徳の実行によることを発見したこと。

三、世界各国に蔓延《まんえん》しつつある過激な革命運動を防ぎ、人類一般の幸福を実現するためには、政治や法律や経済や軍隊の力に頼るのでなく、道徳が根本であると考えたこと。

四、仏教・キリスト教をはじめ、世界の偉大な宗教の祖師は、皆苦労艱難《かんなん》をして人心救済に尽くしたのに、学者や一般人はこれを尊重していない。これは人類に向かって道徳実行の効果を十分に認めさせていないからである。これを科学的に証明することができれば、宗教家の努力もその効果を現すだろうし、一般人の幸福にも役立つだろうと思いついたこと。

五、学校における道徳教育は、児童や少年には多少の効果はあったが、青壮年以上にはその効果がなかった。そこで、教訓的道徳教育ではなく、道徳の科学的研究によって、権威ある道徳を確立しなければならないと考えたこと。

六、オーギュスト・コントの社会学は、道徳実行の効果を間接に証明するだけなので、「直接かつ明確」にそれを証明できる科学の必要を感じたこと。(34)

モラロジーの定義

モラロジーは、その定義によれば、「因襲《いんしゅう》的道徳（普通道徳）及び最高道徳の原理・実質及び内容を比較研究し、あわせてその実行の効果を科学的に証明しようとする新科学(35)」である。普通道徳とは、礼儀作法、慣習及び同情、親切など、社会一般で道徳と考えられているものを指し、最高道徳とは、釈迦、孔子、ソクラテス、イエス・キリストが実行した道徳の系統と日本の皇室に伝わる道徳系統に一貫する道徳原理を意味する。歴史的に発達してきた普通道徳は、その本質が人間の自己保存の本能に基づくものであり、最高道徳は聖人の実行された道徳で、その本質は神の慈悲心に基づいている。最高道徳こそが人類生活の標準とされるべき真の道徳であり、これによって人類は、「文明」(civilization)の段階からいわゆる「文化」(culture)の段階に進むことができる。

モラロジーは、諸聖人の教説と実行上に一貫している学問・思想・道徳及び信仰の最高原理を経《たていと》とし、現代の自然科学及び人文・社会科学の原理を緯《よこいと》として組織された科学である。千九郎のとった科学的研究は、実証的研究法を基盤にしている。しかし、それにとどまらず、考証学的方法、さらには、現代の解釈学的方法に近いものを含んでいるといえる。つまり千九郎は、㈠人類の歴史のうえから、㈡社会科学的見地から、㈢現代の諸科学の成果から、㈣自分の体験から真理の検証を行っている。

モラロジーが新科学として提示された根本理由は、最高道徳の原理の発見にある。千九郎は、「新科学」であるためには、あらゆる既成科学の中にない新原理の発見、あるいは既成科学の諸原理を根本的に改訂するだけの価値のある根本原理を発見していなければならないとしている。その中核となっているのが最高道徳の諸原理である。

『道徳科学の論文』の概略

『道徳科学の論文』は、第一巻と第二巻からなり、第一巻は十五章からなっている。

各章では、主として次のような内容が述べられている。

第一章、モラロジーの定義、道徳の科学的研究の歴史と研究の動機。

第二章、人間生活のあり方。

第三章、人間存在を成り立たせている諸条件を先天的原因と後天的原因に分け、先天的原因としての自然環境、社会環境、遺伝と人間の関係についての考察。

第四章、心理学、心身医学などの最新の研究成果を駆使《くし》して、後天的原因としての精神作用と行為の改善の重要性を示している。

第五章、真の知識と真の道徳が一体とならなければならないこと。

第六章、第七章、第八章では、人類社会は本能・知識・道徳の三つで構成されており、中でも道徳が重要であり、とりわけ最高道徳を実行する人が増えれば、人類が進化することを社会学的・人類学的立場から説明している。

第九章上「現代人の思想の誤謬《ごびゅう》」では、政策、政治、法律の改良と個人及び社会の幸福の関係、帝国主義、軍国主義、保守主義、社会主義、デモクラシーでは、社会の改善、世界の平和は実現できないと訴えている。

第九章下では、「労働問題・小作争議・国家的公共事業に対する貴族・富豪・資本家ならびに地主の方針及び方法の誤謬」を指摘し、道徳的解決法を提示している。

第十章では、普通道徳の内容を「義理的道徳」「攻略的道徳」「修養的道徳」など、二十七項目に分類し、普通道徳の社会的役割とその限界について論述している。

第十一章では、カント、グロティウス、国際連盟の規約などを取り上げ、世界平和の理念について論述。

第十二章と第十三章は、ソクラテス、イエス・キリスト、釈迦、孔子及び天照大神の実行と教訓についての考察。

第十四章では、最高道徳の内容である自我没却の原理、神の原理、義務先行の原理、伝統尊重の原理、人心開発救済の原理について詳細に説明している。

第十五章では、最高道徳の実行とその結果との因果関係について、聖人の教説、諸科学の研究成果、社会的事実を用いて考察している。

第二巻は、最高道徳実践の格言（一三五項目）であり、その指針を具体的に示している。

また、千九郎は「モラロジーは品性完成の科学」であり、「平和実現の専門学」であるとして、社会の改善も世界平和の実現も、結局は、個人の品性の向上、つまり、最高道徳の実行によって可能となると述べている。

『道徳科学の論文』の特色

モラロジーの特色は、以下の三点にある。

第一は、科学性、普遍性である。千九郎は、単に道徳学、倫理学、哲学の領域だけでなく、人文科学、社会科学、自然科学の全領域にわたって、幸福と平和実現の方法を考察している。次のように述べている。

（モラロジーの）実質は、純然たる一つの科学的研究の結果であり、内外いずれの宗教団体にもまったく関係なく、また、ある階級、ある民族もしくはある国家に偏《へん》することなく、きわめて公平で純粋な科学としての性質を有するものである。（中略）一般の教育は、知育に偏《かたよ》って徳育に重きをおかず、世界の多くの大学は、国家意識と協調を欠いて国民を指導するという任に背《そむ》き、また宗教はその本質上いずれも主権を設定した団体であるから、全人類に対する普遍性を欠いているのである。[36]

第二の特色は、実践性である。本書の核心である最高道徳は、実践してはじめて真の効果を現すものとなる。千九郎は、「モラロジーは科学であるから、研究と理解にとどまるべきであるが、最高道徳は、その実行をもって生命とする[37]」と述べている。

第三の特色は、実行の書である。本書は、単に理論的な考察による道徳の書ではなく、千九郎みずからが最高道徳を実践し、その真実性を確かめて書き上げた書である。千九郎は、「私は自分の心づかい及び行動をことごとく聖人の書に求めて、そのとおりを実行してきました。モラロジーにおいても、一言半句といえども聖人の教えのほかに、私の主義や意見を交えていないのです(38)」と語っている。

刊行後の研究課題

『道徳科学の論文』は一応完成したが、千九郎はまだまだ不十分と考えていた。そのため「今後引き続き論文の改訂を行うこと」と述べ、以後研究すべき事項として三十四項目を提示している。その中には、次のようなものがある。

「生物及び人間の生命の連絡に関する研究」「自然力の人間に及ぼす影響と一般生物に及ぼす影響との比較に関する研究」「自然力と人間の道徳との関係の研究」「実験心理学における精神作用と肉体との関係についての徹底的研究」

「動物試験所を置きて特に動物の憤怒《ふんぬ》・喜悦《きえつ》・驚愕《きょうがく》その他の精神作用のその疾病《しっぺい》・健康及び寿命に及ぼす影響に関する研究」「植物試験所を置きて、進化論及び遺伝学の研究をもなすこと」「労働問題の道徳的解決に関する研究」「政治学及び法律学の原理に関する徹底的研究及び政党の道徳化に関する具体的方法の研究」「世界永遠の平和の実現に関する具体的方法の徹底的研究」

千九郎のこれまでの学問研究、つまり歴史学、歴代天皇研究、文法学、法制史研究などを見ても分かるとおり、常に壮大な計画を立てている。出版したものはその計画の一部であることを常に明記している。したがって、研究領域の広いモラロジーにとっては、限りなく多様な研究課題が残されているといえる。

学問は日進月歩の勢いで進歩しており、その中には倫理学や道徳論の視点からも有効な情報が多い。そもそも科学というものは進歩発達するものであるから、古い情報の中には、今日から見れば誤っているものも出てくる可能性が存在する。より有効な情報も次々と生み出される。この点で、常に改訂されるべき運命にあるといわなければならない。

千九郎の構想は雄大である。モラロジー教育学、モラロジー経済学、モラロジー法律学などの新しい学問を樹立しようという意図を秘めていた。そのためには、世界各地に道徳科学（モラロジー）研究所を設立して、研究を続行する必要があると考えていたのである。

第二節　『道徳科学の論文』の評価

新渡戸稲造の序文

『道徳科学の論文』は、高い評価を得た。そのことが本書に掲載された学者の序文に示されている。

千九郎は本書を出版するにあたって、国際的に評価の高い学者に序文を書いてもらおうと、昭和二年、知己《ちき》の白鳥庫吉《しらとりくらきち》に面会して、序文執筆を依頼した。その時、千九郎が、新渡戸稲造博士に序文を依頼してはどうだろうかとただしたところ、白鳥も賛成した。ちょうどその日の午後、白鳥は新渡戸と会う約束になっており、序文の依頼をしてくれることになった。

昭和二年六月三十日、千九郎は初めて新渡戸を軽井沢の別荘に訪問し、序文の執筆を依頼した。昭和三年、『道徳科学の論文』の出版準備も進んだころ、序文執筆を重ねてお願いし、新渡戸は、九月六日に英文で序文を書き上げた。

この序文で、新渡戸は千九郎の人格と並外れた業績を評価し、病身でありながら健康な学者をしのぐ『道徳科学の論文』を完成したことに驚嘆の気持ちを表している。新渡戸は、千九郎が法理学者、社会学者、哲学者、歴史家の書籍を広く渉猟《しょうりょう》し、膨大な材料から取捨選択して、それを自家薬籠《じかやくろう》のうちに収めた手腕と裁断弁別《さいだんべんべつ》の力を称えている。さらに、広く異なった種々の方面から人生を観察し、人生の主要なる目的は道徳の完成にあることを教えられたとして、次のように述べている。

新渡戸稲造（1862～1933）

廣池博士は倫理学諸派の間にも、また、宗教諸派の間にも脈絡《みゃくらく》相通ずるところがあることを示され、博士の主唱される人間道徳心開発の極致《きょくち》ともいうべき最高道徳は、いったんこれに達すれば、学派・宗派の別も畢竟《ひっきょう》枝葉の相違であって、その大綱は皆同一に融合するものであることを説かれた。要するに、人格の向上を目的として、皆ここに到達してはじめて融和一致の至境に入ると教えられ、この終局の目標を確立しようとするのが博士の目的であるのです[39]。

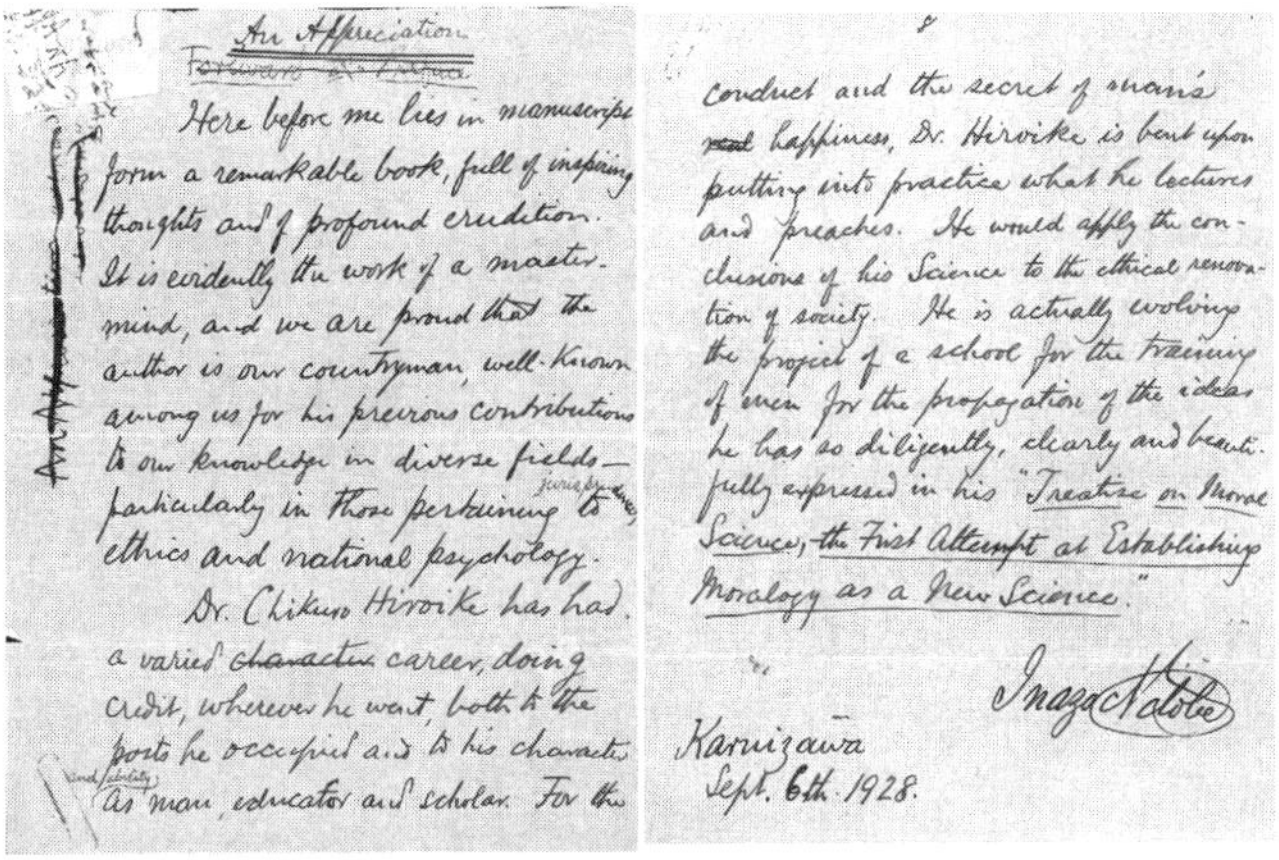
An Appreciation

Here before me lies in manuscript form a remarkable book, full of inspiring thoughts and of profound erudition. It is evidently the work of a master-mind, and we are proud that the author is our countryman, well-known among us for his previous contributions to our knowledge in diverse fields—particularly in those pertaining to ethics and national psychology.

Dr. Chikuro Hiroike has had a varied career, doing credit, wherever he went, both to the posts he occupied and to his character as man, educator and scholar. For the

conduct and the secret of man's happiness, Dr. Hiroike is bent upon putting into practice what he lectures and preaches. He would apply the conclusions of his Science to the ethical renovation of society. He is actually evolving the project of a school for the training of men for the propagation of the ideas he has so diligently, clearly and beautifully expressed in his "Treatise on Moral Science, the First Attempt at Establishing Moralogy as a New Science."

Inazo Nitobe

Karuizawa
Sept. 6th. 1928.

『道徳科学の論文』に寄せられた新渡戸稲造直筆の序文原稿

また、国際連盟で八年間、国際平和に尽力してきた経験から、新渡戸は、倫理道徳の観点から人類の平和を実現しようとする千九郎の態度を、次のように評価している。

愛国の心厚き博士は、世界人類の平和安寧《あんねい》に資せんがため、世界の一員としてわれらの常に心掛けるべき要件を決して閑却《かんきゃく》されないのである。博士の帝国主義を排し、世界平和を高調せられた論旨に至っては余の特に注意を払いたるところである。

帝国主義を論ずるに経済的立場よりし、世界平和を説くには政治的見地よりするのが常である。（中略）これらの諸問題を処理するには倫理道徳の見地よりするのが得策である。廣池博士はもっぱらこの点に意を注ぎ、勇敢なる兵士のごとく、一途に力をここに加えられたのである。(40)

白鳥庫吉と阪谷芳郎の序文

白鳥庫吉も序文を書いている。千九郎と白鳥は専門領域が同じだったこともあり、その交流は明治三十年代初めから始まっている。

白鳥の序文には、「私は廣池博士と交わること、ここに約三十年に及ぶ。ゆえに、その人格について知るところははなはだ多く、特に学者としての人格については、私の最も尊敬するものである」(41)と記している。

白鳥庫吉（1865～1942）

白鳥は長年、学習院大学の首席教授を務めて多くの上層階級の師弟を教えたため、人脈が広く、千九郎の講演活動などに多大の協力をした。

もう一人の序文の執筆者は阪谷芳郎である。千九郎は、阪谷を学識、人格ともに卓越した第一流の人物と評価しており、モラロジーの理解者として期待していた。
次は、阪谷の序文の一節である。

四人の聖者の生まれた時代には、今日のような科学的な思想はまだ育っていなかった。近世科学の進歩は、実に驚くべきものであって、四人の聖者といえども、今日の進歩はとうてい考えも及ばなかったことだと思う。（中略）したがって、古《いにしえ》の聖者が深く考えて授けてくださった完全な教えも、これを科学的に考究する必要が生じたのである。しかし、これはきわめて高遠な知識と卓越した思想力を持つ人でなければ、とても果たし得ないことであった。（中略）

阪谷芳郎（1863～1941）

私のような専門を異にする者には、このような大切な著書の批評を試みるのは、余りにも大胆過ぎることである。しかし、本書を読んで、私には道徳の研究が決して科学的に組み立てられないものではないという確信が生じた。そこで、道徳を軽んじる誤った思想を排し、現代に最も合致した道徳的信念を人間に自覚させるために、本書が最も有効であることを明言するものである。(42)

第三節　海外普及と研究所設立計画

頓挫した翻訳作業

『道徳科学の論文』出版後、千九郎は、まず海外に普及しようと考えていた。日本人の思想や学問が外国に紹介されることはまれである。特に三千頁余に及ぶ学術書の翻訳は皆無《かいむ》であり、その意味でも一世を風靡《ふうび》するだけの価値があると思われた。そのため、千九郎は当初から、本書の英訳を計画しており、大正十一年十月二十九日の『日記』に「大正十六年に英文をつくる」とある。そして、大正十五年八月、東京外国語学校教授大岩元三郎に英訳を依頼した。

大岩を千九郎は、「長年、英米二国に留学され、哲学、倫理学及び宗教学に精通され、英文においては日本第一といわれている」(43)と紹介している。契約は、大正十五年八月七日に成立し、その条件は、人名、地名はもちろん、学術語の英語は、千九郎が記入し、大岩は文章をつくるだけにすること、一頁三円で、難しいところは四円にすることなどであった。

大岩に対する千九郎の心づかいは、食料品や身の回りの品を調達するなど、至れり尽くせりであった。それは何としても英訳を完成したいという気持ちと、千九郎の意志をくんで翻訳してほしいという願いの表れでもあった。

大岩は、八月に翻訳に着手して以来、わずか三か月の間に第一章と第二章の翻訳を完成したが、以後は種々の理由からあまり進行しなかった。その理由の一つは、千九郎が翻訳文にチェックを入れたことで、両者の意見が合わないことがあったからである。

諸岡長蔵あての手紙には、「専門家の翻訳したものを、私がさらに訂正せねばならず、そのつどいちいち議論となり、なかなか面倒なことです(44)」とある。

千九郎は、「なにぶんにも欧米の碩学《せきがく》や最高識者に対しても、なるほどと納得させるものでなければならないので、尋常の努力ですむものではないと思う(45)」と述べているように、『道徳科学の論文』の著述と同様、念には念を入れて行ったのである。

別の理由としては、翻訳するのに困難な用語があったことが挙げられる。例えば、「伝統」という言葉は、千九郎独自のものであり、これに相当する英語は存在しなかった。そこで、千九郎は大岩たちと相談し、「オーソリノン」(ortholinon)という学術語をつくった。このこと一つでも、それほど容易に決着がついたとは考えられない。

また、大岩が多忙だったことも大きな理由であった。昭和二年七月六日、廣池利三郎からの手紙には、「五日夕、大岩教授宅を蒔田《まきた》君とともに訪問してきました。大岩先生がおっしゃるには、この夏を除いては第十四章を完成させる時期はないとのことで、この夏は何をおいても第十四章だけは完成したいと申しておられました(中略)。大岩先生は、第十四章はだれにも任せず、自分で完成するつもりだということでございます[46]」とある。
なお、翻訳した原稿は、アメリカ人牧師マッコイの校閲《こうえつ》を経ており、これを読んだ阪谷芳郎は、「日本人の訳としてはまずもってよろしい」と評価している。
しかし、このあと英訳が前進した形跡はほとんどない。昭和六年十月二十日の『日記』に添付《てんぷ》された大岩の手紙には、次のように記されている。

できあがった訳文には、自分でも不満足の点が多く、何回書き改めても思ったほどうまく訳せず、他人に頼んでもいつも失敗、老体に鞭打《むちう》つよりほかに方法はなく、できるかぎり勉強致す所存です[47]。

結局、英訳は完成しなかった。このことは惜しんでも余りあることである。もしも完成していれば、千九郎の名は世界に広がったばかりでなく、その後のモラロジーの社会教育活動の様相は一変していたであろう。ただし、昭和五年発行の『新科学モラロジー及び最高道徳の特質』の英訳は、大岩が完成している。

海外渡航計画

千九郎は、『道徳科学の論文』の英訳完成後に、海外渡航を計画していた。
新科学モラロジーは、それ自体新しい学問の樹立であったから、世界的に意義があること、従来の日本の学問界は、欧米の学説を移入することが中心であったのに対し、東洋人が樹立したという点で、史上初めてともいうべき快挙《かいきょ》であることなどの理由から、千九郎は、日本人に紹介すると同時に、欧米人にも伝えていきたいと考えたのである。

さらに重要な理由は、人類の幸福と平和の実現を意図していたことである。

書籍発行後、私は直ちに渡米、それから欧州を巡歴する心づもりで、実は、愚妻などへは三年以内と話していたのですが、それは表面の口実で、いつ帰国できるか想像もできません。パウロが、キリスト教を欧州に広めるためにローマに渡り、研究と布教《ふきょう》とに二十年を費《つい》やして、今日のように欧州各国に広まったことを考えれば、私の心づもりも、生涯を費やして世界平和のために努力致したいと思っている次第です。(48)

ここには、長期間にわたる欧米でのモラロジーの流布《るふ》を考えていたことが示されている。昭和六年二月に、大阪毎日新聞社社長本山彦一に書簡を出しているが、そこには千九郎の海外渡航の目的が、次の点にあることが記されている。

第一は、新科学モラロジーならびにその実質及び内容を形造るところの最高道徳を、世界の学者及び識者の間に提案して、その批判を求めるためであります。

第二は、人類の個人としての安心かつ幸福享受の根本原理を、全世界人類に開示するためであります。

第三は、現代における産業及び経済組織を改善して、不景気もしくは恐慌の襲来《しゅうらい》を防《ぼう》遏《あつ》し、人類の実生活安定の方法を世界の民衆に開示するためであります。

第四は、現代における階級闘争の解決、すなわちその闘争を消滅させる方法に関する根本原理を、世界各国における各階級に開示するためであります。

第五は、世界永遠の平和を実現する根本原理を、世界各国の最高指揮者に提案して、その具体案を確定するためであります。(49)

翻訳完成後、すぐにでも出発する計画だったが、翻訳は遅々《ちち》として進まず、結局は完了しなかった。その他、諸般の事情から海外渡航も実現しなかった。

モラロジー研究所の設立構想

モラロジー研究所の設立は、大正十一年ごろには、その構想が固まりつつあった。大正十二年六月には、「モラル・サイエンス研究所設立の趣旨」という文章を書いている。その目的は、「日本・アメリカ・イギリス三国の中流以上の人々に最高道徳を理解させれば、世界の平和は必ず成立し、これによって全世界におけるすべての社会問題に好影響を与えることは明らかである」(50)と述べられている。また、学問は時代の推移《すいい》とともに進歩するから、モラロジーの学問的研究を継続するための機関としても必要だと考えたのである。

大正十五年八月十七日に『道徳科学の論文』の原稿が完成した。のちに千九郎は、昭和六年、この『道徳科学の論文』の完成した日をモラロジー研究所の創立日と定めた。

大正十五年十月には、「モラロジー研究所及びモラロジー・アカデミーの性質ならびに組織」を著している。次は、その一部である。

一、モラロジー最初の著書は、今ようやく脱稿することができた。しかし、微力のためきわめて不完全であり、今後おおいに訂正増補をする必要がある。また、人類の発達と幸福を増進するうえできわめて必要な事項に関して、今回の著書では不十分であった。後日の研究に譲ったものがたくさんある。

以上の理由によって、モラロジー研究所を開設し、永遠にわたってこの研究の大成を期す必要がある。

二、モラル・サイエンスの脱稿と同時に、右の研究所の建物の中に、モラロジー・アカデミーを開設し、モラロジーの原理及び最高道徳の原理を全世界の人類に普及する端緒《たんしょ》を開く予定である。

三、右のアカデミーは、長期、短期の常設講義を開始し、その間に時々臨時の講演会を開く。

四、長期の常設講義は、満六か月間とし、短期を一か月間とする。（中略）

アカデミーにおける祭神の目的ならびに祭神の儀式等は、少しも既成宗教と関係なく、また何ら宗教的意味をもたず、純科学的、道徳的かつ教育的なものである。[51]

『道徳科学の論文』が出版されてからも、研究所の具体的設置は切なる願望であったろうが、資金面の関係で具体化されなかった。ただ、構想のほうは徐々に修正されて固まっていき、昭和六年には道徳科学研究所が正式に確立された。

第五章　家庭生活

第一節　家族の哀歓

家族の変遷

千九郎は、大正四年十一月、本郷区西片町十番地ホの二十四号に転居した。

大正五年一月一日は、一家団欒《だんらん》の正月を迎えた。家族にとって楽しい正月であった。

大正六年一月ごろには、西片町十番地ホの十号に移転した。

同年三月十三日、次男の千巻《ちまき》が心臓麻痺で死去した。まだ十七歳という若さだった。十四日に葬儀が終わり、雑司ヶ谷《ぞうしがや》墓地に埋葬《まいそう》した。ほぼ十一年間病床にあり、また、大正元年の大患の際に、「わが子を捨てて世界の人を子とする」と誓ったとはいえ、千九郎と春子の気持ちは悲痛極まりないものであった。春子は三日三晩泣き明かしたという。

悲喜こもごもの出来事を宿しつつ、歳月は移ってゆく。

大正八年三月、長女とよが代議士木檜《こぐれ》三四郎の子息栄雄《しげお》と結婚。栄雄は、千九郎の長男千英《ちぶさ》の岡山の六高時代からの級友であった。

同年八月八日には、父半六が急性胃潰瘍《いかいよう》を起こし、翌九日に亡くなってしまった。享年七十九歳であった。千九郎は、北九州小倉の城野町にある小岸家と中津で葬儀を行った。

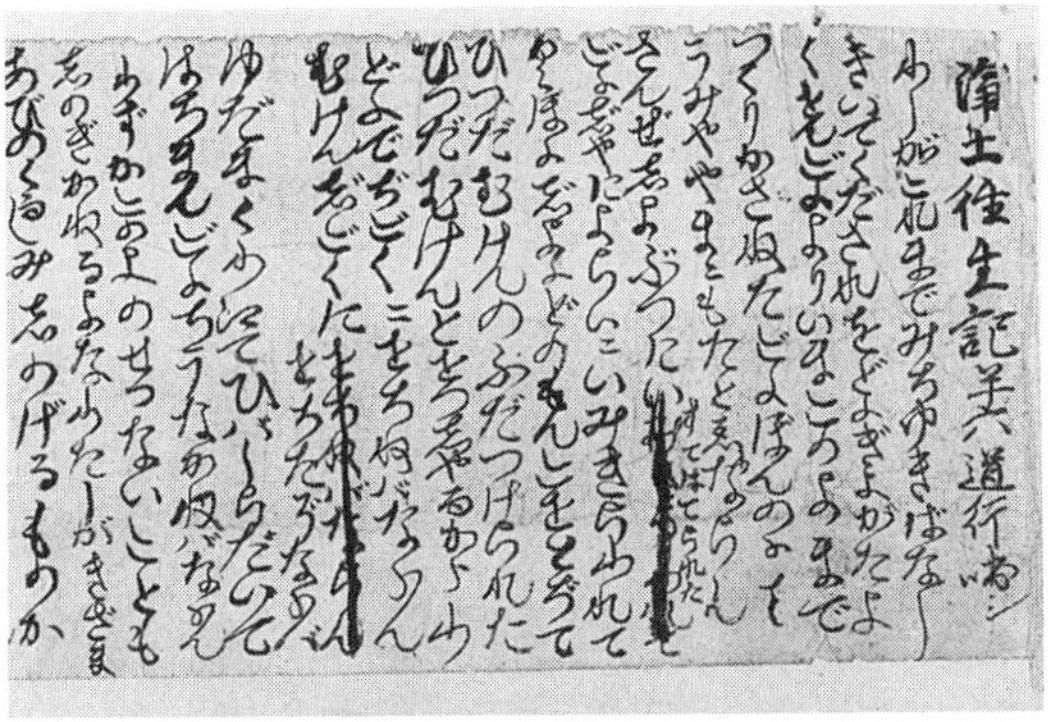

廣池半六の自筆原稿

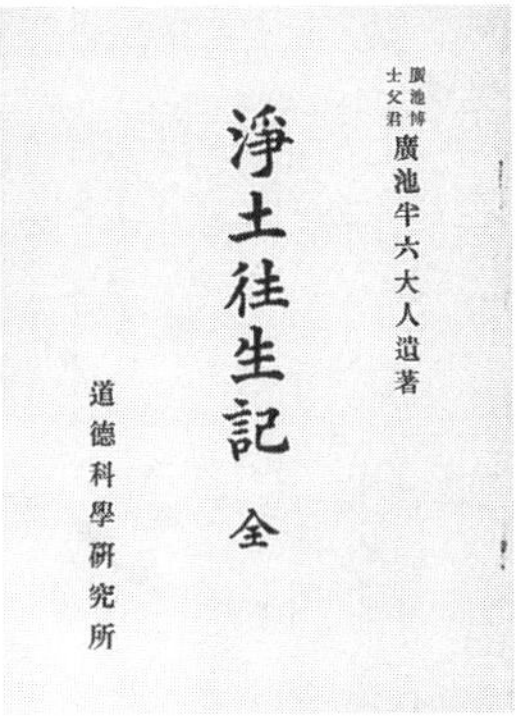

半六の著書『浄土往生記』（昭和２年）

千九郎は、のちに、半六の遺稿『浄土《じょうど》往生記《おうじょうき》』（昭和二年）を謄写版印刷にし、その序文を次のように書いている。

その信仰は、真に阿弥陀如来《あみだにょらい》の慈悲に同化しようと努力したあとが明らかであった。そして何度か如来の光明に摂取《せっしゅ》されたと思い、さらに日を経ると、再び凡《ぼん》夫《ぶ》の域を脱していないことを悟り、懺悔《ざんげ》の回数を重ねてきたのであった。そして、ついに日を経、年を積んでしだいに真の信仰に近づき、弥陀の大慈悲に同化するに至り、極楽往生のできることを自覚した経路をうかがうことができる。（中略）

思うに、不肖《ふしょう》の私が今日神を信じ、聖人たちの正統の教えを中興してみずから最高道徳を実行し、ついに新科学モラロジーを打ち立てて偉大な人類的事業を創始することができたのは、ひとえに亡父の誠実な信仰の余沢《よたく》であり、神仏の加護があった結果だというほかはない。したがって、私は今さらに深く神仏をはじめ、亡父及び亡母（りえ）の霊に対して感謝を禁じ得ない。人間は、一代で徳を成就することはできない。したがって、私たちはすべからく年を経、代を重ねて微善を積み、しだいに積善の家となって、万世不朽《ばんせいふきゅう》の運命を開くべきである。(52)

大正十年十一月四日、千英はソウルで貿易商をしていた梶原末太郎《かじわらすえたろう》の三女、三枝子《みえこ》（三代子《みよこ》）と結婚した。式は、大分県人で枢密顧問官《すうみつこもんかん》、法学博士である横田国臣《よこたくにおみ》男爵の媒酌《ばいしゃく》によって築地の精養軒で行われた。この日、千英の恩師であり、東京帝国大学教授であった穂積重遠《ほづみしげとお》が祝辞を述べた。重遠は陳重《のぶしげ》の長男である。

横田国臣は空家を何軒か持っており、千英夫妻は結婚後、その一軒に住んだ。千英は、大正六年七月に東京帝国大学を卒業し、富士瓦斯《ガス》紡績本社に勤務したが、大正十三年九月には、財団法人協調会に移った。

千九郎一家は、大正十一年三月末ごろ、本郷区西片町から千英の家の近くである牛込区神楽町二丁目二十番地へ転居した。現在の新宿区神楽坂二丁目二十にあたる。この家には、昭和八年十月まで住んだ。

大正十一年八月十四日、千英夫妻に長男が生まれた。千九郎は千太郎《せんたろう》と命名した。千太郎は成長してから、九州帝国大学で教育学を専攻。この時の指導教官は、のちに中央教育審議会会長を務めた平塚益徳《ますのり》教授であった。

大正十一年十月上旬、春子は、次女の富を連れて中津の郷里を訪れた。明治二十五年、千九郎とともに中津を出てから初めてのなつかしい故郷であった。東京から下関まで汽車に乗り、連絡船で九州に渡り、八幡の親戚宅で一泊、翌日に中津に着いた。春子は恩師の今泉家に数日間滞在した。

関東大震災

大正十二年九月一日、午前十一時五十八分、関東大震災が発生した。マグニチュード七・九、死者行方不明者十四万人、家屋全焼四十五万戸、全半壊二十五万戸に達し、東京、横浜を中心に関東地方一帯は大混乱に陥った。

廣池家は、幸いにも屋根瓦や壁の破損、家具の倒壊程度ですんだ。近くの千英一家、木檜一家も無事であった。春子たち家族が前日まで避暑のために住んでいた平塚の貸別荘は全壊した。鉄道をはじめ電気、水道などいっさいがストップした。余震を恐れて、一家は庭で夜を過ごしたという。

この時、千九郎は畑毛温泉に逗留《とうりゅう》していたが、電話も電報も使えず、何日も家族の安否《あんぴ》を気づかった。九月三日付けの春子の手紙には、「全市がすべて火災で焼け野原となってしまったのに、ただ牛込だけが残りました。これはまったく神のご加護、父上のお徳と一心に神に謝しております。ご安心ください。お気をもまぬよう願い上げます(53)」とある。

関東大震災は、単なる災害以上の影響を日本社会に与えた。経済界に打撃を与えたのはもちろん、人心の動揺も招いた。

内務省は、十一月十日に「国民精神作興《さっこう》に関する詔書《しょうしょ》」を発表し、「国家興隆のもとは、国民の精神が強くて健全であることにある」「浮わついて華美に走り、落ち着きのない風潮が生まれ、浮薄《ふはく》のきざしが生じている」として、第一次世界大戦後に広まりつつあった退廃的傾向、華美奢侈《しゃし》の風潮や社会主義運動の拡大に対し、これを防止し、国家への忠誠の精神を強固にしようとした。

第二節　恩師穂積陳重の死

大正四年六月二十五日、千九郎は久しぶりに法理研究会に出席した。この日、穂積陳重は『隠居論』第二版を発行するにあたり、千九郎に校訂と助言を求めた。穂積は千九郎に、次のように書き送っている。

穂積歌子夫人から贈られた聖徳太子銅像

穂積陳重から贈られた写真

私の『隠居論』の改訂については、先年来、しばしばご助言をいただき、ようやく第二版出版にたどり着きましたが、私の薄識からきわめて欠点も多く、不安ばかりです。そればかりでなく、われわれが採用してきた実証主義によったため、ずいぶん読みにくいものになっているのを一読くださるだけでも学友のご好意と感謝しておりますのに、そのうえ、ご高評をいただけましたら、感謝の言葉もありません。厚くお礼を申し上げる次第です。もとより間違いもたくさんあると思われます。どうか忌憚《きたん》のないご意見を賜わりますよう、伏してお願い申し上げます[54]。

七月十一日には、千九郎は上野精養軒で開催された穂積の還暦と法理研究会創立二十周年記念の祝賀会に出席している。

大正十五年四月七日、穂積陳重が他界した。享年七十一歳であった。穂積は、千九郎が最大の恩人として尊敬していた師であった。専門学に対する指導はもちろんのこと、人格的にも強い敬意を表していた。

穂積が他界して五十日祭が終わったころ、歌子夫人は穂積が生前崇敬《すうけい》し、研究室の机上に置いていた聖徳太子の銅像を、千九郎に贈与した。穂積は、「学者の資格は単に学力が優秀であることにとどまらず、その品性が崇高偉大で百世の師となることにある」(55)として聖徳太子を尊敬していたのである。

穂積は、研究室に聖徳太子とギリシアの法律の神テミスの銅像を置いていた。そして長男重《しげ》遠《とお》にテミスの像を、千九郎に聖徳太子の像を与えたのである。千九郎は、たくさんいる弟子の中で、穂積が自分に貴重な役割を与えてくれたものとしていたく感激した。

また、大正七年の冬、千九郎の青年時代から水魚の交わりを続けてきた京都大学教授富岡謙三が病没した。父鉄斎との縁から引き続いた付き合いであった。千九郎の胸に去来するものは言葉には表しがたいものがあったと推察できる。

〔第五部　注〕

（1）『日本憲法淵源論』再刊の辞　『全集』④・意訳
（2）『論文』⑧三五六頁・意訳
（3）『日記』②一一頁・意訳
（4）『全集』④五二四頁・意訳
（5）遺稿・意訳
（6）「会社工場及び商店の最高道徳的経営法大要」二八頁　大正七年十一月・意訳
（7）遺稿・意訳
（8）『全集』④三八七頁・意訳
（9）同上書　④四〇〇頁・意訳
（10）内田智雄「広池博士の思想学問の曲折と揺籃時代」『廣池千九郎とモラロジー』八九―九〇頁
（11）遺稿・意訳
（12）『日記』①二四八―二五〇頁・意訳
（13）『中外』第一巻第一号　八二頁・意訳
（14）『全集』④五一六頁・意訳
（15）同上書　④五一八頁・意訳
（16）同上書　④五一六―五一七頁・意訳
（17）同上書　④六三頁・意訳
（18）『論文』⑥二四二―二四三頁・意訳
（19）遺稿・意訳
（20）『れいろう』昭和三十八年九月　一〇―一一頁　中田中・意訳
（21）『日記』③五一―五二頁・意訳
（22）同上書　③八二頁　大正十二年七月三十日・意訳
（23）『麗澤』三号　二六頁
（24）中田中著『思い出の旅』四―五頁
（25）中田中　談話
（26）『語録』二四六―二四七頁
（27）『日記』③一五〇頁
（28）『論集』二二〇―二二一頁・意訳
（29）昭和十七年　廣池千英宛諸岡長蔵書翰
（30）諸岡長蔵『モラロジーの学祖広池博士書翰抄』
（31）『中野金次郎追想録』一九九頁
（32）『旧紀要』第三号　九―一〇頁
（33）『日記』③二六七―二六八頁・意訳
（34）大澤俊夫「『概要』から『論文』へ」『社教』第二七号　一〇五頁参照
（35）『論文』①五七頁参照

(36)『論文』①序九三—九四頁・意訳
(37)同上書 ⑦一三頁・意訳
(38)『語録』二五三頁・意訳
(39)『論文』①序五七頁
(40)同上書 ①序五七—五八頁
(41)同上書 ①序七八—七九頁・意訳
(42)同上書 ①序六三—六五頁
(43)諸岡長蔵宛書簡・意訳
(44)同上
(45)同上
(46)千九郎宛廣池利三郎書簡・意訳
(47)千九郎宛大岩書簡・意訳
(48)諸岡長蔵宛千九郎書簡・意訳
(49)『歩み』四二四—四二六頁
(50)「モラル・サイエンス研究所設立の趣旨」・意訳
(51)遺稿・意訳
(52)『浄土往生記』序文・意訳
(53)千九郎宛春子書簡・意訳
(54)『経歴』一〇三頁・意訳
(55)同上書 一一七頁

第六部　社会教育活動の展開

第一章　モラロジー活動の組織化と展開

第一節　プロ・デューティ・ソサイティの設立

昭和二年一月二十九日、千九郎は下渋谷に「プロ・デューティ・ソサイティ」（義務先行報恩協会。以下、報恩協会と略称）を設立した。「プロ・デューティ」とは、義務の先行を意味する。この協会は、モラロジーを社会一般に広めるために設けられた社会教育機関であり、その後の社会教育の拠点《きょてん》となった。以後、日本各地に報恩協会を設立していった。

千九郎は、その意義について、次のように説明している。

英語のデューティ（Duty）は、日本語の義務にあたり、借財《しゃくざい》（Debt）を意味します。私たちは、神様や聖人、祖先、恩人、その他の先覚者《せんかくしゃ》はもちろん、過去に生存した一般の民衆の努力によって今日の文化的生活を享受《きょうじゅ》しているのです。したがって、私たちは生まれながらにして、そういうすべての人々に対して借財があるのです。（中略）

すべての人間が借財を背負っていては、独立自由の人とはいえませんから、モラロジーは全人類を独立自由にして幸福を享受できる人にしようとしているのです。(1)

このように千九郎は、進んで義務を先行することが、人類の生存・発達・安心・平和・幸福の基礎的条件であるとしている。

『道徳科学の論文』を贈呈するため大阪毎日新聞社を訪問した千九郎（左）と本山彦一社長（昭和4年1月23日）

千九郎は、モラロジーの普及《ふきゅう》の手始めは、日本の経済活動の中心地であるという理由から、大阪の地が最適と判断し、大阪の開発に着手《ちゃくしゅ》した。昭和四年一月二十二日、まず中田中を大阪に派遣《はけん》し、大阪毎日新聞社、大阪朝日新聞社など地元の新聞社と交渉し、面会日時についての打ち合わせをさせた。翌二十三日には、千九郎はみずから大阪を訪問、午前九時から十一時までは佐々木勇太郎宅を訪ねて面談、午後五時から六時までは大阪毎日新聞社で、社長の本山彦一、社説主幹《しゃせつしゅかん》の赤坂清七、秘書課長の名村寅雄と面談した。そして、千九郎は、モラロジーを講演会という形で社会一般に公表したいと訴え、協力を要請した。すると、本山は「微力ながら承知致しました」と快諾《かいだく》した。この講演会は、昭和六年九月に実現した。

第二節　講演会の開催

財界主催の講演会

個人の幸福と人類の平和実現のための千九郎の活動は、主に講演会を中心に展開された。報恩協会設立後の講演活動の主なものをたどってみよう。

昭和二年六月十七日には、故大木遠吉伯爵《はくしゃく》の縁故《えんこ》の人の希望により、華族会館で講演した。参加者は、徳川達孝《さとたか》伯爵、柳原義光伯爵、酒井忠正伯爵、渡辺千冬子爵、大寺純蔵男爵など十数名だった。

昭和三年十月二十五日、中島久万吉男爵の主催で、東京の日本工業倶楽部《くらぶ》の経済研究会において講演会が開催された。この倶楽部は、日本産業界の頭脳的中枢《ちゅうすう》ともいうべきもので、丸の内にあった。千九郎の「階級制度の科学的研究及び労働問題の科学的解決法」と題する講演は、一時間四十分にわたった。聴講者は、中野金次郎をはじめ七十余名であった。この倶楽部では何回か講演しているが、聴講者の中には、浅野財閥を築いた浅野聰一郎《そういちろう》、製紙王と呼ばれた大川平三郎、王子製紙社長の藤原銀次郎、日本鋼管の創立者白石元治郎など、当時の経済界の中心的な人物が顔をそろえていた。

同三年十二月二十七日には、海軍軍令部長鈴木貫太郎の主催で、大佐以上十五、六人に話をした。翌二十八日、畑英太郎第一師団長の主催で、司令部において中佐以上二十五、六人に対して講演を行っている。

鈴木貫太郎との交流は、少なくとも大正十二年に初めて軍人を対象に講演した時に始まっているが、鈴木にかけた千九郎の期待が大きかったことは、のちに述べる平和への提言に代表的な形でみられる。

翌四年二月二十六日及び三月二日には、海軍大学でも講演している。

一方、この年以降は、実業界の人々、その他一般を対象とした講演も各地で盛んに行った。例えば、昭和四年一月二十四日には、門人の梶芳助主催で大阪で講話。その後四月から九月にかけて、島根県、長野県、愛知県などで講演。会場は約二百名から五百名の実業家、工場主、一般人などで埋《う》めつくされた。

モラロジーに関する講演会で注目すべきものは、昭和五年二月十九日に開催された日本工業倶楽部での講演である。演題は「労働問題解決の原理ならびに労働組合法制定の可否《かひ》について」であり、浅野聰一郎をはじめ、東京の財界人四百余名が参集した。大川平三郎、藤原銀次郎、白石元治郎、中野金次郎といった主催者側の顔ぶれからも分かるように、この講演会は、当時の実業界の実力者を集めた盛大なものであった。中野金次郎国際通運会社社長の開会の辞に始まり、千九郎の講演は一時間半に及んだ。最後に大川平三郎が感謝に満ちたあいさつをした。東京鉄工機械組合長の大塚栄吉は、これを機会に進呈《しんてい》されていた『孝道の科学的研究』を熱心に読み始めたという。

地方への普及

昭和五年は、さらに六月二十六日に、長野県岡谷の片倉会館で、県下の製糸工業主を対象者として講演し、十一月十六、十七日には、大阪開発の端緒《たんしょ》となった講演会が、大阪玉出《たまで》工業協和会主催で西成区役所において開催されている。

明けて昭和六年一月には、島根県松江市において講演。この地方の開発の初めとなった。同一月二十六日には香川景三郎《かがわけいざぶろう》らを韓国に派遣し、講演会を行った。この時も、斎藤実《さいとうまこと》総督の協力を得ている。韓国には、同年四月二十四日にも中田、香川の両人らを派遣している。

昭和七年以降も、月に二回から六回、数十名から多い時で千五百名を超える聴衆を対象に、北は仙台から南は九州まで、各地を飛び回って精力的な講演会活動を展開している。

これらの講演の内容は、「モラロジーと最高道徳」を中心として、労働問題や経済再建の問題が多かった。このように、千九郎は当時の日本社会の上層部の人々に向けて、モラロジーの普及をはかるとともに、広く一般社会の人々を対象として思想の善導《ぜんどう》を進めることが急務であると考え、玉となって砕《くだ》けんばかりの迫力を示す活動を行った。

人心救済《じんしんきゅうさい》は、最高品性を有する最上の人間をつくることができますが、その人数には限度があります。しかし、思想善導は、個人の道徳心が浅くても、その感化《かんか》を受ける人間の数が非常に多くなりますから、国家や社会を益する点も非常に大きいのです。したがって、モラロジーの教育においては、人心救済と思想善導とをあわせて行っているのです。[2]

しかし、千九郎は予期する効果が出ないと考えたためか、昭和六年八月十二日には、普及方針を大きく変更しようと考え始めた。モラロジーのより深い理解と最高道徳の実行にいざなう対象は、中流社会の人々であること、また、最高道徳を真に普及するためには、個人的教育法によらなければならないことを痛感した。

千九郎は、後年、こう語っている。

> 私は十数年間、全国を講演して回り、幸福になる、助かると話してまいりましたが、講演のしっぱなしで、個人個人を丁寧《ていねい》に救済していませんでした。これでは生んだ子供を育てず、捨て子や里子にしたのと同じで、無慈悲でした。[3]
>
> 最高道徳は一人ずつつくっていくのである。初めは中田（中《みつる》）さん一人、次に香川（景三郎）さんというふうに、一人ひとりできていくのである。しらみつぶしに育ててきたのである。これで今日ができてきた。世界の学問は、いっぺんに千人二千人と教育しようと

しているが、これでは何にもならない[4]。

第三節　テキストの発行

『孝道の科学的研究』

千九郎は、『道徳科学の論文』発行後、『孝道《こうどう》の科学的研究』と『新科学モラロジー及び最高道徳の特質』という二冊のテキストを出版した。

『孝道の科学的研究』は、昭和四年十月に発行された。本書では、東西の孝道の歴史、中国と日本の古典に見られる孝道、西洋における祖先《そせん》崇拝《すうはい》などを中心として、孝道の重要性について記述している。

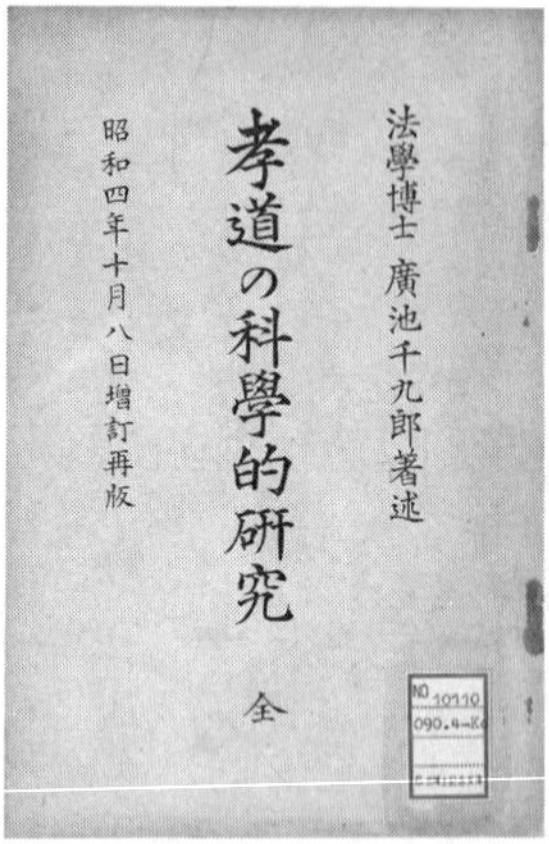

『孝道の科学的研究』
（昭和４年10月発行）

次は、その緒言《しょげん》の一節である。

従来のいわゆる忠、孝及び報恩は、人類の自己保存の本能から発達してきた因襲《いんしゅう》的道徳の影響を大きく受けているのです。したがって、本書においては、従来の因襲的孝道と聖人の教えに基づく真の孝道との区別を明らかにしています(5)。

真の孝道とは、次のようなものである。

第一に孝道が生まれた原因を科学的に理解し、第二に神、聖人ならびにセイント（聖者）を礼拝し、供養《くよう》するだけではなく、その心に同化《どうか》し、自我を没却《ぼっきゃく》して、その法則もしくは教訓に絶対服従することです。そうすることによって、真に天地の公道《こうどう》に基づく孝道を実行するのです(6)。

病状悪化の中、レコードの吹き込みをする千九郎

『新科学モラロジー及び最高道徳の特質』

昭和五年、千九郎は大阪日東蓄音器株式会社において、「新科学モラロジー及び最高道徳の特質」と題するレコードを吹き込んだ。これは、『道徳科学の論文』が大部であり、その内容が一般の人にとって難しかったこと、地方の人々が千九郎の講演を聴きたくても、千九郎自身の体が衰弱していたために、全国を回って十分に社会教育活動をすることができなかったこと、今後の教育活動のために肉声《にくせい》を後世《こうせい》に残しておくこと、などの理由から行われたものである。また、教育の内容は目から入れるよりも耳から入れるほうが分かりやすいと考えたのである。

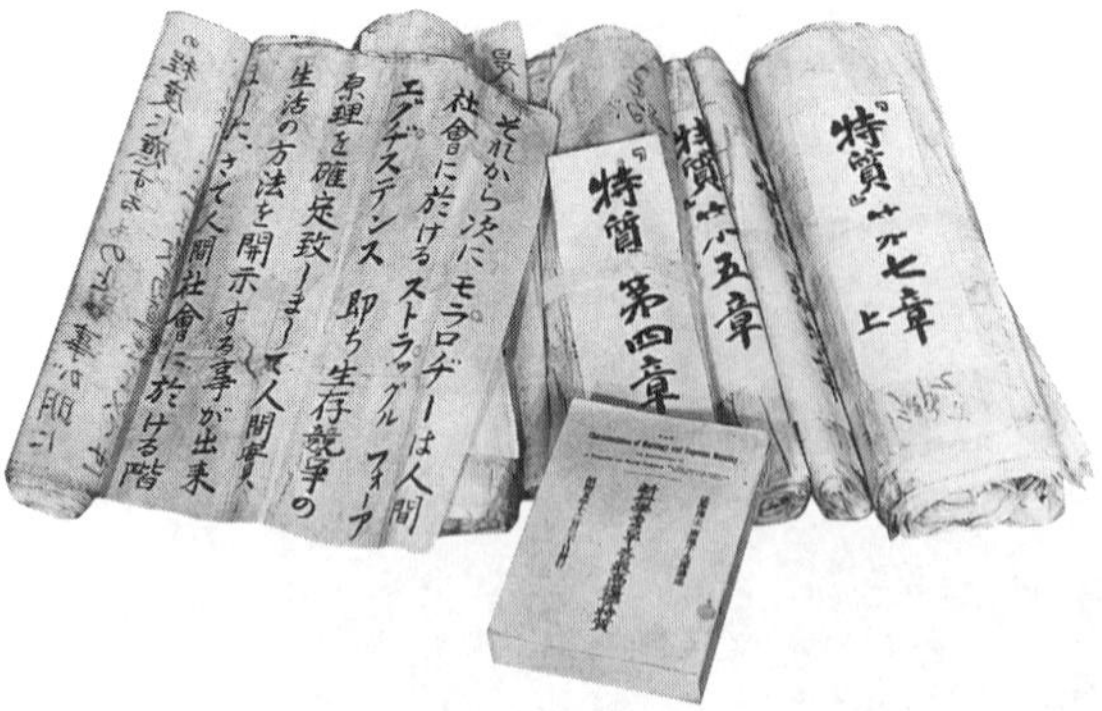

レコード吹き込みのための原稿。これを正面の壁に掲げて朗読した

同年六月十三日から十一月二十日の間、二週間ずつ二回に分けて吹き込まれたレコードは、九十一枚、全部で九時間分にも及んだ。日本でレコードが初めて製作されたのは明治二十四年で、大正期には歌謡曲を中心に普及するようになったが、当時「純学術のレコードでこのような大部のものは世界でも例がなかったので、おおいに人々を驚かせたものです(7)」とあるように、画期的《かっきてき》なことであった。これは視聴覚教育という点からも特筆できることである。

昭和五年十二月二十七日の『日記』には、写声《しゃせい》費用の概算として、吹き込み料と原盤九十一枚分の製作費が三千百八十五円（一枚三十五円）、レコード十五部の製作費が千六百三十八円（一部百九円二十銭）、その他諸経費を合わせて合計七千二百四十六円と記されている。

この録音のため、千九郎は当時レコードの長時間盤を完成していた大阪の日東蓄音器株式会社に近い梶芳助宅に滞在していた。レコードに吹き込む時には大きな字で原稿を書いてそれを見ながら読んだが、どのくらいの大きさのものがいちばんよいのかいろいろ試みた。障子紙《しょうじがみ》を二枚つなぐと幅が広くてよいが、読む時に行《ぎょう》を間違えやすいからといって一枚半にした。幅が五十センチ、長さが約二メートル、字の大きさは漢字が二センチ五ミリ、仮名が一センチ五ミリくらいで、一枚六百字から六百五十字とし、それを三分間でレコードの一面に吹き込んだ。字数と時間に関係するから、なかなかたいへんだった。

完成したレコード（91 枚・182 面）

中田中は、その時の苦労を、次のように記している。

　百八十二枚の原稿でしたが、それを、各章を偶数にして区切りをよくするのに手間取りました。そして原稿の字は、習字の手本のようにきれいに書かなければ読みにくいし、それを書くのに朝から晩まで書きとおして一か月かかりました。それを訂《てい》正《せい》するのにまた二十日ほどかかりました。(8)

この時にも、千九郎の身体は衰弱《すいじゃく》していた。そのため毎日スッポンの血を少しずつ飲み、果物の汁など栄養価の高いものを摂取《せっしゅ》して、体力の回復に努めたのであった。

レコードは、昭和五年十一月二十日に完成し、以後、研究会、講演会に活用され、大きな成果を挙げた。まだ健在《けんざい》の千九郎の声をじかに聞くことができた当時ではあったが、千九郎が参加しない集会でのレコードの声は、千九郎の存在を身近に感じさせたことだろう。

千九郎は、「私の肉声をもって世界人類を助けたいという心の底からの至誠・慈悲の精神を吹き込んであるのですから、私の手を通じてつくられたモラロジーの著書よりは、人心を感化する力は強い(9)」とまで言い切っている。

このレコードの吹き込み原稿に加筆補訂《かひつほてい》したものが、『新科学モラロジー及び最高道徳の特質』全三百十五頁であり、同年十二月に出版された。

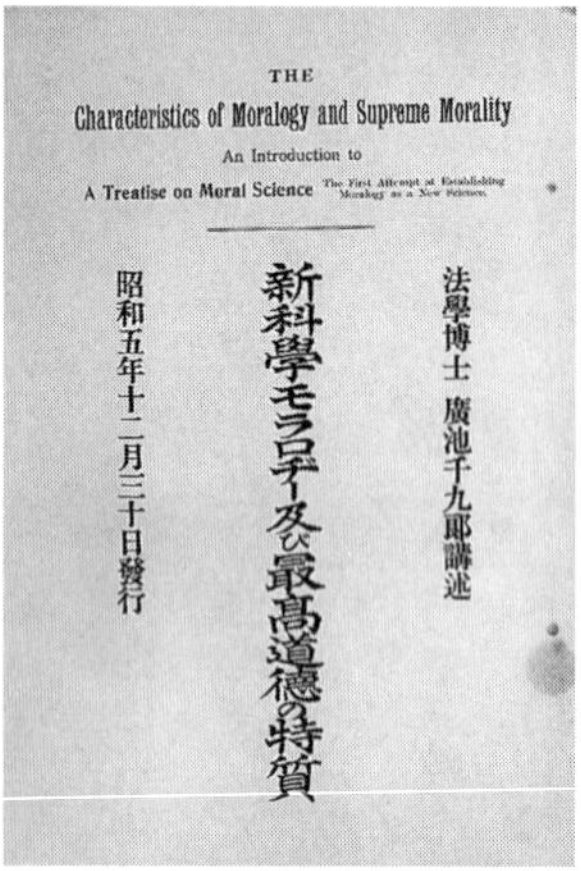

『新科学モラロジー及び最高道徳の特質』(昭和 5 年 12 月発行)

本書は、先に出版した『道徳科学の論文』の核心《かくしん》を要約したものであるが、その後の千九郎の研究成果と体験を取り入れ、特に最高道徳の五大原理の内容とその相互《そうご》関係を分かりやすく説明したものである。本書は、モラロジーの社会教育活動の中心的テキストとなった。

前述のように、千九郎はモラロジーの普及活動を進めながらも、早く『道徳科学の論文』の英訳を携《たずさ》えて洋行し、欧米諸国でモラロジーの学説を発表したいと考えていた。しかし、計画は思うようにはかどらず、次の栃尾又《とちおまた》の大患《たいかん》により、方針を国内開発に向けることになった。

第四節　栃尾又の大患

昭和五年、六年の病状

昭和五年のころ、千九郎は発汗《はっかん》に苦しんでいた。そのため群馬県の川古《かわふる》温泉に入湯《にゅうとう》した。この温泉は、昭和五年八月二十六日に初めて利用して以来、昭和六年にかけて前後四回、計百三十九日（約五か月）滞在しているから、相当体に合ったものと考えられる。

昭和五年から六年にかけて、千九郎は大病にかかって苦しむが、その間も講演活動を怠《おこた》ることはなく、人心救済に精力的に取り組んでいた。

病苦の中、十二月二十五日には『新科学モラロジー及び最高道徳の特質』の校正と印刷を終えた。

川古温泉の旅館の前に立つ千九郎

昭和六年一月、川古温泉には年賀のあいさつに来る門《もん》人《じん》も多く、一月二日には十一人、四日十三人と記録にある。千九郎は、一月十一日には川古温泉を出発、東京に帰り、十六日からは、名古屋、大垣、京都に立ち寄り、十八日には松江の玉造《たまつくり》温泉に到着した。以後、博多、島原、鹿児島などを巡回し、連日のように講演した。

三月五日には、千九郎は異常なまでの発汗に苦しめられた。七日にもまた発汗、以後発汗が続き、温泉も玉造温泉から、十日には三朝《みささ》温泉、十一日には岩井温泉へと移ったが、発汗は止まらず、十五日、大阪の梶芳助宅に到着した。しかし、引き続き病状がおさまらないので、十七日には、夜行で博多の武蔵温泉に向かったが、数日の滞在も効果がなく、二十三日に大阪に帰った。

三月二十五日には伊勢神宮に参拝し、すし久に泊まった。不思議なことに、この時は連日連夜の発汗が止まっている。その後、二十七日に東京に帰り、二十九日には横浜ソサイティで講演。四月一日、大阪に立ち寄り、再び川古温泉に戻った。しかし、四月二十一日ごろからまた発汗はひどくなった。

二十五日には、次の詩をつくった。

無韻之詩

川古温泉　新築屋
粗造板壁　如牢獄
多年研鑽　悟天意
安臥只行　無為化

川古温泉、新築の屋
粗造《そぞう》なる板壁は、牢獄のごとし
多年の研鑽《けんさん》、天意を悟る
安臥《あんが》し、ただ行いて、無為《むい》にして化す

この詩について、次のような説明をしている。

私の今いる場所は、牢獄《ろうごく》のような粗末な所である。しかし、人間は神の心である慈悲になりさえすれば、たとえ粗末な所に寝ていても、その人格に力が生じて人心を感化することができる。日々人里離れた山の中での仙人のような生活である。慈悲の心が強ければ、そんな所にも人は指導を求めて訪ねてくる。

その後も発汗は続き、五月に入ってさらにひどくなった。側近の記録には、「やはり発汗止まらずお熱高し……ご気分たいへんお悪いようでございます」とある。特に四日は非常に気分が悪く、千九郎自身、大正元年の大患の際に延命を祈願《きがん》した二十年目の年にあたることもあって、万一のことを覚悟したようである。
五月五日には、次の漢詩を書いた。

無韻之詩

正法湮滅異端旺　　正法湮滅《しょうぼういんめつ》して異端旺《いたんさか》んなり
挙世蕩々耽名利　　世を挙《あ》げて蕩々《とうとう》と名利《めいり》に耽《ふ》ける
満腔至誠無所施　　満腔《まんこう》の至誠は施《ほどこ》すところなし
隠山水樹不朽道　　山水に隠れて不朽《ふきゅう》の道を樹《た》つ

正しい教えが消えて、異端の教えが盛んになった。世間には名利にふける風潮が広がっている。私の精魂《せいこん》を込めた至誠も何の効果もない。山奥にこもって不朽の道を樹立する覚悟である、という意味である。千九郎は、身は病に侵《おか》されても、心は清澄《せいちょう》であった。

決死の心境

五月八日午前七時、千九郎は比較的元気がよく、側近を三人連れて川古を出発し、越後へ向かった。午後六時に上田で下車し、上村旅館に止宿《ししゅく》した。

翌五月九日、新潟県の栃尾又温泉へ移った。衰弱が激しさを増す中、さらによく効く温泉を探し求めていた。同日の『日記』には、側近が、次のように記している。

当時の栃尾又温泉

午前九時二十分、上田発の便で越後へ。車中は元気にお話しあそばされた。（中略）五時十分小出《こいで》着。八時栃尾又着。神風館に投宿。途中三里の山道ははなはだ悪し。また内湯《うちゆ》もなく、湯に至るのに数十段を谷底に下りなければならず、不便このうえない。（中略）湯は温度が低くてよいようだ。先生も非常に元気がよい[10]。

朝、上田を出発してから小出に着くまで七時間半、小出から栃尾又まで約二時間である。当時は清水トンネルが工事中で直江津回りで行かなければならなかったため、交通事情は現在とは格段の差があった。さらに、旅館から温泉まで急な長い階段を降りていかなければならない。中田中は、千九郎を背負って日に何回も上り下りした。

栃尾又温泉に着いた当初は、千九郎の体に温泉がよく合い、多少健康状態も回復したようである。ところが、数日たつと再び病状が悪化した。五月十四日には、病状が最も悪くなった。側近は語る。

昨夜中、発汗止まらず。（中略）午後三時になって極度にお悪くなる。早速体温を計れば三十八度、次に三十九度、次は四十一度もある。先生はじめ、みんな驚いて、なす術《すべ》を知らない。

先生の病状はますます悪化した。発汗は止まり、ただ熱が高くなって、発汗時とはまた違った一種独特の苦しみが起こったと申されていました。(11)

この時、千九郎は、万一のことを考えて、死後の心得を側近に話した。すると、みんなが泣きながら、千九郎の死後どうすればよいのかと尋ねた。それに対して、千九郎は次のように応じている。

それはきわめて簡単なことだ。だれでも天地自然の真理を悟り、自我を没却して至誠の人となり、神様のみ心である慈悲の精神をもって人心の救済を行い、私の霊魂《れいこん》に祈るならば、私は必ずこれを大神様にお願い申し上げて、その至誠の人の祈願を成就《じょうじゅ》させよう。たとえ私の肉体が今日消滅し、私の霊魂が大神様のおそばに参ったとしても、私は大神様と人心救済に努力なさる人たちとの間を往復し、必ずその祈願を成就させよう。(12)

この千九郎の言葉に対して、側近たちは「いずれも皆安心して喜悦《きえつ》満足、勇躍《ゆうやく》した」と記されている。

翌十五日にも熱は下がらず、非常に苦しんだ。東京から駆《か》けつけた長男の千英は、父の病状に驚いた。この日は皆夜通し看護した。しかし、千九郎の精神は衰えていない。

次のような記録がある。


　こんなにご高熱にてお苦しみでございますのに、遠いお湯に歩いて行くのはむずかしいと思いますが、先生にはお目もお足も何ら変わりなく普通のようでございます。

　一同が言うには、「先生は物質で生きていらっしゃるのじゃない。精神で生きていらっしゃるのだから。[13]

また、千九郎は香川初音に、次のように語っている。

　この弱い体が邪魔になって仕方がない。いっそ肉体と離れ、霊魂一つとなったら、霊魂はこの弱い体で行けぬ津々《つつ》浦々《うらうら》に至るまで、自由に誠の人を助けて歩くことができるがナァ……。そのほうが、よく人様が助かると思う。[14]

病状は一進一退を繰り返した。十七日には「非常に良好に拝察せらる」とあるが、一転して、二十日には、「朝から非常にご気分悪し」とある。

転機となった苦しみ

千九郎は、五月四日、川古温泉滞在中に、次の辞世の句をつくっていた。

我身《わがみ》今神の御傍《みそば》にかへるとも誠の人をいかで見捨てむ

そして、そのあと五月二十一日に、栃尾又温泉で次の句をつくった。

我身今日神之御傍にかへり行きて誠の人を永く守らむ

この時の苦悶《くもん》は、千九郎の心境を深化させ、真に重要な転機をもたらした。千九郎は、神の命によって神の心を実現するために生かされていることを徹底して自覚した。

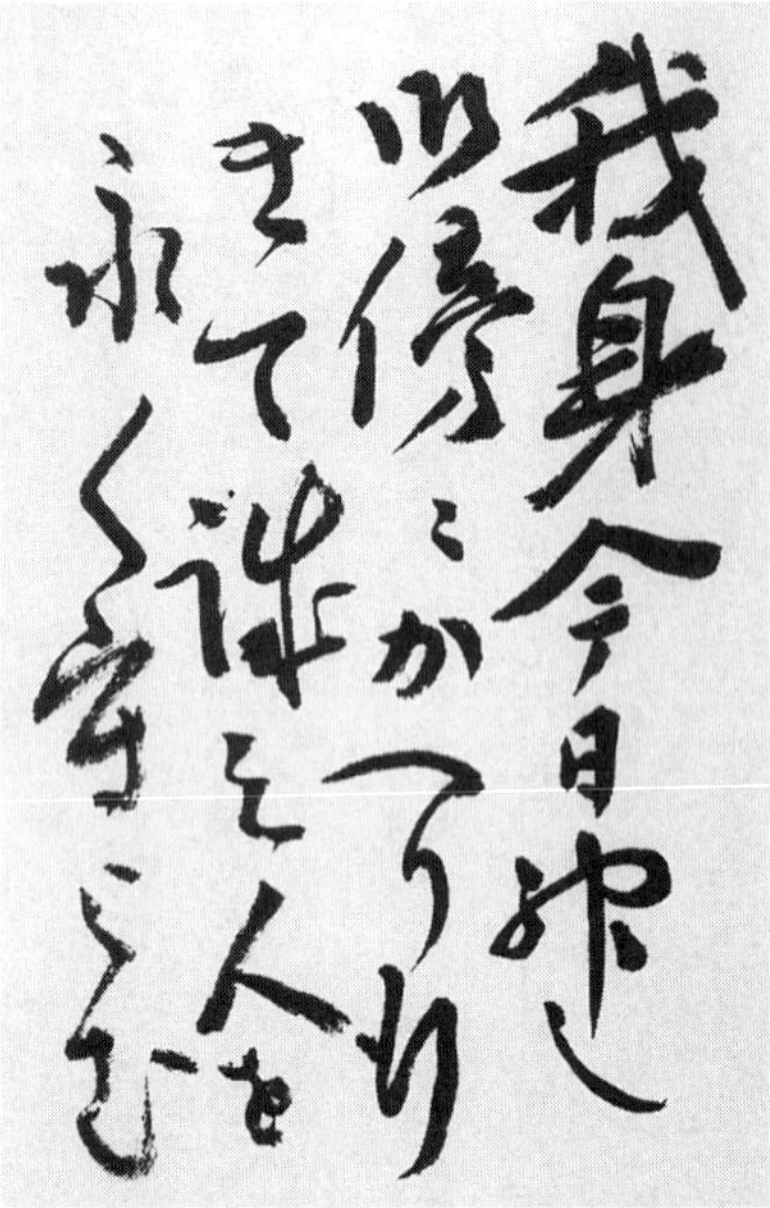

昭和6年5月21日につくった句

自我没却、神意同化の実践は、ここに一つの極点《きょくてん》に達したともいえる。

この時、千九郎はモラロジーに基づく人心開発救済活動の方向転換をはかることにした。それは、第一に人心開発は海外を先にするのではなく、まず日本国内の開発を行うこと。第二に、上流階級に焦点をあてるのではなく、中小企業の経営者を開発すること。第三に、ソサイティ（報恩協会）の会員を一段と深く救済すること、というものであった。

温泉が効いたのか神意実現の誓《ちか》いが効いたのか、昭和六年五月二十一日を境《さかい》にして、さしもの大病も回復に向かった。五月二十二日には栃尾又を出発し、上田を経て、二十四日には群馬県渋川《しぶかわ》の大塚温泉に移った。

側近は、この日の千九郎の様子を、次のように語っている。

温泉に着かれると、すぐに二時間半ほど入浴なさった。するとご気分は一変し、平素と異なるところがなくなって、夕食は普通どおりに召し上がった。温泉の効力は偉大で、まったく神様が引き合わせてくださったものと思われる。(15)

第五節　モラロジー研究所の発足

霧積温泉と幹部講習会

栃尾又の大患は、モラロジーによる社会教育の重大な境目となっており、これ以後本格的な開発活動が展開されていくことになる。その第一歩は、昭和四年に大阪毎日新聞社の本山彦一社長と約束して延び延びになっていた大講演会を実施することであった。また、講演会後の社会教育活動のことを考えれば、どうしても幹部の実力を向上させておくことが必要だった。

千九郎の体は、栃尾又温泉において一時回復したものの、やはり衰弱の度はひどく、その後大塚温泉を中心に群馬県内のいくつかの温泉をめぐり、昭和六年七月九日、群馬県霧積《きりづみ》温泉の金湯館《きんとうかん》に向かった。

霧積温泉は、軽井沢から車で一時間ほどの山間《やまあい》にある温泉で、明治の後半までは軽井沢と同様に格好《かっこう》の避暑地であった。しかし、明治四十三年に山津波が起こり、金湯館一軒を残してあとは全部押し流されてしまった。金湯館は孤島と思われるような場所にあるが、勝海舟、与謝野晶子、西条八十《やそ》などが滞在した記録がある。千九郎が逗留《とうりゅう》したころも、金湯館一軒しかなかった。現在では、この金湯館と、のちに建てられた霧積館が深い山々に包まれて、ひっそりと建っている。

この温泉も千九郎の病気には非常に適していたようで、その後たびたび訪れるようになる。また、千九郎はしばらくは金湯館の二階に泊まっていたが、階段が非常に急で、上り下りが困難であったため、別に離れを建てて、そこで療養した。そこは部屋が白壁だったので、「ホワイト・ハウス」と呼ばれていた。

次のような出来事もあった。中田一行が馬三頭に荷物を積んで霧積に移動する途中、馬一頭が高さ五十間（約九〇メートル）の断崖《だんがい》を荷物もろとも谷底に転落した。しかし、馬にけがはなく、荷物がぬれただけであった。

門弟《もんてい》は、次のように語っている。

山道を温泉に向かう一行。右のカゴの中に千九郎の顔が見える（昭和６年４月１日、川古温泉へ）

何人《なんぴと》といえども、終始、慈悲至誠の心をもって人心の開発救済のために尽力すれば、神様のご守護により、どんな大難も小難か無難に変わり、大過《たいか》なくすごさせていただけるものと信じる。馬が墜落した場所は、博士を訪問する人がその断崖を一見すれば、だれもが冷汗をかくだろう。それなのに、馬も荷物も無事だったということは、まったくただごとではないと納得せざるを得ないだろう。(16)

昭和六年七月二十二日から二十四日まで、幹部講習会が、霧積温泉で開かれた。参加者は京浜の幹部を中心として四十五名であった。この幹部講習会は、モラロジー活動を本格的に進めていくうえで、リーダーの

霧積温泉の金湯館にて（最後列右から5人目が千九郎、昭和6年7月24日）

養成が急務であるということで計画されたものである。

千九郎は、経済界不況の原因を明らかにし、モラロジーによる産業経営法、労働問題の解決法を具体的に説いている。この講習会は参加者一同に深い感銘を与え、千九郎もその成果に非常に満足した。このころから協調会参事であった千英も千九郎と行動をともにするようになり、この講習会でも「中小工商業家の困難に赴《おもむ》きし原因とその救済方法について」と題して講演している。

モラロジー研究所の設立

千九郎は、以前から道徳科学（モラロジー）研究所の設立を意図しており、『道徳科学の論文』出版後はいっそうこの気持ちを強めたが、なかなか実現しなかった。

昭和五年一月十四日には、次の「モラロジー根本研究所憲法」が発表された。

一、根本研究所は、主として私の生涯に使用した図書や原稿、その他私の遺物《いぶつ》を永久に保存することを第一目的とし、私の子孫をその任にあたらせる。

一、研究所はひたすら学術研究を行う所であり、絶対的な神聖を保たなければならない。
一、研究所の根本組織は、当憲法の精神により、純然たる正統学問研究所たる実質を失ってはならない。
財政が豊富であるとか、才能のある人が多いとか、事業が旺盛《おうせい》であるなどということは、私の望むところではない。

私の唯一の目的は、当研究所において純粋正統の学問と純最高道徳との標準を維持し、世界人心の帰趨《きすう》するところを開示することにある。[17]

栃尾又温泉を引き上げた直後の昭和六年五月二十三日、千九郎は将来を考えて、「モラロジー研究所規則の大綱」全十一条を記している。このころ、正式にモラロジー研究所が発足した。同時に、『道徳科学の論文』の脱稿《だっこう》の日である大正十五年八月十七日をモラロジー研究所の創立日と決定した。

この時、建物らしいものは存在しなかった。千九郎は、次のように記している。

普通の研究所は、まず資金、次に建築、次に研究というような順序で成り立つものですが、モラロジーのそれは、まず研究の事業の基礎が確立したうえで、これに関係のあった人々を職員に任じ、次にますますその研究を拡大し、一方で各国の先覚者を指導し、進んで世界人心の開発を行うのです。[18]

研究所の主要職員として、次の四名が上げられている。

所長兼研究正員　法学博士　廣池千九郎

次長兼研究正員　法学士　廣池千英

研究正員　文学士　廣池利三郎

開発部幹事兼研究正員補　勲七等　中田中

この年から『道徳科学研究所紀要』（『旧紀要』と略称）が毎年一回発行されるようになった。これには、研究所の事業上の報告、研究の内容、モラロジー教育の状況などが掲載された。

第六節　大阪毎日新聞社主催の講演会

時代背景と講演会の準備

千九郎は、霧積での幹部講習会を終了したあと、いよいよ大阪での講演会の準備に入った。八月には、中田中が大阪毎日新聞社の本山社長に面会し、講演会について相談した。本山は二年前の約束を忘れていたようだったが、話しているうちに思い出し、快く承諾した。

本山彦一は、熊本県出身で、慶応義塾で学び、藤田組支配人を経て、明治三十六年に大阪毎日新聞社の社長に就任した。同紙を全国紙へと発展させた経営手腕の持ち主であり、のちには貴族院議員にも列せられた人物である。

八月八日には、新渡戸稲造からも講演の承諾が得られ、千九郎はたいへん喜んだ。

大阪で一般社会に向けた開発活動を開始したのには、種々の理由が考えられる。一つには、日本社会の行く末に対する危惧《きぐ》があった。

昭和四年に成立した浜口雄幸《はまぐちおさち》民政党内閣の金融引き締め政策は、デフレーションを招いて、経済界は極度の不景気に陥《おちい》り、失業者も増大した。また、昭和五年、軍部の強い反対の中で調印されたロンドン海軍軍縮条約は、右翼の反発を生み、浜口首相は右翼の青年に狙撃《そげき》され、翌年、内閣を若槻礼次郎《わかつきれいじろう》に譲《ゆず》った。

昭和六年になると、世界大恐慌《だいきょうこう》の影響が深刻化し、わが国の産業及び経済ははなはだしい不振に陥った。ことに中小工業家と商業家の困難は、農家の疲弊《ひへい》と相まって極度に達した。

中国では、張作霖《ちょうさくりん》の死後、満州の実権を握っていた張学良《がくりょう》が、抗日の姿勢に転じ、組織的な排日行為を続発させた。このような状況に危機感を強めていた関東軍の一部は、昭和六年九月十八日、柳条湖《りゅうじょうこ》付近の鉄道路線を爆破した。これを導火線として関東軍が軍事行動を展開し、満州事変となった。

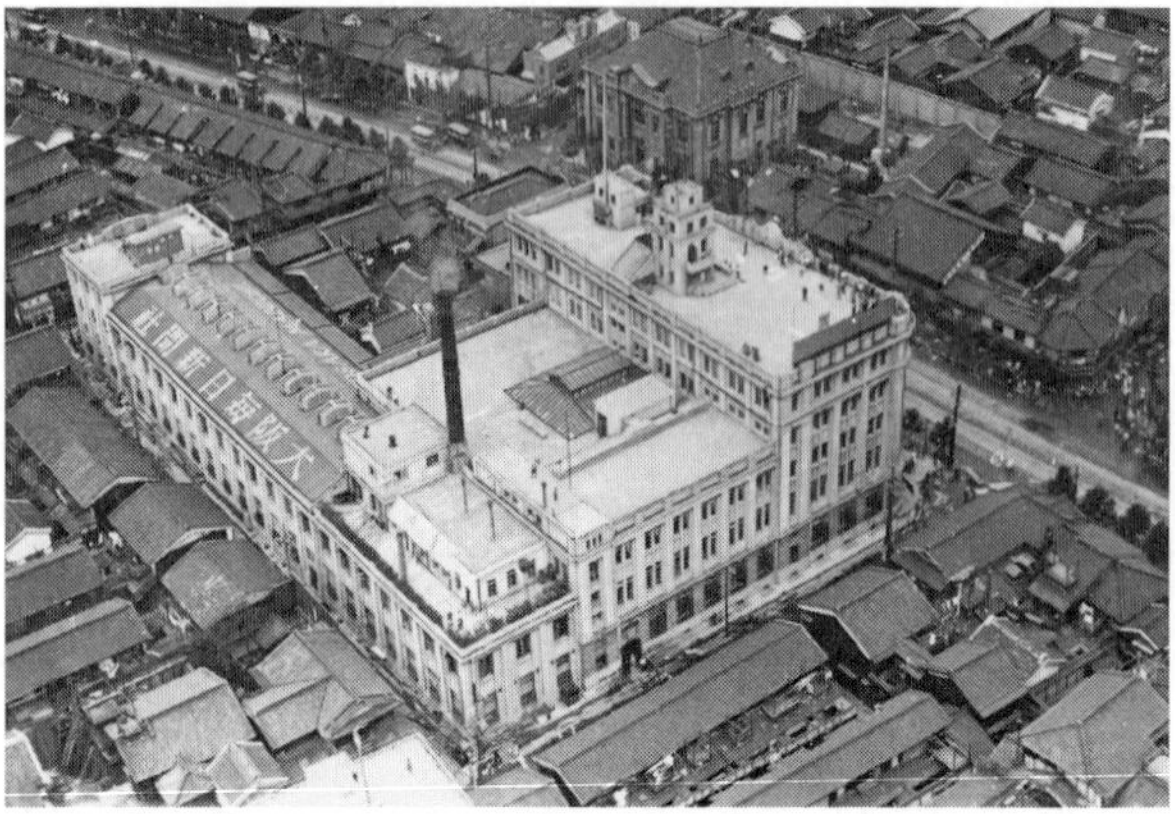

大阪毎日新聞社（昭和７年、毎日新聞社提供）

千九郎は、国家を動かしているのは、一部の政治家や学者ではなく、経済界であり、企業家が最高道徳の精神を持って事業を経営することこそ、世界平和実現の道であると考えていた。したがって、講演会は経済界の人々を主な対象として企画されたが、その場所に大阪を選んだ理由は、大阪が日本経済の一つの中心であったからである。また、大阪方面に有力な門人が多かったこともある。不況にあえぐ大阪の経済界に対し、千九郎は確固《かっこ》たる進路を示したいと思っていたのである。

　この講演会は、満州事変が勃発《ぼっぱつ》した三日後に開催された。この会にかけた千九郎の期待には、計り知れないものがあった。九月十三日、新渡戸を東京の自宅に訪ねてあいさつをすませたあと、講演会開催の四日前の九月十七日には、千英、利三郎、井上元男などとともに、講演会の準備のために岡本吉作宅に臨時に設けられた大阪出張所に入った。中田はそれ以前に出発し、準備をしていた。また、千九郎の期待にこたえるため、報恩協会の会員を中心に有力な門人が続々大阪に入り、準備を進めた。十八日には大阪毎日新聞に講演会開催の広告を出し、案内状も配布した。

新渡戸稲造のあいさつ

九月二十一日、講演会の当日には、大阪経済界の有力者、実業家をはじめ、社会事業家など、関西一円から六百名を超える人々が参集し、大盛況となった。本山のあいさつで始まり、新渡戸は「廣池先生の研究の世界的意義」と題して講演した。

新渡戸の講演は、香り高い内容であった。

廣池千九郎博士
產業・經濟講演會
廿一日午後七時・本社講堂にて
大阪における產業界ならびに經濟界の時局善處のため新科學モラロヂーの樹立に努力せられつゝある法學博士廣池千九郎氏の產業、經濟、勞働問題に關する講演會を開催します
一、挨拶　本社長　本山彥一氏
一、廣池先生の研究の世界的意義　本社顧問 農、法學博士　新渡戸稲造氏
一、新科學モラロヂーおよび最高道德と大阪の產業界および經濟界の立直し　法學博士　廣池千九郎氏
▽聽講……招待狀持參の方に限ります、但満員の際は遺憾ながら入場を謝絶いたします
主催　大阪每日新聞社

昭和６年９月18日の新聞広告

「今晩は廣池博士のご演説をうかがうために皆さまもご出席になったのでありましょう。私もその目的のために参りました。（中略）廣池博士については、お名前は十余年前からしばしば耳に致しておりましたが、私は長い間海外生活をしていたために、不幸にして親しく先生にお交《まじ》わりをすることができませんでした」

と前置きして、海外生活中に世界の著名人と交流したことを話した。

この時、新渡戸が言及《げんきゅう》した人物は、哲学者ベルグソン、科学者キュリー夫人、科学者アインシュタイン、言語学者ギルバート・マレイ、岩手県出身の物理学者田中館愛橘《たなかだてあいきつ》、作家ロマン・ローラン、アメリカの物理学者ミリカン、ロイス、ドイツの社会学者アドルフ・ウェーバー、イギリスのマクレガーなどである。

続けて、新渡戸は、欧米の思想界が混乱していることを指摘し、千九郎への期待を述べた。

廣池先生の説かれる最高道徳、あるいは孝道の研究が、われわれの疑いを解いたところは少なくない。私は先生の説が日本のみならず海外にも行き渡り、光明（光）は東方より来るというその期待に背《そむ》かず、東の空に輝く無数の星の中で、廣池先生はたしかにその一つであると思う。(19)

この演説には、だれよりも千九郎自身が感銘を受けたことであろう。

なお、新渡戸は、別の機会にモラロジーの門人に、次のように語っている。

博士になるまではだれでも勉強するが、博士になってしまうと一応知名人となるので、あちこちの学会やその他の講演会などの俗事に引っぱり出され、勉強する時間がなくなってしまうのです。博士になった時が学者としての最高の時で、それからは退歩《たいほ》するのみなのです。

ところが、廣池先生は、博士になられてからの研究が偉大でした。それはお体が弱く、僻地《へきち》の温泉で療養なさりながら、あらゆる栄誉から離れて研究されたからです。お体が弱かったということが、学者としてかえってお幸せであったと思います[20]。

千九郎自身は、「新科学モラロジー及び最高道徳と大阪の産業界及び経済界の立て直し」というテーマで話をした。内容の概略は、次のとおりである。

モラロジーは現代の政治学、法律学、倫理学、社会学等の欠陥《けっかん》、不合理を指摘《してき》、改善《かいぜん》するものである。これらの学問は、人間の利己的本能に立脚する異端の主義であり、現代の自然科学の原理に反し、聖人の教説に背《そむ》くものであるため、今日の深刻な不景気をもたらしたとし、そこからくる問題の解決法や状況からの脱却方法は、最高道徳的実行にある。

約二時間にわたる力強い思想と生活からにじみ出る信念の吐露《とろ》は、満堂《まんどう》の聴衆に感激を与えた。

この講演会（以下、大毎《だいまい》講演会と略称）は大成功裏《だいせいこうり》に終わり、京阪の産業界に一大センセーションを巻き起こした。以後、モラロジーの教育活動は急速に展開していった。

なお、千九郎は、以前から新渡戸を恩人の一人と考え、真心のこもった配慮を尽くしている。『道徳科学の論文』の序文を依頼した際に、栗を届けてその煮方《にかた》まで細かく示して喜ばれたこともある。

二年後の昭和八年十月十六日（日本時間）、新渡戸がカナダで客死《かくし》した時、千九郎は同月十七日、モラロジーの東京講堂で伝統祭を行った際、あわせて新渡戸の慰霊祭を行っている。

第七節　モラロジー活動の展開

各地に報恩協会を設立

昭和二年に報恩協会が設立されて以来、開発活動は着実に進み、地方にも着々と活動の拠点が設けられていった。昭和六年一月六日には、横浜ソサイティの設置を許可し、十八日に開会式が行われている。「ソサイティ」（報恩協会）とは、モラロジーの教えに共感した人々がみずからの意志によって形成したモラロジー団体の下部組織である。

このころ大阪ソサイティの開設が具体化し、さらに一月二十九日には、松江開発の端緒が開かれ、二月九日には宮津ソサイティ、三月一日には福岡ソサイティがそれぞれ開設された。

それに伴い、全国各地で次々にモラロジー活動が展開されていった。例えば、昭和五年七月二十五日には、当時生糸の輸出で全国をリードしていた諏訪《すわ》地方での普及に着手している。大阪でも活動を開始し、十一月十三日には玉出《たまで》工業協和会で講演会を開いている。十一月二十五日には、名古屋開発にも着手している。このように、千九郎が長年温めてきたモラロジーの活動は、外に向けて急激に展開していった。

モラロジーの社会教育活動は、報恩協会を通しての日常活動と、社会一般を対象とした講演

大阪玉出第三小学校で講演する千九郎（昭和7年11月、大阪地方第2回講習会）

会や、一週間から二週間に及ぶ講習会という形で進められた。これらの活動は、すべて国家の平和と国民の安泰《あんたい》を願う憂国の至情《しじょう》に発するものであった。このことは、六年十二月十三日の『日記』に、「真に国の困難の時がやってきた。したがって国家救済の目的を持ち、一方には一般大工場、大商店の使用人の思想善導、農村の思想善導を計画し、一方にはしかるべき大政治家にモラロジー政治、モラロジー経済を実行していただき国家を狂乱の中から救い出すことを決心し、神様にお願いする(21)」と記されていることからもうかがえる。

大阪第一回講習会

昭和六年十月十三日、先に臨時に設けられていた大阪出張所は、住吉区天下茶屋《てんがぢゃや》に移り、ここを拠点として活動が進められた。

翌七年三月八日、玉出第三小学校講堂で、大阪第一回モ

ラロジー講習会が開催された。第一回の講習会ということで、各地の有力な門人が諸準備に奔走し、モラロジー団体の総力を挙げての集会となった。会期は二週間で、毎夜六時から九時までの三時間にわたって講義が行われ、受講料は無料だった。ただし、『新科学モラロジー及び最高道徳の特質』『孝道の科学的研究』『講習会テキスト』『道徳科学研究所紀要』第一号などを配布し、講義資料代として一人一円ずつ徴収《ちょうしゅう》した。参加者は中小の実業家を中心に六百名を超えた。講師には、廣池千九郎、廣池利三郎、中田中、香川景三郎があたり、時局講演は廣池千英が担当した。千九郎は二晩休養しただけで、毎晩二時間講義した。この時、聴講者の便宜《べんぎ》をはかって、婦人たちによって夕食が提供された。

この講習会の三日前の三月五日には、三井の大番頭、団琢磨《だんたくま》が、一か月前の二月九日には、前蔵相井上準之助が右翼の血盟団団員に射殺されるという騒然《そうぜん》たる状況であった。

千九郎の講義は、門人にも大きな感銘を与えたようで、次のような記録がある。

　中田先生が「博士の教えを受けてから十数年になるが、今回この講習を受けて、初めてモラロジーという学問の全貌《ぜんぼう》を知ることができました」と感激なさっておられました。私はもちろんですが、中田先生までがと、この講習会の意義をあらためて深く感じました。(22)

初めての講習会は、大成功だった。時局の不安と経済不況にあえぎ、人生と経営の指針を求めていた人々に大きな感動と衝撃を与えた。

聴講者の一人で、当時先物取引《さきものとりひき》に従事していた白木茂安《しげやす》は、次のような感想を記している。

私がいちばん深く心に感じましたことは、「利己的本能によってやったことは、いっさい人間が罪を犯したことである。これは神の心に反する精神をもってやったことだから全部罪悪である。だから利己心で大きな事業をやり、多額の金を儲《もう》けた者は、それだけ大きな罪悪を犯したことになる。これは因果律の上において、悪を積むということで、その返報《へんぽう》としては必ず失敗滅亡がくる」ということで、このお話が私の心に強く触れたのです。何しろ大阪というところは金儲けをするところでありましたから、また皆それだけを目的にしていましたから、私どもは金儲けをしようという利己的本能でやることを罪とか罪悪だなどと思ってみたこともありませんでした(23)。

大阪講堂の開設（昭和 11 年 7 月 10 日）

この講習会後、中田、丸井を中心に、事後開発《じごかいはつ》として、各地で講演会や研究会が開かれた。こうして、モラロジーの普及活動は着実に前進していったのである。

なお、大阪講堂が開設されたのは昭和十一年七月のことであった。

東京講堂の落成式記念（昭和７年９月）

東京講堂の開設と第一回講習会

昭和七年九月、かねてから新宿区の下落合に建設中の東京講堂が完成した。

千九郎は、講堂を、次のように位置づけている。

すべて利己的本能に基づき、将来に向かってある目的を立てて行われる事業は功利的《こうりてき》なものです。すなわちそれは異端の事業です。そして、利己的本能から現れた学問やその他の講義を行う場所は、いわゆる単なる講堂といえます。しかし、最高道徳によって人心の開発もしくは救済をするために、たとえ微力な人でも報恩のために相集まり、その建築の目的の中に、至誠神に通じる人心救済の精神が充実する場合には、その講堂はいわゆるひとつの霊場となるのです[24]。

大阪の講習会が起爆剤《きばくざい》となって、この年の十月、東京でも第一回の講習会が開催された。この時も総力を挙げての取り組みとなった。期間も二週間で、講師陣も大阪の講習会と同様であった。この年の五月に首相となっていた斎藤実と東京帝国大学教授白鳥庫吉《くらきち》が祝辞を寄せ、東京帝国大学教授穂積重遠《しげとお》があいさつをした。

この時の聴講者は、大迫尚道《おおさこなおみち》陸軍大将、のちに麗澤大学教授となった宗武志《そうたけゆき》伯爵、東京鉄工機械組合の大塚栄吉組合長をはじめ、七百名ほどに上った。

東京地方第１回講習会（昭和７年10月）

自家用車で通う人が約二百名もあり、西武線が臨時電車を出すほどの盛況だった。特に、大迫大将は七十八歳の老体にもかかわらず、毎日歩いて聴講した。千九郎が「お車を」と言っても、「このようなよいお話をうかがい、そのうえ車で送っていただいてはもったいない」と語り、お供の者を一人連れて通ったという。

最終日には、大迫尚道、中野金次郎、大塚栄吉各氏の感想発表があった。

特に大迫は、千九郎の話に感じ入ったようで、次のようなエピソードが残されている。

大迫は千九郎に、「先生、これは私だけが聴くのは惜しい

名古屋地方第１回講習会（昭和８年11月）

ので、ほかの者にも聴かせたいが、次の日曜に私のほうに来ていただけないだろうか」と話した。門人は、大迫大将の依頼でも、今の千九郎の体では難しいと思ったが、千九郎は「何とか致しましょう」と答え、その後、大迫宅を訪ねて講話した。大将級の人たちがこれを聴いた。さらに、参謀本部でも聴かしてもらいたいという話があり、また、海軍軍令部からも話があって、講演に赴《おもむ》いた。陸海軍の大将たちは非常に感じ入って、これは一つ陛下への御前講義をお願いしようということになり、その旨を伝えたところ、千九郎は即座《そくざ》に、「陛下には何も申し上げることはありません。ただ、後醍醐《ごだいご》天皇に尽くした大楠公《だいなんこう》のような人物ができることが肝要《かんよう》です」と答えた。これにはさすがの大将たちも参ってしまったという。

各地に広がる講習会

これ以降、モラロジーの講習会は全国各地に広がったが、その中心となったのが、東京と大阪の講習会であった。両方とも、昭和九年には、第五回目を開催している。毎回千名前後の聴講者があった。八年に開かれた第四回の大阪の講習会には、千七百名が参加した。

各地の講習会の状況は、昭和八年に、福岡、名古屋、京都、松江、同九年には、岐阜、横浜、大阪船場、愛知川《えちがわ》、徳島、名古屋、京都などで開催された。同十年には十一か所で開催され、九千三百七十五人の聴講者があった。

受講者数も増え、昭和七年には、年間五千人に過ぎなかったのが、昭和八年には、七千四百八十九人、昭和九年には、二万一千八百十八人、昭和十年には、三万五千五十二人と激増し、これらの人々の中から、千九郎の社会教育活動と、後述の学校教育活動に協力しようとする人が生まれていった。

このような開発活動の活発化は、新聞にもたびたび取り上げられた。「不景気防止の途《みち》は学術より外にない」(『朝日新聞』昭和六年二月十日)、「廣池千九郎のモラロジー繁盛記《はんじょうき》」(『読売新聞』昭和八年五月から六回にわたって連載)、その他、『大阪毎日新聞』(昭和六年九月)などにも記事が掲載された。

千九郎は、講習会の手伝いの人々に対しても常に配慮《はいりょ》を怠《おこた》っていない。次のような言葉を残している。

講師が講義をしたから、分かるのではない。今ここにいるような若い人が、低い、やさしい、ていねいな心、そして態度で受付けをなし、会場にご案内し、また自転車番をし、お茶番をしている様子を、集《つど》い来る聴講者が見聞して、なんと気持ちのいい若い人たちだろうと感じ、その人様に接する態度からみて、聴講に来られた方々が、すでに聞こうという心になっているのですから、実は、あなたたちがまず開発の端を開いているのです[25]。

さらに、昭和八年八月には、千英らを韓国に派遣し、各地で講演会を開いた。十一年にも京《けい》城《じょう》と仁川《じんせん》で講習会を開催、約八百人が参加した。

昭和二年ごろには、全国で九十名余りしかいなかった報恩協会の会員も、しだいに増えていった。昭和八年末には、報恩協会は東京を本部として、横浜、大阪、福岡、名古屋、松江、京都、岐阜竹ケ鼻《たけがはな》、島原、韓国に支部を持つに至った。モラロジーのめざましい発展は、当然社会の注目するところとなり、同時に会員の一挙手一投足《いっきょしゅいっとうそく》が、形成され始めたばかりのモラロジー団体に大きな影響を与えることとなった。

中田は、千九郎にあてて、「各宗教家、その他の注目が非常にわれわれに注《そそ》がれています。したがって、各位は万事に細心の注意を払う必要があります[26]」と報告している。千九郎はこの時期、「信仰するだけでは幸福はやってこない。神の心に合する最高道徳の実行によってのみ幸福がやってくる[27]」と教訓し、会員の行動に注意をうながしている。

第二五十鈴河畔の教訓

昭和八年十一月二十三日、千九郎は、会員とともに伊勢神宮に参拝し、「第二五十鈴河畔《いすずかはん》の教訓」を示した。次は、その内容の一部である。

子供をわがままに育てぬこと。

子供を育つるにいっさい子供の自由を許すがよいという近世の教育法は誤っていること。すべて多知、多才、多弁にして追従《ついしょう》もしくはお世辞《せじ》の多い者は、その精神に真の至誠慈悲なきものなり。

常に聖人正統の知徳一体の学問及び教育に志し、好んでモラロジーに関する著書と聖人の原典とを読み、その真理実行を心掛け、且《か》つ子孫を鞭撻《べんたつ》して自己に倣《なら》わしむべし。

金銭もしくは物件を預かった場合には、最も保管及び出納《すいとう》に心を用い、公明正大一点の疑惑を他人より挟《はさ》まれるようなことあるべからず。人間の品位の高下《こうげ》を定められる標準は、実にこの金銭もしくは物件に関する人間の行為の上に存することを忘れるべからず。小欲によりて生涯の出世を阻止《そし》するごとき愚かな行動あることなかれ。

すべて人間の堪《た》えられないような困難、屈辱《くつじょく》もしくは損害に対し真に自己反省をなし、これを突破してこそ万人の長となり得れ。

第八節　『道徳科学の論文』第二版の発行

自序文を付す

昭和九年に、『道徳科学の論文』第二版が発行された。この版で、新たに自序文と追加文七十項目が増補《ぞうほ》された。自序文では、「巻頭に自序文を掲《かか》げることは非常に思い上がった態度と思われるかもしれないが、読者諸氏に本文を読んでいただくため、やむを得なかった」と断っている。困難な時局の中で、人々に本書を読んでもらい、最高道徳を実行してもらう必要性を痛感していたことが、千九郎に長い序文を書かせた。ここには、モラロジーの必要な理由と最高道徳の諸原理の簡潔《かんけつ》な説明がなされている。

この宇宙に森羅万象《しんらばんしょう》の一つとして存在する人間は、宇宙自然の法則に従う必要があること。その法則とは、万物が相互扶助《そうごふじょ》の原理によって調和的に存在していることである。その例として、動・植・鉱物が相互に交換作用を発揮して、相寄り相助けて存在し、動物同士も相寄り相助けて生存している事実が存在している。

今日生態系に関する理解が深まり、人間の活動が地球環境を破壊し、人間の生存そのものを脅《おびや》かしていることが切実に認識されるようになったが、昭和九年の時点でそのことを説いているのである。

次に、追加文は、第一版出版後、千九郎の精神の深化や研究の進展によって、あるいは開発活動を通して、追加の必要があると思った点を補ったものである。

第二章　第二次世界大戦の足音

第一節　千九郎の平和思想

緊迫する時代状況

昭和という時代は、世界が大戦へと向かって突っ走った波乱の時代であった。経済恐慌に苦しんでいるさなか、日中・日米関係が悪化していった。

関東軍ハルピン入城（昭和7年2月5日）

中国では、大正十三年（一九二四）、孫文《そんぶん》の率《ひき》いる国民党と共産党が協力体制をとって、第一次国共合作が成立。大正十五年（一九二六）には、蔣介石《しょうかいせき》を国民革命軍総指令として、北方の軍閥《ぐんばつ》打倒のために北伐《ほくばつ》が開始された。この時、日本は居留民《きょりゅうみん》保護の名目《めいもく》で、三度にわたって出兵した。第一次山東出兵である。

昭和三年（一九二八）四月、北伐が再開されると、六月、日本は再び出兵して中国軍と衝突、済南《さいなん》事件が起きた。その後、日中の関係は悪化の一途《いっと》をたどり、昭和六年（一九三一）九月、関東軍の一部は柳条湖付近の鉄道爆破事件を起こし、これを機に関東軍は満州全土を制圧し、満州事変となった。このため、中国の対日感情は極度に悪化し、昭和七年一月、上海で日本軍と中国軍が衝突した。第一次上海事変である。

昭和七年（一九三二）三月、日本は満州国の建国を宣言した。これに対し、国際連盟はリットンを団長とする調査団を現地に派遣し、日本の満州占領は不当であると報告した。このため、日本は翌八年（一九三三）、国際連盟を脱退した。こうして、日本は国際的に孤立化の道を突っ走った。

国際連盟で演説する松岡洋右（昭和８年３月27日）

一方、昭和四年（一九二九）十月二十四日、ニューヨークのウォール・ストリートにおける株価の大暴落に端を発した恐慌は、またたく間に世界大恐慌へと拡大した。日本では、すでに関東大震災の事後処理ともからんで、昭和二年に恐慌が起きていたが、これに世界大恐慌が重なり、国内経済は極度の不景気に見舞《みま》われた。輸出が激減し、企業の倒産が相次ぎ、失業者は三百万人に達したといわれる。このような状況を背景に、共産主義が急速に広がり、また、共産党員の大量検挙が行われた。時代は確実に戦争へと歩みを進めていったのである。

偏った愛国心

『道徳科学の論文』は、「世界永遠の平和の実現の基礎を成す所の一つの専門学」と称しているが、その中で千九郎は、当時の日本の偏狭《へんきょう》な忠君愛国《ちゅうくんあいこく》思想では国際戦争を引き起こしかねないと憂慮している。

愛国主義者は数多いが、自国本位のそれでは、平和、平和と言いながら国際戦争を引き起こしてしまう。千九郎は、世界的な視野に立って、偏った愛国思想を強く批判している。

従来の忠君もしくは愛国の思想は、人間の利己心の変形である団体心、自国自慢の心、外国に対する憤怒《ふんぬ》、怨恨《えんこん》、嫉妬《しっと》もしくは復讐《ふくしゅう》心、その他不純な利己心のうえに立っているのです。それが究極のところまで行けば、君のためもしくは国のために命を投げ出すというような純潔な精神が現れることはあるが、その平素の国家観念がはなはだ不純なため、常に国際間において相互に感情や利害の衝突が起こり、ついには悲惨な国際戦争を引き起こすことになるのです。

こうして、すべての人間が平素、衛生を重んじ倹約をし、子供を大切に育てて、最後に幸福を得ようとしても、予期に反して、その財産は大砲や小銃の弾となって煙と消え、美

しい都会は飛行機の投弾によって一夜の間に焦土《しょうど》となり、せっかく育てあげた子供も皆戦場の露《つゆ》となってしまうのです。(28)

アメリカの青年リンドバーグが、ニューヨークとパリの間の無着陸大西洋横断に成功したのは、昭和二年だった。そのころすでに、千九郎は国際戦争となれば、飛行機からの投弾で都会が一夜にして灰燼《かいじん》に帰してしまうと警告している。

また、同じ昭和初年ごろの覚書において「日米戦争の防止」に言及し、日米英三国民が融和すれば、世界平和が成就し、全世界の人類が幸福となると述べている。自国本位の偏狭な愛国思想は世界の平和を乱すことになる。全人類の立場から一人ひとりの人生を愛し、いとおしむ人間愛の思想に裏づけられた愛国主義であってこそ、国境を越えた平和の実現が可能になってくると主張している。

千九郎は『道徳科学の論文』の中で、国際関係が人類の安心、幸福に最も重大な価値があると繰り返し述べ、国際平和を乱す帝国主義、軍国主義、侵略主義、偏狭な国家主義の根底に潜《ひそ》む「人間の利己心」に強い反省を求めている。

望ましい外交政策

千九郎はまた、「自国民保護」の名目によって不合理な闘争主義、威嚇《いかく》主義に走ることは、聖人の教えにはないとしている。もちろん最高道徳では、平和の保障に必要な軍備は重視し、正しい軍隊教育は、人間精神を健全に導くこと、適当な軍備は、個人、国家、社会の発達に必要であると位置づけている。しかし、出兵については、「きわめて合理的な理由のある場合のほか、非常手段を取るべきでない」とし、次のように説いている。

闘争的手段を考えたり実行したりする人々は、後日、天から受ける報いには恐るべきものがあることを忘れてはなりません。すべて感情や利害の衝突に関する問題に対しては、双方ともその当事者は深く自己反省し、慎重な態度に出なくてはならないのです。(29)

ただし、「合理的理由」のもとに出兵とか戦争、その他非常手段を取ることはありうるともいっている。それは、例えば、ある国が国際道徳や国際慣習を無視したり、あるいはその国が暴民や軍隊の暴力行為を取り締まれない時には、自国民の保護のために出兵するようなことは、きわめて当然だというのである。

しかし、自己の憎悪する外国や外国人に対してみだりに苛酷《かこく》な法律をつくり、過大な課税やボイコット、妨害を加えるのは不道徳であり、それは戦争をしかけることや他国の領土を侵略することにも等しいと忠告している。原理を見据《みす》えた整然たる理論の中にも、慈悲の精神を根底として柔軟に相手に対応する姿勢がうかがわれる。

第二節　要人への提言

鈴木貫太郎侍従長へ

昭和六年十二月十五日、千九郎は若槻礼次郎前首相に、「目下のわが国の形勢は黙って見ていることはできません。そこで一度尊館をお訪ねし、この国の艱難《かんなん》の時に際して、将来わが国家をいかに維持すべきか、ご高見をおうかがいいたしたく、また、おそれながら愚見も申し上げたく存じます[30]」と、書簡で面会の都合を聞いている。

その直後の翌年一月には、戦火は上海に飛び、アメリカは痛烈に日本を非難するなど、事態はいっそう深刻になった。この時も千九郎は、直ちに鈴木貫太郎侍従長に三通の書簡を発信し、国の進むべき方向を直言している。

　大阪の二新聞の夕刊及び号外によると、英米二国の干渉が明白になってきました。

　万一、南中国におけるわが国の主張を貫徹《かんてつ》しようとすれば、右の二国ばかりではなく、それ以上の国と衝突することになるでしょう。そうなれば、負ければもちろん滅亡に瀕《ひん》しますし、たとえ勝っても長期間を費やし、国家は瀕死に至るでしょう。

　したがって、今すぐ天皇陛下は平和をご愛好なさるお心を持っているという勅命《ちょくめい》を出

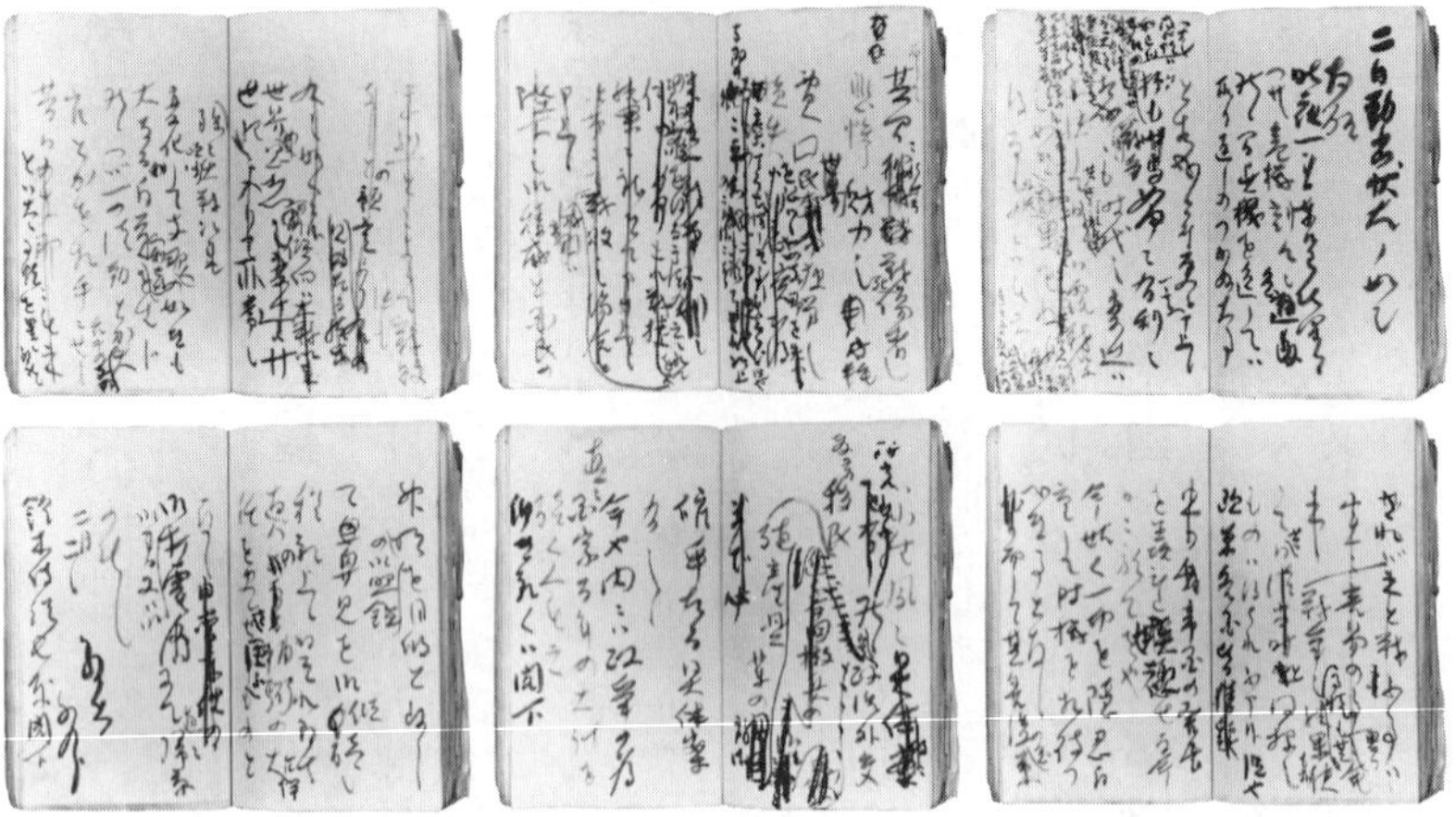

千九郎が鈴木貫太郎侍従長にあてた書簡の原稿（昭和７年２月２日）

して、南中国の兵と人民とを全部引き上げるべきです。そして、今後は国を挙げて、勤倹《きんけん》で真面目な道徳生活をして、南米、蒙古《もうこ》などにしだいに地盤をつくっていけば、大和民族の最後の勝利は疑いないでしょう[31]（二月一日付け）。

人間の感情は、一時の利己的本能の発露《はつろ》といえます。ですから、将来、重大な損失を被《こうむ》ることを顧慮《こりょ》しないことがしばしばあります。古来、東西戦争の歴史は皆そのようなものでした。聖人は、軍隊は平和を保障するものであり、殺人の利器《りき》ではないと教えられました。ことに戦争がどんなに有利に展開しても、時代の変遷《へんせん》は決して昔の日清、日露戦争の時のような好結果を収めうるものではありません。その間の戦死傷者の悲惨や財力の消《しょう》耗《もう》、国民の疲労などの損失を考えれば、中国を放《ほう》棄《き》しても惜《お》しいということはないと思います[32]（二月二日付け)。

この後、二月二十七日には、上海のアメリカ石油会社が日本との輸出入を中止し、また、イギリスの名士が連名で日本の行為を侵略と見て、『タイムズ』に公開状を出すなど、各国の反発が強まった。

千九郎は危惧していたことが現実になったと感じ、二月二十七日、二十八日にも、鈴木に書簡を送っている。

日本の軍部は、はたしてアメリカ一国と、あるいはイギリス、アメリカ二国以上と戦うつもりがあるのでしょうか。万一あるとすれば、これは国を誤る重大事となるでしょう。(中略)私には、平和的方法によって日本人が世界各地に発展する方法があります。単に世界列強と戦争して、それで国民の権益を維持しようとするのは、時代錯誤《さくご》ではないでしょうか[33](二月二十七日付け)。

中国の広大な土地に兵を進める無謀《むぼう》さと、米国の飛行機が船で中国に渡り、そこから日本全国を爆撃する軍略と、英仏独の中国後援と、ロシアの中国人心の攪乱《かくらん》と相まって、実にわが国の危機には恐るべきものがあります。

たとえ戦いに勝っても、その後の整理はたいへんなことです。(中略)

今すぐ天皇陛下の詔《みことのり》をもって進撃を中止させ、都合によっては南中国の日本人を全部引き上げ、軍隊も引き上げ、中国をすべて放棄してもよいのではないでしょうか。中国本土のことはいっさい英、米、仏、独、伊に任せるように、大々的に譲歩すれば、陛下のご威光は世界中に輝き、国民は塗炭《とたん》の苦しみからたちまちまぬがれることができます。これは越王の勾践《こうせん》が呉王に降《くだ》った例よりは、さらに偉大なことです[34]（二月二十八日付け）。

千九郎は、「人類が安心して幸福な生活を全うできる平和な社会」は、力では決して実現するものではなく、すべての人間一人ひとりの道徳的な働きかけで初めて可能になると考えていた。つまり、最高道徳の思想と実行の普及によって真の平和の実現を企図《きと》したのである。

人類的視野に立って恒久的《こうきゅうてき》平和を思念する千九郎は、同時に空論に走らず、きわめて現実主義的に状況を見据《す》えていた。そして、現在の世界を国家対立の時代として認識し、国を守ることは当然であるとした。そのために国家間の協調を急務と考え、国家もまた個人と同様に、最高道徳的基盤に立つ政治外交を必要とすることを力説した。

斎藤実首相への建議

昭和七年五月十五日、海軍の青年将校によって犬養毅《つよし》首相が射殺された。いわゆる五・一五事件である。千九郎はこの事件について、「その行為はもとより国法で許されない暴行であり、ことにモラロジーでは、絶対にこのような無秩序な行為を否認する」[35]が、当時の事情を勘案すれば全員を死刑にするのは法規上いささか不当であるとして、減刑の嘆願書を提出している。

続いて、斎藤実《まこと》が首相となった。千九郎は、直ちに斎藤に経済の立て直し政策を含め、国策についての提言をした。千九郎は大正八年に韓国講演に行った際、斎藤と会い、以来親交を結んでいた。

首相就任のころ、斎藤は「重大なる時局に際して国民に告ぐ」として、ラジオ放送を通じて「自力更生《じりきこうせい》」の運動を国民に訴えた。その一節に、次のようにある。

国民諸君も政府の意のあるところを理解していただき、自力更生の方法を講じ、官民相呼応して力を合わせ、この不況の克服、難局の打開を一日も速く実現することを切望してやみません。(36)

この自力更生の運動は、内閣の時局匡救《きょうきゅう》政策に対応し、その根底を貫く精神運動として、しだいに軌道に乗っていった。

昭和八年元旦、千九郎は大迫尚道大将へ、次の書簡を送った。

ご承知のように、世相はいよいよ険悪になってきております。特に外交は難渋《なんじゅう》し、真に国難が近づきつつあることを実感いたします。この際、いよいよ人心の道徳化をはかるよりほかに断じて良策はありません。(中略)

国家が万一の場合に直面した時、わが国の安否は大将のご人格にかかってまいります。

その意味で、東郷大将以上のご人格をお願い申し上げます。どんなに物質的、技術的に優秀でも、将卒《しょうそつ》が忠誠勇敢であっても、天道の加護がなければ戦いは敗れます。古来、忠臣といわれる戦死者たちが敗《ま》け戦《いくさ》をしたのは、忠臣であったその人に罪はなくても、その一党の主な人々の心と行いが天道に反することがあったからです。そして忠臣といわれた人の人格も、これをあがなうほどに偉大ではなかったからです。

つきましては、今後万一の国難にあたり、わが皇室と国家を担《にな》う人物のご人格は、あらゆる現代の欠陥をあがなうほどの大人格でなくては適《かな》わないことになります。（中略）私は、及ばずながら心身の奥底まで清めて八面玲瓏《はちめんれいろう》の生活を営み、天道のご加護によって全国民の欠陥をわが一身の至誠をもってあがない償《つぐな》おうという大決心を持ち、人心の開発救済に従事しております。(37)

このように千九郎は、最高道徳に基づく政治を要請した。

昭和八年四月十日には、斎藤首相に建議書を提出している。それには、主として財政、産業、経済、教育に関する内容が盛り込まれている。

一、わが国の財政学は不完全で、その弊害は一、二にとどまらないが、特に国家の安全と国民の生活に直結する国家歳出入の予算編成の弊害には、看過《かんか》することができないものがある。聖人の教えでは「入るを量《はか》って、出ずるを為《おさ》む」（『礼記』王制篇）となっている。

ところが、各国の歳出入は、まず歳出を定めてからこれに相当する歳入を求めるのが慣例になっており、わが国でも同様に、本末を転倒したやり方をしている。

二、今日世界の産業、経済が不景気にさらされ、恐慌に襲われているのは、欧米で正統派経済学とされているアダム・スミス流の経済学によっているからである。スミスの経済学は、実は正統ではなく異端に属している。その理由は人間の利己的欲望をもって産業及び経済のあるべき原理としているからである。

三、教育の原理は、国家もしくは社会に有用な人材をつくることにある。人材とは、自分の品性を高め、それを基にして知能と体力を行使する人物をいう。

四、わが国の財政、経済、産業問題など、あらゆる問題を改善するには、まず教育の振興《しんこう》が根本である。その教育も従来の教育では不十分であって、必ずモラロジーに基づく教育でなければならない。自分は遠からずモラロジーによる学校教育を実現するつもりである(38)。

千九郎は、翌五月九日に首相官邸に斎藤を訪問し、右の建議書について対談した。斎藤は建議の趣旨に賛同しながらも、根本的な解決をはかる前に当面解決しなければならない問題に追われている実情を説明した。

すると千九郎は、当面の問題の解決も必要であるが、世界各国の道徳が退廃《たいはい》していることがさまざまな問題を生んでいること、それを解決するためには、まず上に立つ人々が道徳を理解しなければならないことを強調し、むだな予算の使い方などにも忌憚《きたん》のない苦言《くげん》を呈《てい》している。話は教育問題にも及び、精神教育は文部当局や教育者に任せず、内閣の手によって行う重大事だと訴えた。

経済問題に関しては、今まではプロレタリアと財閥の対立だったが、今や中流の商工業家が財閥の横暴に対して恨《うら》みを持つに至っていることを指摘し、財閥と軍部の癒着《ゆちゃく》が国民の精神を四分五裂させていると注意を喚起している。

千九郎は、歯に衣《きぬ》を着せぬ意見を述べたあとで、首相が斎藤だからこそ意見具申に来たこと、自分もただ話をするだけではなく、産業や経済に従事している人々を指導して、最高道徳に導く努力をしている、首相もどうか断乎として立ち上がり、国家百年の大計を立てていただきたい、と提言した。

昭和八年は、右以外の要人にも、千九郎は次々と手紙を出し、また、直接面会して国家の危機とそれからの脱出法を提言している。相手は首相、蔵相、文相、宮相、侍従長、陸相、大将などに及んでいる。

しかし、事態は、千九郎の予見したように悪化の一途をたどり、史上未曾有《みぞう》の世界大戦の勃発を見るに至った。

第三章　千九郎と温泉

第一節　温泉の利用

皮膚神経衰弱症

千九郎と温泉の関係は、すでに中津時代から始まっている。明治二十八年に東京に出てからは、夏季には温泉で療養することが多くなった。その療養の期間は、通常は一か月以内であった。

千九郎は、大正元年の大患以来、強度の皮膚神経衰弱《ひふしんけいすいじゃく》に冒《おか》された。この病気の特徴は、交感神経に異常をもたらし、時々発熱を伴って多量の発汗をする。そして、皮膚神経の衰弱によって皮膚が収縮しなくなるため、体温を保持することが困難となるのである。そのため、大正六年ごろからカイロを使うようになった。カイロは揮発油《きはつゆ》を入れたハクキンカイロで、襟巻《えりまき》やシャツや股引きなどにポケットをつくり、そこにカイロを入れて使用した。時候や体調によってカイロの数は増減したが、千九郎は常時二十個前後のカイロを身につけていた。

千九郎の末梢《まっしょう》神経は麻痺《まひ》し、機能不全となり、しばしば全身から発汗して、数枚重ね着していた肌着をしみ通すほどだった。あらゆる治療を試みたが、温泉がいちばんよいことが分かった。大正十二年から本格的に温泉療法を採用することに決め、伊豆畑毛温泉に向かった。この温泉は相当効果があったようで、大正十四年六月までの長期滞在となった。

昭和三年四月十四日の『日記』に、側近によって次のように記されている。

頭部、顔面、上体、両腕一帯に玉のような汗が流れ、そのためご入浴なさるのです。そして上がって床にお就きになり、五、六分たつと朦朧《もうろう》として睡眠を催《もよお》され、そのうちまた発汗が始まります。約一時間経過すると目を覚《さ》まされ、またご入浴されます。それを昼夜繰り返されるため、一日二十二、三回ご入浴なさることになります。しかも、食欲もなく、湯茶、おもゆくらい、たまたまおかゆをお上がりになるのですが、それもごくわずかで、ほとんど固形物を召し上がりません。それに加えて一時間おきにご入浴なさるのですから、そのご疲労はたいへんなものです(39)。

重なる転地療養

しかし、畑毛温泉もだんだん効き目が薄くなってきた。浴客にほかの温泉の話を聞くことも多かったとみえ、大正十四年六月二十七日には、山梨県の下部《しもべ》温泉に移動した。

ここでの滞在は一週間ほどで、長野県の滝の湯温泉、渋の湯温泉、山梨県の増富《ますとみ》温泉とそれぞれ一週間ないし十日間程度の滞在で移動したが、九月六日から入湯した長野県の里山辺《さとやまべ》温泉には、十二月二十四日まで、百日以上の長期逗留《とうりゅう》をしている。

千九郎は、それ以後も絶えず温泉を変え、昭和十三年に群馬県の大穴《おおあな》温泉で他界するまで、全国の温泉を転々とする生活を続けた。昭和十一年に谷川温泉を、翌年大穴温泉を購入した後は、この二つの温泉で生活することが多かったが、それ以外の温泉も利用した。これは、少しでもよく効く温泉に入って健康を維持し、モラロジーの開発救済活動を軌道《きどう》に乗せ、一人でも多くの人に幸せになってもらいたいという悲願からであった。

千九郎が訪ね、滞在した温泉は、北海道と四国を除いて日本全国に及び、その数は九十か所以上と推定されている。本書巻末の地図（付図Ⅰ参照）は、現在判明している千九郎が利用した温泉である。

大正十二年以降、千九郎が利用した温泉の滞在日数は膨大《ぼうだい》なものになるが、年間平均にすると、およそ二百十二日間を温泉で過ごしたことになる。一年の六割近くであり、前記の九十余か所の温泉には、繰り返し訪れている温泉も多い。このことはいかに温泉の移動が激しかったかを示している。原稿や書籍をはじめ、生活用品全般を携えての移動であったから、千九郎はもちろん、側近の苦労も並大抵のものではなかった。

当時の温泉旅館では、長期の滞在という理由もあって、たいていの場合、随行の女性が食事をつくった。また、原稿執筆のための書類、書籍類、薬品類、その他の生活必需品などの荷物がかさんだため、移動には非常な困難を伴った。普通はトランクなどの荷物が二十個ないし三十個であったが、『道徳科学の論文』の執筆や謄写版《とうしゃばん》印刷の時など、多い時は九十個になったこともあった。

温泉での生活

ある時、移動中の駅で手荷物があまりにも多いので、駅員が「これは何か」とただした。随行者が「本です」と答えても、なかなか信用しなかった。そこで、千九郎が法学博士の名刺を出すと、納得したという。

当時の移動の模様を、中田中がいきいきと描写している。

目的地も近づくと、私は忙しくなります。一足先に行って、しておかなければならないことがあるのです。

博士のおつきを布《ふ》れるといえばちょっと大げさですが、一応お泊まりを予定された宿に行って、予告をしておかなければなりません。

「まもなく博士がおつきになります。博士はご病気中のためにたいへん変わったカッコウをしておられますが、決して驚かないように……」（中略）

まずこうしたサワギをして宿に泊まり込むわけですが、これでその宿に泊まられるかというと、そうはいきません。何といっても温泉がお体に効くかどうかが先決問題ですから、博士はとるものもとりあえず、まずザブリとお湯に入られます。（中略）もうもうと立ちこめるお湯の中から「ヨシ」のお返事をいただくと、それから宿泊の交渉にかかるわけです。

荷物を始末するやら、七輪《しちりん》に火を入れるやら、書類を整理するやら、目のまわるような忙しさです。

こうした時に随行者が助かることは、博士はたいへん長湯であったことです。別に長湯がお好きだったわけではなく、血液の流れをよくするために、ぬるいお湯に長い時間つかることが必要だったので、これが思わぬところで幸いしたわけです。(40)

随行者の仕事は、原稿の清書、手紙の代筆、炊事、洗濯、入浴の世話、買い物、マッサージ、移動の準備、来客の接待などなど、目の回るほどの忙しさであった。

随行者は二、三人で、多い時には五、六人になった。大部分は青年男女であった。千九郎はこれらの人々の教育と将来に深い思いやりの気持ちを持ち、生活全般の指導はもちろん、就職や結婚の世話をするなど、絶えず心を配った。

発汗は二時間おき、ひどい時には一時間おきに起こり、そのたびごとに入浴していたので、夜も昼もない生活だった。執筆や研究は、通常の場合、仰向《あおむ》けに寝たまま行った。ぬるい湯に長時間入るために、入浴中に執筆することもしばしばあった。

温泉での生活の一端を、山本晴子の記録から引用しよう。

夜露にぬれた虫の音が山の出湯《いでゆ》の湯の音にあい和して一入《ひとしお》静けさを感じます。ぬるくて広い湯船には夜半ともなれば人もはいらず、先程から大先生《おおせんせい》（千九郎のこと）が頭から湯を三分毎位にかぶりながら、目をつむり一言も口をきかれません。こうしたことは、先生のご日常のならわしです。こんな時には、世の人の幸福を願い、こうしたための仕事についてお考えになっておられることを、私は誰に聞くともなく知りました。（中略）

こうした数分間がつづくと、先生は、とつぜん「筆」と申され、私はそのお声にゴムまりのように立ち上がって、二階の部屋から原稿用紙と矢立《やたて》をとって梯子段《はしごだん》をころぶように急いで持って来るのを、先生は、「おそい」と申されるかのように奪うようにとって、サラサラサラサラとまたたく間に原稿が書けるのです。その原稿をお書きになる様子は、まるでせきを切られた水が立板に流されるという感じで、二本の筆にかわるがわる墨を含ませ、差し出すのがおそいとおしかりを受ける思いでした。そうして数枚の原稿が墨黒々とうずもり重ねられると、筆をばたんと湯船のへりに投げ出すようにおかれるのです。

大先生は一日を湯の中でお暮らしになることと、湯のほかでのご生活が半々位なものです[41]。

このように、言葉ではなく、一挙手一投足が、つまり生活そのものが師弟の間で響き合うのである。無言の感化といってよいであろう。しかも、このような経験を一度した人は、その印

浴衣姿の千九郎（昭和４年７月15日、田沢温泉）

象が脳裏《のうり》に焼きついて離れないものとなっている。このようなエピソードは枚挙《まいきょ》に遑《いとま》がないほどであるが、記録に残されるものは氷山の一角に過ぎない。

千九郎がいちばん長く逗留した温泉は、信州の田沢温泉「たまりや」である。上田から車で一時間ほど入った山間《やまあい》にある。この「たまりや」は、ほぼ昔のまま現存している。

田沢には、昭和三年九月九日に初めて訪問して以来、合計六百三十七日滞在しているから、体に相当効いたようである。特に多いのは、昭和三年から五年である。その後は、昭和九年九月までほぼ四年間訪問していないが、九年からはまた、たびたび利用している。

田沢での主な執筆活動は、『孝道の科学的研究』と『新科学モラロジーと最高道徳の特質』である。前述したレコードの吹き込みも、田沢から出張して行った。また、昭和五年の一月には、門人を集めて新年研究会を開いた。

この温泉に一週間ほど同宿していた小口幹夫は、温泉内で千九郎の開発を受け、それによって諏訪・岡谷方面にモラロジーが普及した。小口は当時二十歳であった。

この温泉では、千九郎にとってうれしいエピソードがある。それは、昭和四年に、長男千英夫妻が、当時は高価であったメロンを入手し、それを自分の子供には与えないで、千九郎のもとに届けたことである。千九郎が青年時代から親にしてきたことを、子供がするようになったのである。ささいなことに見えるが、「これ期せずして、一家皆人道の本末を体得しているので、私もますます聖人の教えに誤りのないことを感じたのです(42)」とあるように、千九郎にとっては感慨深いものであった。

第二節　開発と救済

療養と開発

このように、千九郎の後半生は病気との闘いであり、各地の温泉を転々として療養に努めた。しかし、千九郎は講演の際には聴衆にいっさい病人らしい印象を与えていない。いったん演壇に立つと、威風《いふう》堂々と話し、聴衆を魅了《みりょう》した。健康な人もとうてい及ばないほどの講演活動をしたのである。千九郎をして病苦に耐えさせたものは、神への献身と人類救済のための渾身《こんしん》の至誠であった。

千九郎の言葉に、「大病になってごらん。論もへちまもない」とある。結局は大病になった人でなければ、真の理解はできないのかもしれない。何がよいの、何が悪いのなどという理屈の域を越えて、何がなんでも生き延びることが先決なのである。

千九郎は、温泉地を転々として研究・執筆活動に精魂を傾けると同時に、絶えず人心の開発・救済に心を配っていた。たくさんの門人が、療養先の温泉を訪ねて指導や助言を受け、深い感銘を受けている。そればかりでなく、浴客をはじめ、すべての人が開発の対象といってもよかった。たまたま同宿して千九郎に話しかけられ、モラロジーを研究するようになった人もかなりいる。

日常の中の開発

ここでは、旅館の主人や従業員を指導した一例を示そう。

昭和六年のことであった。九州の郷里へ墓参りの帰途、山陰を回り、岩井温泉に宿泊することになった。同温泉地には大きい新築の旅館もあったが、千九郎は最も古びた大きな旅館に決定した。この旅館は、見るからに衰運《すいうん》が現れ、経営のいかんが問われるような旅館であった。随行者はなぜこの旅館を選んだのか首を傾《かし》げたくなるほどだった。

千九郎は、早速宿の主人を呼んで開発にかかった。主人はただはいはいと聞いているだけで、生返事であり、いっこうに分かっていなかった。翌日も主人を呼んで指導した。次に、料理人を呼んで、料理の仕方などについて助言したが、こちらもはいはいと返事をしているだけの状態だった。そこで、千九郎は金一封を包んで渡した。料理人は感激し、千九郎の助言に従って調理したところ効果が現れた。千九郎は、同じようにほかの従業員も指導した。

するとたちまち従業員の心が変わり、接待の仕方がよくなり、旅館全体の雰囲気が一新した。千九郎は、出発に際して、「私が滞在中言ったこと、教えたことを今後も長く続けて実行しなさい。それさえできれば、この旅館も繁盛し、使われているものも皆ともに幸福になる」と話している。

温泉地や旅館での開発ばかりでなく、移動の車中や駅やタクシーなどでも、開発は至るところで行われた。自分の日常の一挙手一投足が最高道徳の実行であると門人に語っているとおり、千九郎のそばに行けば、だれもが何かしら啓発《けいはつ》を受けた。

モラロジーの開発活動が積極的に展開されるにつれて、門人の数も飛躍的に増え、千九郎に会う人々も増えていったから、その人々が書き残した逸話も多い。一例を挙げよう。

随行者の山本志な子の記録によれば、大正十四年十二月二十七日、千九郎一行は、長野県の里山辺温泉に滞在していた。毎日『道徳科学の論文』の原稿に手を加えていた千九郎は、時折非常に疲れた様子を示し、「頭を押さえてくれ」と頼むことがあった。ある日、千九郎の頭を軽く押さえていた山本は、千九郎が突然「火事、火事」と叫んだのでびっくりした。頭を休めていたほんの少しの間に、火事にあった夢を見たのである。「ところが、その夢はまさに霊感とでもいうのでしょうか、翌日の二十八日午前二時ごろ、ほんとうに火事が起こったのでございます。それも旅館二十四軒を焼失してしまったほどの大火事でした(43)」

その時、山本は火事に気づき、すぐに明かりをと思っても、慌《あわ》てふためいてしまい、なかなかつけることができなかった。火はどんどん燃え広がっていく。ところが、千九郎は落ち着きはらって、暗闇の中で神の前にひれ伏していた。それから、神と書かれた桐《きり》の箱を懐《ふところ》に入れ、原稿を三つの信玄袋《しんげんぶくろ》に次々と片づけていった。

「原稿を持ち出しなさい」

私は博士に言われるまま、その信玄袋をひきずるようにして庭へ持ち出し、ついでそれを凍りついた池の氷を割って、その中に役げ入れたのです。「大事なものだ、燃やしては……」と思うあまりのとっさの行動でした。(中略)

私はこの時、このような大事件に接せられても、いっこうに動じられない博士のお姿に深く心を打たれました(44)。

千九郎は何よりも原稿を大切にした。ある時、留守番を頼んだ門人に、「泥棒が入ったら金

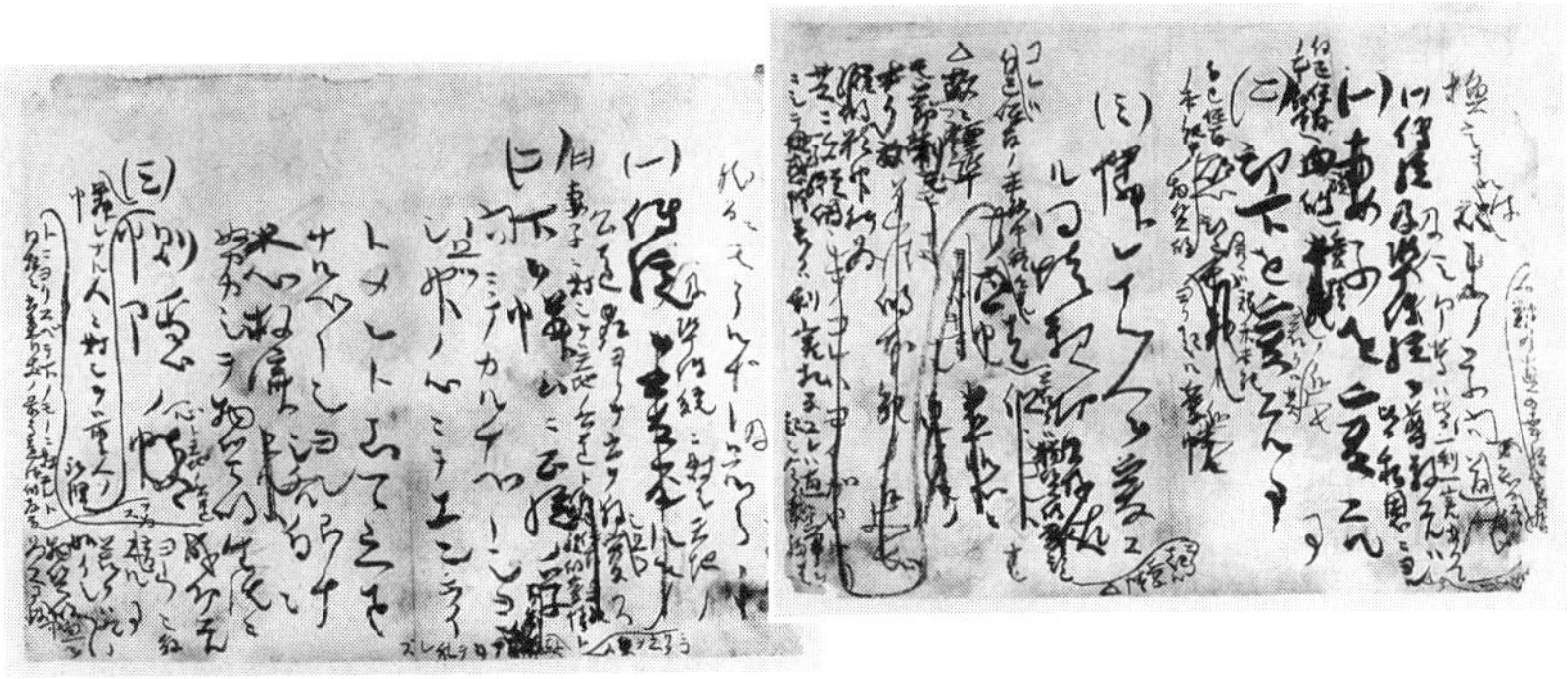

何度も訂正が加えられた原稿

はみなやれ、火事になったら家は焼けてもいい。しかし原稿だけは頼むぞ」[45]と話している。

このころ、千九郎に奉仕していた本多《ほんだ》三寿亀《みずき》は、別所温泉で、次のような記録を残している。

先生はご気分のよろしい時は、私どもに冗談などいって笑わせますが、原稿をお書き始めになりますと、ずーっとお続けになります。（中略）

ご執筆は昼も夜もございません。朝六時ごろお顔を洗ってお食事なさいまして、もう直ぐ原稿にとりかかられるんです。そうしてお疲れになられますと、やっぱり汗が出るものですから、お風呂にお入りになります。それをずっとくりかえされるわけでございます。（中略）

原稿をお書きになるんでも、何回も口の中でおっしゃってから、お書きになられます。頭の中でお考えになられたものを、口に出して一応自分で考えていらっしゃるのでしょうか。それこそ何回も口の中で、ご自身でお話ししておられます。そうして書き始められるのですが、書き終えられますと、また何回かお読みになられまして、消したり加えたりご訂正をなさって、最後に書生さんのほうに回して謄写版にしました(46)。

このように、大正末期から昭和十三年に大穴温泉で亡くなるまで、千九郎の生活の大半が温泉地で営まれた。療養しながら、研究、執筆、開発、救済、その他の活動など、常人には及ばない活動をしたのである。

第三節　家族への思い

春子への贈り物

大正十二年に畑毛温泉で『道徳科学の論文』を執筆するようになってからは、病気療養のため各地の温泉に滞在することが多かった。とはいえ、千九郎夫妻が共に過ごす時間は、以前とは比べものにならないほど多くなった。

春子は、再びはっきりと学者としての道を歩んでいる千九郎の姿を見て、安堵《あんど》の気持ちを持ったことであろう。モラロジーの社会教育活動が目覚ましい勢いで発展していく中で、門人の訪問も多く、夫妻は非常に忙しい日々を過ごした。千九郎を慕《した》う人々がたくさん集まり、それらの人々との温かい心の交流の場が増えたことは、春子にとっても充実した人生を感じられたことと思われる。

昭和三年四月、熱海の大正館に訪ねてきた松下九郎らとともに、千九郎は海岸に散歩に出た。途中楽焼《らくやき》をしている店があり、千九郎は「あなた方も楽焼をしてはどうか」とすすめた。一行はそれぞれ描いたが、やがて千九郎も、「わしにも一つ皿をくれ」と言い、筆を取って真剣な顔で書き始めた。

春子夫人に贈った楽焼

春子殿

昭和三年四月　　千自記

モラロジー最初ノ著書ノ印刷着手ノ時、熱海ニ於《おい》テ
芝居ニ行カズ　美服ヲ求メズ　二十余年内助ノ功ニヨリ
内ハ子供皆無事ニ成長シ　外ハ予ヲシテ名ヲ学界ニ成サシム
然《しか》ルニ予不徳ニシテ　中途大患ニ罹《かか》リ　之《これ》ガ為ニ世ニ隠レ
テ新科学モラロジーヲ建設　此間又十余年　予ヲシテ内顧《ないこ》ノ
憂《うれい》ナカラシム

昭和四年十月、千九郎は初めて銘仙《めいせん》の着物ならびに丹前《たんぜん》を着るという記録がある。これまで倹約に倹約を重ねてきた千九郎は、この時もみずから求めたのではなく、門人が贈ったものである。

父母の忘れ形見

昭和八年四月十一日の『日記』によると、次のようなことがあった。

私は若い時から幾分孝道を踏まえて行動してきたが、今になって考えればまだまだ足りない。よって、父が没して十四年目、母が亡くなって二十八年目の今日、多くの人を指導する自分ではあるが、亡き父母にはもはや尽くしようがないので、父母の忘れ形見であるきょうだいに幾分かの供養《くよう》を行う。（中略）

きょうだいへの手紙

今年は父が没して十四年目、母が没して二十九年目にあたる。したがって父母の忘れ形見である弟と妹とに供養のしるしを贈呈する。

これには返礼は不要である。ただ父母の尊霊に対して感謝してください。（中略）

父母供養のために、顕在的《けんざいてき》伝統と潜在的伝統とに、いささかながらご供養を申し上げ、あわせて父母の生まれ出《い》でた廣池、武信両家にも、いささかながらそれぞれに供養を贈呈する。きたる二十八日夜は、大阪講習会において孝道の大講義をする予定である。深いご守護を、神仏に謹んでお願い申し上げます。千九郎　謹記(47)

この日、千九郎は、四人のきょうだいのほかに伊勢神宮、天理教本部と勢山《せいざん》支教会、中津の正行寺に供養料を贈り、父母の冥福《めいふく》を祈った。

千九郎一家は、昭和八年十月には、淀橋《よどばし》区諏訪町二二〇番地に移転した。隣には千英や利三郎の家族も居住した。数年後には長女木檜《こぐれ》の家族も大阪から引っ越してきた。

第四節　具体的指導と人柄

料理は最も大切な礼

千九郎の門人に対する指導は多岐《たき》にわたっている。その一端を示そう。

千九郎の慈悲の心は、特に料理に意が注がれており、料理に関する注意と指導はきわめて多い。例えば、「聖人の教えに、人を饗《きょう》することが最も大切な礼となす(48)」とある。また、「饗応《きょうおう》最も慎《つつし》む。故《ゆえ》に馳走《ちそう》と称す(49)」と、来客に心を込めて食事をふるまいもてなすことの大切さを示している。さらに、「体を養う大切な食べ物がまずくては、口先ばかり最高道徳を唱《とな》えても教えにはならない。食費の範囲内でできるだけのことをして、人に満足してもらうようにしなければならない(50)」とも語っている。

千九郎はよく側近のものをデパートや一流の料理屋へ案内し、「この料理は何と何で味つけがしてあるかよく覚えておきなさい。家に帰ったらこれ以上のものをつくってみよう(51)」などと指導している。

ある時、伊東温泉滞在中、七名の来訪者の予定があったので、心を込めて料理の準備をして待っていたところ、来訪者は約束の時間には現れず、翌日午後二時ごろ着いた。その時千九郎は、「決して昨日用意した冷飯を蒸したりして出してはいけない。新しく炊きたてのご飯で料理しなさい。大きな人心救済を考え、物より人を尊ぶように(52)」と指導している。

また、「料理の形をよくするは敬《けい》である。味をうまくするは愛である(53)」という言葉も残している。

昭和十一年七月、道徳科学研究所に若槻礼次郎が来園し、千九郎は若槻を見送ったあと、若林苫蔵《とまぞう》、阿部康治《やすじ》ほか数名の職員を麗澤館の八面玲瓏の間に呼び、フロックコート姿のままで、次のような話をした。

今回、若槻さんを学園にお迎えするに当たって、私はことごとく「敬愛」の精神で行った。前内閣総理大臣という身分の高い人に対しては「敬」の心で迎えなければならない。それにはまず、その人の人格を敬することが第一である。若槻さんは道徳科学専攻塾は千葉の小金町の山の中にあるというが、いったいどんな所だろう。寒い所ではないだろうか、講義はどれくらいの時間であろうか、食べ物はどんなものだろうか、健康にさしつかえるようなものであっては、明日の仕事にもさしつかえる、そうかといって食べなくては失礼になろうなどと、いろいろ心配をされるに違いない。そこで私は、電話で、塾生は何名、ご講義の時間はこれくらい、お召し上がりものはこういう軟らかいものを準備いたしておりますと言ってメニューまで届けた。また中田さんを若槻家まで使いにやって、ご安心していただけるよう準備をした。これを「敬」という。

次に「愛」ということであるが、これはその人のご人格にふさわしい、おもてなしをすることである。例えば、当日使用する食器も、一流の人格者にふさわしい一流の食器を使う。ご馳走はもちろんだが、食器も一流の品を用意した。これを「愛」という。このような精神で今回は若槻さんをお迎えしたのである。(54)

叱ること

千九郎は側近者をよく叱《しか》った。叱られることは強い印象として残る。しかし、千九郎に叱られても、いやな気持ちを持つ人は少なかったようである。それは、千九郎に私心がなかったからであろう。専攻塾の教員であった松浦興祐《こうすけ》の記事は、千九郎の叱ることの意味をよく説明している。

私たちは大先生に随分《ずいぶん》叱られました。大先生はご存じのように、よく側《そば》の者が間違ったことをすると「馬鹿！」と、叱られた。言葉は荒いが、いつも、内心に慈悲を包蔵《ほうぞう》して叱っておられた。また、その叱られる動機、目的はただ単に、その人間に対し、癇癪《かんしゃく》を起こして怒られるのではなく、その人間を全人類の代表者として叱り、また「おまえがもっと偉くならなければ、今後、私が死んでからどうするか」というお心持ちで訓《さと》しておられたようだ。（中略）次のような実話がある。ある地方の幹部の方がはるばる大先生の処《ところ》へやって来られたが、ちょっとしたことから、随分ひどく叱られた。しかし、その方が帰られると、側の者に、「あの人も叱られて、気の毒であったが、地方の幹部としては、もっと偉くなってもらわなければならないから」と、顔に微笑を浮かべて言われたことがある。

また個人を訓《さと》すにも、いつも全人類を目標としておられた例として、ある人が叱られたとき、その人は少し言いわけめいたことを言ったところ、大先生はなおさら怒られて、「おまえ個人を叱っているのではない。そうした時には、人間はこのようにすべきであることを示しているのだ」と、申されたことがある。

大先生は老人よりも若いものをよく叱られた。若いものの内でも前途有望の者をより多く叱られたようだ。それだけ、モラロジーの発展に対して若い者に希望をかけておられたためと思う。(55)

思いやり

千九郎は、自分の行動のすべてが最高道徳の実行であると、次のように書いている。

最高道徳というものは、人心の開発もしくは救済のためになることに向かって、真の慈悲心で努力することです。はばかりながら、私の一事一物に向かって苦心するありさまがそれですから、よく注意して要諦《ようてい》を見落さないようにしてください。(56)

万事に慈悲心を発露しているから、訪問した人は感激する。青年矢野浩蔵《やのこうぞう》は、こう記録している。

お湯から上がり、晩ご飯をいただきました。それからいろいろお手伝いをいたし、九時半ごろになりますと、「もうおやすみなさい」と言われましたので、ごあいさつをして襖《ふすま》一つ隔《へだ》てた隣の部屋に参りました。するとすでに床がのべてあり、枕元にはスタンドがあかあかとついていました。そうして、当時文芸春秋社発行の『話』という雑誌と、チリ紙が置いてございました。すぐ眠れないだろうから、雑誌でも読んでおやすみなさい、という無言のお慈悲が枕元にただよっておるのであります。床に入りますと、床の中にはあんかが入れてありまして、布団のすみずみまでぬくぬくと暖かくなっているのであります。これはのちに経験したことでありますが、あんかは少なくとも一時間、あるいは一時間半くらい経過しなければ、こんなに暖まらないものでありまして、それをちゃんと計算に入れて準備してあったのであります[57]。

また、当時二十代だった松浦香《かおる》、興祐《こうすけ》、利告《としのり》の三きょうだいが、千九郎と何回かの手紙を交換したあと、昭和六年に霧積温泉を訪ねた時、千九郎は、次のような懇切丁寧な手紙を出している。

キリヅミにおいでになるのはいつでもかまいませんが、なるべく早いほうがよいでしょう。

順路は、信越線横川駅で下車し、駅前より坂本町まで乗合自動車で約十丁、貸切ならば松井田駅で下車して坂本町まで一円五十銭です。

坂本町よりキリヅミまでは徒歩で約二里半。そこで最も安全な方法は、横川駅で下車する時間にもよりますが、午後着でしたら坂本町から約三十丁の所に温泉沢《ゆのさわ》鉱泉があり、そこから二里十丁（宿泊料一人につき一円三十銭、茶代三人で一円くらいずつ）の宿で一泊し、翌朝ご出立《しゅったつ》になられればよいでしょう。午後は雨天の場合が多いのです。

非常に深山で、沿道の景色は比べるものもないほどです。道は一本道ですが、案内者を一人雇うほうがよいでしょう。坂本町キリヅミ案内所（奥野義三郎）に依頼してみてください。

ちょうど三月ごろの気候ですから、綿入れの寝巻とコーモリガサ、冬のシャツにレインコートをご持参ください。荷物は案内人に持たせればよろしいでしょう[58]。

三人が険《けわ》しい山道を汗水流して到着すると、千九郎は玄関先で待ちかまえており、こう言った。

疲れたでしょう。あいさつはあとにして、まず風呂に入り、汗を流してきなさい。おなかもすいたでしょう。食事の用意をしておくから、それを食べ、二、三時間も寝て、それからあいさつをすればよろしい。荷物はこちらで部屋のほうへ片づけておいてあげる[59]。

浴場には雑誌や将棋盤《しょうぎばん》も置いてあり、松浦は、慈悲とはこういうものかと感激したという。

経営指導

千九郎は、道徳と経済が人間生活の根本と考えていた。「経済とは、正しい天地の法則、すなわち聖人正統の最高道徳によって自分の最高品性をつくり、その品性により、徐々に年月を積んで利益を得、富をつくり、永久の安心と幸福とを得ることなのです[60]」「品性を第一資本とし、金を第二資本とす」[61]などと述べ、経営者と従業員の品性向上を強調している。

また、経済活動においては、企業ないし商店と顧客《こきゃく》ならびに第三者の三方《さんぽう》に利益がもたらされるという意味で、「三方よしの経営」を理想としている。

千九郎は、次のように述べている。

事業の三方面を道徳化する。

一、仕入先……良品の供給を受ける。支払いの猶予《ゆうよ》を受ける。自分の道徳心を徹底させること。

二、使用人……これができぬくらいで何ができるか。こんなこともできないのでは、今栄えても数年ないし数十年ののちは亡《ほろ》んでしまうと考えること。

三、お得意様

商人は良品を安く売ること。ただし、工業家の利益を考えない商人は不道徳である。工業家を殺すのは、自分を殺すのと同じことである。

工も商も必ず現金払いにすること。

工商ともにしっかりと説明をすること。商人が良品を説明して売ることは、工業家と社会とを益することになる。

主人が努力しなければならない。

宥座の器

お客に売る心よりお客を救う心が大切[62]。

また、千九郎は、「自己の力以上もしくは力一杯の事業をなす人は、最高道徳にていわゆる誠の人ではない。宥座《ゆうざ》の器《き》の意味参照。力以上の仕事には無理ができるから」と記している。宥座の器の教えとは、「虚《きょ》なればすなわち傾《かたむ》き、中《ちゅう》なればすなわち正しく、満《み》つればすなわち覆《くつがえ》る」ことを示した器であり、慢心《まんしん》を戒めたものである。

経営者に対する具体的指導も数多くなされたが、二例だけを挙げよう。

あなたのやっていることは、事業が主で人心救済が従《じゅう》です。人心救済より事業が大切だと思っている。人心救済のために事業をやるのではなく、事業をよくするために人心救済をするということになる。それでは人間が従で事業が主となってしまう[63]。

同じことを、門人十川栄《そがわさかえ》には、「物をつくる工場ではつまらない。人間をつくる工場でなければならない。世の中には物をつくる工場はたくさんあるけれども、経営者としての使命は、人間をつくることにある」と指導している。

千九郎の人柄

千九郎は、千両《せんりょう》と万両《まんりょう》の実について、次のように説明しているが、人柄の一端が現れている。

あの千両も万両も、同じように赤い実をつけているが、よく見ると実のつきかたが違っている。万両の実は葉の下に隠れるようにつつましくついているが、千両の実は葉の上に突き出て、これみよがしについている。これは私たち人間に対して、大切な教訓を含んでいる。何かをするとすぐに人の上に頭を出したがる目立ちたがり屋は、千両の値打ちしかないが、なにごとにおいても謙虚で、人々の下にいる心で働く人は、万両の値打ちがあるということだ。(64)

千九郎は、ミレーの絵が好きだったようで、居間に飾っていた。側近の松井千代は、こう語る。

麗澤館の博士のお部屋には、ミレーの「晩鐘《ばんしょう》」がかかげてありまして、この絵をことのほか愛されているご様子でした。

時おり静かな夜、よく床に休まれながら、うっとりと額の絵を眺《なが》めて申されるには、

「夕焼けのたそがれ時、どこからか静かに晩鐘の音が流れてくるようだな。一日の仕事

臨終の間に掲げてあった「落穂拾い」

ミレーの「晩鐘」

を終え、感謝の祈りをする純朴な農夫の心持ちがよく現れていて、実によい」

「名画というものには、その人の人格が現れている」

とおっしゃられては、あかず眺めておられました。

ここ大穴寮の博士ご臨終の部屋には、今も同じミレーの作品、「落穂拾い」がかけられています。

廣池博士が、波乱万丈《はらんばんじょう》の苦難時代を経られて、ようやく永年のご信念であり、宿願《しゅくがん》でありました廣池学園の創立をみられ、麗澤館の一室に静かに憩《いこ》われた夜のひと時、ことのほか愛されたミレーの「晩鐘」を眺め、感慨深く幾多の苦労を偲《しの》ばれたであろうお気持ちが、深く身にしみてまいります[65]。

千九郎には、次のような一面もあった。側近の鷲津邦正《わしづくにまさ》は、次のように語っている。

博士は歌のレコードも好きで、よく勝太郎や市丸の小唄を聞いていました。また、おもしろい落語や節回しがあると、それを聞いてクスクス笑われたり、博士自身声がよかったので、自分でも口ずさんでおられました。レコードを聞く時は、一回がだいたい三分ですから、二面で六分間聞いて、それで終わりです。そのほか、柳家《やなぎや》金《きん》語楼《ごろう》の落語「居酒屋」や流行歌の「まっくろけ節」、また詩吟《しぎん》や琵琶《びわ》などのレコードを買ってきて、雨でも降った日には、人にもよく聞かせていました。谷川に行った時も、入湯に来ている会員を麗澤館に集め、「退屈しているだろう、レコードを聞かせてやるから」と言って、いっしょに聞いていました。

映画もたまには観《み》ることがありました。しかし、私たちと違うところは、博士はタクシーで映画館へ行き、乗ってきたタクシーをそのまま待たせていたことです。そして映画館の座席に座り、十分間ほど見ると、「よし、分かった。帰る」と言って席を立ちました。私たちは十分くらいして、ようやく場内の暗さにも目が慣れ、映画の内容もさてこれからというところなのですが、博士にとっては気分がパッと変われば、それで用は足りるわけです。(66)

〔第六部　注〕

(1)『旧紀要』①一五頁・意訳
(2)「新科学モラロジー及び最高道徳に関する重要注意」『選集』③二六頁・意訳
(3)松浦香『救われた心』二四頁・意訳
(4)『語録』一六二頁・意訳
(5)『選集』②一五頁・意訳
(6)同上書 ②一四三頁・意訳
(7)『旧紀要』①五頁・意訳
(8)『れいろう』昭和三十六年五月号 一〇頁・意訳
(9)『選集』③三〇—三一頁・意訳
(10)『日記』④八〇頁・意訳
(11)同上書 ④八三頁・意訳
(12)「神壇説明書」『選集』③三〇八頁・意訳
(13)『日記』④八四頁
(14)香川景三郎・初音『まことの心』八七頁
(15)『日記』④八七頁・意訳
(16)同上書 ④一〇九頁・意訳
(17)「モラロジー根本研究所憲法」抜粋・意訳
(18)『旧紀要』①一三頁・意訳
(19)『社教』第四四号 一—八頁・意訳
(20)松浦香『光は東方より』二六頁・意訳
(21)『日記』④一九六頁・意訳
(22)松浦香『光は東方より』九二頁
(23)白木茂安・森善市『ひとすじの道』九—一〇頁
(24)『旧紀要』第二号 六頁・意訳
(25)『語録』一五三—一五四頁
(26)千九郎宛中田中書簡・意訳
(27)『日記』④一一六頁・意訳
(28)『論文』⑦二九八頁・意訳
(29)同上書 ⑨一八頁・意訳
(30)『日記』④一九六頁・意訳
(31)同上書 ④二〇五頁・意訳
(32)同上書 ④二〇六頁・意訳
(33)同上書 ④二一三—二一四頁・意訳
(34)同上書 ④二一五頁・意訳
(35)『旧紀要』④二九頁・意訳
(36)「自力更生」・意訳
(37)『日記』⑤三—四頁・意訳
(38)斎藤実首相宛建議書・意訳
(39)『日記』③二〇〇頁・意訳

(40) 中田中『思いでの旅』九—一一頁
(41) 『麗澤』第三号 二三—二四頁「猿ヶ京笹の湯にて」
(42) 遺稿・意訳
(43) 『日記』③一六一頁
(44) 『れいろう』昭和四十五年十月
(45) 同上書 昭和五十年三月
(46) 『所報』昭和三十六年六月十五日
(47) 『日記』⑤二〇—二一頁・意訳
(48) 同上書 ⑤八六頁・意訳
(49) 『論文』⑨四〇八頁
(50) 『所報』昭和三十一年五月 中田中・意訳
(51) 同上・意訳
(52) 『麗澤』第二九号 一一二頁 松井千代・意訳
(53) 『語録』一七頁
(54) 阿部康治『学園に育まれて五十年』(開発シリーズ第五九号) 二五頁
(55) 『麗澤』第三号 一七—一八頁
(56) 昭和二年 中田中宛書簡・意訳
(57) 矢野浩蔵『伝統に生きる』四四頁
(58) 松浦香『経済と道徳をひとつに』七〇—七一頁・意訳
(59) 同上書 七七頁・意訳
(60) 『語録』六三頁・意訳
(61) 同上書 七七頁
(62) 同上書 八三—八四頁・意訳
(63) 同上書 七六—七七頁・意訳
(64) 松浦香『大いなる慈悲心』一六四頁
(65) 『れいろう』昭和四十六年八月号 松井千代
(66) 鷲津邦正『最高道徳心を育てる』四九—五〇頁・意訳

第七部　生涯教育活動の展開

第一章　道徳科学専攻塾の開設

第一節　道徳科学専攻塾の設立

道徳科学研究所の組織

昭和十年四月、千九郎は、千葉県東葛飾《ひがしかつしか》郡小金《こがね》町の通称大勝山《たいしょうざん》と呼ばれる地に、道徳科学研究所の本拠を東京から移し、新たに学校教育部門として、道徳科学専攻塾を開設した。今の柏市光ヶ丘の地である。当地は、現在の常磐線南柏駅から約二キロの地点にあり、当時は約十万坪の敷地を擁《よう》していた。

次は、当時千九郎が構想していた道徳科学研究所の組織図である。

- 道徳科学研究所
  - 研究部 ― モラロジーの研究
  - 開発部
    - 学校教育 ― 道徳科学専攻塾
      - 本科
      - 別科
    - 社会教育 ― 講演会、講習会などの開催道徳科学研究所は、現在では、財団法人モラロジー研究所と学校法人廣池学園という二つの法人になっている。廣池学園は、麗澤大学、麗澤中学・高等学校、麗澤瑞浪中学・高等学校、麗澤幼稚園を経営している。

設立に至る経緯

千九郎は、大正十四年ごろ門人にアカデミー設立の意向を語っているから、学校設立の構想はかなり早くから持っていた。それが具体的になったのは、大正十五年九月に構想した「モラロジー大学の性質及び組織」においてである。この中には、「本大学は既成《きせい》大学及び現代教育法の欠陥にかんがみ、特に純粋正統の学問を教授し、現代に必要な知識を備える最高道徳的人物を養成することを目的とする」(1)とあり、まず日本に一校設け、しだいに世界各国にモラロジー専門の大学を設立するという構想が示されている。

次いで昭和三年三月、「モラロジー大学設立具体案大要」を、さらに五月には「モラロジー大学設立の理由書」を書き、その中で政治法律学部、経済商工学部、教育宗教学部の三学部を開設し、資力に応じて、史学、文学、哲学、物理、化学、医学、農学、工学などの学部を増設するという総合大学構想を提示している。その第一歩が、昭和十年四月に道徳科学専攻塾として実現することになった。

青年時代、スイスの教育実践家ペスタロッチにならい、「われ家産一万円に達すれば、孤児五十人を養わん」という志を立て、夜間学校の設立や寄宿舎教育などを行ってきた。その後、東京に出てからは「早稲田大学寮構想」など、さまざまな学校や寮の設立計画を立てたり、大正期には、天理中学の校長として自己の教育理想の実現を試みてきた。ここに千九郎の長年の念願が達成されたのである。

次のように述懐《じゅっかい》している。

昭和十年正月、私の年齢もとうとう七十歳に達した。ここにモラロジーの基礎も確立し、モラロジー専攻塾も四月から開校することとなった。積年の苦心と至誠の結果、ようやくにして曙光《しょこう》を見ることになった。しかし、私の構想からすれば、これはほんの端緒《たんしょ》に過ぎない。これからますます至誠努力し、古聖人に代わって世界人心の開発と人類の永遠の平和の実現に邁進《まいしん》しなければならない。(2)

第二節　施設と教職員

用地の選定

昭和七年以降、モラロジーの講習会も活発に開かれるようになり、千九郎は、いよいよ専攻塾の候補地探しに乗り出し、東京府下の吉祥寺や八王子、小田急線沿線など十数か所を検討した。

千九郎が学校建設のために考えていた土地は、東京からの距離、自動車道の有無《うむ》、価格、傾斜、飲料水、立地、将来性、展望などの条件がそろっている所だった。多摩御陵《ごりょう》付近や小田急沿線なども候補地として考えられたが、条件の整っている場所はなかった。

千九郎自身も二、三の候補地を下見し、昭和八年、小金の土地が有力候補地として浮かび上がった。その後、この土地を実際に検分し、交通の便は悪かったが、広大な山林で景観もよく、十数万坪ぐらいまで買収が可能であり、発展性もあると判断し、専攻塾敷地と決定した。

八年六月ごろから地元と折衝《せっしょう》を始め、十月二十八日には千葉県庁と相談した。十二月八日には、千九郎が小金町の綿貫《わたぬき》政吉町長と直接会い、モラロジーの趣旨《しゅし》を説明し、研究所ならびに専攻塾建設の協力を求めた。小金町は同月十五日に町会を開き、交渉委員を決定した。十七日には、香川景三郎ほか三名が小金小学校で土地購入について説明し、町会の賛同を得た。

翌九年一月七日、同小学校でモラロジーの講演会を開いた。その後も四回開催しているが、それは土地の人々にモラロジー団体について理解してもらおうという意図があったからである。二月中には登記を済ませ、地主三十七名から約十万坪の土地を、坪平均約四十銭で購入した。ほとんどが山林と畑であった。

土地購入に要した金額は約四万円であり、建物その他の経費が三万円ほどかかった。この資金は、自己資金と門人の寄付によって賄《まかな》われた。これに、昭和九年に五千部再版した『道徳科学の論文』の販売代金を加えて、建物が建てられた。昭和六年から本格的に開始された社会教育活動は、年を追って全国に広まっていき、以前とは比べることができないほど、多くの協力者が存在していたことが、専攻塾の開塾を可能にした。

土地の買収の際に千九郎は、売るほうの身になって対応し、売買価格も市価より二、三割高く買い上げた。土地を手放した人に対しては、「皆さんは祖先伝来の土地を手放すわけだから、今すぐ代わりの土地を買っておいたほうがよいでしょう。お金は持っていてもすぐになくなってしまいます」と助言した。このように、買収は自分も相手も第三者もよいという「三方よし」の方法で進められた。

建物の建設

昭和九年四月十日には、早くも講堂、事務所、宿舎などの建物の配置を計画、五月十一日には道路工事に着手した。千九郎は、まずキャンパスの中心に神壇の位置を定め、七月二十八日に地鎮祭《じちんさい》、十一月三日には大講堂の上棟式《じょうとうしき》を執り行った。続いて、千九郎がみずから指示して、建物の建築が急ピッチで進められた。

開塾当時の道徳科学専攻塾正門

千九郎は、「教育というものは、まず優れた研究があり、立派な教授が揃《そろ》い、そして立派な文献が整っていることが大切であって、建物のごときは、小さくかつ質素なものを建てれば足りるのである。このたびの大学建設は、単に事業的にすべきではない。なにごともただ人心救済を目的に至誠心であたるべきである(3)」と戒《いまし》めた。

建設には費用が予想以上にかかり、資金集めに苦労した。門人たちは、資金づくりに『道徳科学の論文』を売り歩いたこともあった。しかし、千九郎がそれ以上に心配したのは学

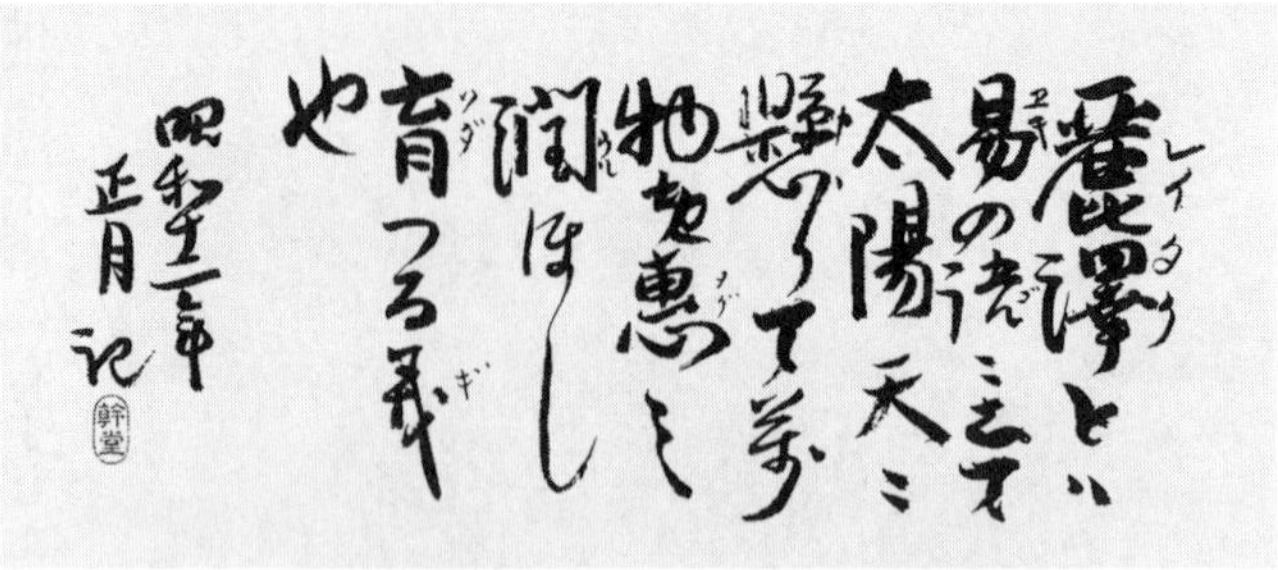
麗澤の語義を示した書（昭和12年正月記）

生募集のことで、「論文十冊の頒布《はんぷ》より、本科生一人の確保のほうがさらに重大である」と語ったという。

千九郎は、みずからの住居を校内に定め、それを最初「伝統館」と名づけたが、のちに「麗澤館《れいたくかん》」と改めた。この「麗澤」という言葉は『易』に由来し、「相連《あいつら》なる二つの沢が互いに相潤《あいうるお》す、朋友《ほうゆう》が相資《たす》けて学を講じ徳を修める」(4)という意味である。

千九郎自身は、「麗澤とは、太陽が天にかかって、万物を恵み、潤《うるお》し、育てるという意味である」、また、「麗の徳は貞の徳と同一で、日月《じつげつ》のように光明すなわち知恵と、温熱すなわち慈悲とを併《あわ》せ持ち、公平無私にして上下四方を融和し、万物を育成することで、人類を今日の誤った文明から救い出し、真の人類進化の法則に適《かな》った文化に導く意味を持っているのです。このように、『麗澤』とは、最高道徳実行者の根本精神を言い表した言葉で、自我没却、神意同化、無党無偏《むとうむへん》、身口意一致《しんくいいっち》、八面玲瓏《はちめんれいろう》にして人心感化の原動力であることを明らかにしているのです」(5)と説明している。

麗澤館という名前は、「小川先生の志を継ぐという心でつけた」と述べているように、青年時代に小川含章の「麗澤館」で学んだことに由来しており、恩師に対する深い敬慕《けいぼ》の念が込められている。

昭和十年には、貴賓館《きひんかん》（当初の名称は「上賓館」）もつくられた。将来、国家的リーダーを来賓《らいひん》として迎えるためである。千九郎は、「今に、スターリンとルーズベルトと蒋介石《しょうかいせき》をここに呼んで、世界平和会議を貴賓館で開くようになる。この場所において、世界平和会議が開かれてはじめて、世界に永久の幸福というもの、永久の平和というものがやってくる(6)」などと語っている。

貴賓館増築中の様子を見る千九郎（昭和12年7月11日）

このような意図でつくられた貴賓館は、昭和十二年に増築された。ほかの建物がきわめて質素につくられているのに対して、りっぱにつくられ、来賓を招くのにふさわしい場所として、今日においても利用されている。

専攻塾は全寮制であったが、当時は教育施設はごくわずかで、大講堂と食堂と四棟《とう》の寄宿舎くらいしかなかった。教室は大講堂しかなく、真ん中をカーテンで仕切り、本科と別科が利用していたが、まもなく本科専用の第二講堂及び教室がつくられた。三年目の昭和十二年からは高等専攻部がスタートし、授業は英語、モラロジーのほか、ドイツ語、政治学、経済学、財政学、貿易論などの専門科目も教えられた。

当初、本科生と別科生は同一の寮に入ったが、昭和十年秋から別寮となった。朝夕は、教職員と学生全員が大講堂の神壇前で礼拝と宣誓文の朗読を行った。教職員のほとんどが園内に住み、食堂や浴場も共同利用していた。

教職員

教職員は、およそ三十名ほどであった。開設期の講師は、塾長廣池千九郎、次長廣池千英《ちぶさ》、教監廣池利三郎、高橋武市《ぶいち》、松浦興祐《こうすけ》、宗武志《たけゆき》、上田麒、栗林誠一、ウェルドン・マッコイ、中田中《みつる》、香川景三郎などであった。この中で異色なのは、宗武志と高橋武市である。

宗武志は、代々対馬《つしま》藩主の家系であり、伯爵であった。東京帝国大学で英語学を専攻し、昭和六年ごろから千九郎に師事した。特に、皇室尊崇《そんすう》の念と道徳の科学的研究という点で、モラロジーに絶対の信頼を置いていた。

高橋武市は大正八年に渡米し、シカゴ大学で哲学、倫理学、教育心理学などを研究した。哲学博士の学位を取得し、アメリカの大学で哲学の教鞭《きょうべん》を執《と》っていた。高橋は、アメリカにおいても、ドイツ、フランスなどに旅行した際にも、「日本に廣池博士という大学者がいる」と聞かされた。ところが自分は知らなかったので、日本に帰ったらぜひ会いたいと思って、何回か試みたのち、会うことができた。高橋は、道徳科学研究所で千九郎に会って、おおいに感激し、昭和十年に米国の勤務を辞めて専攻塾に奉職することになったのである。

第三節　開塾式

来賓のあいさつ

昭和十年三月三十一日、開塾の前夜、千九郎は塾生を麗澤館に集合させた。麗澤館には、「万両の間」と「鶴亀の間」があり、万両の間には「八面玲瓏《はちめんれいろう》」という扁額《へんがく》がかけられていた。「八面玲瓏」とは、心中にいささかの曇り、わだかまりもないという意味である。床の間の中央には、「明らかなること日月《じつげつ》の如《ごと》し」という掛け軸が掲げられた。ランプのともされた八面玲瓏の間は薄暗く、緊張した面持ちの新入生が静座していた。紋付きを着た千九郎は、塾生をねぎらい、塾へ入学することの意義を語った。

この学校は知徳一体の正統の教育を行う所である。ほかの学校のように、実行もしない

八面玲瓏の間

で単に講義を聞くだけに終始するのはつまらない。この重大な原理一つを理解するかどうかで、人間の優劣、幸不幸が決定的に分かれる。だから、人格の感化を無視して講義にだけ力を入れる者は、入塾しても無意味である。ただし、語学ならびに技術の修得はこの限りではない。必ず講義を尊重しなさい(7)。

四月一日、入塾式。翌四月二日午後二時、大講堂で開塾式が行われた。来賓七十五名、本科入塾生百十七名（うち女子十一名）、別科入塾生百六十六名（うち女子二十一名）、モラロジーの会員と招待者、教職員など、約二千名が参列した。当日は花曇りの天気で、参集したほとんどの人が申し合わせたように、紋付きの羽織《はおり》に仙台平の袴《はかま》といった礼装で、女性もほとんど和服の礼装だった。

廣池千九郎塾長の祝詞《のりと》奏上《そうじょう》、廣池千英次長の教育勅語奉読ののち、文部大臣松田源治《まつだげんじ》、千葉県知事石原雅二郎《いしはらまさじろう》、斎藤実《さいとうまこと》、若槻礼次郎《わかつきれいじろう》、阪谷芳郎《さかたによしろう》、白鳥庫吉《しらとりくらきち》、穂積重遠《ほづみしげとお》等の祝辞が代読された。

白鳥は次のように述べている。

この専攻塾は、徳川時代の塾とも現代の学校ともその内容を異《こと》にし、実に現代の時勢に適応している。塾自身が東西の文明、文化を総合統一する意味を持ち、しかもこれを統括《とうかつ》するのに、聖人正統の教説、教訓ならびに実行の事跡によっている。適切完全な教育の目的は、必ずやこれによって達せられるであろう。（中略）本専攻塾が博士の人格と学問とを中心としてその本来の使命を実現し、目的を達し、在来の教育の欠陥を補正し、さらに一般世間に対して警醒《けいせい》を与え、真に国家社会の木鐸《ぼくたく》（指導者）になることを私は断じて疑わない。(8)

道徳科學専攻塾

【松戸電話】法學博士廣池千九郎氏が工費三十五萬圓で千葉縣小金町大勝山山林中に建設した道徳科學専攻塾は今回完成松田文相、石原千葉縣知事、齋藤前首相、若槻、阪谷兩男、白鳥、穂積兩博士、宗伯等をはじめ朝野の名士三千余名参列四月二日午後二時より開塾式を擧行する

同塾は敷地十三萬余坪小金驛から約一里、事務所、講堂、圖書館、上賓館、寄宿舎、婦人館、食堂、聯合住宅等二十余棟の堂堂たるもので天祖天照大神を奉戴し古聖賢の敎訓に則り最高道徳究明の大道場、第一回の入學生三百名で内三十數名の女子も交つて居る【寫眞は塾の表玄關】

道徳科学専攻塾の開塾を知らせる新聞
（昭和10年3月28日付け『朝日新聞』）

次は、穂積重遠のあいさつの一節である。

先生の念願であった道徳科学の道場が開設されるに際しては、父の陳重《のぶしげ》がもし健在であったならばと切々たる気持ちになります。顧《かえり》みれば、道徳と科学との両立調和は、常に父の念願とするところでもありましたが、ついに成し遂《と》げることはできませんでした。それが、今いよいよわが廣池先生によって、単に理論的に編述されただけではなく、具体的に実現することになったのです。亡父も定めし喜んでいるでしょう。私も心から喜んでおります。それは父と私の喜びであるばかりでなく、先生を知るすべての人の喜びであり、やがてまた国家人類の喜びであることはもちろんであります。(9)

千九郎のあいさつ

続いて、モラロジー会員総代の宗武志、小金町長綿貫政吉、小金小学校長小野高謙作の祝辞のあと、千九郎があいさつした。話は二時間に及んだ。

この専攻塾では、話せる英語を教える。その上にモラロジーの品性を身につければ、鬼に金棒じゃ。こういう人が貿易に当たれば、日本の貿易はまだまだ伸びる。将来はここに、貿易商品の見本を陳列する貿易見本館を建てる。そうすると、今に世界中からこの山へ続々と人がやってくる。(10)

近ごろ文部省あたりの主唱で、英語廃止論というようなことを聞くが、これはけだし天下の愚策《ぐさく》である。もし日本人がトイレットとかペーパーというような言葉が分からぬような国民になったら、世界の劣等民族になってしまう[11]。
真剣な話の中に夢があり、ユーモラスな表現があり、列席した聴衆は、皆時間のたつのも忘れて聴き入った。
千九郎は、最後に細い腕を力強く差し出して、こう述べた。

道徳科学専攻塾開塾式（昭和10年4月2日）

今日は実力の世の中ですから、実力さえあれば、どんな出世でもできます。私などは学歴もなく、財産は乏しく、体も弱かったのですが、聖人の教えによって真の実力を養成し、今日に至ったのです。肉体的には細いけれども、精神的には全世界を救うべき私の腕は、いわゆるストロング・アームで、全世界のいっさいの人々を助けることができるのです。なにとぞ諸君も真の実力を養ってください[12]。

ある門人は、次のように述べている。

お声のほうはといえば、マイクなしで大講堂いっぱいにビーンと響き渡り、朗々《ろうろう》として澄んでいました。しかもひと言ひと言ゆっくりと歯切れよく、非常に聞き取りやすい調子で、分かりやすくお話しくださいました。

このようにたいへん優しいお顔でしたが、一度グッとにらまれると、こちらは身がすくむほどビリッと感ずるのです。お話の途中、ニコニコしていらっしゃる時があるかと思えば、眼光鋭《がんこうするど》くにらみつけるような気迫《きはく》で、二千人の聴衆をグーッと引きつけたり、フワーッと包んだりして、自由自在という感じです。こういった式場の雰囲気でしたが、私は最初批判的に聞いていたのですが、博士の人格に魅《み》せられたというか、いつの間にか尊敬して話を聞こうという態度に変わってしまいました。(13)

千九郎が長年抱いていた大学の構想は、ここにその一端が実現した。人類の幸福と平和実現に対する類《たぐい》まれな真心一つが、これを可能にしたのである。

第四節　道徳科学専攻塾の教育

本科と別科

専攻塾は、当初私立学校令に基づく各種学校に位置づけられ、定員百二十名の本科と定員百八十名の別科からなり、両科とも当時の高等教育機関としては珍しい男女共学で全寮制であった。

本科は、修業二年の専攻部と同三年の高等専攻部からなり、入学資格は中等教育修了または同等以上の学力ある者となっていた。当初の授業は、毎日英語四時間、モラロジー二時間で、しだいに歴史、経済なども追加された。実学教育を重視し、英会話、英文タイプ、そろばん、簿記にも力を入れた。また、『道徳科学の論文』に基づく講義のほか、作業や奉仕活動などの実践を重視した。

別科は修業三か月半で、入学資格は特になく、社会人を対象に毎年二回、春と秋に開講した。寮生活を通じて、もっぱらモラロジーの理論の学習と実践力を養成することを目的としていた。入塾者の多くは、企業家、経営者であった。

地方では、社会人を対象に講習会、講演会、研究会などが常時行われていたが、三か月の長期にわたってモラロジー教育を行うことによって、モラロジーの真の理解者を増やし、国家社会に貢献できる人材を養成しようとしたものである。この本科と別科はあいまって、今日の生涯学習の先駆けであった。しかも、道徳教育を根幹としている点で、きわめて特色のある教育制度であったといえる。

専攻塾の教育理念

千九郎は「大学の道は、明徳を明らかにするに在り」という『大学』の言葉をもって教育の理念とした。真理を探求することによって英知を修得し、品性を向上して世界の平和を実現すること、つまり、道徳性の涵養《かんよう》が教育の核心だと考えていた。

ところが、政治家も学者も教育家も、このような教育の真の意味を知らず、ただ単に文字とか事物の道理とかの一部分を分科的に教えればよいと考えている。高等教育ほど専門性という名のもとに小刻みに分けて、ほんの一部分の真理を授けるにとどまっている。これは学問研究の不完全さに起因しており、今日の学問は、本《もと》を忘れて末《すえ》に走り、全体を逸《いっ》して一部分に傾き終わっていると、千九郎は批判している。

「モラロジー大学設立の目的」には、政治学、法律学、経済学、倫理学をはじめ、すべての精神科学は、人間の本能から発達した利己心を基礎観念としているため、その原理はいずれも公平を欠き、人類の真の生存、発達、安心及び幸福享受の原理と矛盾する点があるとし、この精神科学の原理を改訂するためには、社会教育だけでは不十分であり、大学教育によらなければならない、と述べられている。

千九郎は、専攻塾の教育内容の特質として、まず外国語と道徳科学を基礎学として、それに重点を置いた。「方法的基礎学」である語学と「精神的基礎学」である道徳科学（モラロジー）の二つの柱こそ、長年培《つちか》ってきた教育の理想であった。

専攻塾の教育の特色は、以下のとおりである。

一、知徳一体、情理円満の教育――知とは神の知識を意味し、これには真の道徳が含まれている。知徳一体の教育を体得すれば、理性にも感情にも偏《かたよ》ることなく、正義と慈悲が調和して、情理円満な人格が形成される。

二、出藍《しゅつらん》の教育――『荀子《じゅんし》』に「青は藍《あい》より出でて藍より青し」とある。教師は、全力を挙げて学生を指導し、学生は自修研学に励み、歳月を積んで、教師より賢く善良になるという進化教育である。

三、更生の教育――人間の利己的精神を除去し、最高道徳の精神に生まれ更《か》わらせることである。これによって、運命が改善される。

四、大義名分を明らかにする教育――大義名分とは、人間の行うべき大道であり、伝統の原理、すなわち国家生活、家庭生活、精神生活及び社会生活における諸恩人に感謝、報恩の実践ができる人間を養成することである。

五、世界の平和を実現する教育――これは、主義（イズム）を注入する教育ではなく、最高品性をつくり、国家社会に奉仕する人間をつくることによって可能となる。

六、自己反省の教育――運命成立の根本的原因が自己の精神作用と行為にあることを理解すれば、すべてのことについて自己に反省することができる。つまり自分に生じるすべてのことに対して、その責任を自己に負うことによって自主独立の人間になれる。

七、環境順応の教育――世界の人心の開発救済のために、自分の置かれているいっさいの境遇に対して至誠心をもって順応していくことである。そうすることによって、人種、民族、階級、主義、利害、感情などの相違にかかわりなく、開発救済が可能になる。

教育方法の特色

具体的な教育内容や方法についても、次のような特色がある。

第一は、専攻塾の教授法は、他の大学のように注入主義（つめ込み）と試験にはよらず、図書館を利用しての「指導法」と「自修法」の二つによる。指導法とは、モラロジーの根本原理によって政治学、法律学、経済学などの概要を指導することである。当塾では、ほかの学校のように枝葉《しよう》の学問に力を入れたり、教え込みだけによって試験で生徒を苦しめることはしない。入学試験も卒業試験も進級試験も行わず、毎日の精神を反省させ、専心、実学に励み、大成できるように指導する。

第二は、先生に就《つ》いて習わなければならないものは語学と数学であり、この二つは精神科学と自然科学を習得し、活用するうえでの方法的基礎学である。外国語ができずに、今後、国際社会に立つことはできない。外国語はまず英語が一番、次はドイツ語、フランス語の順で、この三か国語が基礎学であるとしている。

千九郎は、「語学は学問の習得及び運用上の基礎学である。諸君は出藍の教育の原理により、先生より偉くなるには、自分で原書がドシドシ読めるようにならなければならない[14]」「語学の上達の鍵は、読むことや書くことよりも、まず会話から始めるべきである。これは子供が初めて母国語を覚える時の順序に従うので、天地の法則に適《かな》っている[15]」などと語っている。

第三は、実学教育の重視である。専攻部第一年期には、モラロジーの概論、英語の実用会話、簿記、タイプライター等、主に農工商業上の実生活に必要な学科を教え、有用かつ信用ある実際家を養成する。

第四は、全寮制である。教職員も全員がキャンパス内に居住し、肉親の父母以上の心をもって学生を愛し、学生の徳育に対して全責任を負っている。講義だけではモラロジーの教育を十分に実現することはできない。寮の教育は、講義以上に重要であり、最高道徳の生命が宿る品性陶冶《とうや》の根本の場であるとしている。

千九郎は、イギリスのパブリック・スクールを目標とし、全寮制度、師弟同学の学校を設立した。パブリック・スクールとは、上・中流子弟のための大学進学の予備教育または公務員などの養成を目的とする寄宿制の私立学校で、チャペルを中心とした精神教育を核とした長い伝統と豊富な基金をもって運営されている。イートン、ハーロー、ラグビーなどが有名である。

専攻塾では、チャペルに相当する神壇を置き、本学専属のチャプレンのもとに、毎朝、職員、本科生及び別科生一同が神前に整列し、礼拝を行った。チャプレンとは牧師のことであるが、ここでは最高道徳的信念によって薫陶《くんとう》された人という意味である。

開塾当時の寮とその玄関正面に掲げられた扁額

各寮の玄関には、「自我没却神意実現の自治制」という扁額《へんがく》が掲げられ、自治寮としての目標が明示されていた。また、大講堂には「天爵《てんしゃく》を修めて人爵《じんしゃく》これに従う」、図書館には「経《けい》を以《もっ》て経を説く」、麗澤館には「無党無偏《むとうむへん》天道平平《てんどうへいへい》」、食堂には「大学の道は明徳《めいとく》を明らかにするに在《あ》り」という扁額が掲げられ、行動と生活の指針が示されていた。

第五は、男女共学である。青年時代からの千九郎の思想の特色の一つに、男女平等がある。もちろん、今日の傾向から見れば、限界はあるものの、当時としてはかなり先端的な考えであった。『道徳科学の論文』には、「男女の自然の階級は平等で、上下の差はない」と述べ、さらに「人類の安心・平和・幸福の基礎は、正統なる女子教育の完成にあり」として、女子教育を非常に重視している。

「女子教育に対する当研究所の方針」には、当専攻塾の別科は貞淑無比《ていしゅくむひ》の賢母良妻を育てることができると明記し、従来の道徳で女性に対して求められてきた忍従《にんじゅう》は、女性の精神を鬱屈《うっくつ》させ、健康を害し、そのために子供が弱くなり、結局は、その配偶者の不幸となると述べている。そして女性が英語を修得し、国際的感覚を持つことの重要性を指摘している。

開塾当初の食堂。本科生と別科生の交流の場でもあった

寮生活

施設面での受け入れ準備はきわめて不十分であった。開設時にはまだ電気はつかず、照明は石油ランプ、水道は手押しポンプ、道路は雨が降れば泥濘《でいねい》になった。電気がついたのは、昭和十年九月のことである。

教室も寮も教師陣も職員も不足だった。本科生も別科生も、放課後は道路整備やその他の奉仕活動を毎日のように行った。先生も職員も学生も、一緒に食事をし、風呂も共同で、家族同様の一体感があった。夜には、別科生など、年輩者の講話があり、一日中が最高道徳実践の場であった。しかし、だれもが一つの目標をめざして前進するという気概《きがい》に満ちていた。

千九郎は病身に鞭打《むちう》ち、渾身《こんしん》の力をふりしぼって教育と指導にあたった。教育はもちろん、寮生活や食事など、生活全般に至誠を込めて当たった。しかし、健康状態が思わしくなく、専攻塾に滞在するよりも谷川や大穴《おおあな》温泉で過ごすことが多くなった。ところが、帰塾の際には、必ずといってよいほど、食堂などで講話をし、学生や教職員に感銘を与えた。また、師弟同学の実《じつ》を挙げるために、いろいろと工夫を凝《こ》らし、時には旅先からおいしいもの、珍しいものを大量に購入して学生たちにふるまった。

開塾当時の図書館。数か月はランプの生活だった

次の学生の文章は、専攻塾の自然環境をよく示している。

小春《こはる》日和《びより》の陽はさんさんと廊下いっぱいにあたた

かく降りそそぎ、あふれた光は青畳の上に硝子障子《がらすしょうじ》とともに影を落としている。障子にもたれかかって英語の勉強をやっていたのが、疲れを感じてふと顔をあげると、チカチカとまばゆく光っている松の葉の間に、チラチラと飛び交う見馴《な》れぬ小鳥が二羽、三羽、四羽……と見える。（中略）

リスが枝から枝へ軽快に跳び回り、野うさぎがびっくり仰天《ぎょうてん》して飛び出したりする。

開塾当初の寮の一室

森を抜けると、北のほうに、むこうの林にさえぎられながらも、厳然《げんぜん》として聳立《しょうりつ》している筑波山《つくばさん》が見える。

夏の夕べ、そぞろ歩きに第二門近くまで来て、高台の上から真赤な西空を眺めているとふと、思いがけなく秀《しゅう》麗《れい》な富士の遠姿にでくわすことがある。(16)

このころのエピソードを紹介しよう。

電柱の街灯の下で、マントを着た本科生が、夜中の十二時過ぎまで勉強する姿が見られた。教職員をはじめ別科生たちも、その熱心な姿に感銘《かんめい》し、ほめそやした。ある日、旅先から帰った千九郎は、その話を聞くと、「大切な学生になぜそんな無理な勉強をさせる」と叱《しか》り、翌日、全員を講堂に集めた。千九郎は、黒板に「大器晩成《たいきばんせい》」と書き、「すべての物事は、最後にその目的が達成されなければ、何にもならない。諸君が寒空に立ち、一生懸命に勉強するその気持ちはよく分かるが、体をこわして病に倒れ、せっかく勉強したことが世の中の役に立たないようになったらどうする」と話した。

自分自身も他の追随《ついずい》を許さないほど勉学に励み、体を弱めた経験のある千九郎は、一時的に熱心に勉強しても、体をこわしては何にもならないことを諭《さと》したのである。

千九郎は、「本科生は私の後継者だ。今にりっぱな者がきっと出る。このごろになってやっと自信がついた」と職員に語り、一期生の卒業を楽しみにしていた。

第五節　モラロジー研究の構想

千九郎の理想

道徳科学研究所を開設した目的は、モラロジーの学術研究をすすめるとともに、モラロジーに基づく学校教育と社会教育を展開し、全世界人類の精神の開発を行うことにあった。

科学としてのモラロジーは、日進月歩、その研究を前進させていく必要がある。千九郎は、次のような広大な研究部構想を持っていた。この構想は、当時は財政的にとても実現する余裕はなかったが、千九郎の理想の内容が分かる。

一、生物学的及び人類学的研究部

この部門には、生物学、発生学、遺伝学、進化論、気候学、人類学、人種学、地質学、考古学等を含み、生物の起源から人類進化の原理及び径路《けいろ》を研究して、将来人類の歩むべき正しい方向を開示する。

一、経済学的研究部

この部門には、政治学、経済学、法学、倫理学、教育学、宗教学等が含まれ、現代の産業制度と経済組織の根本原理ならびに方法を改善し、永久に恐慌や不景気が発生しない方法を開示する。

一、心理学的及び生理学的研究部

この部門には、いっさいの心理的諸科学と医学の全部が含まれ、心身の関係から人間の健康、長命、疾病《しっぺい》治癒《ちゆ》の原理及び方法に関する根本原理と方法とを開示して、人類の真の幸福を実現する。

一、史的及び社会学的研究部

この部門では、世界人類の古今の歴史と現在の社会学的資料に基づき、個人ならびに団体の盛衰、栄枯《えいこ》の原因結果を究明し、人類の実生活の真の原理と方法とを開示する。また最高道徳の実行と万世一系との関係を明らかにし、日本の国体の合理性を科学的に立証し、現代思想の誤謬《ごびゅう》を正す。

「ただし本研究所の研究の特色は、いっさいの科学を総合的に帰納《きのう》して、人類永遠の安心・平和及び幸福実現に資するにあり」と付記している。

モラロジー経済学

千九郎は、モラロジー経済学、モラロジー法律学、モラロジー教育学などの著述をする計画を立てていた。

特に、モラロジー経済学においては、当時主流となっていたアダム・スミスを祖とする近代経済学も、マルクスによる経済学も、ともに人間の利己的本能を基盤に打ちたてられている点で不十分と考えていた。道徳を基盤とした経済学、つまり道徳と経済一体の経済学の樹立《じゅりつ》が急務であるというのである。

この構想は昭和十年十二月にレコードに吹き込まれ、千九郎没後の昭和十四年五月に『道徳科学経済学原論』（全三十七頁）として発行されている。

千九郎は、「経済学が聖人の教えに反していること、人間の精神生活は道徳に存し、外部生活すなわち衣食住などの物質生活は経済に存すること、そしてこの両者が本来一体であるべきことは必然であり、人間実生活の大法則はここにあることを発見、確認するに至った」と述べている。(17)

また、千九郎は「経済」という言葉は元来「天下国家を治める道」のことで、「世を経《おさ》めて民を済《すく》う」ことを意味しているという。

私は、「経済とは仁義をもって国を治めることである」(中略)と考えています。これは、古今東西の歴史に照らし合わせてみても、少しも誤りはありません。治める者が自分の利益を求めて国民を苦しめ、道徳を行わないならば、その国は皆滅亡してしまいます。滅亡しないまでも、滅亡の端緒をその時に開くことになります。昔から、賢者《けんじゃ》は道徳によって世を治めたのです。(18)

モラロジー法律学と教育学についても、道徳原理を基礎にした学問体系の樹立を意図していた。そして、その課題に応えられる人材の養成を専攻塾の教育に期待していた。

幹部への教訓

社会教育活動は飛躍的《ひやくてき》に発展し、昭和十年の時点では、講習会の受講者数は、三万八千六百六十人。昭和十一年に各地で開催された講習会は四十一回で、受講者数は四万七千九百三十七名となっていた。

千九郎は、自分の死後、モラロジーの開発活動を着実に発展させていくためには、中心となる幹部や講師の品性の向上が重要であるとの自覚から、昭和九年ごろから教訓、訓示、心得、警告等を百編以上執筆し、門人に配布している。特に、昭和十二年には、八回にわたって「重要注意」を発表している。

大切なことはこの一大真理の前に絶対服従して、すべて至誠慈悲の心をもって人心救済を行い、何ものに対しても、ただ目で見、耳で聞くだけで偏見を交えず、いっさい他を批評せず、非難せず、最高道徳をもって人心を救済することのみを考え、行動すべきことである。(19)

昭和十年六月には、次のように教訓している。

聖人正統の教学に基づいて、現代の世界の人心を根本的に改善しなければ、全世界の人類を真に永遠の安心・平和・幸福に導くことはできない。モラロジーの天から受けた大使命は、この大任を果たすことにある。私が四十年来、積んできた苦心も、私を助けて努力してくださっている篤志家《とくしか》の目的も、すべて皆ここにある。(20)

次は、昭和十二年五月十日の訓示である。

たとえどのような人物が一時、どんなに高い地位や名誉を得ることがあっても、決して羨《うらや》んではいけない。（中略）また時代がどんなに変わっても狼狽《ろうばい》してはいけない。（中略）どのような困難なことがあっても、政府の特権の獲得を望むとか、富貴《ふうき》の人に金を借りるとか、もらうとか、有力者あるいは貧しい人のために奔走《ほんそう》して後日に恩を求めるとか、多数の民衆の力を借りて、後日に利益を求めるような卑しい行動をとってはいけない。（中略）すべて最高道徳を標準として、伝統中心の精神をもって百難を乗り越え、不撓不屈《ふとうふくつ》、徐々に前途に向かって進みなさい。(21)

第六節　孔子の子孫の来塾

聖人の末裔

道徳科学専攻塾が開設されてからまもなく、昭和十年五月三日に、孔子七十一代の子孫孔昭潤《しょうじゅん》と、その弟子顔回《がんかい》の七十四代の子孫顔振鴻《しんこう》の一行が来塾した。千九郎は、彼らが斯文会《しぶんかい》の招待で、東京の湯島聖堂の復興を期して開催される孔子祭と儒道大会に参列することを知り、中華民国大使館を訪ねて、一行が来日したら、ぜひとも専攻塾を訪問するようにと要請した。当時の中華民国大使や事務官たちは、『支那文典』や『東洋法制史序論』などを通じて、千九郎の名を熟知していたので、「必ず道徳科学専攻塾を訪問するよう取り計らいましょう」と快諾《かいだく》した。

一行が来塾した時、千九郎はみずから来賓《らいひん》を大講堂に案内した。そして神碑《しんぴ》の意味と神碑礼拝の方式が自由であることを説明すると、一行は儒教式に礼拝した。

千九郎は、孔昭潤と顔振鴻の両人を壇上に導き、塾生たちに向かって、「今ここにお立ちになられている方が孔子と顔回のご子孫であります。聖人の教えと実行の結果は、このとおり偉大であり、この方々こそいわゆる無冠《むかん》の帝王であります」と紹介した。孔氏と顔氏の二人はたいへん喜ばれたという。

千九郎は、一行の来塾に感謝し、次のように述べた。

私はかつて、中国では孔子のご子孫が万世一系の無冠の帝王として存在され、また顔回その他の高弟のご子孫が同じく万世不朽に存在しておられることを説いたのですが、その当時日本の識者といわれる人々でさえ、ややもするとこれを信じないで、中には私を嘲笑《ちょうしょう》した人さえあるのです。それが今日このように、実際にその方々のご光臨《こうりん》を賜《たまわ》りまして、親しく接して、お言葉を拝聴できますのは、まさに千載一遇《せんざいいちぐう》の歴史的光景でありましょう。(22)

孔昭潤は、来日前から千九郎のことを知っていたこと、孔家に寄贈していただいた『道徳科学の論文』をざっと一読したこと、以前から千九郎に一度ぜひ会いたいと思っていたことなどを前置きして、次のように述べた。

孔子の道は、周知のごとく仁《じん》です。仁とは至誠をもって道徳を実行することです。今廣池博士は誠心誠意をもって新科学モラロジーを創建し、著述し、学校を建設し、多くの弟子を教育なさり、真心を込めて聖人の実行された最高道徳を教授しておられますが、これはまったく孔子の道を今日そのまま実現しているわけで、私はこの点について深く敬服《けいふく》しております。私は現在、曲《きょく》阜《ふ》の明徳中学校の校長をしておりますが、その学校の趣旨は、聖人の道徳に基づいて新しい学問を研究する貴塾とまったく同じものです。したがって、今後相互に連絡を取り合い、知識を交換し合って、交わりを深くすることを衷心《ちゅうしん》より切望する次第であります。(23)

向かって左から５人目が顔振鴻氏、その右が孔昭潤氏と千九郎（昭和10年５月３日）

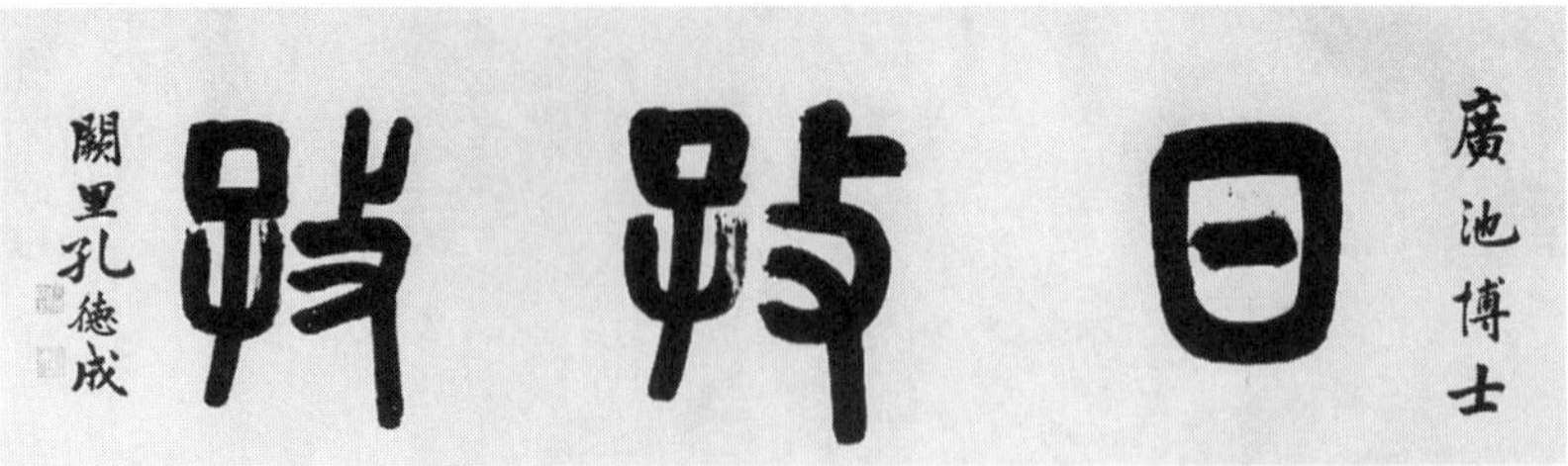

孔徳成書

顔振鴻は、孔子の教えこそが「身を修《おさ》め、家を斉《ととの》え、国を治《おさ》めて、天下を平らかにする」道であるという趣旨のあいさつをしている。

この日のことについて、専攻塾教員大塚善治郎は、次のように感慨《かんがい》を述べている。

孔昭潤先生ご臨塾の日には、一日中、博士のお顔をこの講堂で見ることができました。私などは、博士のご講義が多いのを喜ぶばかりでありました。ところが実は、当時の博士の『日記』を後になって拝見しまして、胸のつまる思いがしたのです。

「昭和十年五月十一日、疲労は極度に達し、四日間ホルモン、サンカールその他を注射し、のど、鼻の治療をし、実に危機に瀕《ひん》していたが、田沢に来て子持湯に一時間半ほど入ると、（中略）連日の病苦が一掃《いっそう》された。（中略）なにぶんにも重い病気からくる疲労なので、十二日も頭や腰が重たい。ただし全身はしっかりしてきた」と書かれています。

このように、博士が命がけでご講義なさったということを思うたびに、感慨無量の思いが致し、私たちの使命の重大さを改めて痛感するのであります[24]。

翌五月四日、『時事新報』には、「孔子の後裔《こうえい》、昭潤氏等小金の道徳科学塾訪問」として、孔昭潤と顔振鴻のあいさつの一部が報道された。

「日孜孜」

同年十一月には、専攻塾訪問のお礼として、孔子の七十七代の直系の子孫である孔徳成《とくせい》（当時十六歳）が、「日孜孜《ひびにしし》」と「意《い》なく必《ひつ》なく固《こ》なく我《が》なし」の書を、千九郎に贈った。

この「日孜孜」は、『尚書』虞書益稷《ぐしょえきしょく》篇の中にある言葉で、昔、舜《しゅん》が天子の時、大臣を集めて善言を語らせた一文の中にある。その中で、舜が、「禹《う》よ、あなたもまた言ってごらんなさい」と、禹に日常模範としている言葉を語らせている。それに対して禹は、「私は日々に孜孜たらんことを」、つまり、「私はただ天子さまにご安心をいただくことだけを思って、努力して

孔徳成書

いるだけでございます」と答えた。そこで舜が感心して、あなたは偉い人だと言って、のちに天子の位を禹に譲ったという。

「孜孜」は、一般的には「努めてやまぬさま」と解されているが、千九郎は、人間が諸伝統に安心をしていただくことを目的とするいっさいの行動を意味するとして、国家もしくは団体の統制、統一と、その構成員の安心・幸福はこれによって実現すると説明している。

第二章　谷川講堂の開設

第一節　谷川講堂開設の意義

開設の理由

千九郎は、昭和十二年一月、群馬県水上《みなかみ》の谷川温泉に、温泉と社会教育施設を開設した。その理由を、次のように記している。

　霊魂と肉体をあわせて救済する（霊肉併済《へいさい》）聖人正統の教えに基づき、今回、群馬県利根郡水上村字谷川温泉場に名湯数本を購入し、講堂を開設した。

　右は、永遠不朽にわたって精神と肉体を救済する目的を実現することをめざしている。したがって、この事業はまったく営利目的を含まず、純粋正統の教育に基づいて、真に国家の安寧《あんねい》と世界人類の安心・平和及び幸福を実現しようとするものである。聖人正統の教えであるモラロジーを体得して最高道徳を行い、国家社会に貢献しようとしても、体が弱くて寿命が短くては、その用を果たすことができない。したがって、当専攻塾は主としてこのような人々の精神と肉体を併済しようとするのである。

　単なる慈善事業や社会事業とは、まったくその開設の動機・目的及び方法を異《こと》にする。(25)

千九郎は、常々次のように話していた。

人間には、精神、経済、肉体をむしばむ三つの病《やまい》がある。そのうち精神と経済の病の予防薬としてモラロジーをつくった。残る肉体の病を防ぐのがこの谷川温泉である。これでやっと年来の宿願である人心救済のお膳《ぜん》立てができた(26)。

病魔に苦しめられた千九郎にとって、病が人間の精神をいかにむしばみ、その人の人生を変えていくかは、身をもって体験した切実な問題であった。

谷川温泉の購入

千九郎は、昭和七、八年ごろ温泉の取得と施設の設立を考え始めたようで、いくつかの温泉を調査している。笹の湯温泉、川古《かわふる》温泉の奥、霧積《きりづみ》温泉などの調査をしたことが記録に残っている。霧積は千九郎の体に合ったぬるい湯で、また山奥で夏涼しいため、一時購入を考えたが、一軒の旅館しかなく、交通の便も悪いので購入を中止している。

千九郎が取得条件として考えていたのは、土地が千五百坪から二千坪あること、ある程度交通の便がよいこと、温泉の質がよく、量も豊かであることなどである。それは療養や集会の施設をつくるので、交通の便が悪いと利用しにくいし、湯の量が少ないと水で薄めて沸《わ》かすことになり、効力が落ちるなどの理由からである。千九郎は、各地の温泉を利用しながら、こうした条件に適《かな》うものを探していた。

昭和十年九月、群馬県の笹の湯温泉に滞在中、谷川にマムシに咬《か》まれた毒を吸い出す温泉があるという話を聞き、谷川に出向いてみずから入浴して効果を試した。その結果、体によく効くことが分かり、温泉と宅地購入の意志を固め、十月直ちに行動を開始した。

当時の谷川地区は、番町会（郷誠之助《ごうせいのすけ》、河合良成《かわいよしなり》、中野金次郎《なかのきんじろう》、大塚栄吉《おおつかえいきち》など財界の巨頭数名による別荘分譲グループ）によって、全国で初めて温泉つきの分譲別荘地として売り出されており、すでに一部は名士が予約していた。しかも、景観がよいなど条件のそろった所がとびとびに契約済みで、まとめて買うには契約済みの土地を譲ってもらう必要があった。そのころ、温泉は使用権のみで、所有権は設定されていなかったが、のちのち争いが起きないようにと、千九郎は使用権だけでなく所有権も同時に取得するという方針を取った。

開設当時の谷川小講堂

交渉にあたり、千九郎は駆け引きのない正直な態度で臨むように指導した。関係者に迷惑をかけないことを前提としたため、値切らず、また、売ってもらえない土地に対しては無理をせず、交渉を中断して時期を待った。その結果、交渉がスムーズに進み、昭和十一年秋には六千坪を購入し、翌十二年三月には温泉の権利が確定している。

千九郎は、それまで全国九十余の温泉を回っているが、天下の名湯というものが五つあると言う。それは信州の田沢温泉、霧積温泉、沓掛《くつかけ》の湯、笹の湯、静岡県の畑毛温泉である。しかし、千九郎は、谷川温泉はこれら以上のものであると判断した。こうして谷川講堂は、購入費と建設費合わせて十三万円以上の資金を投じ、温泉つきの施設として開設された。

千九郎は、「私は従来、どんな場合でも全金力、全権力を費《つい》やしたことはない。しかし、今回の谷川温泉の購入は、世界人類の霊魂と肉体をあわせて救済する大事業だから、モラロジー研究所の全金力を投入した(27)」と記している。

また、千九郎は門人に、こうも語っている。

この名湯に廣池の家族だけを入れるのならば、だいたい五千円もあれば施設をつくることができる。しかし、それでは、廣池の利己主義だ。門人の中には、精神的には向上したが体の弱い人がたくさんいる。したがって、そのような人々を入れて霊肉ともにあわせて救わなければならない(28)。

谷川講堂の建設

千九郎は、専攻塾建設の場合と同様に、まずいちばん大きな山桜の木がある所に麗澤教育の中心となるべき神壇をつくった。そのほかの建設計画は、木と木の間に建物をつくるというものであった。

谷川麗澤館を建てる時のこと、どうしても土台をつくるのに邪魔《じゃま》になる木の根があったので、側近の鷲津邦正《わしづくにまさ》はその根を切って土台を入れた。すると、そこへ千九郎が来て、「なぜこの木の根を切った。土台は死んでおるが、この木の根は生きておるぞ。なぜおまえは生きものを大事にせんのか(29)」と、ひどいけんまくで叱《しか》った。

千九郎は、「ものが育つのを妨害することは、神に対する罪悪である。教育でも、その人のよき個性、天性を神の心に合致するように伸ばして育てることが人間尊重の心であり、神の心である(30)」と教えている。千九郎は、物の育つ姿を楽しんだ。木や花そのものが好きだというよりも、生命のあるものは一木一草《いちぼくいっそう》に至るまで大切にするという慈《いつく》しみの心からであった。

建物は、屋根は杉皮ぶきの質素なもの、床の間の柱も粗末《そまつ》な柱を利用した。しかし、温泉をくみ上げるポンプは、ドイツに特注《とくちゅう》するなど、大切な部分には資金を注いだ。また、宿舎の廊下を四尺幅にし、神壇にも畳を敷いて寝ることができるようにした。浴槽は台の上に乗せて

谷川麗澤館（左）と神壇（右）

いるだけで移動できるようにした。

建設に従事する人に対しても、だれもが感謝と喜びの気持ちを持って仕事ができるよう、過分ではないが十分な待遇をするように努めた。正月を前にして、地元の子供たちに小遣《こづか》いを与える工夫として、河原から小石を拾って運ばせ、講堂の敷石に使ったりもした。このように、関係するすべての人が喜べるように心を配った。

千九郎は、交渉や建設を専門家に任せずに、みずから陣頭指揮《じんとうしき》をとった。ある時、千九郎が「頭が痛い、疲れた、疲れた」と言うのを聞いて、門人の一人が、「指示してくだされば、みんなが喜んでやらせていただきます。ご自分でなさらずに指示してください」と言うと、千九郎は言下《げんか》に「ほんとうに人を助けたいという神に通じる人間の真心が一木一草の中に入っていなかったら、人を助ける霊地にはならない。不純なものがちょっとあってもいかん[31]」と言ったという。世間には霊地、霊場、聖地と称するところがたくさんあるが、人を救いたいという至誠のものは少ないとも語っている。

当時、専攻塾での教育と運営、開発などで多忙であり、また病身であったにもかかわらず、谷川の開設に払った千九郎の苦労はたいへんなものであった。そのありさまを、鷲津は、次のように述べている。

　博士が谷川の温泉を創建されましてから、一年余りで大穴《おおあな》に入滅《にゅうめつ》されるまで、その間のご苦労のさまは、見ておりましても、ほんとうに血の出るような思いでした。例えば、暑い日盛りの中を土地の購入や温泉の検分に、あえぎあえぎ急坂《きゅうざか》を登ってゆかれるお姿、温泉の試験のために野天風呂へ出かけられて、数歩歩いてはある石の上に腰を下ろし、また数歩歩いては別の石に腰かけられて、休み休みあの弱りきったお身体を、ステッキに託されてゆくお姿など、拝見しておりますと、まことに痛々しいばかりでした。(32)

比較教育学の権威であったロンドン大学のラワリーズ博士は、昭和五十二年に研究所と谷川講堂を訪問した時、次のように話している。

　偉大な人の本質というものは、偉大な仕事を成し遂げられて現れることはもちろんですが、実は日常の細やかな心づかいや行いによっても、その偉大性というものがよく現されるものであります。(中略)

　廣池博士の偉大さは、驚くほどの簡潔さの中に、たいへん美しく現されております。この谷川で皆様が朝夕参拝され、モラロジーの実践の誓いをされている神壇がそうだと思います。あのように質素な小さな神壇ではございますが、むしろその中にこそ、完全に調和し、しかも全体性、統一性を持った真の美しさが現されております。(33)

昭和十二年三月、千九郎は、次の漢詩を詠《よ》んでいる。

谷川浴場の賦（散詩体）

散財開谷川浴場　財を散じて、谷川浴場を開き
積徳高自己品性　徳を積んで、自己の品性を高め
浴場助万人霊肉　浴場は、万人の霊肉を助け
品性生家運長久　品性は、家運の長久《ちょうきゅう》を生む

また、このころ、次の言葉を自然石に刻《きざ》んでいる。

今や我身《わがみ》は我身自《みずか》らたいまつと為《な》り
我身をやきつくして世界の人心を照らす覚悟なり(34)

千九郎は、最晩年の二年間は、この谷川で過ごすことが多く、そこで常時、門人を指導した。また、研究への熱意が衰えることはなく、毎月たくさんの書物を購入し、谷川に一週間滞在の予定であれば、新刊書を本箱に二、三箱鉄道貨物で送った。夜も十二時前に休むことはなかったという。

谷川第1回幹部講習会（昭和12年7月22日〜28日）

谷川第一回幹部講習会

昭和十二年七月二十二日から二十八日までの一週間、谷川で第一回幹部講習会が行われた。参加者は、廣池千英をはじめ、各地の幹部八十余名であった。

当時の千九郎の病状は、『日記』に「連日の発汗いよいよ甚《はなは》だしく」（同年六月二十六日）「発汗止《や》まず。三十分おきに発汗、入浴」（七月九日）、とあるように、悪化の一途をたどっていた。そのような容態の中で、都合五回講話している。そして、これが千九郎にとって、谷川における最初で最後の幹部講習会となった。

講習会のねらいは、各自の自覚をうながし、モラロジーの教学をしっかりと腹に入れ、信念を持った研究者をつくろうということであった。したがって、千九郎は幹部一人ひとりが名利を捨て、陰徳《いんとく》を積んで最高道徳を実行するように諄々《じゅんじゅん》と説いた。

この時、千九郎は国際情勢について、次のように語っている。

自分は新潟に行って、時間があったので「戦線八百キロ」という映画を見たが、今に戦線何万キロという戦いが起こってくる。その結果、ドイツのヒットラーやイタリアのムッソリーニのごときは一夜にして滅びてしまうだろう。（中略）

イギリスという国も、二十世紀を越すと非常な困難に遭遇《そうぐう》する。わが国においても、二十世紀を越すと非常な困難に直面してくる。国民は道徳的精神に立脚していっそうしっかりしなければならない。(35)

あたかも第二次世界大戦の勃発《ぼっぱつ》と、その後の世界の状況を言いあてているかのような言葉である。

第二節　大穴温泉と畑毛温泉・富岳荘

大穴温泉の購入

千九郎の臨終の地となった群馬県水上の大穴《おおあな》温泉（約千五百坪）は、昭和十二年一月五日に買い入れたものである。

この温泉の購入は、谷川の場合と同様に、「一浴すると足の先のほうから疲れがすうっと抜けていくような感じだ。不調だった胃のほうも非常に活動してきた。特に疲れが足の先のほうから抜けるという温泉は名湯である」[36]と述べているように、温泉の効き目がよかったことはもちろんであるが、冬に雪が降ると谷川では交通の便が悪いので、水上の駅にも近く、積雪の量も少ない大穴を求めたのである。

大穴温泉の洞窟の入口

この時も先を見越し、当座は買収を見合わせていた湯本の土地を六坪ほど高額で買い足しておいたことが、のちに禍根《かこん》を残さないことになった。つまり、戦後、湯量の減少が問題になった時、湯の源を買っていたため、争いにならなかったのである。

千九郎は、大穴温泉を、次のように評価している。

東京衛生試験所の武田技手の分析はもちろん、相当なラジウムの含有量とのことであるが、それは洞窟内にあるからだ。地中よりわき出てくる温泉は、地中のオゾンをたくさん含んでわき出てくるが、地上に出て大気に触れるとオゾンは空気中に気化してしまう。この洞窟の温泉のオゾンは、洞窟内に充満してから洞窟内をぬけ出るまでには時間がかかるので効果がある。(37)

千九郎は、このようなことまで深く考えていた。そして、病弱の中を日に二十数回も入浴したこともある。ひたすら動けない体を癒《いや》しながら人心の開発と救済に精魂《せいこん》を傾けたのである。

富岳荘の建設

昭和十三年を迎え、千九郎は当初正月を研究所で迎えるつもりでいたが、暮れから体調が思わしくなく、新年の行事を次長の千英に任せ、谷川で療養を続けることにした。

一月十二日、千九郎は久しぶりに伊豆の畑毛温泉に行ってみようと考えた。かつて体にたいへんよかったので、今度も効験《こうけん》を期待したのである。しかし、電報で予約を取ろうとしたが、先約があって取れなかったため、急遽《きゅうきょ》畑毛に土地を購入することにした。一月二十八日には、

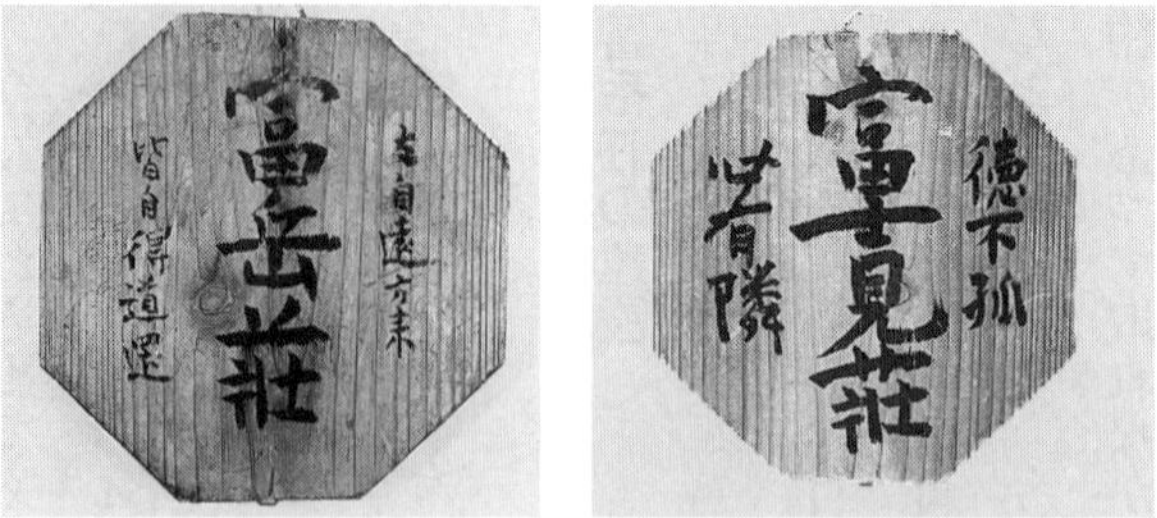

土瓶敷きに書かれた「富士見荘」と「富岳荘」

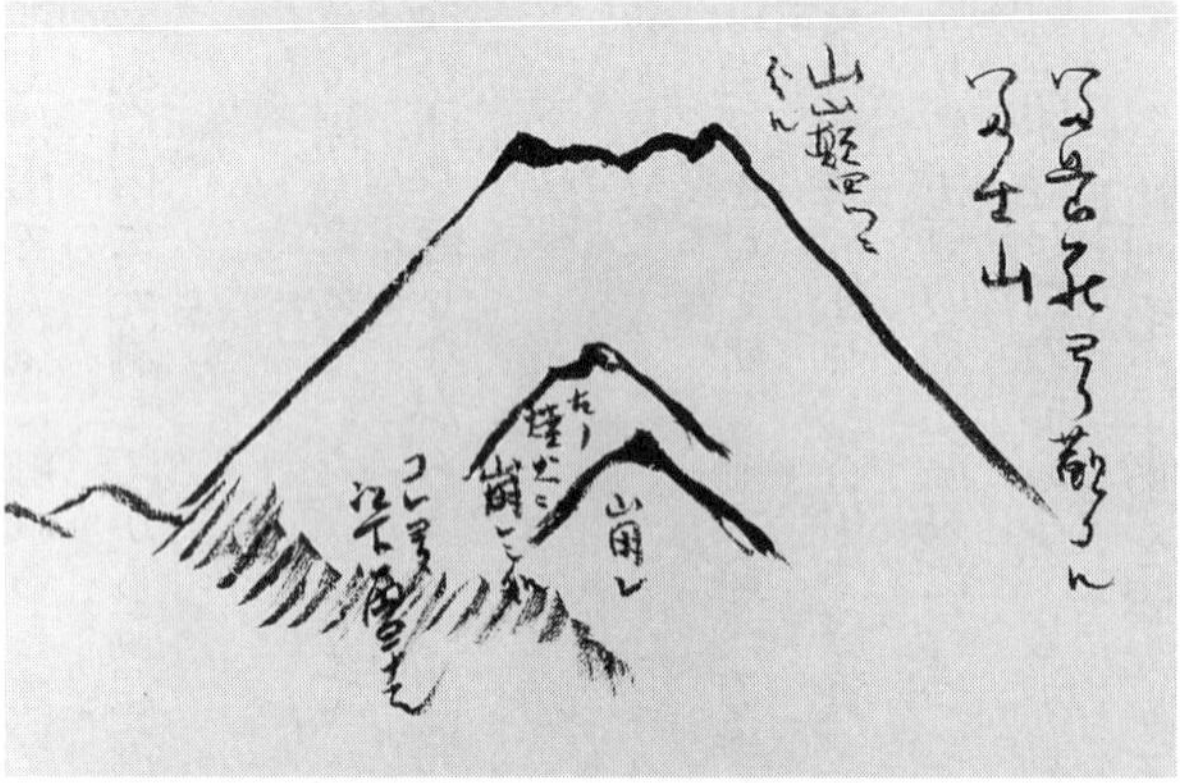

千九郎が描いた富士山の絵（昭和13年3月）

温泉つきの土地二百坪を購入し、二月十七日までに家を建てるように指示した。研究所からも楠居要助《くすいようすけ》らが出かけ、毎晩徹夜で工事を続けて、予定どおりに完成した。

千九郎は、その日に畑毛に行って家を見、「こんなに早く、思ったよりよい別荘ができた」と井出静《しずか》らに語った。そして、「富岳荘　友自遠方来　皆自得道還」（富岳荘《ふがくそう》、友、遠方より来たる、皆おのずから道を得て還《かえ》る）と書き、標札とした。初めは富士見荘と名づけようとしたが、富士山を見るだけではつまらない、自分が富士山のようにならなければならないと考え、富岳荘と命名したのである。

富岳荘は、静養のためだけではなく、「私の亡きあと門人のために『道徳科学の論文』の執筆に生命をかけて苦労した足跡《そくせき》を残しておきたい」という千九郎の意志に基づいて建てられた。富岳荘は一見貧弱に見えるが、棟木《むなぎ》や梁《はり》など大切なところには上質の材木を使用している。一般の人がいちばんお金をかける床柱には、いちばん安物を使っている。これは「本末《ほんまつ》を間違えてはならない」という教訓である。

その後、畑毛に足を運んだのは、三月五日から十六日までで、中でも比較的気分のよかった日には、青空を画《かく》してくっきり浮かぶ富士の姿に魅せられて筆を走らせ、後にも先にもこれ一枚しかない富士のスケッチが描き上がった。

千九郎の指示に従い、『道徳科学の論文』執筆の離れの家を琴景舎《きんけいしゃ》（高橋旅館）から譲り受け、富岳荘の敷地内に移動した。畑毛は、門人にとって千九郎の苦労を偲《しの》び、道徳実行の誓いを新たにする地となった。

千九郎の畑毛に込めた思いが記録として残されている。

念願であったところのご進講をさせていただき、わし亡き後の門人のために、命をかけて苦労した記念すべき部屋を残しておきたい。神様のお手伝いを命をかけてした部屋を、わし亡き後、門下生に残したい。(38)

モラロジーを学び、理解してくると、たくさんの人がここを訪ねて来る。廣池先生はどんな人だったのだろうと。そして、最高道徳の真の姿を心でしっかりと観《み》て還《かえ》るのじゃ。

最高道徳は天地の法則にして無形のものじゃ。ここは真に更生してもらう部屋である。神知に基づき努力した部屋じゃ。わしの慈悲の魂を受け取るのじゃ。命と魂を打ち込んだ部屋じゃ。(39)

千九郎は、二月二十日には、富岳荘から伊勢神宮に行って恒例の参拝をし、皇室のこと、国家のこと、人類の幸福のことなどを真心から祈願した。その後、千九郎の体は、しばしば発熱に見舞われ、悪寒《おかん》もひどくなって、カイロの数も一段と増えていくという状態になった。しかし、千九郎は谷川、大穴、畑毛と温泉を行き来して療養に努め、一日でも長生きして人心の救済に尽くそうとした。

第三章　要人の来塾と賀陽宮殿下のご台臨

第一節　第二次世界大戦へ

日中の動向

満州事変は、昭和八年（一九三三）五月の日中軍事停戦協定で一応の安定を見たが、その後も日本の軍部は華北への進出の機会をうかがっていた。一方、中国の抗日救国運動も高まり、一九三六年十二月には西安事件が生じた。共産軍討伐《とうばつ》のため西安にいた張学良《ちょうがくりょう》が蔣介石《しょうかいせき》を監禁し、内戦の停止を要求した事件である。

昭和十二年（一九三七）七月、盧溝橋《ろこうきょう》で日中両国軍の衝突事件が発生した。近衛《このえ》内閣は不拡大方針をとったが、軍部はそれを聞き入れず、軍事行動を拡大し、戦線は中国全土に広がった。蔣介石が率《ひき》いる国民党政府は徹底抗戦の方針をとり、九月末には、共産党との間に第二次国共合作が行われ、抗日民族統一戦線が成立した。

この年の末に、日本軍は南京を攻略して陥落《かんらく》させ、和平交渉を試みたが効果はなく、長期戦の様相を呈していった。これが日中戦争である。近衛首相は不拡大から拡大へと方針を切り替え、昭和十三年十二月、「日本の戦争目的は東亜永遠の安全を獲得し得《う》る新秩序建設にある」とする「東亜新秩序建設の方針」を打ち出した。

昭和六年の満州事変以後、陸軍内部では皇道派と統制派の対立が生じた。統制派は、陸軍省などの中央幕僚《ばくりょう》の佐官級将校を主体とし、財閥・官僚と結んで軍部勢力の伸長と戦時体制の樹立をめざし、軍部内の統制を主張した。皇道派は、荒木貞夫《あらきさだお》陸相、真崎甚三郎《まさきじんざぶろう》大将などを中心として、天皇を中心とする国体至上主義を信奉《しんぽう》、直接行動による国家の改革をめざし、青年将校らの支持を得ていた。両者の対立はしだいに激化していき、昭和十一年二月二十六日、皇道派青年将校は約千四百名の兵力を率いてクーデターを起こし、内大臣斎藤実《まこと》、蔵相高橋是清《これきよ》らを殺害したが、まもなく鎮定《ちんてい》された。いわゆる二・二六事件であり、以後統制派が実権を握った。

国会議事堂前を行く鎮圧軍（2.26 事件）

戦争の長期化とともに、政府は昭和十二年、国民を準戦時体制に動員する「国民精神総動員運動」を開始した。そして十三年には「国家総動員法」が公布され、政府は議会の承認なしに、経済と国民生活の全体にわたって統制する権限を与えられた。十四年には「国民徴用令《ちょうようれい》」などを制定し、深刻な物資と労働力の不足に対処するとともに、国民精神の統一をはかろうとした。

世界の動き

一方、イタリアでは一九二二年、ファシスト党の指導者ムッソリーニが政権を握った。ドイツでは一九三三年、ヒトラーがナチスによる独裁体制を樹立《じゅりつ》し、この年に国際連盟を脱退、一九三八年にはオーストリアを併合、チェコスロヴァキアを攻略した。さらに、一九三九年九月、ドイツがポーランドに宣戦布告すると、イギリスとフランスが直ちにドイツに宣戦を布告し、第二次世界大戦の幕が切って落とされた。

昭和十一年（一九三六）十一月、日本はドイツと「日独防共協定」を結び、昭和十五年（一九四〇）には日独伊三国同盟が締結された。昭和十六年六月、独ソ戦争が勃発《ぼっぱつ》すると、日本も参戦し、第二次世界大戦は全世界を巻き込んでいった。

第二節　平和への願い

真の愛国心

専攻塾が開設された昭和十年ごろは、このように内外とも非常に逼迫《ひっぱく》した情勢になっていた。千九郎の最大の関心事が平和の樹立にあったことはたびたび触れてきたが、このころは専攻塾の運営や谷川講堂の建設などに忙殺《ぼうさつ》され、以前のように政府の要人に提言することは少なくなった。しかし、平和への念願が最大の関心事であったことはいうまでもない。門人に、「今後戦争が起これば、第一次世界大戦に比べ、何百何千倍の人命と戦費を犠牲にするか計り知れない。われわれが皇室を思い、日本国民のことを思えば、結局、徳を積むか平和的に進むかの二途《にと》より残っていない(40)」と語っている。個人や家庭が幸せになっても、ひとたび戦争や内乱が起これば、吹き飛んでしまう。国家の平和、世界の平和は、まさに人間の幸せの基本的条件である。

昭和十一年一月十六日に伊勢神宮に参拝した時の祈願は、「一、世界の外交、軍事上のご守護、世界平和の件。二、次のご遷宮《せんぐう》のご費用二百万円、一手奉仕のお願い(41)」であった。

千九郎がとった具体的な方法は、国家の指導者を招いて最高道徳を理解してもらい、国民の思想を善導して難局を打開することであった。その最大の努力が、後述の賀陽宮恒憲王《かやのみやつねのり》殿下へのご進講である。
このころの千九郎の平和についての見解の一端を掲げよう。
単に応急処置として愛国教育を行ったり、近世思想に基づく誤った文化教育を行っても、それだけでは、今後永遠にわたる日本の国家の基礎を固め、あわせて中国人民を救済し、全世界に平和をもたらすことはまったく不可能なことです。[42]
民族主義は天地の法則、人類進化の法則に反します。天祖《てんそ》の意思は、万邦協和《ばんぽうきょうわ》・全人類協和にあります。[43]
日本人がいかに戦争に強くても、われわれ日本の学者が将来、排外思想を固持し、日本人を感情的に導いたならば、その結果はついに世界の諸外国人が一致して、「われわれは日本人とは両立できがたし」という観念を生じるようになることは必然と思います。[44]
これらの言葉は、ますます国粋主義に傾倒していく当時の時代風潮に反省をうながす主張であり、真に国を憂《うれ》える気持ちから発せられたものであった。

前首相斎藤実の来塾

千九郎の平和実現へ向けての努力の最初の現れは、前首相斎藤実《まこと》の招待だった。斎藤が来塾したのは、昭和十年十一月十日であった。

斎藤は海軍の出身であるが、思慮の深い温厚な政治家で、大正八年、朝鮮総督《そうとく》に任ぜられた時も、従来の武断政治に代わる文治政策をとった人である。首相としては、「自力更生《じりきこうせい》」を標語として、内には堅実な国民生活をうながし、外には平和外交を貫《つらぬ》こうとした。早くからモラル・サイエンスの理解者であって、朝鮮総督時代に、講演会や講習会にも力を貸した。千九郎は、その後も幾度となく斎藤に平和への提言をしてきた。

当時の専攻塾の教育方針として、時々ディナー・パーティを開くとか、内外の名士を招待すると記されている。千九郎は、常々この講堂は神聖な場所であるから、専攻塾へ招く人は人格、識見《しきけん》ともに一流の人物に限ると言っていた。平和実現に強い期待を持っていた千九郎にとって、斎藤の来塾はその思いを十分に満たすものであった。

斎藤実（1858〜1936）

この時七十七歳だった斎藤が大講堂の前で自動車から下りると、千九郎は喜々として寄り添い、斎藤の腕を抱《かか》え上げるようにして迎えた。そしてまず一同に紹介したあと、「閣下《かっか》は英語にご堪能《たんのう》であると承《うけたまわ》っておりますから、今日は学生の英語を聞いていただいて、ご批判を仰ぎたいと存じます」と述べ、二人の学生総代に英語であいさつをさせた。一人は歓迎の辞で、もう一人は、当時発生していたエチオピア戦争の批判であった。

来塾の際、あいさつをする斎藤実（昭和10年11月10日）

続いて、斎藤が壇上に上がり、あいさつをした。

本日廣池先生にお話を承わり、また今日の盛大な状況を拝見致しまして、ほんとうに愉快で喜びにたえません。廣池先生のご首唱《しゅしょう》のモラロジーは、根本的にすばらしいことです。深くご研究のうえご発表になり、そのご研究のうえにおいては、私もご内示を得たこともありました。その後、これをどのような形で進行なさるのかと思っていたのでありますが、このように純学問に根拠《こんきょ》を置き、そのしっかりした学問的根拠のうえにモラロジーを専攻する学校教育機関を設けて、世界に打って出られましたことは、真に真面目でかつ堅実なご計画でありまして、私もおおいに敬服《けいふく》してやみません。（中略）

たしかに、日本が道徳のうえに立ってすべて穏健《おんけん》な行動をとれば、他国から侵《おか》されることはないと思います。（中略）すべてのことは道徳が根底となっているのであり、道徳を高くすることによって国の力を確実にし、充実することができるのであります(45)。

それからわずか三か月後の昭和十一年冬、二・二六事件が発生し、斎藤実と高橋是清が暗殺された。

元首相若槻礼次郎の来塾

斎藤実来塾の八か月後の昭和十一年七月六日、元首相若槻礼次郎《わかつきれいじろう》の来塾が実現している。斎藤同様、若槻も千九郎が期待していた人物であり、平和への提言も何回か行っている。若槻は、モラロジーとの因縁についても触れ、次のようにあいさつしている。

京都の杉本徳次郎氏は、今上陛下《きんじょうへいか》ご即位のご大礼が行われる時、私が、数日間同氏の家に滞在したのが縁で、その時以来、いたって別懇《べっこん》にしている人です。

また、京都の柊家《ひいらぎや》は、私が京都に行く時は、いつも宿泊する旅館です。杉本氏の一家及び柊家の一族は早くから廣池先生の感化を受け、「モラロジー」の真義を理解し実践して、家業を繁栄させてまいりました。私は『道徳科学の論文』を読んでいないので、「モラロジー」の学理はいまだ理解しておりませんが、杉本氏及び柊家主人の実践を見て、「モラロジー」の実績を現実に認めることができたのです。よい果実はよい種子から生じ

◀若槻礼次郎（1866～1949）

▼道徳科学専攻塾に来塾してあいさつをする若槻礼次郎（昭和 11 年 7 月 6 日）

ます。果実がみごとなのは種子が良質だからです。「モラロジー」を体得した人々の挙げられた事績《じせき》が良好なことを見る時、「モラロジー」の学理が人生に適切であることは、おのずから明瞭《めいりょう》であると言わざるを得ません。(46)

千九郎は、若槻来塾時のために心を配り、数日前から試食を繰り返して、敬愛の精神で歓待《かんたい》した。若槻は愛飲家としても知られていたので、わざわざ広島から銘酒「賀茂鶴《かもつる》」を取り寄せた。

歓迎会ののち、書庫へ案内された若槻は、書庫入口に掲げられていた「以経説経」（経《けい》を以《もっ》て経を説く）の額を見て、「この句は、誠に喜ばしい句である。実に私見なく公明正大である」(47)と語った。

若槻は、歴史の激動の中、二度にわたって首相となり、特に満州事変の際は軍部との衝突を避け、また、英米との開戦を避けようと努力するなど、平和主義の道を貫こうとした。終戦後、若槻は極東裁判のキーナン検事からパーティに招待されて、日本における真の平和愛好者の一人であると評価された(48)。

アントン・デ・ハース博士らの来塾

そのほか次の人々が来塾している。

昭和十年五月二十三日　貴族院議員西郷従徳《つぐのり》侯爵
同十月十二日　中野金次郎夫妻と令息
同十一年十一月二日　前文部次官赤間信義
同十二年四月十八日　賀陽宮恒憲王殿下
同八月十三日　ハーバード大学教授アントン・デ・ハース博士
同十月二十四日　賀陽宮恒憲王殿下と九条道秀《くじょうみちひで》公爵
同十二月二十日　前文部大臣安井英二《やすいえいじ》

昭和十二年八月一日、『ジャパン・タイムズ』紙は、一頁にわたって新科学道徳科学の内容を詳細に報道した。次は、その内容の一端である。

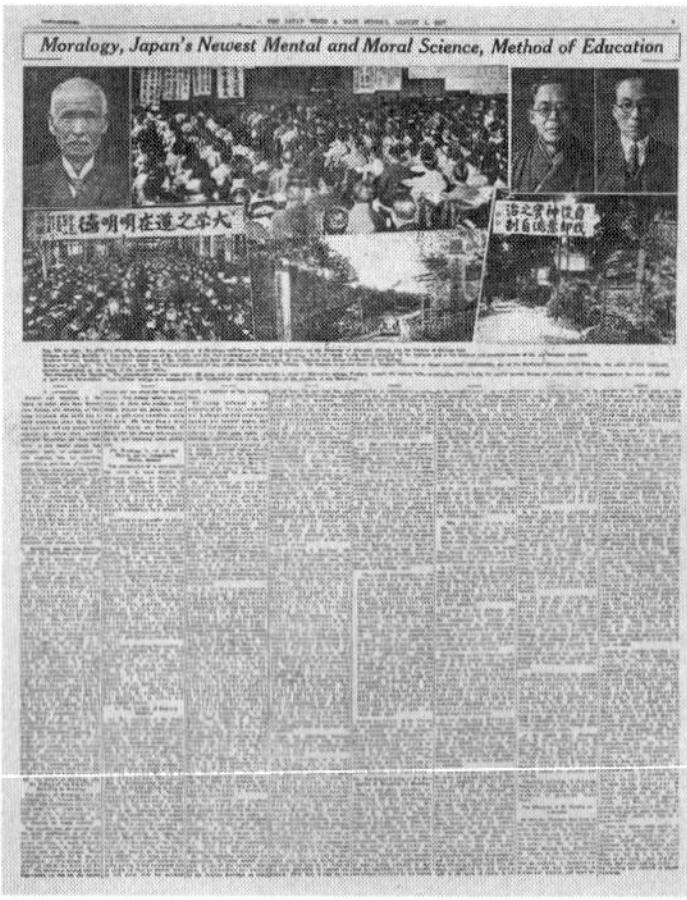
Moralogy, Japan's Newest Mental and Moral Science, Method of Education

『ジャパン・タイムズ』に掲載された道徳科学専攻塾の記事（昭和 12 年 8 月 1 日）

日本の現在の学術ならびに教育の形式は皆欧米の輸入物である。したがって、欧米その他の学者や教育家が、日本に来て新しい学問や教育上の知識を得ようとしても、それはできない。ところが、最近日本において一つの新しい精神科学が勃興《ぼっこう》した。最高道徳をもって広く世界の人類を開発しようとする大抱負《だいほうふ》を持った新教育が現れたのである。今、本社は世界教育大会に際し、世界の学界と教育界とに向かって、この二十世紀の学術界と教育界とにおける一大産物、つまり日本の誇りとすべき新科学と新教育法を紹介し、世界各国から集まった識者に向かって注意をうながそうとするものである。(49)

デ・ハースは、東京で開催された第七回世界教育大会に出席した。この大会のテーマは「二十世紀における教育」で、外国から八百九十六名、日本から千八百名が参加した。廣池千英、利三郎も出席した。千九郎は、『モラロジー』という英文の本を作成し、参加者に配布した。デ・ハースは、『ジャパン・タイムズ』の紹介記事で専攻塾のことを知り、訪問したのである。その時、デ・ハースは、次のように述べている。

ハーバード大学のデ・ハース教授一行が来塾（昭和 12 年 8 月 13 日）

私は先生の事業が偉大な未来を有し、同時に日本以外のほかの諸国の識者の協力を受けるべき内容であることを信ずるものです。工業化の第一期における日本は、産業的能率と肉体的愉悦《ゆえつ》が平和的で調和的な内面生活と矛盾しないこと、したがって、全人類中の偉大な聖人の「人はその魂を失えば、全世界を得たとしても何の益もない」という教えが正当であることなどを、今や「モラロジー」によって世界に向かって証明すべき稀有《けう》の機会を有しているのです。私は先生の目的に多大の賛意を表するとともに、先生の理想と勇気とに心から感銘しております。(50)

第三節　賀陽宮殿下のご台臨と御前講義

殿下のモラロジーへのご関心

千九郎の一生の努力は、大義名分《たいぎめいぶん》を明らかにし、皇室の安泰《あんたい》を願って忠誠を尽くしたことにある。千九郎は、国民が大義名分を正しく理解し、実行することが国民道徳上、肝要のことと考えていた。同時に、皇室が戦争回避に大きな役割を果たすものと確信していた。

昭和十二年の賀陽宮恒憲《かやのみやつねのり》王殿下の二回のご台臨《たいりん》と十回にわたる御前講義《ごぜんこうぎ》は、千九郎にとって最後のご奉公であった。また、日中問題の解決に腐心《ふしん》していた千九郎にとって、絶好の機会であるとも考えた。

賀陽宮恒憲王殿下（1900～1978）

賀陽宮殿下は、伊勢神宮祭主賀陽宮邦憲《くにのり》王の長男として生まれた。陸軍大学を卒業後、陸軍中将となり、名古屋・東京各師団長、陸軍大学校長などを歴任した。

昭和十二年一月二十二日、千九郎が名古屋に行った時、門人の中井巳治郎《なかいみじろう》から殿下が道徳科学研究所を訪問したい旨《むね》の要望があったことを聞かされた。千九郎の喜びはたとえようもなかった。たまたま、この年の元旦に「旭日昇天《きょくじつしょうてん》の年」という卦《け》が出ていたことを思い出し、このことがそれにあたると思ったほどである。

千九郎が歓喜した理由の一つには、当時急速に戦争に向かって突進しつつあった日本の状況を深く憂慮《ゆうりょ》していたからである。すでに政府要人に対して繰り返し平和への提言を行ってきたが、事は思惑《おもわく》どおりに運ばず、日本の進路を正すための最後の望みとして、賀陽宮殿下を通して有力者を動かし、国家の秩序、平和を維持しようと考えたのである。

賀陽宮殿下が中井巳治郎を知ったのは、当時陸軍中将であった殿下が名古屋の騎兵連隊長として在任中、中井の別宅を住居とした縁による。中井の説明によってモラロジーに関心を深め、研究所訪問の希望を表明した。

一月二十七日、千九郎は早速《さっそく》、中井とともに殿下の邸宅にあいさつに上った。その時、殿下はモラロジーについて質問されたようで、二月十三日には殿下宅を再び訪問し、第一回のご進講が行われた。テーマは「日本国体の史的考察と将来の警戒」であり、皇室の歴史、皇室と国民の関係、大義名分の教育と皇室の役割などについて話をしている。殿下はいっそう関心を深められた模様で、四月十八日の研究所訪問が決定した。

賀陽宮殿下は「平民的な宮さま」と国民から慕《した》われ、質素をモットーとして清貧《せいひん》に甘んじる皇族として知られていた。のちに、戦争終結について早い時期から昭和天皇に「ご聖断」を求めたことでも知られているように、強い平和愛好者であった。当時殿下は、昭和天皇のお側近くにあって、天皇陛下ご自身がいかに国家の安泰《あんたい》と世界の平和を望んでおられるか、人一倍よく知っていた。そのため、千九郎の皇室を思い、国家を思う熱烈な真心に動かされ、多難な日本の進路は武力や権力によってではなく、平和的、道徳的な方法によらなければならない、という考えに共感されたのであろう。

賀陽宮殿下のご台臨（麗澤館前にて、昭和12年4月18日）

第一回目のご台臨

千九郎が、十回にわたる御前講義にどれだけ精魂《せいこん》を傾けたかについては、側近たちによる多くの記録が残されている。特に、初めて殿下一行がご台臨された四月十八日のための諸準備は、筆舌《ひつぜつ》に尽くしがたいものであった。接待の仕方の指示、料理のつくり方はもちろん、調理、配膳などについて何度も稽古《けいこ》し、細心の注意を払った。

当日、殿下一行の到着予定時間は十時であったが、千九郎はなんとその四時間半前の五時半には、十一年ぶりに着たというフロック・コートに身を包み、麗澤館から貴賓館へ向かった。お迎えの予行演習など、準備に念には念を入れるためであり、もし変更すべき点があれば、修正できる時間的余裕を考えてのことだった。

十時十分、賀陽宮殿下ご家族一行六人が到着した。貴賓館で休憩後、千九郎夫妻以下職員全員と地方のモラロジーの幹部四十九名が、殿下に拝謁《はいえつ》。その後、千九郎から三十分間「大義名分の教育」について話があり、十一時には大講堂で千二百人の聴衆が、殿下に拝謁した。それからご一行は、寮や食堂などを見学されたあと、貴賓館で昼食をとられ、午後三時二十分、離園された。

殿下ならびに妃殿下は、後年、千九郎の印象について、次のように語っている。

最初は、むずかしかった。しかし、だんだんモラロジーこそ国を救う学問だという確信を深めました。ですから、その後十回にわたって博士の講義を承《うけたまわ》ったのです。特に慈悲寛大自己反省のお話には深い感銘を受けました。

博士の印象をひと言でいえば、さすがに偉い人だということです。私のない人、私利私欲のない純粋な人、至誠な人だということです。現代にも、博士のような人がおられればと切に思います(51)。

妃殿下からは、職員に、「いろいろな所で西洋料理をいただきましたが、こちらのような美《お》味《い》しいものをいただいたことはありません。ことに外の料理人でなく内部の人たちで用意された料理であるとお聞きし、驚きました(52)」とのお言葉があった。

妃殿下は、後日、「博士は学者ですからお固い方だろうと予想していました。しかし、お目にかかってみると、真面目《まじめ》な威厳《いげん》のあるお方でしたが、実に親しみのある、あたたかいお気持ちのお方だと感じました。また、実に行き届いた、よく気のつかれるお方だと思いました。ですから、ぜひもう一度お伺いしたいと思いました(53)」とも話している。

御前講義

その三日後の四月二十一日には、第三回目のご進講が行われた。この時、殿下から、今後時々聴講したいとのお言葉があった。

千九郎の「伝統を尊重する」という信念は、その道徳論の要《かなめ》をなし、行動を支えていた。中でも「国家伝統」の尊重は、千九郎の生涯を一貫する最も重要な信条であった。『史学普及雑誌』『皇室野史』の発行、『古事類苑』の編纂、『伊勢神宮と我国体』の発刊などに尽力し、日本の国体の研究に献身したのも、大正時代に国民道徳の振興のために全国を巡回して講演をしたのも、それらが国家的に重要な意味を持つものと考えたからである。

さらに、毎年伊勢神宮に参拝し、国の将来を憂《うれ》えて要人に意見を具申《ぐしん》し、最晩年に至って賀陽宮殿下に対する御前講義に全力を傾けているのも、すべて世界平和を実現し、国家伝統に安心していただく、という一念によって支えられていた。
御前講義は、昭和十二年の二月から十三年の四月まで、合計十回行われた。昭和十三年四月十日の御前講義では、千九郎は、次のように述べている。

日本の国体の尊厳について、感情的、自負的《じふてき》に誇張して説いても、かえって外国人と若い日本人の反感を招いて、何の効果もないと思います。今日、反国家的思想に傾いている若者が増加しているのは、外来思想の悪影響と日本の識者の偏狭《へんきょう》な指導とによるものです。ですから篤志《とくし》の愛国者の皆さん、なにとぞご深慮を持っていただきたいと願います(54)。

賀陽宮殿下が研究所へ二回目のご台臨をされたのは、昭和十二年十月二十四日である。殿下はのちに、次のように述懐《じゅっかい》されている。

二回目に学園を訪問しようとした時、当時の警察部長が、「学園は宗教的な感じがするので行かないほうがよろしい」、その他いろいろと悪口を言ったことがあります。しかし、私は、廣池博士の人格を尊敬し、私なりの信念もありましたので、「よけいなことを言う」と、その警察部長を叱《しか》ったことがあります(55)。

千九郎の準備も、前回以上に心を配ったことは当然である。午後二時過ぎに一行が帰られたあと、千九郎の衰弱ははなはだしく、直ちに谷川へ向けて出発した。

第四章　おおいなる落日

第一節　金婚式

福禄寿

昭和十三年四月二日、第四期本科生及び第七期別科生の入塾式終了後、千九郎夫妻の金婚式が挙行された。千九郎と春子が明治二十二年に結婚して、辛苦《しんく》の道を越えてきて、ちょうど五十年が経過していた。正午、貴賓館で金婚式の祝宴が催《もよお》され、来賓《らいひん》百五十八名、地方の門人百七十余名が招待された。当日、千九郎は記念として、次の詩を記した赤い短冊を参会者に配った。

七十三歳六十九
齢達金婚猶矍鑠
最高道徳実行効
神明下賜福禄寿
七十三歳六十九
齢《よわい》金婚に達してなお矍鑠《かくしゃく》
最高道徳実行の効
神明は福禄寿《ふくろくじゅ》を下賜《かし》す
会員諸君、願《ねがわ》くは最高道徳を行い、安心幸福を得られんことを。
モラロジーの父識

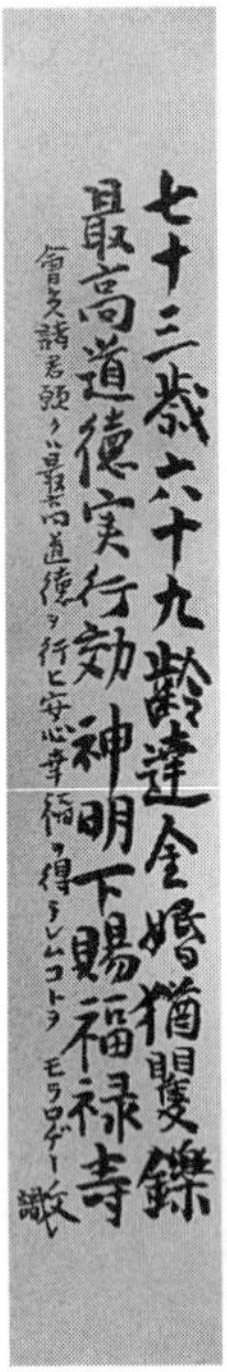

金婚式の廣池夫妻。貴賓館での祝宴（昭和 13 年 4 月 2 日）

時に千九郎七十三歳、春子六十九歳。これを「七十三歳六十九」と言い切った初句は、躍動《やくどう》的《てき》であり、春子に対する愛情に満ちた美しい詩である。千九郎は、この詩を「韻《いん》も形式も無視した散詩である」と断っているが、形式を超越して気概に満ちた雄渾《ゆうこん》の一句である。「齢《よわい》、金婚に達してなお矍鑠」。実は、千九郎自身は、その後わずか二か月で不帰《ふき》の客となるのであるが、まだまだ人心救済のために立ち向かうのだ、という気魄《きはく》がみなぎっている。

千九郎は、終わりの句の福、禄、寿に対して、次のように解説している。

「福」は神様を信じて安心平和に暮らすことである。
「禄」は神様からいただいた正しい衣食住のことである。
　単に財産の多いことではない。
「寿」は七十歳稀《まれ》なりといわれるとおり、長命のことである。

金婚式は、門人が最高道徳を実行して永遠の幸福に進むようにと願って開催されたものである。

長年の苦労の結果、築き上げたモラロジーと専攻塾。千九郎はもとより、人心の救済に邁進する千九郎を助けてきた春子にとっても感慨深いものがあった。千九郎はこの式を、「これは私のためではなく、モラロジーを人々が信じていかれるため、すなわち人心救済に少しでも役立つため」に開いた、と語っている。つまり、この金婚式は、自分の栄誉のためでなく、矍鑠《かくしゃく》としている自分たちの姿を見せ、門人たちに人生の模範を示したのである。

この日の祝宴の写真を見ると、千九郎は衰弱が非常に進んでいたにもかかわらず、その表情と姿からは微塵《みじん》もそのことが感じられない。

このころ、千九郎は側近の者が集まっていた時に、「おまえたちは、モラロジーの第一番の功労者はだれと思うか」と聞いた。だれそれだと思います、とみんなが口々に答えた。すると、千九郎は、「おまえたちはそう思うだろう。しかしそれは間違っている。モラロジーの第一の功労者は、わしの家内なんだよ」(56)と話したという。

大正期までの千九郎の家庭は、千九郎が研究と人心救済のために全国を駆け回っていたため、いわば夫のいない家庭であった。そんな中で十一年間も、次男の病気の看病に明け暮れていた春子の苦労は、並たいていのものではなかった。そうした春子の内助の苦労があってはじめて、千九郎は自己の道に専念できたといえよう。それだけに、モラロジー第一の功労者として春子の名を挙げているのは、千九郎の真実の気持ちの吐露《とろ》であったし、結婚後五十年をともに歩んだ伴侶《はんりょ》に対する満腔《まんこう》の感謝の気持ちでもあった。

晩年の春子

春子は、千九郎の影に隠れて見えないような存在だった。しかし、千九郎の生涯が苦労の連続であったとすれば、それは春子にとっても同じであった。あるいは、生活の面では千九郎以上に苦労したともいえるだろう。

晩年、春子が書いた『思ひ出』は、忘れようとしても忘れることのできない数々の思い出の一端に過ぎないのであろうが、切々たる心情が簡潔な表現の中に込められている。

長男千英《ちぶさ》は、春子の人生をいちばんよく知っている一人である。春子の『思ひ出』に、千英は序文を書いている。

　母は人と為《な》り誠に正直で正義の心強く、人の為には常に己《おのれ》を犠牲にして尽くし、何事にも奮闘努力をおしまぬ性質です。いわゆる女丈夫型の婦人とも申せましょう。そして母の歩んだ道は、ただ一筋に父の偉業を完遂《かんすい》させんがために、肉体的にも、精神的にも、あらゆる窮乏《きゅうぼう》に堪《た》え、あらゆる苦難を忍びつつまいりました。その内助の功は実に、今日の道徳科学の確立と人心開発事業の発展とをなさしめたのであります(57)。

昭和二年の「報恩協会」設立以降は、門人も増え、千九郎も東京の自宅に帰る機会がはるかに多くなったため、春子に奉仕したり、話をする人も多くなった。春子がそれらの人々に与え

晩年の廣池夫妻

た感化の記録がたくさん残されている。

春子は門人やその婦女子に対して、自分や千九郎の過去についで語ることも多かったようである。それらの多くは、苦労の思い出であった。また、門人がいろいろな問題で困っている時には、「良人《おっと》はこの場合は、このようにして、こう指導した」と、具体例を出して教えたという。

春子は、何といっても質素倹約の人だった。この点が接する人々を最も感動させたことの一つであった。香川初音《かがわはつね》は、昭和六年一月の横浜の報恩協会の開所式のことを回想している。

横浜のソサイティー（報恩協会）の開所式に博士ご夫妻が出席され、私たち夫婦もお供いたしました。その時、奥様が着ていらっしゃる羽織《はおり》を見せていただきました。「私の羽織はな、表は主人の着古しの着物じゃ。主人の紋付きのほころびたところを切りとって、まだ使えるところをこうして着ているんだよ。しかし、裏はこのとおりじゃ」とおっしゃって裏を見せられましたが、それは、つぎ合わせの布でした。長襦袢《じゅばん》もつぎはぎがしてあり、見えるところだけ袷《あわせ》にして、見えないところは単衣《ひとえ》でした。これが奥様のよそ行きの着物でした。そのうえ、開所式だからといって羽織を新調して出かけて行った私は、とても恥ずかしい思いをいたしました(58)。

昭和十三年五月八日以後、春子が衰弱の激しい千九郎を訪ね、枕元に座ってあれこれと話をした。千九郎は、春子といっしょの時は、気持ちが落ち着くようだった。話の内容は、よもやまの世間話が中心だった。

千九郎は、「家内がおると頭休めになる」「(春子は)武家の出だから、ものに耐えることができる。何時間でも、わしの枕元に座って足も崩《くず》さん。若い者は見習わねばならん」などと、側近に語っている。

春子を水上《みなかみ》から大穴《おおあな》温泉へ迎える時、「自動車の中に回転ごたつを入れて、迎えの車を温めておくように。歯が悪いから、スイカの皮でなくて中身を漬《つ》けておくように。ただ中身は時間がたつとまずくてたべられなくなるから、二時間ほどであげなさい(59)」などと側近に指示し、春子に対するいたわりの気持ちを表した。

春子は、千九郎が昭和十三年に亡くなってから十五年後の昭和二十八年十一月、八十四歳で天寿を全うした。

第二節　不滅の魂

最後のご進講

千九郎は、十回にわたって賀陽宮殿下へのご進講を行ったが、昭和十三年四月十日と十五日に行われた最後のご進講には、決死の感が漂っていた。これまでも病身を引きずってのご進講であり、病状は思わしくない時が多かったが、決して約束した日時を変更することはなかった。四月十日は衰弱がかなり進み、側近たちの憂慮《ゆうりょ》は募《つの》るばかりだったが、東京の住まいを午前七時半に出発した。千九郎は体の調子がどんなに悪い時でも、ご進講に行く時はシャンとしていた。しかし、帰ってくると疲労困憊《こんぱい》してしまい、側近たちは必死に介護した。

それから五日後の十五日に、最後となったご進講が行われるが、このころ、衰弱しきった千九郎は谷川温泉で療養していた。千英が、「これ以上無理をしてはいけないから、今回はおやめになったらどうですか」と進言したが、千九郎は、「今私が賀陽宮様に申し上げておかなければ、だれが申し上げることができるか」と言って、ご進講を決行したのである。

日中戦争が始まり、日本が戦争の泥沼に入り込んでいく状況の中で、平和の道を開かなくてはならない、このままでは必ず国が敗れ、国民は惨憺《さんたん》たる苦悩の淵《ふち》に追い込まれると考えた千九郎の至情を、だれも止めることはできなかった。

その前日、入浴中、千九郎は静かに目を閉じて、「死生《しせい》命あり、富貴《ふうき》天にあり」（『論語』）とつぶやき、「明日の御前講義に神様が出よと申すならば、病気はこの一浴で治る。行かなくてもよろしいとおぼしめすならば、この一浴で死す」と語り、「すべてを神様にお任せして……」と付け加えた。十分間ほど入浴して一時間ほど休息したあと、突然、「明日は出発する。ただし、風呂二杯分のこの温泉を東京本宅に運びなさい」と指示した。以前にも、谷川の湯を東京や研究所に貨車で送ったことがあり、今回も直ちにその処置がとられた。重病であるにもかかわらず、たとえわずかでも病状を調《ととの》え、酸素吸入をしてまで、ご進講を行おうとしていたのである。そのこと自体、すでに常人の域を脱していた。

四月十五日の朝、谷川の麗澤館を出発する際、千九郎は礼服を着て長い長い神拝《しんぱい》をした。側近たちは千九郎の無事を祈るばかりだったが、その静寂は幽玄《ゆうげん》の境《さかい》に遊ぶようであったと、側近の一人が回顧《かいこ》している(60)。

この日の側近の記録には、次のように記されている。

大先生には、先日よりうちつづき食欲もなく、お悪い中を御前講義のため東京へおかえりあそばされました。汽車の中のお苦しみようは申すに及ばず、ご本宅へおかえりあそばしましても、少しもお苦しみが減じず、どうなることかと思っておりましたが、二時ごろより酸素吸入をあそばされましたので発汗され、大分お楽になられました。まったく神様のご守護と深く感じました(61)。

約一時間ばかりのご進講のあとは、一人では歩行困難な状態になってしまった。翌日、谷川に戻った千九郎は、再び東京にも千葉にも帰ることはできなかった。

辞世の句

こうして賀陽宮邸で最後のご進講を終えた千九郎は、衰弱し切った体を側近に支えられて谷川温泉に帰着した。早速《さっそく》入浴したが、疲労が激しく、肌着をつけたまま側近たちに抱《かか》えられての入浴であった。何人かの側近が、万一のために浴場内に待機した。だれも言葉を発せず、息づまるようなひとときであった。

翌十六日、千九郎は、「軸物を書く。墨、紙を用意して、神壇の前に置いてくれ」と静かに頼んだ。入浴後、千九郎は側近に助けられ、床に就《つ》いた。

執筆の準備は整っていたが、なかなか書こうとしなかった。時間は刻々と過ぎ、十六日夜半となった。その時、千九郎は、「わしを起こしてくれ、今から書く。温泉とコップを持ってきてくれ」と命じた。そして口をすすぎ、顔を清めて、「羽織を着せよ、神前につれていってくれ」と言い、それから用紙の前に座った。

しかし、千九郎は、差し出された筆を受け取らず、神拝をした。その時、千九郎の体は、だんだんと傾いて倒れそうになった。側近はすぐに体を支えたが、千九郎は倒れそうになりながらも合掌《がっしょう》し続けた。側近たちは、その姿に胸を打たれ、こみ上げる涙を止めることができなかった。

千九郎は低い声で、「わしはやがて字も書けなくなるだろう。目も見えなくなるだろう。もう一度全国の門人に会い、励ましたかったがもうできぬ。ひと言書いて……」と語り、筆を取った。

とこしべに　我《わが》たましひは　茲《ここ》に生きて
御教《みおしえ》守る人々の　生れ更《かわ》るを祈り申さむ
モラロジーの父

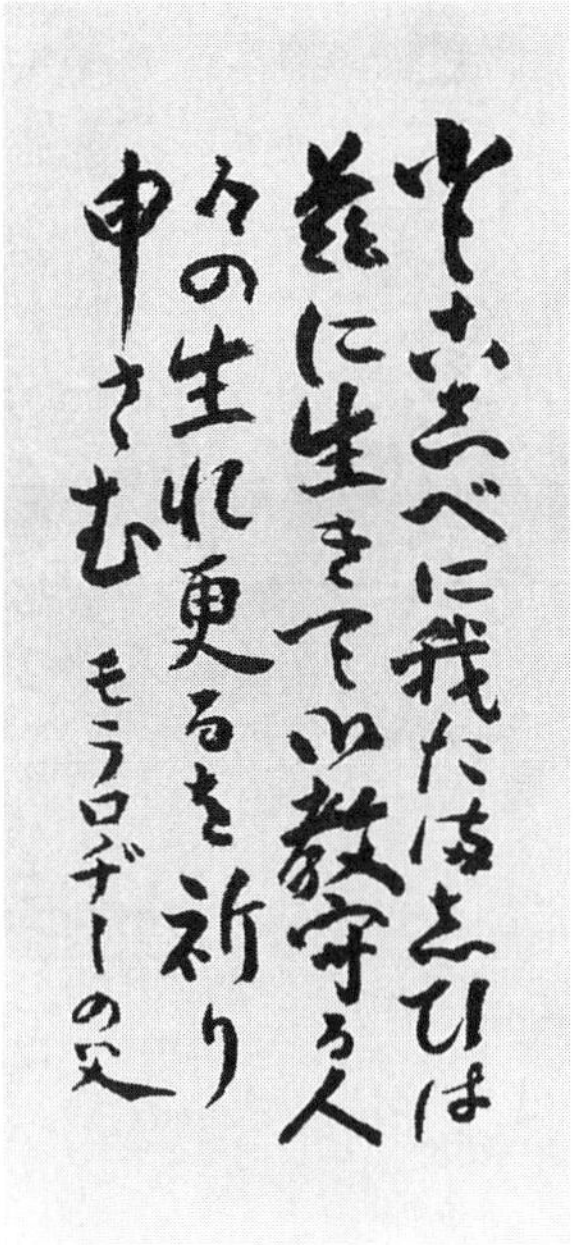
辞世の句（昭和13年4月17日）

そして、「心の入れ物である身は、やがて亡《な》くなってゆくが、（しばらく黙《もく》して）御教えとは最高道徳じゃ。守るとは実行じゃ。また、生まれ更る（更生）とは、幸せになってくだされと祈っているということ。モラロジーの父とは、諸君たち門下生の親という意味じゃ……」と話した(62)。

第三節　最後の教訓

死後を託すゲンコツ

四月下旬、千英の長男千太郎《せんたろう》は、千英とともに谷川を訪れた。その時の様子を、後年、次のように回顧している。

私が、意識の明瞭《めいりょう》な祖父に最後に会ったのは、祖父が死亡する一か月ほど前の日曜日だと思ってきた――ところが、人間の記憶はいい加減《かげん》なもので、『廣池千九郎日記』によると、昭和十三年四月二十二日（金）のようである。（中略）イヤその時は大分《だいぶ》厳しい面持ちであったのかもしれない。というのは、今にして思うと、それは死亡一か月余り前、すでに死期の近づくのを自覚してきた祖父が、意識が鮮明なうちに跡継ぎたちを枕元に呼び寄せたのだと考えるのは、自然なことだと思うのである。（中略）

ただ私にとって、「博士の思い出は」と問われた場合、この訪問がいまでも最も強烈な印象として私の心の中に残っているのは、次のことによるのである。

話の終わりごろだったと思う。そしてまもなく私は父に随《つ》いて祖父の許《もと》を辞去するわけだが、突然と思えるくらいに、祖父が、父と私の頭を拳固《げんこ》でゴツンゴツンと打って、「おまえと、おまえがシッカリせにゃあダメじゃから」と聞かせてくれたのである。それはかなり力の籠《こ》もったゲンコツで、コツンコツンというより、まさしくゴツンゴツンといえるものであったと思う。肉体への響きは、悪事をして親に叱《しか》られた時のように強く、精神的には、己《おのれ》の死後を託《たく》すものたちへの万感《ばんかん》の期待と思いを籠めて、最後の力を振り絞《しぼ》ったと受け取れるものであった。(63)

しかし、ここでの入浴でも衰弱は思うように回復せず、千九郎は死期を自覚したのであろう。五月八日には、葬式についての指示を側近に与えた。十九日には、千英と利三郎を枕元に呼び寄せ、死後のことを語り聞かせた。文書、講義、住宅のこと、千太郎を将来中心とすること、その他幹部のことなど、将来に関する問題について事細かく指示した。

実行上の三つの標準

五月十四日に、遺言の一つといってよい、次の教訓を記した。

モラロジーの実質である伝統の原理とは、第一は、モラロジーの創立者である私の積年の実行そのものである。第二は、私の実行を述べてあるモラロジーの原典である。第三は、モラロジーを世界の人々に誤りなく実行させせようとして発した教訓・訓示・達示《たつじ》・教育集等である。今後モラロジーを実行しようとする者は、この三つを標準として進んでいかなければなりません。(64)

十六日には、千九郎は、「これと思うことは、みんな片づいたから、明日死んでもいい」「いろいろと話し合ったが、千英は私と考えが近い(65)」と側近に語り、非常に安堵《あんど》の様子を示した。

第四節　臨　終

絶　筆

その後まもなく、千九郎はほとんど口がきけない状態になった。衰弱は極度に達し、関係者にその旨《むね》通知された。臨終の二日前の六月二日には、春子や千英の家族などが来て懸命に看病した。春子は夜を徹して千九郎の枕元にいて、昔日《せきじつ》の思い出話などをした。後日、春子は「ようやく側に来られるようになった時は、あのように危篤《きとく》の時です」と語っているが、この言葉には万感の思いが込められている。千九郎の一生も稀《まれ》なものであるが、千九郎に連れ添った春子の一生も、夫婦でありながら、後半生はほとんどゆっくり生活を共にすることがなかったという意味で、尋常一様《じんじょういちよう》のものではなかった。

この時、ほとんどものが言えない状態だった千九郎ではあったが、春子に、「おまえには苦労をかけた。ご苦労だった。ありがとう」と言った。たまりかねた春子は、離れの部屋に行き、うれしさのあまりワッと泣き伏したという。

千九郎臨終の部屋（群馬県水上町の大穴記念館）

「私はその三口聞いただけで、今日までの苦労は飛んでしまった。実際、これで満足した」と側近に話している。「ありがとう」が千九郎の最後の言葉だった。

千九郎は、口がきけなくなっても、何ものかを伝えたかった。側近は大きな文字でアイウエオ（五十音順）の表をつくり、字を追って千九郎の意思を確かめた。これは臨終の間近まで続いた。この表を使って原稿を三か所ほど訂正したという。

千九郎が書いた絶筆は、臨終の一日前の六月三日午後から四日の早朝に書いた五枚の原稿である。次はその一部である。

コノ原状ノママノ温床ニ居ラネバ風ヲ引クヤウニ思ハレマスガ今少シ□《（ママ）》キ温度ニテ生キテヲリタシ[66]

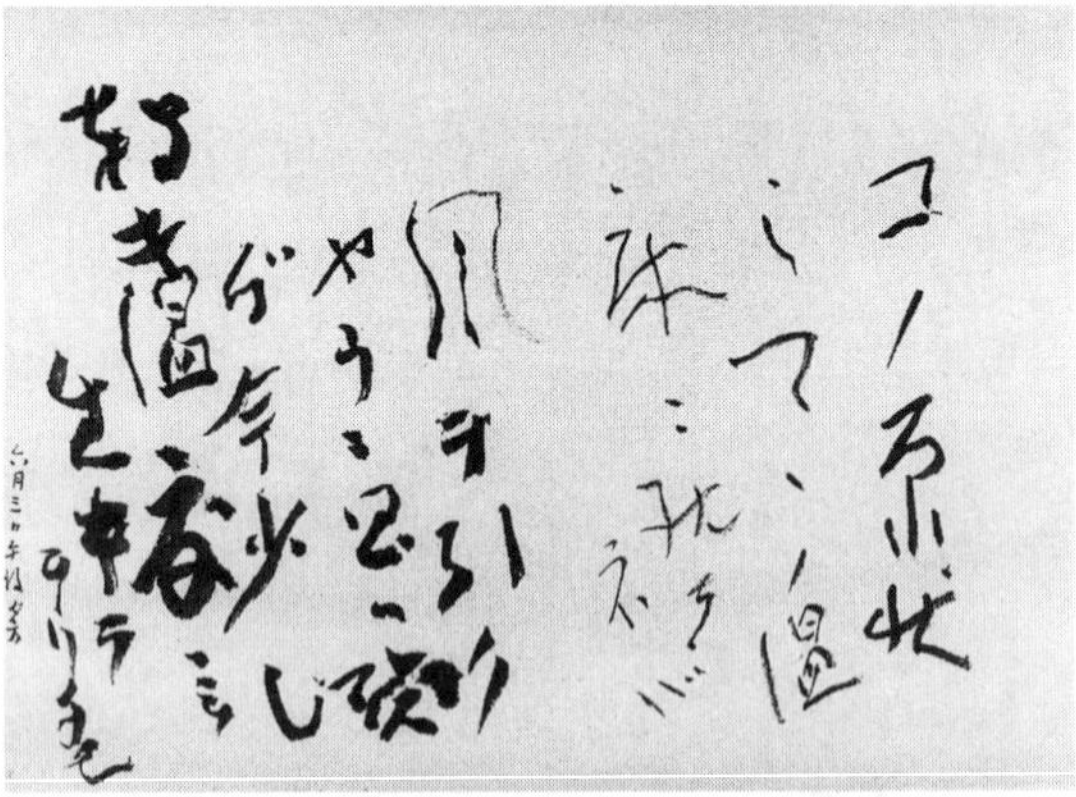

6月3日夕方に書かれた絶筆の一部

最後の入浴

千英は、臨終間近の模様について、次のように記している。

六月四日の早暁《そうぎょう》であります。私は大穴の講堂のずっと上のほうにある家（中略）へ行って泊まっておったのでありますが、私は起こされてまいりました。二時半時分だったと思います。（中略）

しかし看護の者は、（千九郎が）お湯にはいることを止められておりますために、なるべく入れないようにというつもりで、何とか引きのばそうとするのであります。そうしますと、父は目を怒《いか》らして「おれ一人でも立ってゆくのだ」と動かない身体を起こそうという格好《かっこう》をしておりました。そうして入浴だけの問題ではなく、人生一般のことについても、

「われ、ただ一人にてもゆかん」と、こういうところの気魄《きはく》を、亡くなりますまで常に示しておりましたのであります。

さらに四日の明け方の七時ごろでありましたが、大穴でしたから非常に寒い。そのときに父は、周りの者におふろにはいろうという意志を示しまして、すぐに立って行こうとするのであります。しかし、なにぶんにもシャツを数枚着ておりましたために、すぐに用意ができません。そこですぐ起き上がろうとする父を無理に押さえまして、ハサミでもって、シャツをみんな切って、これをぬがせたのであります。そうしておふろにはいるのですが、一人でははいれません。それで私が下帯《したおび》ひとつになりまして、父の身体をかかえましておふろの中につかったのであります。たぶん五分か七分ぐらいだったと思っておりますが。その時私は、父の身体が非常に軽いので、とても人間の身体をかかえているというふうには思えませんでした。何かふんわりしたところの真綿《まわた》のようなものをかかえている、こういうような気持ちでありました。目方がおそらく六、七貫ぐらいになっておったのではないかと思うのであります。しかもお湯の中でありますために、身体が浮かびますからいっそう軽かったのであります。そうして十分間ほどお湯につかりましてから、父をかかえてふとんの中に寝かしたのであります。私はガタガタふるえるほど寒かったのでありますけれども、父は、まったく感覚がないくらいでありました。おそらく父には、これが最後の入浴であるという意識はなかっただろうと思います。ただ感覚だけが、気持ちよくお湯につかったのだと、こういうふうに感じていたに違いないと私は思っております。これが、いちばん最後の父の入浴であったのであります。まことに感慨無量なものがございました。(67)

四日の午前九時、千九郎がかねてから食べたいと言っていた昆布のみそ漬けが届いた。側近の山本晴子が「食べますか」と聞くと、うなずいた。口に入れると、口を開けて食べようとするが、こぼれてのどへは通らなかった。

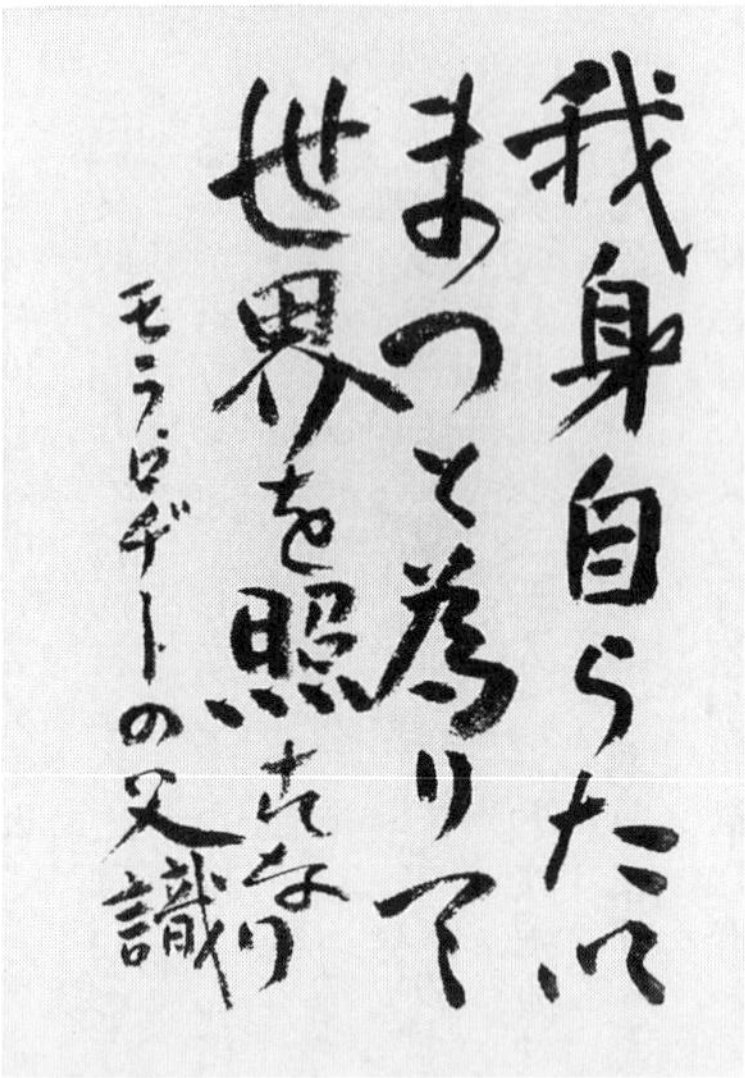
我身自らたいまつと為りて
モラロヂーの父識

昭和十三年六月四日、午前十時五十五分、一世の巨星が地に墜《お》ちた。

「万巻の書を読み、千里の道を往《ゆ》かざればともに語るに足らず」と言い、みずからその言葉どおりの道をひたむきに歩んだ人、「わが身みずからたいまつとなって燃え尽くした」人、学者、教育者、経世家、実践者としての類《たぐい》まれな廣池千九郎の一生がここに閉じたのである。

第五節　永遠の別れ

告別式

六月四日朝、千九郎は幽明界《ゆうめいさかい》を異《こと》にした。家族や周囲の人々の茫然自失《ぼうぜんじしつ》の状態とはかかわりなく、時は流れた。五日朝、千九郎を乗せた霊柩車《れいきゅうしゃ》は大穴を出発、千葉の研究所に向かった。その途中、熊谷の地で霊柩車の通るのを待っていた親子がいた。のちの道徳科学専攻塾塾生中島啓介の回想である。

六月五日、大穴から千葉の専攻塾へ向かう廣池博士の霊柩車が、私の家の前を通ることを知った父は、旧制中学三年生の私に「今日は学校を休んでいっしょに廣池博士にお別れしよう」と言って、私は両親とともに道端で待っていた。（中略）その時の厳粛な雰囲気と父が涙を流して廣池博士を見送っている姿は、少年の私に強烈な感動を与えた。

午後一時半ごろには、研究所に着いた。桜並木の両側には、職員、学生、門人たちの沈痛な面持ちで出迎える姿があった。その夜は、研究所内にいた人々の通夜、翌六日夜は、全国から参集した門人による通夜が営まれた。七日、納棺式。その時、遺言に従って、八時間ほどかけて遺体の朱詰《しゅづめ》が行われた。

六月八日午後二時、大講堂で葬儀ならびに告別式が挙行された。参会者は千五百名余[68]であり、宮家代拝を賜る盛大なものであった。道徳科学専攻塾では、廣池千英、利三郎と、友人代表として阪谷芳郎、白鳥庫吉、穂積重遠、中野金次郎の連名で、新聞に死亡広告を出した。

麗澤館より柩を大講堂へ運ぶ

弔辞《ちょうじ》は、阪谷芳郎男爵、門人代表として宗武志伯爵、本科生代表として堀富彦、別科生代表として中井巳次郎が読んだ。弔辞が始まると、あちこちですすり泣きの声が起こり、その声はしだいに大きくなり、ついに全員が声を出して泣き出したという。

次は、宗武志の弔辞の一節である。

> 廣池先生の私たち門人に対する接し方は、あたかも慈《じ》父《ふ》の子に対するそれのようで、私たちが宇宙の真理を学び、自然の法則に従うことを知り、臣子《しんし》の分際をわきまえ、真の報恩の道を悟ることができたのは、すべて先生が日夜諄々《じゅんじゅん》として教え諭してくださった賜物《たまもの》にほかなりません。先生が終始、実践された忠を尽くし、国に報いる道は常に私たちの行手を照らす光明となり、先生が一歩一歩、確実に理想に向かって邁進されたご勇姿は、

私たち凡夫を奮《ふる》い立たせるものでした。（中略）

死は現実です。私たちは再び先生の慈顔《じがん》を拝することができません。しかし、ひるがえって思えば、先生の霊は永遠に生きて、常に私たち門人の精神と行為とを見守ってくださっているのです。ここで思うのですが、先生がこの世におられた時、私たちはただ先生の慈悲に抱かれていました。だが、先生亡きあと、私たちがみずからの過去を顧《かえり》みれば、真に忸怩《じくじ》たるものを感じずにはいられないことばかりです。私たちは、先生の門下たるの光栄を担《にな》って、実はその門下たるの名を汚しているのではないかと恐れます。このうえは、真に先生のご教訓に従い、先生の学問道徳の真髄に典《のっと》り、自己の最高品性の完成をめざすとともに、大義名分を明らかにし、国家伝統を奉り、諸伝統のご安心を希《ねが》い、真の至誠慈悲の精神となり、日孜《ひびにし》々《し》としてやむことのないように、この日、この時、先生の霊前にお誓い致します。先生、どうかこれをお受けくださり、私たちの一念一行《いちねんいっこう》を正しく導いてください。先生のご偉業である最高道徳の教育に

大講堂での告別式

おいては、先生のご子孫を中心として私たちが必ず報恩の誠を実らせます。大勝山に松青く白雲悠々《はくうんゆうゆう》たる日、先生の霊は天を駆けて人類の将来を見守りたもうことでしょう(69)。

通夜から告別式の間にも、千九郎の他界は数知れぬ人々の心を揺るがせたことだろう。人の偉大性は、死後何人の人々の心の中に生き続けるかにあるという人もいる。

おおいなる魂

遺体は八日の葬儀のあと、東京の自宅に移され、家族、親族中心の通夜が営まれた。しとしとと雨が降っていた。春子は、「その夜は東京諏訪町の自宅に帰宅、一晩中、故人の好きな雨の音を聞きつつ悲しき通夜をなし(70)」と記しているが、看病から、死去、葬儀と、十日余りにわたって目まぐるしく続いた日々で、ゆっくりと千九郎を偲ぶ余裕もなかったであろう。この短い言葉に万感の思いが伝わってくる。

九日、東京で千九郎がこれまでお世話になった人々を対象に再び葬儀が執《と》り行われた。この日も小雨の降る日だった。夕方、雑司ヶ谷《ぞうしがや》の墓地で埋葬の儀が行われた。夕靄《ゆうもや》の垂《た》れ込《こ》める中、奉仕する人も、見守る人もすべて無言であった。それぞれの人の心に、深い悲しみとともに、気高く、おおいなるものの魂が飛来しているかのようであった。

とこしべに　我《わが》たましひは　茲《ここ》に生きて
御教《みおしえ》守る人々の　生れ更《かわ》るを祈り申さむ

モラロジーの父

〔第七部　注〕

(1) 遺稿・意訳
(2) 『日記』⑤二五九頁・意訳
(3) 遺稿
(4) 『大漢和辞典』
(5) 遺稿・意訳
(6) 『歩み』四四七頁
(7) 遺稿・意訳
(8) 『旧紀要』④七頁・意訳
(9) 同上書 ④八頁・意訳
(10) 『社教』第七〇号 一一一頁
(11) 同上書 一一九頁
(12) 「モラロジー教育に関する基礎的重要書類」『歩み』五四七頁・意訳
(13) 『れいろう』昭和五十年六月号、田中安造
(14) 『歩み』五四三頁・意訳
(15) 同上
(16) 田中礎一「道徳科学専攻塾について」『受験旬報』昭和十三年三月
(17) 『道徳科学経済学原論』一二一―一三頁・意訳
(18) 同上書 二〇―二一頁・意訳
(19) 遺稿・意訳
(20) 「モラロジー重要教訓集」①二一頁・意訳
(21) 『社教』第六八号 一四―一八頁
(22) 『旧紀要』④二〇―二二頁・意訳
(23) 同上書 ④一七―一八頁 楊雪倫通訳・意訳
(24) 『所報』昭和四十一年十一月 大塚善治郎・意訳
(25) 『旧紀要』第六号 一三頁・意訳
(26) 『語録』二五七頁
(27) 『日記』⑥一七〇頁・意訳
(28) 遺稿・意訳
(29) 『れいろう』昭和四十四年十一月号 鷲津邦正・意訳
(30) 同上
(31) 『社教』第二六号 鷲津邦正・意訳
(32) 同上書 第一九号 七九―八〇頁 鷲津邦正
(33) 『所報』昭和五十二年十一月
(34) 鷲津邦正『最高道徳心を育てる』九七頁
(35) 『所報』昭和四十二年六月十五日 十川栄
(36) 井出大『晩年の廣池千九郎博士』一六〇―一六一頁
(37) 同上書 一六二頁
(38) 遺稿

(39) 遺稿
(40) 『社教』第四五号　矢野浩蔵
(41) 『日記』⑥六頁
(42) 昭和十二年十月二十八日　賀陽宮殿下へのご進講・意訳
(43) 伝統の原理についてのご進講・意訳
(44) 遺稿・意訳
(45) 『旧紀要』⑤一―二頁・意訳
(46) 同上書　⑤三頁・意訳
(47) 遺稿
(48) 若槻礼次郎『古風庵回顧録』講談社
(49) 『旧紀要』⑥三四頁・意訳
(50) 同上書　⑥三三―三四頁・意訳
(51) 『れいろう』昭和四十九年五月号
(52) 遺稿・意訳
(53) 『れいろう』昭和四十九年五月号
(54) 遺稿・意訳
(55) 『所報』昭和四十五年八月　一一頁
(56) 『廣池千英選集』②三四三頁
(57) 『思ひ出』序文
(58) 『廣池春子夫人』八五頁　香川初音
(59) 『社教』第一二六号　六〇頁
(60) 井出大『晩年の廣池千九郎博士』一九七頁
(61) 『日記』⑥二八八―二八九頁
(62) 井出大『晩年の廣池千九郎博士』二〇〇頁
(63) 『青年モラロジアン』第十二号　七―八頁　廣池千太郎
(64) 『語録』一三七―一三八頁・意訳
(65) 『社教』第一二六号　六〇頁　山本晴子
(66) 遺稿
(67) 『廣池千英選集』②二八七―二八九頁
(68) 『社教』第一〇七号記事参照
(69) 『旧紀要』第八号・意訳
(70) 『思ひ出』五七頁

付録

付図Ⅰ　廣池千九郎関連の温泉地図

付図Ⅱ　中津付近の地図

廣池千九郎略年譜

付図Ⅰ　廣池千九郎関連の温泉地図

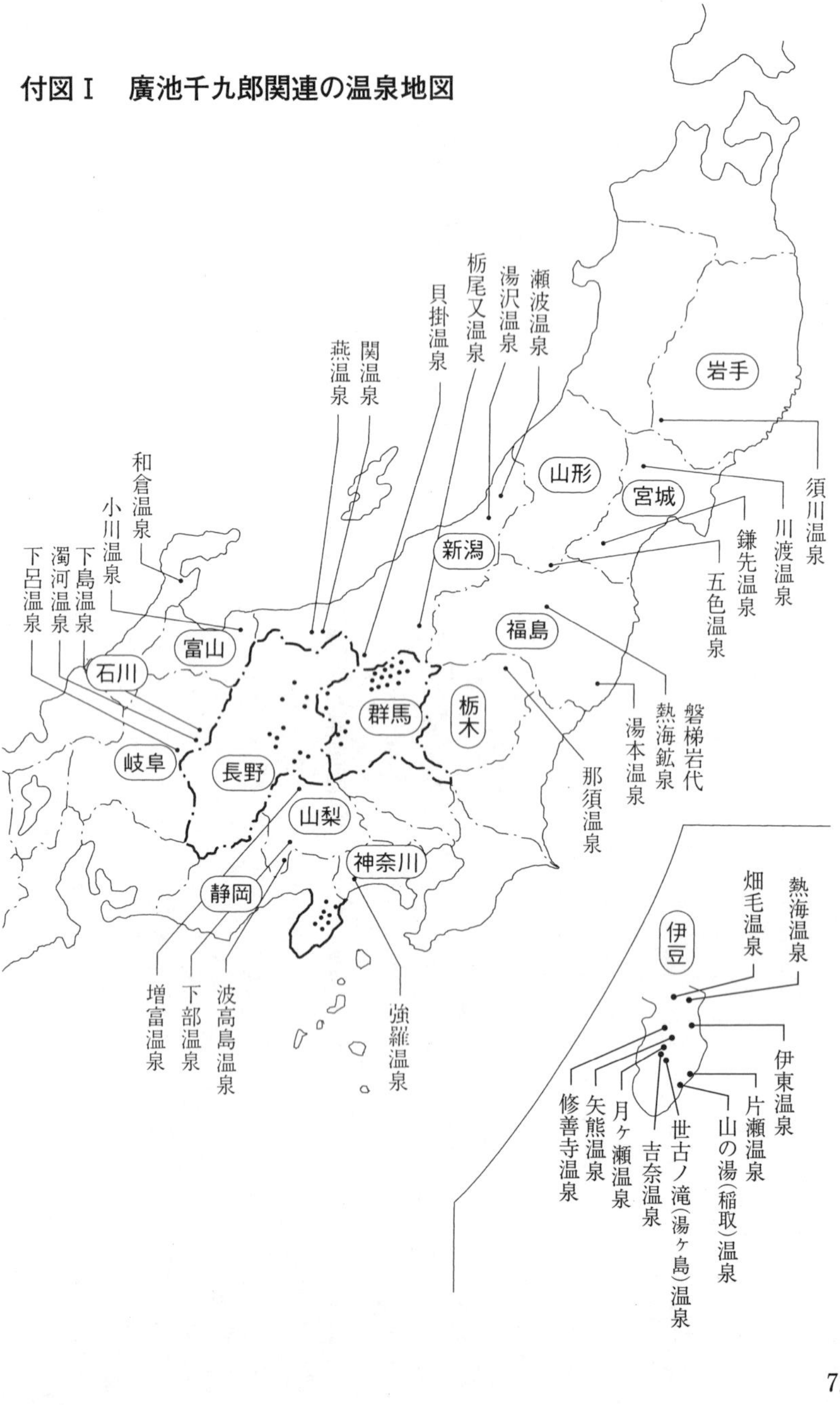

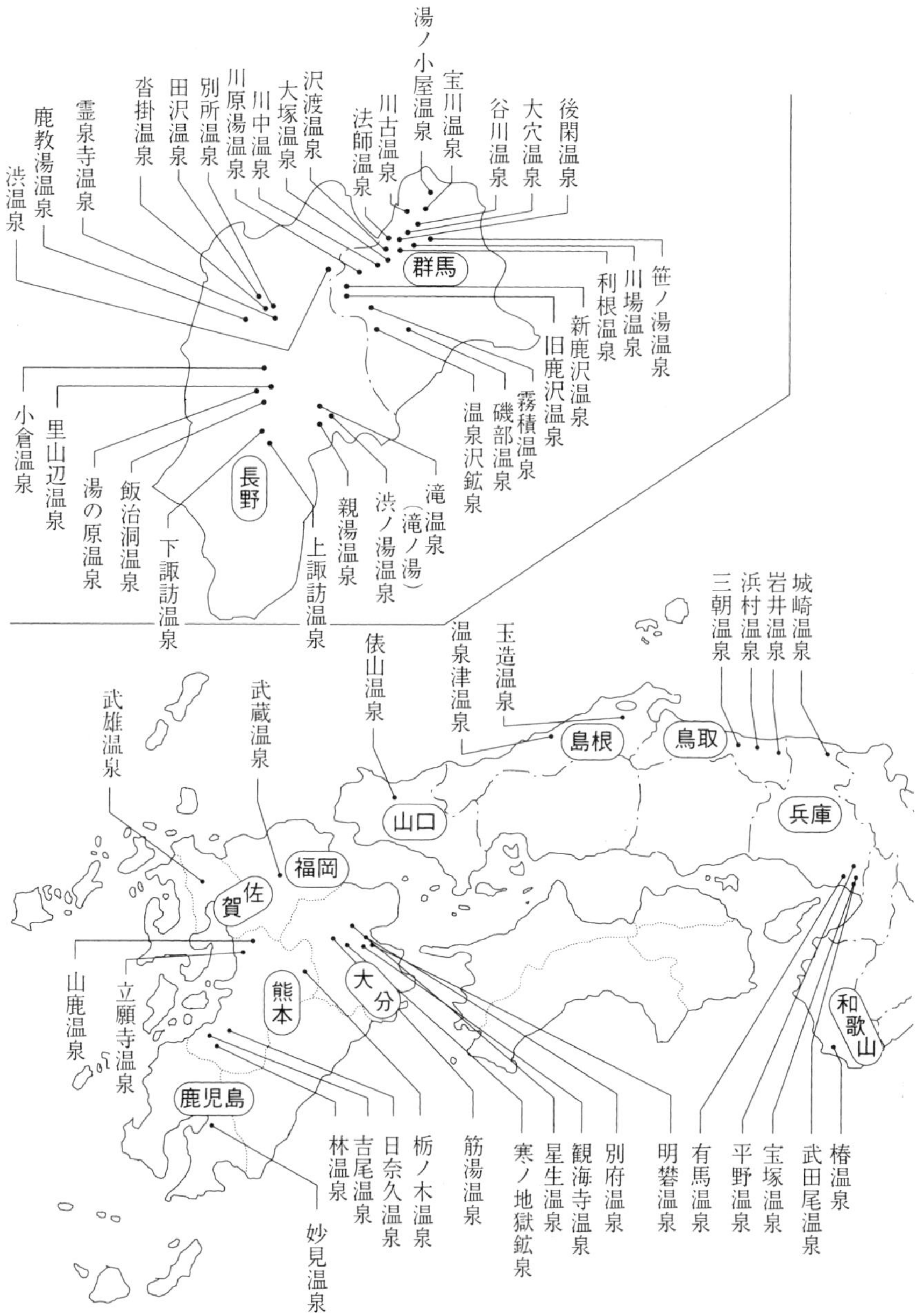
渋温泉
鹿教湯温泉
霊泉寺温泉
沓掛温泉
田沢温泉
別所温泉
川原湯温泉
川中温泉
大塚温泉
沢渡温泉
法師温泉
川古温泉
湯ノ小屋温泉
宝川温泉
谷川温泉
大穴温泉
後閑温泉
群馬
笹ノ湯温泉
川場温泉
利根温泉
新鹿沢温泉
旧鹿沢温泉
霧積温泉
磯部温泉
温泉沢鉱泉
長野
小倉温泉
里山辺温泉
湯の原温泉
飯治洞温泉
下諏訪温泉
上諏訪温泉
親湯温泉
渋ノ湯温泉
滝温泉（滝ノ湯）
武雄温泉
武蔵温泉
俵山温泉
温泉津温泉
玉造温泉
三朝温泉
浜村温泉
岩井温泉
城崎温泉
島根
鳥取
山口
兵庫
福岡
佐賀
熊本
大分
和歌山
鹿児島
山鹿温泉
立願寺温泉
妙見温泉
林温泉
吉尾温泉
日奈久温泉
栃ノ木温泉
筋湯温泉
寒ノ地獄鉱泉
星生温泉
観海寺温泉
別府温泉
明礬温泉
有馬温泉
平野温泉
宝塚温泉
武田尾温泉
椿温泉

付図Ⅱ　中津付近の地図

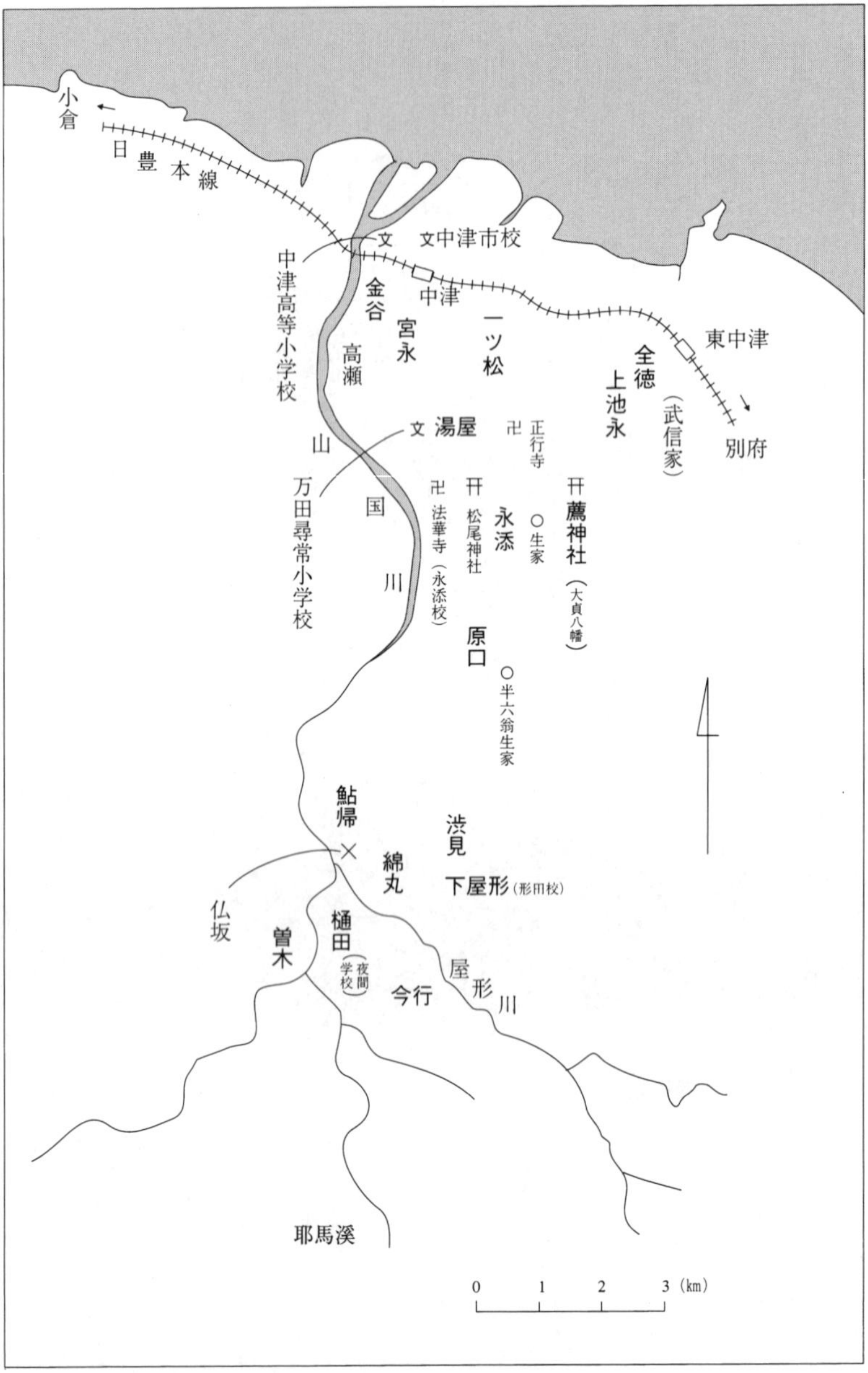
小倉
日豊本線
文
文中津市校
中津高等小学校
金谷
中津
宮永
一ツ松
東中津
全徳
上池永
（武信家）
高瀬
湯屋
正行寺
別府
山国川
万田尋常小学校
法華寺
（永添校）
松尾神社
永添
生家
薦神社
（大貞八幡）
原口
半六翁生家
鮎帰
渋見
綿丸
下屋形（形田校）
仏坂
曽木
樋田
（夜間学校）
今行
屋形川
耶馬溪
0
1
2
3（km）

廣池千九郎略年譜

（年号）	（西暦）	（年齢）	（事項）
慶応二年	（一八六六）		三月　二十九日　大分県下毛郡鶴居村大字永添字八並二三三番地にて、廣池半六・りえの長男として出生。
明治八年	（一八七五）	九	二月　永添小学校に入学。
明治一〇年	（一八七七）	一一	十月　学業成績優秀のため、大分県から表彰される。
明治一二年	（一八七九）	一三	三月　永添小学校卒業。 四月　中津市校編入学。
明治一三年	（一八八〇）	一四	六月　中津市校卒業。 七月　永添小学校の助教となる。
明治一六年	（一八八三）	一七	七月　大分師範学校受験のため永添小学校の助教を辞職。 九月　大分師範学校の受験に失敗。 九月　麗澤館に入塾。
明治一七年	（一八八四）	一八	一月　再び大分師範学校を受験したが失敗。 六月　麗澤館を退塾。
明治一八年	（一八八五）	一九	一月　柞原八幡宮に詣で、三つの誓いを立てる。

明治一九年（一八八六）二〇　二月　大分師範学校の応請試業に合格。
三月　下毛郡形田小学校訓導となる。
明治二〇年（一八八七）二一　十二月　下毛郡樋田村に夜間学校を設立する。
明治二一年（一八八八）二二　四月　万田小学校に勤務。
四月　中津高等小学校に転勤。
十月　中津高等小学校訓導となる。
十二月　『新編小学修身用書』発行。
明治二二年（一八八九）二三　七月　角春子（一八歳）と結婚。
明治二三年（一八九〇）二四　十一月　わが国最初の「教員互助会」を大分県共立教育会に設立する。
明治二四年（一八九一）二五　十二月　『中津歴史』を発行。
明治二五年（一八九二）二六　四月　下毛郡宮永村の大火で救援活動を行う。
八月　京都に出る。
九月　『史学普及雑誌』創刊号発行。
明治二六年（一八九三）二七　二月　南画の大家富岡鉄斎翁の知遇を得る。
二月　長男・千英生まれる。
六月　このころ、穂積陳重博士の論文を読んで法制史学者になろうと志し、東洋法制史の研究を始める。

明治二七年（一八九四）二八
七月　住吉神社に参拝して、五つの誓いを立てる。
七月　京都市参事会から『平安通志』の編纂を依頼される。
八月　井上頼圀教授が妙雲院に千九郎を訪れ、対談する。
十一月　醍醐寺三宝院から寺誌の編纂を依頼される。
このころ『京華要誌』の編纂に協力する。

明治二八年（一八九五）二九
一月　比叡山延暦寺から古文書、宝物の整理を依頼される。
三月　中津から両親を招き京都を案内する。
四月　『古事類苑』編修員の内命を受ける。
五月　『古事類苑』の編纂のため上京。

明治二九年（一八九六）三〇
このころ、雲照律師に教えを受ける。
このころ穂積陳重博士と面会し、指導を受ける。

明治三〇年（一八九七）三一
三月　『在原業平』発行。

明治三一年（一八九八）三二
このころ『国史大系』『群書類従』などの校訂をする。

明治三三年（一九〇〇）三四
十月　『高等女学校読本』出版。

明治三五年（一九〇二）三六
七月　両親を招き、東京見物、善光寺参りをする。
十月　早稲田大学講師となり、日本で初めて東洋法制史を講じる。
早稲田大学講義録として『支那文典』を発表。

明治三七年（一九〇四）　三八　　このころ大病になり、伊豆で療養する。九月　早稲田大学講義録として『日本文法てにをはの研究』を発表。

明治三八年（一九〇五）　三九　　　　　　　　　　　　　　　　六月　大宝令の独訳原稿の作成に着手。

　　　　　　　　　　　　　　　八月　母りえ死去（六五歳）。

　　　　　　　　　　　　　　　九月　早稲田大学専任講師となる。

　　　　　　　　　　　　　　十二月　『東洋法制史序論』発行。

明治三九年（一九〇六）　四〇　十一月　『倭漢比較律疏』脱稿。

　　　　　　　　　　　　　　　　このころ『大唐六典』脱稿。

明治四〇年（一九〇七）　四一　六月　神宮皇学館教授となる。

　　　　　　　　　　　　　　十一月　『古事類苑』編纂事業終了式に出席。

明治四一年（一九〇八）　四二　三月　東洋法制史研究のため中国旅行をする。

　　　　　　　　　　　　　　十二月　『伊勢神宮』発行。

明治四二年（一九〇九）　四三　十月　天理教に入信。

明治四三年（一九一〇）　四四　一月　このころから労働問題の道徳的解決に尽力する。

　　　　　　　　　　　　　　十一月　東京帝国大学に学位論文「支那古代親族法の研究」を提出。

明治四五年（一九一二）　四六　二月　三教会同のため尽力。

〈大正元年〉　　　　　　　　　九月　大病になる。

十一月　日赤病院に入院。

十二月　法学博士の学位を授与される。

大正二年（一九一三）四七　二月　神宮皇学館教授を辞職。天理教教育顧問ならびに天理中学校長に就任。

九月　従弟阿部守太郎逝去。

十月　帰一協会の会合で義務先行説を発表する。

大正四年（一九一五）四九　三月『東洋法制史本論』発行。

四月　天理教の公職を退く。道徳科学（モラロジー）の組織的研究に着手する。

九月『伊勢神宮と我国体』発行。

大正五年（一九一六）五〇　十一月『日本憲法淵源論』発行。

大正六年（一九一七）五一　一月　元老山県有朋を訪問、モラル・サイエンスを説く。

三月　次男千巻、心臓病で死去（一七歳）。

大正七年（一九一八）五二　十一月『富豪・資本家・会社商店の経営者・重役・高級職員各位並に官憲に稟告』を発行。

大正八年（一九一九）五三　八月　父半六逝去（七九歳）。

大正一〇年（一九二一）五五　十一月　長男千英、梶原三枝子（三代子）と結婚。

大正一一年（一九二二）　五六　四月　朝鮮総督府総督斎藤実にモラル・サイエンスを説く。

八月　元老松方正義にモラル・サイエンスを説く。

八月　十四日　初孫千太郎誕生。

大正一二年（一九二三）　五七　八月　畑毛温泉で『道徳科学の論文』の執筆に専念。

大正一五年（一九二六）　六〇　四月　穂積陳重逝去。

八月　十七日『道徳科学の論文』の謄写版印刷完成。後に、この日をもってモラロジー研究所創立日と定める。

昭和二年（一九二七）　六一　一月　義務先行報恩協会を渋谷に設立。

六月　新渡戸稲造博士に『道徳科学の論文』の序文執筆を依頼する。「モラロジー」という学術語をつくる。

昭和三年（一九二八）　六二　十一月　伊勢神宮に参拝。「第一五十鈴河畔の教訓」を発表する。

十二月『道徳科学の論文』の初版発行。

昭和四年（一九二九）　六三　三月　天皇皇后両陛下に『道徳科学の論文』を献上。

十月『孝道の科学的研究』発行。

昭和五年（一九三〇）　六四　六月「新科学モラロジー及び最高道徳の特質」をレコードに吹き込む。

十一月　大阪玉出工業協和会主催で講演。大阪開発の端緒となる。

昭和六年（一九三一）　六五　五月　新潟県栃尾又温泉で大病となり、辞世の句をつくる。

五月　長男千英、協調会参事を辞め、モラロジーの活動に専念。
七月　霧積温泉でモラロジーの講習会を開催。
九月　大阪毎日新聞社主催で講演会を開催する。
十二月　『道徳科学研究所紀要』第一号を発行。

昭和七年　（一九三二）　六六

十二月　金本位制停止、兌換禁止について首相若槻礼次郎に進言。
二月　侍従長鈴木貫太郎に平和実現のための進言をする。
三月　大阪地方第一回モラロジー講習会を開催。
五月　首相斎藤実に国民道徳の振興について進言する。
九月　東京講堂完成。
十月　東京地方第一回モラロジー講習会を開催。

昭和八年　（一九三三）　六七

二月　陸軍大臣荒木貞夫、文部大臣鳩山一郎を訪問し、平和の道を説く。
五月　首相斎藤実を訪問。大蔵大臣高橋是清に面会。
七月　陸軍大臣荒木貞夫に国民精神の道徳化について進言。
十一月　伊勢神宮に参拝。「第二五十鈴河畔の教訓」を発表する。

昭和九年　（一九三四）　六八　十一月　道徳科学専攻塾開設の認可がおりる。

昭和一〇年（一九三五）　六九　四月　道徳科学専攻塾の開塾式を行う。
五月　孔子の子孫孔昭潤、顔回の子孫顔振鴻一行来塾。

十一月　前首相斎藤実来塾。

昭和一一年（一九三六）　七〇

七月　元首相若槻礼次郎来塾。

七月　大阪講堂を開設。

昭和一二年（一九三七）　七一

一月　谷川講堂を開設。

四月　賀陽宮恒憲王殿下ご台臨。

四月　賀陽宮邸でモラロジーの本質についてご進講。

七月　谷川で第一回幹部講習会を開く。

八月　『ジャパン・タイムズ』にモラロジーに関する記事が掲載される。

八月　ハーバード大学教授デ・ハース来塾。

十月　賀陽宮殿下、再度ご台臨。

十二月　前文部大臣安井英二来塾。

昭和一三年（一九三八）　七二

二月　畑毛温泉・富岳荘の開設。

四月　二日　金婚式を行う。

四月　十五日　賀陽宮殿下に最後のご進講。

六月　四日　大穴温泉において逝去。

参考文献

新版『道徳科学の論文』（全十冊）昭和六十一年
『廣池博士全集』（全四巻）昭和五十年
『廣池千九郎日記』（全六巻）昭和六十二年
『生誕百年廣池博士記念論集』〈増補版〉昭和四十八年
『日本の精神的伝統』下程勇吉著（麗澤大学出版会、平成八年）
『青年教師　広池千九郎』大澤俊夫著　昭和五十七年。第一部中津時代の教育関係の記述は、本書を基本とした。また、千九郎の学問上の業績の記述について参考とした。
『廣池千九郎の思想と生涯』井出元著　平成十年。小川含章、富岡鉄斎、井上頼圀、佐藤誠実についての記述は、この論文を基本とした。
「廣池博士の平和思想」欠端実著（モラロジー研究所編『廣池千九郎とモラロジー』所収、平成元年）。千九郎の平和思想については、この論文を基本とした。
「中学校校長としての廣池千九郎」諏訪内敬司著（『モラロジー研究』第三九号および第四十号所収、一九九四年）
「広池校長の生徒指導観」北川治男著（『モラロジー研究所所報』所収、昭和五十九年）。千九郎の天理中学での教育思想については、前記諏訪内論文と北川論文を基本とした。

「国民道徳運動推進者としての廣池千九郎」桜井良樹著（『モラロジー研究』第二八号所収、一九八九年）。三教会同、帰一協会、斯道会関係の記述は、この論文などを基本とした。

『父廣池千九郎』廣池富著　昭和六十一年。第三部、第四部の家庭生活については本書を参考にした。

『廣池千九郎先生小伝』横山良吉著　昭和五十一年。

『資料が語る　廣池千九郎先生の歩み』〈改訂版〉モラロジー研究所編　平成三年。

『廣池千九郎日記用語解説』モラロジー研究所編　平成六年。

『人生の転機』井出元著　平成七年。

『最高道徳心を育てる』鷲津邦正著　昭和五十九年。

『谷川温泉の由来』〈新装版〉広池学園出版部編　昭和六十年。

『広池春子夫人』広池学園出版部編　昭和五十六年。

『思いでの旅』中田中著　昭和三十五年。

『晩年の廣池千九郎博士』井出大著　平成元年。

『広池博士の資料の研究』浅野栄一郎著　昭和四十六年。

「廣池博士と富岡鉄斎」堀部房男著（『社会教育資料』第一四号所収、昭和三十年）

「廣池千九郎と中野金次郎」中野千秋著（『モラロジー研究』第二五号所収、一九八八年）

「廣池博士を語る」大隅武雄著（『社会教育資料』第七八号、第七九号所収、昭和五十六年）

『明治以降　教育制度発達史』文部省内教育史編纂会（教育資料調査会、昭和三十九年重版）
『大分の百年』大分県編（大分県）
『中津の歴史』中津市刊行会編（中津市）
『新編日本史』（原書房）
『新詳説日本史』井上光貞ほか編（山川出版社）
『日本史の研究』森末義彰著（旺文社）など

なお、本文に引用した文献は省いた。また、出版社は、明記しないものはすべてモラロジー研究所出版部である。

編集後記

本書は、昭和六十三年、廣池千九郎没後五十年記念事業の一環として計画されたものです。廣池千九郎伝記刊行委員会は、平成元年五月に発足しました。十余年にわたり、原稿の執筆と修正・検討を重ね、併せて内外の関係者から意見聴取をしつつ草稿をまとめました。そして、この草稿を現代用語に書き直す作業が進められ、さらに委員会で内容を再検討して完成させたものです。

本書は、廣池千九郎の著作、日記ならびに遺稿（約十七万枚）を基本とし、多くの廣池千九郎研究書や諸雑誌等の関連記事を資料として編述したものです。

千九郎の七十二年の生涯におけるすさまじい魂の遍歴とひたむきな人間完成への道程を的確に理解し、表現することは至難の業で、編者としての力量不足を懸念しております。今後、大方のご助言・ご叱正を得て、よりよい伝記が完成されていくことを切に願っております。

なお、本書の編纂の過程で、貴重なご意見をお寄せくださった皆様、とりわけ株式会社みち書房の田中治郎氏には多大なご協力を賜りました。ここに厚く御礼を申し上げます。

平成十三年十一月吉日

廣池千九郎伝記刊行委員会

監修　大澤俊夫

委員長　望月幸義

委員　井出　元

欠端　實

桜井良樹

立木教夫

永安幸正

伝記　廣池千九郎

平成13年11月20日　初版第1刷発行
平成27年11月12日　　　　第7刷発行

編集
発行　公益財団法人 モラロジー研究所
〒277-8654　千葉県柏市光ヶ丘2-1-1
TEL. 04-7173-3155（出版部）
http://www.moralogy.jp/

発売　学校法人 廣池学園事業部
〒277-8686　千葉県柏市光ヶ丘2-1-1
TEL. 04-7173-3158

印刷　横山印刷株式会社

編集協力　株式会社みち書房

ISBN978-4-89639-056-8